城市人民公社研究资料选编
学术顾问委员会

主 任：梁 柱

委 员（以姓氏笔划为序）

刘建武　刘德顺

朱川曲　李伯超

李 琳　郭若平

雷国珍

湖南科技大学学术著作出版基金资助项目

湖南科技大学马克思主义学院学术著作资助项目

Chengshi Renmin Gongshe Yanjiu
Ziliao Xuanbian

城市人民公社研究资料选编

第 3 卷

李端祥 编著

人民出版社

编著说明

　　即将出版的《城市人民公社研究资料选编》(8卷本,下称《选编》)是2012年度国家社会科学基金重点项目《城市人民公社文献的收集、整理与研究》两项结题成果《城市人民公社文献选编》(12卷本,主结题成果)与《城市人民公社运动再研究》(专题论文集,副结题成果)的精选部分。它是集"编"与"著"为一体,融"史"和"论"于一身的大型学术著作。编入本《选编》的文献共572篇(其中专题研究论文15篇,档案资料264篇,报刊资料293篇)。其卷本构建如下:

《城市人民公社研究资料选编》

第一卷:《城市人民公社运动再研究》

第二卷:《城市人民公社档案资料》(甲)

第三卷:《城市人民公社档案资料》(乙)

第四卷:《城市人民公社档案资料》(丙)

第五卷:《城市人民公社档案资料》(丁)

第六卷:《城市人民公社报刊资料》(甲)

第七卷:《城市人民公社报刊资料》(乙)

第八卷:《城市人民公社报刊资料》(丙)

　　本《选编》第一卷《城市人民公社运动再研究》,之所以如此命名,自然包含着与本人第一本拙著《城市人民公社运动研究》(国家社科基金一般项目《乌托邦思想与城市人民公社研究》的最终成果,下称《研究》)的联系与区别。就研究主题而言,是《研究》的延伸与拓展。就研究内容而言,是《研究》中未曾涉及与深入的问题。此卷中的15篇专题论文,自著11篇,本人指导的硕、博士研究生论文4篇(编入本书时作了压缩与修改)。按各自论文发表或刊载先后为序,编入本卷。

第二、三、四、五卷为档案文献资料,共收录此类资料264篇。第二卷收录的是中央部委级(包括协作区)文献资料,以文献制作时间为序,将其依次编排。第三、四、五卷收录的是地方文献资料,从社至省各级都有。以文献制作者为分层标准,将其分成省市(地)级、区(县)社级两个层次,各个层次的文献按时间顺序编排。需要说明的是,由于第三、四、五卷内的文献源自多个省市,而有些文献在标题中并未标明文件的适用范围,所以在编入本书时,编者在文献标题前加注了文献的产地,放在括号内以示区别,如《(上海市)关于积极准备条件,建立城市人民公社的工作规划(草稿)》。这样,能使读者一目了然,便于查阅。

第六、七、八卷为报刊文献资料,共收录1958年至1962年间几十家官方报刊上的城市人民公社文献293篇,以报刊名称为单位,按每种报刊文献刊出的时间为序编排。值此,有两种情况需要说明,一是"(十八)《人民公社好》",不是报纸,也不是期刊,而是书名。当年由中共哈尔滨市委办公厅编辑出版的一本小册子,收集于旧书摊,因为就一本,只能将其编入报刊类。二是有多种报刊的文献篇数较少,将其统一编排在"其他报刊"条目内。

还需说明的是,整理编辑中为保持文献内容原貌,哪怕是读者明显感觉到的疑惑之处,也未作更改。比如文献原件中的数字一般有汉字和阿拉伯数字两种表达方式,在本书中均保持原样,未按统一要求予以处理。在尽量保持文献内容原意的同时,也作了一些必要的修改和添加:(1)对档案文献中一些涉及个人名誉、隐私的人名,本书只标姓,名字用××代替;(2)政治敏感性内容作了技术处理,用□□代替被删除的文字;(3)原文中没有文件名的,编入本书时加了标题,并作题注;(4)对一些文献作者(地厅级及以上人员)作了注解;(5)档案文献来源,应档案馆要求,仅注"原件现存于×××档案馆";(6)每篇文献题目下行居中有一个用汉字表达的日期(文献制作时间)为编者所加;(7)制作日期仅标明月、旬的部分文献,一般放在该月、旬的最后面;(8)文献中涉及的方言,在其后的圆括号内加了注释。

另外,原件中的错字、别字,或不规范的字,本书中分别在〈〉内校正;缺字和不能辨认的字加□号;原文中的通假字、旧式引号,本书都未校改。

城市人民公社研究资料（包括档案资料与报刊资料）是反映城市人民公社历史事件的文字史料，是城市人民公社历史研究的基础。由于城市人民公社是"左"的错误的一种表现，历史已证明，建立城市人民公社为最初探索社会主义建设道路的一次不成功尝试。所以，本书所收录的史料，适宜研究参考使用。正因为如此，对资料的整理编辑提出了更高要求。在工作中始终坚持严谨作风，一丝不苟，力求电子稿与纸质原件高度一致；体例力求清晰，为的是便于读者查阅利用，更准确地了解把握城市人民公社历史原貌。即便这样，疏漏与错误依然在所难免，敬请读者批评指正。

值此《选编》付梓之际，本人深感本书关于资料收集、整理研究、编辑出版任务之艰难。一路走来，离不开单位、师长、同事、学生以及家人的帮助与关心。一桩桩，历历在目；一件件，感恩不尽。

师恩浩荡，大爱无疆。把本套书比作一艘在学海中从此岸到彼岸的航船，启航者是我的研究生指导老师湖南省委党校雷国珍教授，而导航者当属北京大学原副校长梁柱教授、湖南省社科院院长刘建武教授、湖南科技大学党委书记刘德顺教授、湖南科技大学校长朱川曲教授、湘潭大学校长李伯超教授、湖南科技大学副校长李琳教授、中共福建省委党校郭若平教授、湘潭大学谢起章教授，护航者则是国家社会规划办、中央党史研究室、人民出版社、湖南科技大学。

新史料是史学研究创新的根本动力，也是成就本套书稿最基础、最关键、最根本的要素。感谢中央档案馆及北京、上海、天津、黑龙江、吉林、辽宁、河北、河南、湖北、湖南、江西、广东、广西、福建、江苏、浙江、四川、云南、贵州、山西、陕西、甘肃、青海、内蒙古、宁夏、新疆等省会城市档案馆的领导和工作人员，在资料收集时所提供的大力支持与无私帮助。特别要感谢上海市、湖南省、福建省、陕西省、宁夏回族自治区、广西壮族自治区、河南省、沈阳市、南京市、合肥市、哈尔滨市、南昌市、福州市、南宁市、银川市、长沙市、湘潭市、株洲市、长沙市岳麓区、湘潭市雨湖区等档案局（馆）的领导与工作人员，因其受崇尚学术、敬畏历史、共享宝贵资源等崇高精神的驱动，还将已查阅的馆藏城市人民公社资料予以授权出版。倘若没有他们的博大胸怀，本套书远没有现在这样丰富。

常言道:"一个篱笆三个桩,一个好汉三个帮"。感谢《城市人民公社文献的收集、整理与研究》课题组成员吴怀友教授、许彬博士、邹华斌博士、米晓娟老师为课题研究所作的努力与贡献;感谢马克思主义学院徐德刚教授、吴怀友教授、廖和平教授、廖加林教授、吴毅君教授、米华教授、赵惜群教授、刘大禹教授、毛小平教授、李连根教授、朱春晖教授、罗建文教授、尹杰钦教授、宋劲松教授、黄利新教授、杨松菊博士、刘敏军博士、戴开尧副教授、谢忠教授、刘正妙博士、黄爱英博士、韩平博士等对课题研究与本书出版的大力支持。感谢马克思主义学院中共党史硕士点、中国近现代史纲要教研部的专家学者们对课题研究与本书出版的鞭策鼓励及人文关怀。其中李秀亚老师整理本书稿时反映出的扎实的专业功底、精益求精的职业操守、一丝不苟的治学精神、任劳任怨的劳动态度,令人敬佩。另外,由衷感谢湖南科技大学党校副校长彭雪贵先生,在本书整理、出版最需要时候的竭诚相助,有些甚至是雪中送炭。愿好人一生平安。

感谢湖南科技大学马克思主义学院中共党史专业与中国近现代史基本问题方向的硕士研究生为资料整理所付出的艰辛劳动。与此同时,特别感怀我指导的研究生刘洋(博士)、姚二涛(博士)、张家勇、汪前珍、付彩霞、米晓娟、钟俊、盘林、肖楚楚、阳文书、万建军、钟原、李鑫、刘璐、姜陆同学,因其怀有对稀缺历史资源的好奇与敬畏,不惜为本套书各个环节的工作挥洒甘露般的汗水。

本套书能在人民出版社成功出版面世,离不开该社崔继新先生、刘江波先生的独具慧眼、运筹帷幄,离不开高华梓博士为本套书编辑所付出的艰辛劳动。在此,深表谢意。

感谢我的妻子肖金玉,完成本职工作外,包揽了所有家务,让家庭环境井然有序、生活温馨和谐,为的是让我有舒畅的心情、旺盛的精力、充足的时间从事城市人民公社资料的收集、整理与研究工作。常言道,一个成功男人的背后,必定有一个贤慧女人。我算不上成功男人,但背后妻子的贤慧却是不折不扣、名符其实。还有我的儿子李博,虽然学的是金融专业,从事金融工作,但对历史问题,尤其对中国历史感兴趣并有感悟。对我的研究工作很是支持,提出的意见诚恳而宝贵,有些甚至是建设性的。

所有这些，都使我深深感到，本套书能够以现在的面貌出版，其中蕴含了多少人的聪明才智，也凝聚了很多人的辛勤劳动。在此，再次对已提及和未提及的单位和个人，表示诚挚的谢意。

李端祥

2018 年 6 月 20 日

目　录

城市人民公社档案资料（乙）

（一）省、市（地）级城市人民公社资料

（二）区（县）、社级城市人民公社资料

城市人民公社档案资料（乙）

（一）省、市（地）级城市
人民公社资料

上海市虹口区举办人民公社
准备工作的打算*

（一九五八年十月二十一日）

　　建立人民公社正在全国范围内形成了一个新的不可阻挡的群众运动的潮流,不少的农村都已人民公社化了,有些城市也已公社化了,这对上海人民公社运动是一个很大的影响。但由于上海情况复杂,改造任务还很繁重。根据市委指示,公社一定要办,但步子不能太急。又鉴于全国公社化对上海人民的影响和推动,应积极地准备,争取在半年到十个月的时间,做好建立人民公社的准备工作。

　　本区广大群众经过全民整风运动,在党的社会主义建设总路线照耀下,全国和全市的工农业生产和其他战线上的全面大跃进,以及全国大办人民公社的鼓舞下,社会主义觉悟有了空前的提高,群众的精神面貌有了新的变化,人与人之间的关系也根本改善了,劳动积极性大大提高了。这些变化,促使广大群众特别是街道里弄的家庭妇女,迫切要求摆脱繁琐的家务,组织起来过集体生活,参加社会劳动,为加速社会主义建设贡献出自己的智慧和力量。当前全国、全市人民都在为钢而战,支援农业秋收秋种,深耕积肥,为明年农业生产更大的跃进做好准备工作,争取更大的丰收。本市和外地,都需要大量的劳动力。合理调配使用劳动力,使家庭妇女从繁琐的家务劳动中摆脱出来,立即投入支援钢铁,工农业生产大跃进已有可能。因此,当前必须抓紧时机,以支援钢铁元帅升帐为号召,从组织妇女支援工业基干队伍入手,将本区的人民公社

---

　　* 原件现存于上海市档案馆。

的准备工作（组织集体化）分批展开，并根据二个里弄试点已摸索到的经验教训提出如下的打算。

一、组织的目的要求

在整风运动的基础上，依靠产业工人家属、退休的老年工人和其他劳动人民，充分发动群众，根据本区的情况和特点，既要稳步，又要加快工作。掌握组织生产、组织生活、大闹文化革命三者并举的原则，支援以钢铁为中心的工农业生产大跃进，有计划有步骤地把全区的居民组织起来，逐步解放妇女劳动力，从实际锻炼中，提高他们的集体主义思想、劳动观点，培养他们的组织性和纪律性，逐步实行组织军事化、行动战斗化、生活集体化，为建立人民公社打下思想基础和组织基础。

二、准备建社的组织规模

1. 根据本区自然条件，划分为五个社。第一社为现广中路、天通庵路二个办事处地区，人口约有八万余；第二社为现多伦路、山阴路二个办事处地区，人口约有六万余；第三社为现长春路、贯中路、加兴路三个办事处地区，人口约有八万；第四社为横浜桥以南、海宁路以北，包括现虹江支路、横浜桥二个办事处地区和江西北路、中州路（大部）、吴淞路（小部）三个办事处部分地区，人口约十万余；第五社为海宁路以南、苏州河以北，包括三角地、乍浦路二个办事处，和吴淞路（大部）、江西北路、中州路（小部）三个办事处部分地区，人口约十一万余。

2. 社以下按办事处组织生产大队，大队以下按工种分别组织生产中队，中队以下组织若干生产小队。

3. 将来党的组织按社成立五个党委或总支。目前先在第一社建立总支作为试点，各办事处成立支部，地区在党的统一领导下，全面安排，分工负责，进行工作。

4. 在社建立后，由于农林牧副渔、工农商学兵综合性发展，应相适应建立若干分工负责部门,并实行政社合一,订立社章。

三、办社的做法和步骤

整个过程分二步走,第一步组织起来,第二步转社。现在主要是组织起来的做法与步骤。

1. 当前必须抓住有利时机,以支援钢铁元帅升帐为中心,带动一切工作,把地区广大妇女劳动力组织起来,成立基干队伍,以办事处为单位成立大队,哪里需要,就到哪里去。同时,必须相应举办和办好托儿所、公共食堂、洗衣缝衣等等公共福利组织;还必须做好保育员、教养员、食堂管理、财务管理等等的选拔和培训工作,以适应全面组织起来时的需要。

2. 走集体化的道路,办人民公社,实现共产主义,是当前广大群众的共同要求,要坚决依靠产业工人家属和退休老工人,及其他劳动人民,充分发动群众,展开讨论和争辩,团结大部分赞成办社的各阶层群众,克服另一部分中上层职工家属的动摇,揭穿和打击一切破坏分子的造谣破坏活动,使广大群众在思想解放、自觉自愿的基础上,参加集体生活,参加社会劳动,然后逐步公社化。防止强迫命令。

3. 全区分二批进行。第一批,以自然条件较好的广中路、天通庵路二个办事处地区,搞农林牧副渔、工农商学兵全面发展,作为办社的试点,先组织起来,积极创造条件,在适当时机转为人民公社;在虹江支路办事处地区,以虹星合作社为基础,搞一个生产大队的试点;其余办事处各选一个情况最复杂的,劳动人民较多的里弄组织起来作为试点。第二批在总结各个试点经验的基础上全面展开。

4. 具体步骤和时间安排(总的时间第一批二个月左右):

(1)训练干部和确定依靠对象(十天左右):

首先向办事处、派出所全体干部和妇女干部,进行思想动员,内容包括共产主义远景教育,阶级路线、群众路线教育,以及白手起家,勤俭办社,勤俭办一切事业教育。以报告为主,组织他们阅读文件,分组讨论,大鸣大放,大争大辩,进一步提高他们的政治觉悟和解放思想。

在此基础上,部署区的准备工作规划和介绍试点经验,进一步讨论,明确方向和任务,分别根据区的规划、本地区的情况和特点,制订工作计划或打算。

与此同时,对试点地区的主要干部(委员以上)进行政治审查,建立档案材料,确定依靠对象,组织核心力量,以便进行工作。

(2)发动群众和进行全面调查研究工作(15天左右):

首先向群众作动员报告,进行共产主义远景和组织起来好处的教育,组织群众鸣放辩论,解放思想和明确参加对象和谁来领导,使广大群众积极协助工作人员做好组织准备工作。

同时,各工作组必须迅速对本地区和本里弄的情况进行全面调查,进行里弄历史情况分析,阶级分析,经济情况分析,剩余劳动力情况分析,文化情况分析,附近工厂、商店情况分析,资产阶级分子家属情况分析,五类分子情况分析,公共福利事业情况分析,等等。

(3)组织起来(20—25天):

在摸清情况后,组织工作应在成立里弄基干队伍和过去组织生产加工小组的基础上,进一步宣传动员,根据生产、生活、文化革命三者并举的要求,使他们进一步明确组织起来的各种组织的方向、性质、任务。在组织过程中,深入群众及时发现问题,掌握群众思想情况,发动群众大鸣大放大争大辩,深入进行劳动观点、集体主义教育,拔白旗插红旗,克服他们中的私有观点和劳动分等级、分贵贱等资产阶级观点,端正工作态度和劳动态度,树立我为人人、人人为我的共产主义思想。

在组织起来以后,必须组织群众座谈讨论,从实践中体验组织起来的优越性。经过一段时间,围绕着各项工作和分配问题,贯彻整风的精神,发动大鸣大放大争大辩,进一步巩固提高他们的政治觉悟和劳动观点,集体主义思想,并订立必要的简便易行的规章制度,为下一步转为人民公社做好准备。

(4)休整,总结试点经验(10—15天):

在组织起来巩固后,各办事处全体工作人员应总结工作经验,为第二批全面推开做好准备。

（5）社会改造：

为了纯洁地区，在组织居民生产、生活的同时，必须加强对地、富、反、坏、右、反革命分子家属、刑满释放犯及社会上渣滓的清理和改造工作，在原有掌握材料基础上，结合全面调查研究工作，进一步摸清他们的情况，对需要逮捕、管制、劳动教养的分子，采取边调查边处理的方法，需要集训审查后处理的分批集训处理，对需要动员遣送回乡安置生产的和组织移民生产以及监督劳动的分子可陆续遣送到内地，对经过反复动员或说理斗争后仍然坚持不愿回去的分子，建议民政部门分批集中强制遣送安置。

四、几个有关的政策问题

1.组织对象。目前应从劳动人民入手组织，资产阶级分子家属和小业主暂缓组织。地、富、反、坏、右、刑满释放犯及社会渣滓不吸收。至于上述分子家属，应根据他们的情况和表现，具体分析，分别处理，在处理中，对地、富、反家属要紧，坏、右家属一般表现较好的可以考虑。对没有和不能参加组织的群众，里弄中的公益劳动还要他们参加，以对他们进行改造。

2.对里弄积极分子调查研究，确定依靠对象，应坚决依靠成分好，觉悟高的，能联系群众的产业工人家属，退休老年工人及其他劳动人民，以他们作为基层组织领导核心，要培养他们的领导能力，在群众中树立领导优势。对里弄积极分子中的其他各阶层居民，表现好的可以继续使用，但不能担任领导。对成分不好，历史上做过坏事，而在解放后也做了一些工作，在群众中也有一些威信的，暂时要他们工作，不能担任领导，不能抬高他们地位，待以后劳动人民出身的积极分子领导优势建立起来以后，经过发动群众清除出去。对其中公安局要处理的分子，应坚决不留。

3.关于组织起来后的分配和公共积累，要贯彻执行统一收入，合理分配，照顾按劳取酬的原则，公积金和公益金一般应为整个组织总收入的 10% —30%。在分配和公共积累问题上，应该以共产主义的精神反复教育干部和群众，采取大鸣大放、大争大辩的方法，依据积极扩大公共积累的原则，正确确定消费和积累的比例，防止强迫命令。

4. 在组织过程中,应以支援钢铁生产为纲,带动一切工作,除突击支援工农业生产外,经常工作应抓文化革命和搞好居民公共福利,要生产、生活、文化同时并举,做到事事有人管。

中共虹口区委里弄工作委员会

一九五八年十月二十一日

中共南昌市委关于试办城市人民公社的情况报告[*]

（一九六〇年三月二十日）

省委：

根据中央和省委关于建立人民公社的指示，为了摸索情况，总结经验，早在一九五八年九月，市内四个区就分别进行了以街道办事处为单位建立城市人民公社的试点工作，先行建立了四个公社，即东湖区百花洲人民公社、胜利区滕王阁人民公社、抚河区广外人民公社、西湖区西湖人民公社。

建立城市人民公社，是一项新的工作。我们试办城市公社工作，是在党的领导下，认真贯彻了群众路线，采取边计划、边试验、边巩固的方法进行的。一般来说，建社大体经过三个步骤：一是深入调查摸底，积极做好思想动员，充分发动群众；二是大力组织生产，大办集体生活福利事业；三是建立机构，选举公社的领导核心，制订公社管理制度。

建社一年多来，经过党的各个时期的中心工作，特别是经过一九五九年总路线、大跃进、人民公社三大万岁的宣传，对广大社员进行了社会主义和共产主义教育；进行街办工业的整顿，按照行业的性质合并、转厂，加强对社办工业的领导；整顿和巩固食堂、托儿所、幼儿园、敬老院等集体福利组织。

一年多来，人民公社已经巩固和健全地发展，取得了很大的成绩，并取得了一定的经验，为全市城市人民公社化创造了有利的条件。目前，上述这四个公社包括三十五个居民委员会，三百八十二个居民小组，共有一万三千〇三十户，五万一千八百〇三人。公社共办工厂五十个，一九五九年工业总产值达

---

* 原件现存于南昌市档案馆。

四百七十一万元,有公共积累七十万〇三千八百元。随着生产发展的需要,共建立公共食堂十九个(国营工厂企业和机关团体的食堂和用膳人数均未计入),在食堂用膳的有四千〇六十二人;幼儿园、托儿所二十四个,敬老院四个;民办中学、红专学校二所,医院门诊部四个;群众服务站十八个。

在试办城市人民公社的同时,作为城市公社雏形的卫星工厂、街道工厂、公共食堂、托儿所、服务站等有了很大的发展。在一九五八年全民大办工业运动中,城市街道工业如雨后春笋一般,蓬蓬勃勃地发展起来。据不完全统计,一九五八年工厂企业自办卫星厂三百九十四个,产值达五百六十八万元。现有街道工厂一百五十六个,其中运输企业二十五个。全市城区内公共食堂有五百三十六个,参加用膳的约计二十二万余人;其中街道食堂七十八个,用膳的八千八百四十二人。全市城区内幼儿园、托儿所共有二百二十六个,入园、入托儿童一万二千人;其中街道幼儿园、托儿所一百三十三个,儿童五千一百三十一人,全市街道群众服务站(组)五百七十二个,服务人员达四千七百一十一人。

公社一成立就得到了广大人民群众的积极拥护,他们说:"公社是个大家庭,人为我来我为人,组织起来搞生产,幸福万年永无穷"。一年来的初步实践,证明城市人民公社具有强大的生命力和无比的优越性。

1.组织起来,把分散的变成有组织的集体,成为建设社会主义、共产主义的有组织的活动基础。在城市里社会主义的全民所有制已经成为主要的形式,工人阶级领导的工厂企业、机关、学校已经按照社会主义原则高度组织化,但是还有一部分居民群众是没有组织起来,分散在城市的各个角落。通过城市人民公社组织,我们把分散的广大城市居民组织了起来,变成建设社会主义的一支重要力量。广外人民公社原来从事家务劳动的青壮年妇女有一千五百六十五人,自公共食堂、托儿所、幼儿园建立,生活走向集体化后,把家务劳动变为社会劳动,为工农业生产挖出了一千一百一十五个劳动力。滕王阁人民公社不仅大办工厂,使很多人参加了生产,而且从建社起到一九五九年底止,还输送一千三百〇七名劳动力支援了市区工业和商业等部门。

2.调动了一切积极力量。街道大办工厂、大搞短途运输,发展和促进了生产,为国家增加了财富。由于组织起来力量大,公社范围广,有利于充分利用全社人力、物力,新建和扩建大批的街道工厂。在社办工厂中有为大工业生产服务的,有为农业生产服务的,有为城市人民生活需要服务的。百花洲人民公社在全民办工厂的高潮中,全社建立了大小工厂生产单位八十四个;滕王阁人民公社,没有生产场所和房子,社员自己纷纷腾房让屋,堂屋作厂房、走廊作车间,一下就建立十二个工厂。由于社办工业的发展,大大增加了社会财富。百花洲人民公社在一九五九年完成产值达二百一十余万元,缴纳税收五万多元,上缴利润达二十万元。广外人民公社二十多个工厂,初期产品有一百六十多种,到一九五九年第二季度达到七百余种,如喷雾器、纱包线、吊车铁轮、木制滑轮、酱油、蛋品、炒货加工等等,有些产品是过去我市没有的,如江纺、新甡、麻纺等厂用的清花刷、印染刷都是靠上海、汉口买来,现在也由该社社办工厂供应满足需要。饲养蜂具厂还生产江西首创的隔王板。人民公社不仅大办工业,而且组织了运输队,大大支持了国家社会主义建设。滕王阁人民公社社办水陆运输去年完成货运、港卸任务三万六千三百九十七吨。广外人民公社每月完成运输任务达二千多吨。同时人民公社也促进了街道文化、教育、卫生等各项事业的发展。

3. 群众的生活面貌起了很大的变化,而且是具有普遍性的变化。城市人民公社建立以后,居民参加了生产,举办了集体福利和服务事业,人们的生活大大改善。一是普遍增加了收入,改善和提高了生活水平:四个公社一九五九年共发工资七十一万元,生产工人平均每月工资二十三元;百花洲人民公社一九五九年发出工薪达三十万元,平均工资为二十元,最高的有六十余元。该社社办的帆布厂工人闽金根,在未成立公社前是长期吃救济的,入社后夫妇俩都在厂里工作,现在每月收入有六十多元,不仅解决了全家五口人的生活问题,而且从一九五九年起,月月还贴花储蓄。二是人们的意识、生活方式起了显著变化。由于改善和提高生活水平不是只几个人,而是社会性地、普遍地提高的,这就使人们的思想意识、精神面貌发生了深刻的变化,逐步变以个人、家庭为主的生活方式为集体的生活方式,变个人、家庭之间的互助为社会性的互助,建立起新的生活方式和新型的互助关系。

4. 群众思想觉悟有了很大的提高,培养了集体主义和共产主义精神。城市人民公社是对广大群众进行社会主义、共产主义思想教育的好学校。居民群众由一家一户的个体生活,转变到集体劳动、集体生活中来,逐渐加强集体主义思想,并在生产劳动中,逐渐加强共产主义协作精神。过去很多居民群众对工厂、企业、机关、学校的事都是漠不关心的,现在他们是把"事事都放在心上""像自己的事一样"认真。如胜利区凤凰坡小学要搞一个勤工俭学班的试点,因小学学生年龄小和工厂挂不上钩,没有办法搞起来,后来通过无线电、制线、造漆等厂的居民劳动群众的支持,接受了五十名小学生当学徒,而且表示一定要保证使学生学好,他们说:"公社社员是一家,有事不分你我他,各项任务齐协作,不怕困难天样大"。另外,对于一些个体手工业者、小商小贩和房屋出租者来说,人民公社是对他们进行社会主义改造的最好形式,彻底地挖掉生产资料私有制的根子。

5.举办了集体生活福利事业和社会服务事业,给妇女带来了极大的好处,大大减轻了妇女的家务负担,打破了狭小的家庭生活、劳动的小圈子,进一步解放了妇女劳动力。妇女在政治上、社会上以及家庭中的地位显著提高,她们的精神面貌也发生了深刻的变化,使她们更能发挥巨大的智慧和力量,更好地服务于社会主义建设。现在她们歌颂自己的解放说:"人民公社是天堂,家庭妇女大解放,摆脱家务进工厂,生产劳动乐无疆"。

6.真正做到了"老有所依、幼有所托"。人民公社建立了敬老院、托儿所、幼儿园,使老年、幼小都有了依托,特别是那些鳏寡孤独丧失劳动力的老年人,已能够在敬老院内愉快地、幸福地度过晚年,得到了可靠的社会保障;许多幼小的孩子受到了比在家庭中更好的抚养、教育与锻炼。同时,还有的人民公社更细心地办了儿童食堂,对孩子们的营养做了精心的照顾。这些福利事业的建立,直接为社员服务,大大减轻了职工的家务负担,使他们能够更好地集中精力进行工作、生产和学习。

综上所述,"城市人民公社的优越性是巨大的,给社会主义建设增加了一支新生的力量。它必将在改造旧城市、建设社会主义新城市中越来越发挥它的巨大作用"。

由于城市人民公社是一个新事物,对党和全市人民来说还是一个新课题,因而,在前进的道路上还必然有许多新问题要去研究与解决。我们必须继续不断地从实际工作中去总结经验,不断地巩固和发展城市人民公社。

城市必须迅速全面地实现人民公社化。目前,我们要采取积极的态度,迅速地行动起来,在认真地总结试点社经验的基础上,立即在全市范围内,迅速掀起一个声势浩大的建立城市人民公社运动的巨大高潮。

1.中央指示大办城市人民公社目前大致有三种形式:以大工厂企业为中心、以较大的机关学校为中心和以街道居民为中心,按照先易后难,首先把街道居民组织起来,同时在江纺、麻纺、江西拖拉机等厂进行以工厂企业为中心的城市人民公社的试点,五、六月后全面实现人民公社化,所有公社都挂上牌子。

2.为了把城市人民公社办得更好、更细一点,在方法上要从认真总结现有经验入手,广泛地、充分地放手发动群众,向广大群众进行宣传教育,宣传城市人民公社的巨大优越性,用各种形式启发教育群众,使他们了解大办城市人民公社的重大意义,从而迅速地行动起来,掀起建立城市人民公社化运动的高潮。

3.为了加强领导,各区委要成立建立城市人民公社的领导小组,把工会、团委、妇联、民政、公安、街道党支部等部门组成办公室,具体进行工作。

此外,为了学习外地组织城市人民公社的经验,我们打算在今年四、五月间组织一个参观团到外地参观学习。

当否,请示。

中共南昌市委

一九六〇年三月二十日

中共南昌市委关于城市建立人民公社的几个问题的意见（草案）[*]

（一九六〇年三月二十一日）

根据中央和省委关于建立人民公社的指示，早在一九五八年九月，市内四个区就分别进行了以街道办事处为单位建立人民公社的试点工作。在党的建设社会主义总路线的光辉照耀下，经过两年的连续大跃进，从那时建立起来的东湖区百花洲人民公社、胜利区滕王阁人民公社、抚河区广外人民公社、西湖区西湖人民公社得到巩固和健全地发展，显示了它强大的生命力和无比的优越性，受到了广大群众的热烈拥护。同时，城市卫星工厂、街道工厂、公共食堂、托儿所、幼儿园、服务站等等，有了很大的发展，这实际是城市人民公社的雏形。由此可见，迅速地实现城市人民公社化是贯彻执行党的总路线的结果，是社会主义大跃进的产物，是客观形势发展的必然趋势，是广大劳动人民的迫切要求。一个全面实现城市人民公社化运动已经到来。

一、关于人民公社的形式和规模

根据中央指示、外地经验和我市各区试点情况，城市人民公社大致可有三种形式，这就是：1. 以大型工厂企业为中心；2. 以较大的机关、学校为中心；3. 以街道居民为中心。上述三种形式，目前可以同时并存。

以大型工厂企业为中心的人民公社，是以一个或几个大的工厂企业的职工和家属为中心，和周围的学校、商店、机关的职工和家属、街道居民以及附近的农业人口联合建立起来的。这类公社基本上是全民所有制,集体所有制的成分很小,以全民所有制带集体所有制,以大厂带小厂。这类公社主要是在工厂企业比较集中的工业区建立。

以较大的机关、学校为中心的人民公社,也是一个或几个较大的机关、学校的干部和教职员工及其家属为主,和周围的工厂、商店、农业人口和街道居民联合建立起来的。这类公社也基本上是全民所有制,集体所有制的成分很少。这类公社一般是在机关、学校比较集中的地方建立的。

以上两类公社的规模,既不宜过大,也不宜过小,既要便于领导和组织,又要便于发挥公社"一大二公"的优越性。开始组织时,一般以万人左右为宜,以后可按发展情况适当并大。

以街道居民为中心的人民公社,包括街道市民和居住在这个区域内的机关、工厂、学校、商店等的职工家属。街道公社基本上是集体所有制,然而也有很大的全民所有制成分,即使是集体所有制里也有了更大程度的全民所有制因素,一般应该实行公社所有制。

以街道居民为主的公社的规模,根据各区试点情况和外地经验,应以现行街道办事处为基础,大体上可以两至三个街道办事处,约计两、三万人左右组成一个公社。每个市区约有三、四个公社,区成立联社。这样的规模,既便于组织领导,又便于发挥公社"一大二公"的优越性,以后根据情况的发展、客观的需要,又积累了办社的经验,还可以适当地并大。

二、关于人民公社的体制和机构

城市人民公社,应当同农村人民公社一样,应为工农商学兵相结合和政社合一的社会组织,成为生产、交换、分配和人民生活福利的统一组织者。但是城市和农村有所不同。在城市中社会主义的全民所有制已经是所有制的主要形式了,工人阶级领导的工厂、机关、学校已经按照社会主义原则高度组织化了,因而城市的公社化不能不提出一些同农村不同的要求,而且城市的情况比农村复杂。因此,城市人民公社必须坚持贯彻"以工人阶级为领导,以全民所有制为主体,以发展生产为中心"的原则建立起来。城市建立人民公社财经等体制一律暂时不变。对大、中工厂参加公社,采取"入而不归""体制不放"的办法。对于中央、省、市属大、中工厂,在党的关系上受省委或市委和公社党委的双重领导。属于生产计划和方针政策方面的重大问题,由省委或市委直接指示,公社党委在这方面起保证、监督作用;属于经常性和地区性的工作,由公社党委统一领导,在行政上仍受原上级主管部门领导,管理体制不变。

实现城市人民公社化,实际上是要以工人阶级的思想和要求来改造城市和各个阶层的人。城市人民公社,是改造旧城市、建立社会主义新城市的强有力的工具。因此,城市人民公社必须坚决贯彻执行党的阶级路线,以工人阶级为领导,依靠工人阶级和劳动人民,团结资产阶级中的左派,把公社领导权稳稳地掌握在工人阶级和劳动人民的手里。

人民公社的最高权力机关是社员代表大会。在社员代表大会上选举管理委员会和监察委员会,负责管理日常事务和监督社务。管理委员会由委员若干人组成。社委会下设若干个管理部门,比如:①工业部:管理工厂、企业和手工业生产;管理劳动调配和工资分配;工会工作将来也可以兼管起来。②财贸部:管理有关各项财贸工作。③农业部:管理农、林、水、牧等生产事业。④内务部:管理优抚救济(或补助)、结婚登记、食堂、托儿所、哺乳室、敬老院、房屋等社会福利事业。⑤政法部:管理公安、检察、法院等工作。⑥武装部:实现全民皆兵和办理兵役等工作。⑦文教部:管理文化、教育、科学研究、卫生事业等。⑧办公室:负责人事、秘书、总务,起社委的助手作用。

人民公社设党委会。除上述公社各管理部门亦即党委会工作部门外,并设组织部和宣传部。共青团组织按照党委组织机构去设置。社设妇联会。

人民公社的干部,应该在原有街道办事处干部的基础上,适当地加强,主要是要加强领导骨干。公社的组织机构要力求精干。在公社的领导干部中,应当注意安排妇女干部,在一般干部中妇女干部也要保持一定比例。社的全部管理人员都应参加生产劳动,成为制度。

在实现人民公社化以后,原居委会组织可以继续保留,派出所的牌子仍要挂上。

三、入社对象

1. 凡年满十六周岁的男女公民，均可申请参加人民公社为社员，在公社地区范围内的十六周岁以下的小孩，也是公社的成员。

2. 参加公社一般应就工作生产单位（地区）申请入社，未参加工作和生产的人员原则上按居住地区申请入社。如职工家属熟悉工厂一部分生产技术，但其住址不在工厂所属区内，如厂方可安排其生产的，可在工厂所在地入社。

3. 如父母双方不在同一公社，其未成年子女参加分配地区，由其父母自定。

4. 下放到区的工厂、企业职工应全部申请参加。

5. 地、富、反、坏及其他一切剥夺政治权利的人，可参加公社进行劳动，不作社员或先作候补社员，经过较长时期锻炼和考察，再按具体情况批准为社员。有破坏活动的坏分子，应及时依法惩处。罪行轻的可在公社实行监督劳动。

对右派分子，为了便于进行分化和改造，采取区别对待的办法比较合适，可以根据他们的表现和原处理情况，做不同的处理。表现好的可以作正式社员，表现一般的可作候补社员，表现坏的，可参加社内劳动，不作为社员。

6. 资本家家属一般都为公社社员，但对个别一贯拒绝改造、对社会主义不满的人，暂不吸收为社员，在社内参加劳动。

四、公社生产

发展生产是办好城市人民公社的中心环节，是改造旧城市和建设社会主义新城市的物质基础，城市人民公社必须以生产为中心，生产、生活一齐抓。

城市公社应当充分利用城市发展生产的有利条件，大力搞好生产。社办工业生产，应尽量挖掘人民中的各种潜力，根据需要和可能，在全市统一规划、排队、合理布局的前提下，在全民所有制的经济扶持下，依靠群众，勤俭办社，因地制宜，因陋就简，大搞群众运动，以全民所有制带集体所有制，以大厂带小厂,大办小型工厂,多办综合利用原材料性质的工厂,组织综合性生产。要根据需要积极组织交通运输队和建筑队。公社农业应当积极发展以蔬菜为主的农业生产和养猪为首的家畜、家禽饲养业,建立商品生产基地。大搞服务性的生产,多设点、站,尽量便利群众。

大办集体福利事业,大量挖掘劳动潜力,促进生产大发展。对于现有的食堂、托儿所等集体福利事业,要加强领导,积极办好,要广泛宣传生活集体化的优越性,积极扩大就餐和入托人数,继续大力地发展公共食堂、托儿所等福利组织,逐步实现生活集体化、家务劳动社会化。

五、公社分配

人民公社成立后,暂不忙于改变原有的分配制度,以免对生产发生不利的影响,要从具体条件出发。由于城市关系错综复杂、公社组织的生产单位或服务单位一般都存在劳动强度悬殊、创造价值悬殊、生产多种多样的特点,因此,工资分配形式也应多种多样,在一个社内和社与社之间的分配方法和工资水平也不能强求一律,但是公社社员的工资水平,一般不应超过当地国营企业同工种、同技术工人的工资水平。公社应当本着"勤俭建国、勤俭办一切事业"的精神,在扩大公共积累的前提下,逐步提高社员的生活水平。在方法上:

1. 对生产正常、积累多、有条件的单位可采取基本工资加奖励的办法;

2. 对于对外加工的单位,可采取按件计资提积累加奖励的办法;

3. 对于分散流动经营、收入不易准确计算的单位,如代销店、修鞋店等,可采取包工包产、定额积累的办法;

4. 对各种非直接生产人员,可采取固定工资,按级评发;

5. 炊事员可实行供给制或津贴办法,伙食费用由公社支付或津贴。

六、建立公社的步骤

城市必须迅速全面地实现人民公社化。目前把试点工作加以全面总结,用实际显示出来的优越性去广泛动员和教育群众,放手发动群众。先抓生产,大办工厂,大办集体福利事业,大办文化教育事业,然后组织起来,牌子一个一个地挂上。

以街道居民为中心的公社,已经进行了试点,取得了一些经验。首先把这种类型的公社在最近期间迅速地全面组织起来。与此同时,进行以大工厂企业为中心的和以较大的机关、学校为中心的公社的试点工作,总结经验,在今年下半年全面建成并巩固起来。

七、加强领导问题

为了加强领导,市委要成立城市人民公社领导小组,设立管理机构,加强党委对公社建社工作的领导。市委分工一个书记和一两个常委,负责城市建立公社的工作。

城市区委也要相应地成立领导小组,在区委领导下,把工会、团委、妇联、公安、街道办事处等几家统一组织起来,加强对公社建社工作的具体领导。

中共南昌市委

一九六〇年三月二十一日

上海市委关于成立市委城市人民
公社工作领导小组的通知[*]

(一九六〇年三月二十五日)

为了进一步加强里弄居民工作的领导,积极准备建立城市人民公社,市委决定在市委里弄工作小组的基础上,成立市委城市人民公社工作领导小组。

组　长:王一平

副组长:钟　民　张敬焘　郭　建

组　员:王　克　王致中　白　彦　刘光耀　李研吾　李　伟　陈琳瑚
　　　　林德民　赵庆栋　高华杰　夏明芳　张文豹　彭　斌　潘文铮
　　　　韩劲草

中共上海市委员会
一九六〇年三月二十五日

（上海市）关于积极准备条件，
建立城市人民公社的工作规划（草稿）*

（一九六〇年三月二十七日）

一

两年来的里弄居民工作，为建设城市人民公社准备了一部分条件。在里弄居民中，已有八十五万六千人参加了各项社会劳动和生产组织；解放初期建立起来的居民委员会，经过历年来的工作和两年来的发展，已经成为全面组织居民的生产、生活的里弄委员会，它在实质上已开始形成为城市人民公社的一种基础组织。

建立城市人民公社是历史发展的必然趋势。城市人民公社是改造旧城市和建设社会主义新城市的工具，是加速社会主义建设和过渡到共产主义的最好形式。实现城市人民公社化，完全符合工人阶级以自己的面貌改造旧城市的热烈愿望，而且这种要求是越来越迫切了。

上海是一个工业集中的大城市，全民所有制占有绝对的优势地位，工人阶级的队伍很强大，有着光荣的革命传统，这些都是建立城市人民公社的有利条件，但是，上海曾经长期被帝国主义和反动派统治，政治、经济、思想方面情况都比较复杂，这就必须十分积极地、十分认真地充分进行有关建立城市人民公社的准备工作；只要条件成熟了，上海的城市人民公社就瓜熟蒂落，水到渠成。因此，首先应该加强有关城市人民公社的一切实际工作，力争在国庆节前或更早一些时候胜利实现以下主要任务：

继续整顿和提高里弄委员会的工作,进一步发挥它的组织工作:对凡是有劳动能力,尚未参加生产劳动的里弄居民,在深入思想教育与提高觉悟的基础上,根据自愿参加的原则,统统组织起来,昂首阔步地走上共同劳动,集体生活的道路;同时,对社会主义改造遗留下来的问题,加强进行改造的工作。

建立与健全街道委员会,进行类似公社分社的实际工作,加强对里弄委员会的领导,并逐步将下放的工厂、企业、学校和医院、影院等事业统一管理起来。

在闵行、吴淞等卫星城镇,建立以工厂为中心的城市人民公社。

二

在街道党委和街道委员会领导下,进一步提高里弄委员会的组织作用,并做好以下的工作:

第一,积极组织生产劳动。

街道里弄组织的劳动生产,应与全民所有制的工厂企业紧密结合,并在其带动与支持之下,积极地为这些工厂企业服务。除了按照国家统一安排,动员输送符合条件的里弄劳动力支援外地外,有如下几个方面:

(1)扩大原有的和建立一批新的加工生产组织,和工厂企业挂钩,根据有利于提高工厂企业劳动生产率的原则,按时按量按质地完成加工任务,加工生产的主要门路是:

全面地回收整理、综合利用或部分利用社会上和工厂企业尚未利用的废料、下脚、废水、废液等的生产,做到一料多用,变无用为有用。

有计划地同工厂协作,发展工厂企业的某些"缺门"产品的生产。凡是原材料供应比较困难而又适合外地建设需要的工厂逐步外迁,既可帮助各地发展工业生产,又便于解决里弄生产上原材料的困难。

承担工厂企业适宜于外包的简单生产任务。

发展市场有需要、原料又没有困难的某些手工艺品和缝制服装等生产。

加工生产组要进行调整和提高,根据其性质和规模,可以作为工厂的附属车间,或分别称为工厂、工场和加工生产组。

（2）生产方向已转为生产高、精、尖产品的某些工厂，应将原来生产简单产品的车间和制造部件零件的辅助车间下放给里弄委员会，这些车间下放后仍然是全民所有制的，由所属工厂会同里弄委员会共同管理。所有的生产工人，除暂留少数技术工人和管理人员担任生产指导工作外（他们的编制任属工厂），均另作安排，所需生产人员由里弄委员会补足，不列入工人编制。

（3）继续组织劳动预备队，适应工业生产、基本建设、交通运输等部门和某些临时性突击性任务的需要，无任务时，组织政治文化学习和专业技术训练。

另外，选择一批身体健康，政治历史清楚的青壮年职工家属和其他劳动人民家属，进行技术培训，作为工厂企业的预备工，以适应生产上的临时需要。

第二，大力发展集体福利事业和社会服务事业。

（1）在组织劳动生产的同时，大力发展集体福利事业。工厂、企业、机关、学校和各群众团体单位，要和街道、里弄紧密结合，采取多种方式，共同办好职工、学生和居民的集体福利。

全市已在公共食堂搭伙的人数，约占总人口的百分之三十左右。应该继续发展公共食堂，上半年在食堂搭伙人数要达到总人口的百分之四十，国庆节前达到百分之六十。除规模较大又有特色的饮食店外，一般饮食店和饮食摊贩逐步调查改组为公共食堂。公共食堂要解决早点供应。接近郊区又有条件的公共食堂可以发展自给性副食品生产。

全市已入托儿所、幼儿园的儿童，现约占应入园儿童总数的百分之二十四。今后托儿所、幼儿园应采取全托、日托、夜托、半日托、临时托等各种形式，大力发展，要求上半年入托、入园人数达到儿童总数的百分之四十，国庆节前达到百分之六十。

食堂、托儿所、幼儿园都应以办好和方便群众为原则，要采取国家办、工厂办、里弄办三结合，大、中、小三结合的办法，以适应不同情况的需要。商业、卫生、教育等部门应会同各区有计划地培训炊事员、保育员和教养员。在经费和副食品的供应方面，亦应予以大力支持。对公共食堂、托儿所和幼儿园必须加强领导，继续整顿提高，认真办好。

（2）为了逐步实现家务劳动社会化，除了解决吃饭、带孩子两项主要家务劳动外，应该有计划地发展社会服务事业，配合国营服务事业，构成一个星罗棋布的服务网，更好地安排职工和居民的生活，促进生产的发展。每个里弄委员会建立一个服务站，根据群众需要，积极发展各种服务组织，包括修补服务组、理发室、浴室等专业服务组，家务劳动服务组以及以代办业务为主的服务组，服务项目要因地制宜，多种多样，尽量满足职工和群众的需要。

（3）调整商业网，合理分配副食品和某些日用商品，更好地组织人民生活。集体劳动生产和群众性的集体福利事业、社会服务事业的大量举办，为逐步实现有计划地分配商品创造了条件，商业部门要合理调整商业网，同里弄委员会的集体福利和社会服务组织结合起来，安设供应点，有计划地组织商品供应，对副食品和某些日用生活必需品，逐步做到由里弄委员会进行合理分配。

第三，积极发展文化教育事业。

培养劳动人民成为文化的主人，这是革命的主要任务之一。必须大搞群众运动，建立文化教育网、卫生保健网，推广讲普通话，继续掀起文化革命热潮。

（1）今年上半年完成扫盲任务，并做好巩固工作。动员已摘掉文盲帽子的居民进市民业余中学预备班学习。市民业余中学要认真办好并继续发展，学生数应比去年更大增长，年底达到有三十万学员。

（2）加强对里弄自办小学的领导，提高教学质量，积极配合公立小学完成招收全部学龄儿童入学的任务。进一步整顿里弄小学教师的队伍，充实与加强骨干力量，并提高他们的教学业务水平。

（3）每个里弄委员会要有一个少年之家或少年儿童活动室，大力组织少年儿童参加科学文化活动，培养他们具有共产主义道德品质和科学研究兴趣。

（4）每个里弄委员会都要有一所文化站、图书馆，要不断充实文化站的活动内容，提高图书馆的服务质量，积极地开展学习科学技术的群众活动，广泛开展群众文艺活动，建立业余剧团、歌咏队等，使居民的文化生活更加丰富多彩，同时还应大力提倡多种多样的体育活动。

（5）加强里弄委员会的卫生委员会和卫生站，壮大群众卫生骨干和卫生积极分子队伍；建立健全卫生制度，普遍制订和贯彻执行卫生公约；不断深入开展除害灭病的爱国卫生运动，每季掀起一次人人动手、个个参加的大张旗鼓、大除四害、大搞环境卫生的突击运动，使上海成为环境清洁、人人健康的先进卫生城市。

第四，要大力调整房屋。

调整房屋是一项重要的政治任务。首先必须继续调整距离工作地点过远、每日上下班来回需时两小时左右的二十万职工的宿舍，使他们的宿舍靠近工作地点。同时，从多方面设法，调整一部分房屋给街道、里弄，以便举办集体福利、社会服务和文化教育事业，并结合城市改造规划，新建和改造一批房屋。各区委直接领导的试点，如张家宅，蒙三里弄委员会等试点地区，更应从速解决。

第五，加强社会主义改造工作。

（1）加强对个体劳动者的改造。

个体劳动者的情况比较复杂，在他们之中容易滋长资本主义自发势力，必须认真摸透情况，区别不同对象，积极进行改造工作，使他们走上集体化的道路。在组织他们参加集体劳动时，要发挥他们的特长，照顾他们原来的劳动习惯，妥善处理他们私有的生产资料，并且不降低他们原来的实际收入。

分散在社会上的自由职业者，情况更加复杂。他们多数是知识分子，有些人还是社会知名人士，收入比较高，对他们的改造，应该采取更加慎重的态度，定出妥善的办法。

对各种个体劳动者和自由职业者的改造，有些人可以组织他们参加里弄委员会的各种服务、文教组织，有些人应该在里弄委员会的配合协助下，由有关部门实行归口管理改造。

对佣工保姆应当采取慎重对待的方针，在集体福利事业和社会服务事业还没有大量兴办起来和能够代替他们之前，先对他们加强思想政治教育，鼓励他们适当参加里弄中的某些社会活动和文化活动。到条件成熟时，对原系农村人口的佣工，保姆应该动员他们回乡生产，对有常住户口的可以逐步吸收他们参加社会生产劳动。

（2）加强对资产阶级、资产阶级知识分子的家属的团结、教育和改造工作。

对资产阶级、资产阶级知识分子的家属，要加强思想政治教育，坚持自愿原则,采取多种形式欢迎和鼓励他们参加某些力所能及的劳动,如编结、刺绣、裁剪等劳动,或参加扫盲、里弄小学等工作。有些人可以组织定期轮流参加某些较轻便的生产劳动,工作时间可以自愿决定。还有些人可以临时组织参加某些突击劳动。对于暂时不愿参加生产劳动或参加劳动有困难的,也可以只组织他们参加政治学习和参观访问。在他们参加劳动以后,应该实行同工同酬,不愿接受报酬的可以听其自便。对于资产阶级、资产阶级知识分子的住宅和家具,一律不勉强动员他们出借;当前也不宜动员他们参加食堂搭伙和把孩子送托儿所,如果他们要求参加,应该对他们抱欢迎的态度。对那些思想比较进步,工作一贯表现较好的资产阶级、资产阶级知识分子家属,可以适当安排为里弄委员会的委员或妇代会和服务、文教、卫生等专业委员会的副主任或委员。总之,一方面利用有利形势,积极进行工作,团结、教育、改造他们中的大多数,孤立极少数;一方面采取易于为他们接受的方式方法,不致〈至〉于引起他们中不必要的波动。

(3)加强对地、富、反、坏、右分子的监督改造。

对市区的五类分子,应分别不同情况加以处理。对其中有条件回乡或在外地参加生产劳动的,都应遣送回乡或在外地劳动生产、监督改造,并动员他们的家属一道回乡或在外地安家落户。对于尚留在本市的五类分子,应在居民群众的监督下,采取夹(夹得紧)、看(看得住)、管(管得牢)、包(包改造)的办法,组织参加合适的劳动。

对于五类分子的家属,应该加强教育和争取工作,区别不同情况分别对待,给以参加生产劳动的机会。

(4)对闲散在社会上的神汉、巫婆、卜卦、算命等迷信职业者,要加强对他们的政治思想教育,并尽可能地组织他们参加劳动,把他们改造成为自食其力的劳动者。

第六,正确处理劳动收入的分配。

当前里弄各项事业的收入分配应按里弄委员会范围,实行"统一管理,两级核算,适当积累,按劳分配"的办法。

里弄委员会是一级核算单位。它的基本职权是:统一领导管理里弄各项事业;统一承接和分配加工生产等任务;统一调配和合理使用劳动力;统一管理和使用公积金、公益金；统一规定分配办法和各种工资等级标准，掌握和平衡各项事业之间的工资水平。

在里弄委员会的统一管理下，按独立的生产单位和事业单位作为一级核算单位。它的基本职权是：掌握本单位的收入和支出；核算成本；评发工资；一部分节余款项的保管和使用（一部分节余应上交里弄委员会）。

从当前实际情况看，公益金和公积金一般应提取占总收入的百分之五至百分之十左右，随着生产发展要逐步提高其比例。里弄委员会的公积金主要用于工具的大修和必要设备的添置；公益金主要用于举办集体福利事业以及奖励、工伤事故的治疗和补助生活困难的工作人员等。

在分配给劳动者个人消费的部分，实行工资制。除去里弄办的小学教师实行固定工资外，在不同的工种之间，按劳动强度和实际生产效率，适当规定各工种的工资等级及其标准，但级别不应过多，级差不应过大；对劳动者个人根据技术熟练程度、劳动强度和劳动态度评定工资等级，采取"死级活值"，按实际工作日计算应得工资。

里弄委员会举办的食堂、托儿所、幼儿园，对于参加里弄生产的劳动人员，除收伙食费、点心费外，可以免收或减收搭伙费和托儿费，其应缴款项由里弄委员会从公益金中如数拨交食堂、托儿所和幼儿园。这样，这些集体福利事业（包括卫生站、业余学校等）就能够减轻部分生活困难、子女又多的职工家属和劳动人民家属的经济负担，有利于他们从家务劳动中解放出来，可以充分体现集体组织的优越性。

里弄居民劳动收入的分配，关系到调动他们的积极性和培养他们的共产主义思想，因此，应该贯彻执行"思想政治教育和物质鼓励相结合""个人收入和集体福利相结合"的原则，加强对他们的社会主义、共产主义教育，不断树立和加强集体主义思想，充分发扬共产主义互助精神，防止计较等级待遇、单纯追求经济收入等资产阶级思想的产生。

三

根据上海城市较大，工业集中，人口较多等实际情况，准备以区为单位，建立城市人民公社。

在老市区，先在区以下设立街道委员会，不断加强其组织与工作，使之成为类似公社的分社。街道委员会领导所属里弄委员会组织生产，举办集体福利、社会服务和文化教育等事业；它又管理街道范围内的某些工厂、某些商店、某些学校、某些影剧院和地段医院以及人民武装等；它还直接举办为全体街道居民服务为中心的公共食堂、托儿所、幼儿园和学校等，树立旗帜，带动一般。

街道委员会一般可按原区人委办事处的范围建立。但由于目前的各个区人委的办事处范围大小不一，可以依据地形、人口密度、经济特点、有利于举办某些事业和便于加强领导等条件，适当加以调整，一般以包括五六万人口左右为宜。在街道委员会建立后，原有的区人委办事处即予撤销。

为了统一领导街道范围内的各项工作，首先应建立街道党委。街道党委必须有三个坚强的领导骨干，建立坚强的领导核心。街道党委书记、街道委员会主任应由相当区委书记、常委或至少区委部长一级干部担任。

闵行、吴淞等卫星城镇是新建的工业区，同市区不同，情况比较单纯，居住比较集中，绝大部分是职工和他们的家属，适宜于建立以工厂为中心的人民公社，并适当划入一部分农村人民公社的生产队，发展副食品生产。在做好有关人民公社的实际工作，具有一定条件时，就可先挂出人民公社的牌子，闵行、吴淞区委应订出具体规划。

其他的卫星城镇应在党委领导下，立即大力地加强有关建立人民公社的实际工作，在闵行、吴淞两区取得经验后再行推广。

四

加强党的领导，是做好建立城市人民公社各项实际工作的根本保证。

第一，坚持政治挂帅，做好思想动员。广大群众从一家一户的分散状态逐步走上共同劳动、集体生活的道路，是又一次深刻的社会主义革命，其结果将要消灭私有制的残余，并为将来过渡到共产主义创造条件。在这样一个大转变的过程中，斗争是复杂的，有时还是很尖锐的，不仅会有资本主义私有制残余势力的抵抗，还会遇到千百年来个体生活状态所形成的习惯势力的抵触。

必须教育干部高举毛泽东思想的旗帜，正确对待群众运动和新生事物，认真贯彻依靠退休工人、工人家属和其他劳动人民的阶级路线，加强对群众的社会主义、共产主义教育，不断提高群众的政治觉悟；认真贯彻群众路线，防止单纯采取行政命令的做法。同时，应该随时提高革命警惕，加强群众性的治安保卫工作。

第二，组织力量，训练干部。市委决定从各机关和工厂企业立即统一抽调二千至二千五百名科长级以上的干部，分别加强街道党委、街道委员会和里弄委员会的领导力量，并组织工作队深入基层帮助工作。对全体参加这一工作的干部，应该集中进行动员训练，统一思想认识，明确方针、政策、步骤和做法，以便迅速有力地展开工作。

第三，有计划有步骤地开展工作。各区都应该选择一个街道委员会和几个不同类型的里弄委员会，由区委领导干部亲自掌握进行试点，在取得经验后逐步推开。街道委员会当前主要是加强对里弄委员会的领导，进一步深入开展组织居民工作，对本区域内的工厂企业和学校及有关事业单位的下放管理问题，应该进行调查研究，拟定计划，逐步进行。在组织过程中，应该向群众讲清里弄委员会的性质是将来城市人民公社的一种基础组织，经过深入细致的思想动员，按照自愿原则，首先组织生活上有迫切要求，政治觉悟较高和有劳动习惯的群众参加社会劳动，对目前不参加的不要急于动员他们参加，但是应该加强思想教育工作。关于社会主义改造工作更要分别不同情况有步骤地进行。整个工作都应该边发展、边巩固、边整顿、边提高。

第四，统一领导，全面协作。建立城市人民公社的各项实际工作，是全党的具有历史意义的光荣任务，各部门都应把这项工作列为本部门的主要任务之一，订出具体计划，在党委统一领导下分工贯彻。

第五，切实改进工作方法和工作作风，各级党委要加强检查督促，认真总结经验，及时发现问题，解决问题，引导运动健康地顺利地发展。

中共上海市委员会

一九六〇年三月二十七日

上海市××人民公社试行章程（草案）＊

（一九六〇年三月）

第一章　总　　则

第一条：公社是本地区人民群众在党和政府领导下自愿组织起来的政社合一的社会组织，它是人民群众的政治、经济和文化生活的统一组织者，是改造旧城市和建设社会主义新城市的有力工具。

第二条：公社的经济以社会主义全民所有制为主体，同时存在着社和社以下的集体所有制，这种集体所有制和全民所有制经济有密切的联系，它的必然趋势是逐步发展为全民所有制。

公社应该不断发展生产，加速社会主义建设，积极创造条件，逐步由社会主义过渡到共产主义。

第三条：公社必须贯彻执行党的"鼓足干劲、力争上游、多快好省地建设社会主义"的总路线；以发展生产为中心，全面组织人民的经济和文化生活；随着生产的不断发展，逐步提高社员的物质和文化生活水平。

第四条：公社应经常对社员进行社会主义和共产主义教育。不断提高社员的思想觉悟，发扬我为人人、人人为集体的高尚风格。

第五条：公社必须贯彻勤俭办社，勤俭办一切事业的方针，厉行增产节约，反对铺张浪费。

＊　原件现存于上海市档案馆。

第二章　社　员

第六条：凡在当地有正式户口，年满十六周岁以上的人民，自愿参加，拥护社章，履行社员义务，由本人申请，经过批准，可以成为社员。

第七条：地、富、反、坏、右分子及其他依法被剥夺政治权利的人一律不得成为社员。公社应组织他们参加合适的劳动，监督改造。已经依法改变成分的地、富分子和摘掉帽子的反、坏、右分子，如本人申请，可根据其表现情况和群众意见，经过严格审查，决定是否吸收为社员。

第八条：社员有以下权利：

（一）参加社内生产劳动，取得应得的报酬；

（二）参加社务管理，对社务进行监督，提出建议和批评；

（三）对公社的各级领导人员和工作人员提出批评和表扬；

（四）对公社的决议如果有不同意的地方，除了无条件地执行以外，可以保留和向上级机关提出自己的意见；

（五）年满十八周岁以上的社员有选举权和被选举权；

（六）有享受公社举办的文化教育和集体福利事业的权利。

第九条：社员有以下义务：

（一）执行党和国家的政策法令，服从公社的领导，遵守公社社章和决议；

（二）服从组织分配，积极参加生产劳动，遵守劳动纪律，完成或超额完成各项生产和工作任务；

（三）维护国家利益和集体利益，爱护和保卫公共财物；

（四）积极参加各项政治运动和社会活动；

（五）积极参加学习，努力提高政治觉悟和文化技术水平；

（六）巩固全社的团结，同一切危害公社的行为作坚决的斗争。

第十条：公社对工作一贯积极，出色地完成任务或有创造发明的社员，给予表扬和奖励，对违反社章或劳动纪律的社员，给予批评教育以致适当的处分。

第十一条：工厂、企业和国家机关、群众团体、学校的职工、干部、教职员和学生，凡是具备条件的，可以分别在生产、工作、学习的所在地参加公社为社员。他们参加公社后和其他社员享受同等权利，同时也要利用一部分业余时间，努力完成公社给他们规定的任务。

第三章　任　务

第十二条：公社必须积极发展工业生产，大搞废物料的综合利用，为工厂企业进行加工生产，保证完成下放产品的生产任务，并积极组织相互协作，开展技术革新和技术革命运动，提高劳动效率，为工厂企业服务，为人民生活需要服务。

第十三条：为了适应工农业生产发展和人民生活水平逐步提高的需要，在有条件的地方，积极发展养猪、养鸡、养鸭、养兔、养蜂和培植草菇、木耳等农副业生产。

第十四条：公社应协同商业部门安排好市场，合理分配商品，合理调整商业网，提高服务质量，改善经营管理，更好地为生产、为消费服务。

第十五条：普遍建立与积极办好公共食堂、托儿所、幼儿园、哺乳室，不断提高服务质量和管理水平。

第十六条：大力兴办服务站、公共浴室、热水站、理发室、洗衣、修补等服务组织，以适应生产和生活的需要。

第十七条：根据党的教育方针，在国家的统一规划下，认真办好各种学校，积极发展群众性的学习组织，逐步把社员培养成为有觉悟、有文化、有技术的社会主义劳动者。

第十八条：建立文化馆、图书馆，广泛开展群众文娱、体育活动，增进社员身心健康，丰富社员文化生活。

第十九条：不断深入开展除害灭病的爱国卫生运动，认真办好卫生站、保健站，开展医疗预防工作。

第二十条：建立少年宫、少年之家或少年儿童活动室，大力组织少年儿童参加科技普及活动和社会文化活动。

第二十一条：公社对于老年人，应该给予适当照顾，使他们欢度晚年，对于无依无靠的老年人，由公社建立幸福院，予以供养。

第二十二条：根据城市建设规划，逐步改善社员的居住条件，绿化和美化社员的生活环境。

第二十三条：公社实行全民皆兵。凡年满十六至五十岁的男性社员和年满十六至四十岁的女性社员，都应编入民兵组织，进行军事训练。

第四章　积累与分配

第二十四条：公社应根据具体情况，规定积累与分配的适当比例。随着生产的发展，积累部分应该逐步增长。

公社全年收入按下列项目进行分配：

（一）扣除当年度消耗的生产费；

（二）扣除公共财产的折旧；

（三）向国家纳税；

（四）支付基本工资，奖励工资和公社行政管理费；

（五）留下公益金用于教育、卫生、文化和福利事业；

（六）其余部分为公积金，用于储备和扩大再生产，以及改善设备、劳动条件。

第二十五条：公社分配给劳动者个人消费的部分，应该贯彻"政治思想教育和物质鼓励相结合""增加集体福利和增加个人收入相结合"的原则，实行按劳分配，采取等级工资形式。根据生产劳动者的技术熟练程度、业务水平、劳动强度和劳动态度评定等级。工资水平一般应低于工厂、企业同行业的工资水平。生产任务不稳定的单位，可以采取"死级活值"，按实际工作日计算应得工资。

第二十六条：公社下属的里弄委员会是一级核算单位，应该实行"统一核算，适当积累，按劳分配"的办法，处理各项事业的收入分配。

第二十七条：对于社员带来的工具，应该采取折价一次付款或分期付款等办法加以处理，在未处理前，要付给一定的折旧费用，不采取无偿归公的办法。

第二十八条:公社和里弄委员会应建立严格的财务管理制度,及时制订财务收支的预决算。

第五章　组织机构

第二十九条:公社的最高权力机关是社员代表大会,社员代表由社员□□人至□□人选举一名,每届任期两年。

社员代表大会每年召开两次,必要时得临时召开。社员代表大会有过半数代表出席才得行使职权。

第三十条:社员代表大会行使以下职权:

(1)通过和修改社章;

(2)选举和罢免社长、副社长和管理委员会的委员;

(3)审查和批准管理委员会提出的生产计划和预决算;

(4)审查和批准管理委员会的工作报告;

(5)对公社其他重大事项作出决定。

社员代表大会闭会期间,由管理委员会行使代表大会职权。

第三十一条:管理委员会由社长一人、副社长3—5人、委员11—15人组成。每届任期两年。管理委员会下设财务、生产劳动、生活服务、文教卫生、政法、民兵等六个科和办公室,分别管理公社日常工作。各科科长及办公室主任由管理委员会任命。

第三十二条:公社下面成立里弄委员会(新邨委员会),其范围一般为一千五百户左右,由主任一人、副主任3—5人、委员11—15人组成,下设财务、生产劳动、生活服务、文教卫生、治安保卫、调处等专业委员会。里弄委员会和各专业委员会主任及委员由社员及居民民主选举产生,每届任期一年。

里弄委员会下面按照生产劳动组织分别划分社员小组,没有入社的居民,按15—25人组成居民小组,由里弄委员会领导。

第六章　附　则

第三十三条:本章程(草案)经社员代表大会讨论通过,报经上级批准后施行,修改时同。

一九六〇年三月

中国共产党上海市委员会
组织部通知*

（一九六〇年四月一日）

为了积极准备建立城市人民公社的各项工作,市委城市人民公社工作领导小组办公室亟须设立秘书、宣教(包括文体卫生)、生产劳动工资、生活福利服务、政策研究五个组和二个工作队。该办公室除原有干部外,需从市委各有关部委抽调 50 名左右干部予以充实与加强。现请你抽调干部××名(内:处长级××名、科长级××名、一般干部××名)。所调干部应是:政治水平较高、思想作风正派、能联系群众的党员干部。其中处长级干部系担任办公室各组正副组长或者工作队正副队长的。上述干部名单请于四月二日上午呈送市委城市人民公社工作领导小组办公室刘光耀同志(海格大楼五楼)。并请于四月三日上午前往该办公室报到。报到时需携带行政介绍信和党员证明。

中共上海市委组织部

一九六〇年四月一日

附：上海市城市人民公社工作
领导小组办公室人员名单

| 办公室主任 | 刘光耀 | 女 | 党员 | 市妇联副主任 |
| 办公室主任 | 汤桂芬 | 女 | 党员 | 总工会副主席 |

---

* 原件现存于上海市档案馆。

秘书组组长	余宝麟	男	党员	市人民委员会办公厅
秘书组副组长	张慰慈	女	党员	市妇联
秘书组副组长	何复基	女	党员	市人委机关政务管理局五月份调幼托会
秘书组副组长	勇　坚	男	党员	房产局
秘书组副组长	徐　建	男	党员	市高级人民法院
秘书组干部	余　美	男	党员	市人委办公厅
秘书组干部	陈志存	男	党员	总工会
秘书组干部	陈施明	女	党员	市人委办公厅
秘书组干部	周惠珍	女	党员	市委宣传部
秘书组干部	高曾帼	女	党员	市妇联
秘书组干部	程　豪	男	党员	市委统战部民建会
秘书组干部	张志清	男	党员	市委办公厅
秘书组干部	葛蕴芳	女	党员	市委宣传部
秘书组干部	陈建明	女	党员	市劳动局
秘书组干部	陈业精	男	党员	社会科学院
秘书组干部	陈紫初	男	党员	市人委办公厅
秘书组干部	余立德	男	党员	总工会
秘书组干部	史济才	男	党员	社会科学院
劳动生产组组长	王　静	女	党员	总工会
劳动生产组副组长	李春阳	男	党员	商一局　五月份调财贸部
劳动生产组副组长	陈德真	男	党员	
劳动生产组干部	姜东城	男	党员	总工会
劳动生产组干部	邵宋友	男	党员	总工会
劳动生产组干部	陈燕芳	女	党员	总工会
劳动生产组干部	徐　洁	女	党员	总工会
劳动生产组干部	刘敏之	男	党员	市委工业部
劳动生产组干部	宣浩泰	男	党员	总工会
劳动生产组干部	徐炘如	男	党员	财政局

劳动生产组副干部	陈心志	男	群众	劳动局
生活服务组组长	赵宝玲	女	党员	市妇联
生活服务组副组长	周林章	男	党员	商二局
生活服务组副组长	李 援	男	党员	商一局
生活服务组干部	黄仁尧	男	党员	商二局
生活服务组干部	赵二皆	男	党员	民政局
生活服务组干部	魏锦堂	男	党员	市人民银行
生活服务组干部	祝月珍	女	党员	总工会
生活服务组干部	陈永庆	男	党员	总工会
生活服务组干部	钟云宝	女	党员	市妇联
生活服务组干部	谢建晖	女	党员	市妇联
文教卫生组组长	章力辉	男	党员	市委宣传部
文教卫生组副组长	路 文	女	党员	市妇联
文教卫生组副组长	洪文媞	女	党员	团市委上海团校
文教卫生组干部	徐文彬	男	党员	市委教育卫生部
文教卫生组干部	韩 韬	男	党员	市委教育卫生部
文教卫生组干部	张淑雪	女	党员	市委教育卫生部
文教卫生组干部	谢 宁	女	党员	市卫生局
文教卫生组干部	李影秋	女	党员	团市委
文教卫生组干部	朱志全	女	群众	市妇联
闵行工作组组长	席玉年	男	党员	总工会
闵行工作组干部	王任涛	男	党员	总工会
闵行工作组干部	沈建良	男	党员	商一局百货公司
闵行工作组干部	金宝根	男	党员	总工会
静安工作组组长	郭俊生	男	党员	民政局（1960 年 6 月份回劳动生产组）
静安工作组干部	邬清松	男	党员	总工会
静安工作组干部	沈 衍	男	党员	团市委
静安工作组干部	徐德铭	男	党员	总工会

1960 年 6 月 15 日市委城市人民公社工作办公室干部共 57 人,其中部长以上 3 人,处级 14 人,科级 28 人,一般干部 12 人。党员 54 人,群众 3 人。

中共江西省委关于城市建立
人民公社的几个问题的意见（草）*

（一九六〇年四月一日）

一

　　根据中央关于建立人民公社的指示，早在一九五八年秋天，随着农村人民公社化运动的发展，全省各个城市都先后开始试办了城市人民公社。截至目前，据不完全统计，全省已经建立城市人民公社三十七个，入社人数十八万二千四百九十二人。与此同时，作为城市人民公社雏形的卫星工厂和街道工厂、公共食堂、托儿所、服务站等集体生活福利事业和服务事业，也有很大的发展。据不完全统计，全省各市的社办、街办工厂共达三百八十七个，从业人员二万一千九百六十六人；公共食堂二千四百四十四个，用膳人数四十四万五千三百〇五人；托儿所、幼儿园七百二十一个，入托入园儿童三万五千六百八十四人；敬老院十三个，入院老人四百二十七人；服务站一千一百四十六个，工作人员一万二千六百六十八人。在党的社会主义建设总路线的光辉照耀下，经过两年的连续大跃进，城市人民公社得到了巩固和健全地发展。

　　城市人民公社的出现不是偶然的，它是社会主义政治、经济发展的必然产物，充分反映了城市人民的强烈愿望和迫切要求，受到了广大群众的热烈拥护和称赞。他们歌颂："公社是个大家庭，人为我来我为人，组织起来搞生产，幸福万年永无穷。"城市人民公社虽然只是试办，然而它像东方初升的太阳，是新生的事物，已经显示出了它的强大的生命力和无比的优越性。目前，一个全

---

　　*　原件现存于南昌市西湖区档案馆。

面实现城市人民公社化的运动已经到来。对于城市建立和发展人民公社，我们必须采取积极的态度，加强领导，积极地、分期分批地逐步实现城市人民公社化。

二

城市人民公社，应当同农村人民公社一样，成为工农商学兵相结合、政社合一的社会组织，逐步成为生产、交换、分配和人民生活福利的统一组织者。但是，城市同农村又有所不同。在城市中，社会主义的全民所有制已经成为所有制的主要形式，工人阶级领导的工厂、机关、学校已经按照社会主义原则高度组织化，因而，城市人民公社不能不提出一些同农村不同的要求。同时，城市的情况要比农村更为复杂，城市人民公社化必须把少数的个体劳动者和分散居民组织起来，把消费者变成生产者。因此，城市人民公社必须坚持贯彻"以工人阶级为领导，以全民所有制为主体，以发展生产为中心"的原则建立起来。城市人民公社是改造旧城市、建设社会主义新城市的强有力的工具。

三

城市人民公社的形式，根据中央的指示和我省的实际情况，大体有四种类型:第一种是城市较大、人口较多、工业比较集中的。这一种按性质又大致可以分为三种形式:1.以大型工厂企业为中心;2.以较大的机关、学校为中心;3.以街道居民为主体。这三种形式，目前可以同时并存。第二种是专辖市，如有大型厂矿企业的，可建立以大型厂矿企业为中心的公社，一般可按地区建立公社。第三种是较大的县城，可以一城一社(有些小县城已经成立农村人民公社的，也可以不必改变)。第四种是矿山，可以以矿山为中心建立公社。

以大型厂矿企业为中心的公社，是以一个或几个大的厂矿企业的职工和家属为中心，和周围的学校、商店、机关的职工和家属、街道居民以及附近的农业人口联合建立起来的。这类公社基本上是全民所有制，集体所有制的成分很小，以全民所有制带集体所有制，以大厂带小厂。这类公社主要是在厂矿企业比较集中的工业区建立起来。

以较大的机关、学校为中心的公社，是以一个或几个较大的机关、学校的干部和教职员工及家属为主，和周围的工厂、商店、少量农业人口和街道居民联合建立起来的。这种公社一般是在机关、学校比较集中的地区建立的。

按地区或以街道居民为主体的公社，包括街道市民和居住在这个地区内的未曾参加机关、工厂、学校等人民公社的职工及其家属。这类公社基本上是集体所有制，但也有了一定程度的全民所有制成分，因而，一般应该实行基本社有制。

不论哪一种类型的城市人民公社，凡是有个别农业生产队或其他情况特殊者，亦可暂时单独核算、自负盈亏。

城市人民公社的规模，既不宜过小，也不宜过大，既要便于组织和领导，又要便于发挥公社"一大二公"的优越性。开始建立时，工厂、机关、学校的人民公社应按实际情况处理。街道人民公社以两三万人为宜，以后根据情况的发展、客观的需要，又积累了办社的经验，还可以适当地并大。南昌市在公社以上可以成立区联社，其他各市人口在二十万以下者可以不必成立联社。

城市建立人民公社，工厂企业、机关、学校等的管理体制和财经等体制，一律暂时照原不变。大、中厂矿和财贸等企业参加公社，采取"入而不并""体制不放"的办法。对于中央、省、市属大、中厂矿和财贸等企业，在党的关系上，受省委或市委和公社党委的双重领导，属于生产（业务）计划、方针政策、干部调配等方面的重大的问题，由省委或市委直接指示、决定，公社党委在这方面起保证、监督作用；属于经常性和地区性的工作，由公社党委统一领导。厂矿企业、机关和学校的工作，仍由各个单位的党组织领导和指挥，公社党委只管属于地区性的事务，在行政上，仍受原上级主管部门的领导，行政管理体制不变。

四

城市人民公社的成员，应当以干部、职工及其家属和其他劳动人民为主，吸收其他自愿入社的人民群众参加。

1. 凡年满十六岁的男女公民(政权组织的选举和被选举,按宪法规定的年龄),均可申请参加公社为社员。在公社地区范围内的十六岁以下的小孩,也是公社的成员。

2. 凡在职人员,一般应就工作单位申请入社;凡未参加工作的人员,原则上按居住地区申请入社,职工家属住址不在工厂所属区内,也可以在工厂所在地入社。

3. 父母双方不在同一公社,其未成年子女参加分配地区,由其父母自定。

4. 资本家及其家属可以吸收入社当社员,但不取消定息,不摘掉资本家的帽子,不得担任基层公社的领导职务。区联社管理委员会,必要时可适当安排个别有代表性的人物,市人民委员会,则仍按中央和省委原来的规定执行。现在还没有参加生产的资产阶级分子及其家属,应当经过说服教育,动员他们参加生产。少数上层人士和年老体弱者,如果还有顾虑,还不愿意加入公社的,目前也不要勉强他们参加。个别一贯拒绝改造、反抗社会主义制度和进行破坏活动的坏分子,按照情节,可根据法律适当处理。

5. 地、富、反、坏及其他一切被剥夺政治权利的分子,在公社内强制他们参加劳动,经济上同工同酬,政治上不给社员权利,以后再根据对他们的改造程度,经过社员群众的民主评定、经过审查批准,确定是否有条件吸收为候补社员或社员。有破坏活动的,应当及时依法惩处。

为了更有利于加强对右派分子的改造,应当根据具体情况区别对待,按照其悔改程度,可以分别采取吸收当社员、候补社员或者参加社内劳动,暂时不作社员办法处理。未剥夺公民权的右派分子可当社员。

6. 外国籍的人,一律不参加公社。

五

实现城市人民公社化,实际上是要以工人阶级的思想和要求来改造城市各个阶层的人。城市人民公社必须坚决贯彻执行党的阶级路线,以工人阶级为领导,依靠职工群众和其他劳动人民,团结、教育、改造资产阶级分子和资产阶级知识分子,把公社领导权稳稳地掌握在工人阶级和劳动人民的手里。

在党委统一领导下,人民公社的最高权力机关是社员代表大会。在社员代表大会上选举管理委员会和监察委员会,负责管理日常事务和监察社务。管理委员会由委员若干人组成。管理委员会下设若干个工作部门,比如:(1)工业委员会:管理工厂企业和手工业生产,管理劳动调配和工资分配;(2)财贸委员会:管理财政、金融、贸易工作;(3)文教委员会:管理文化、教育、卫生、体育等事业;(4)农业委员会:管理农、林、牧、水等生产事业;(5)科学技术委员会:管理科学研究和技术革命等工作;(6)内务委员会:管理优抚救济(或补助)、结婚登记、公共食堂、托儿所、敬老院、房屋等社会福利事业;(7)政法委员会:管理公安、检察、法院等工作;(8)人民武装委员会:实现全民皆兵和办理兵役工作等;(9)办公室:负责人事、秘书、总务等工作,起社委的助手作用。

人民公社设党委会。除上述公社管委会各工作部门亦即党委会工作部门外,并设组织部和宣传部。以大型厂矿或较大的机关、学校为中心的公社,公社党委第一书记可由厂矿或学校的党委第一书记兼任,另配专职书记。共青团组织按照党委组织机构去设置。公社设妇联会。

以大型厂矿和较大的机关、学校为中心的公社的干部,在这些单位内部调剂解决,按地区和以街道居民为主体的公社的干部,应在原有街道办事处干部的基础上适当地加盟,主要是要加强领导骨干。公社的组织机构要力求精干。在公社的领导干部和一般干部中,都应注意安排一定比例的妇女干部。公社的全部管理人员都应参加生产劳动,成为制度。

城市人民公社可按具体情况,下设分社,或管理区,或居民委员会,或大队。在建立公社开始的一段时间内,原有的组织机构,如居民委员会、居民小组等,一律暂时继续保留。派出所的牌子仍要挂上。

六

发展生产,是办好城市人民公社的中心环节,是改造旧城市、建设社会主义新城市的物质基础。城市人民公社必须以大搞生产为中心。

城市人民公社必须大力发展工业生产。社办工业应当以就地取材、就地生产、就地销售为主，贯彻执行为大工业生产服务、为农业生产服务、为人民生活服务、为出口服务的方针。城市人民公社应当充分利用城市发展的各种有利条件，尽量挖掘各种潜力，根据需要和可能，在国家统一计划、合理布局的前提下，在全民所有制经济的扶助下，大搞群众运动，勤俭办社，因地制宜，因陋就简，以全民所有制带集体所有制，以大厂带小厂，大办小型工厂，多办综合利用原材料性质的工厂，组织综合性生产，充分利用废料、下脚料，增加社会财富。贯彻全民办运输的方针，根据需要，积极组织交通运输队和建筑队。

公社农业应以副食品生产为主，积极发展以蔬菜为主的农业生产和养猪为主的畜牧业生产，建立商品生产基地。公社还要大搞服务性的生产，多设点、站，全面组织好人民的经济生活，尽量便利群众。

七

城市建立人民公社，原有的分配制度暂时一律不变。国家机关、国营、地方国营、公私合营工厂企业、商店以及学校等，原来是怎样进行分配的，参加公社后仍然怎样进行分配，一律暂时不作变动。

城市公社中的集体所有制部分，必须根据情况，规定适当的公社积累和社员分配的比例，正确处理国家、公社和社员之间的关系。积累和分配的比例不要规定得太死。在分配中必须掌握这样的原则：即公社应当本着"勤俭建国、勤俭办一切事业"的精神，随着生产的发展，在逐步扩大公共积累的前提下，逐步提高社员的生活水平。根据这样的原则，按照具体情况，收入少的，可少积累，提高分配的比重；收入多的，要适当分配，多留积累，一是用于扩大再生产，一是用于大办集体福利事业，适当增添集体福利设施和补贴。

公社中的集体所有制分配给社员个人的部分，由于城市关系错综复杂，公社组织的生产单位或服务单位一般都存在劳动强度悬殊、创造价值悬殊、生产多种多样的特点，因而在一个社以及社与社之间的分配水平不能强求一律，分配形式也可以多种多样。比如：

1. 对于生产正常、积累多、有条件的单位，可采取基本工资加奖励的办法。

2. 对于对外加工的单位，可采取按件计资、提积累、加奖励的办法。

3. 对于分散流动经营、收入不易准确计算的单位,如代销店、挑担修补的和零售等,可采取包工包产、定额积累的办法。

4. 对于各种非直接生产人员,可采取固定工资,按级评发。

5. 公社举办的公共食堂、托儿所、幼儿园、敬老院等集体福利事业的工作人员,实行供给制和定额津贴相结合的办法,即由这些福利组织所在的地区或单位给本人的伙食并按劳动能力和技术水平发给一定的津贴或补助。

八

城市人民公社既要组织生产,还要组织生活,要以生产为中心,生产、生活一齐抓。

公社必须大办集体福利事业,逐步实现生活集体化、家务劳动社会化,逐步变成以个人、家庭为主的生活方式为集体的生活方式,变个人、家庭之间的互助为社会性的互助,建立新的生活方式和新型的互助关系,充分挖掘劳动潜力,促进生产大发展。因此,对于现有的公共食堂、托儿所、幼儿园等集体福利事业,要加强领导,积极办好。还要广泛宣传生活集体化的优越性,继续大力地发展公共食堂、托儿所等集体福利组织,积极扩大用膳和入托人数,但必须贯彻自愿参加和积极办好的精神。

公社的集体福利事业,决〈绝〉不能仅满足于为街道居民服务,应当面向社会,逐步从为街道居民服务发展到为机关、企业办家务和为全社会服务。

九

城市必须全面地实现人民公社化。目前,按地区和以街道为主体的公社,已经试办了一批,取得了一些经验,首先把这种形式的公社在最近期间迅速地、全面地组织起来。与此同时,立即进行以大工厂企业为中心的和以较大的机关、学校为中心的公社的试点工作,总结经验。要求在今年内全面实现城市人民公社化,并且巩固起来。

城市建立人民公社的步骤。为了把工作做得更好更细,根据现有的初步经验,大致可分为如下四步:第一步,总结已有的试点经验,广泛宣传教育,放手发动群众;第二步,大搞生产,大办集体福利事业,大办文化教育事业;第三步,建立机构,选举公社的领导核心,制定公社管理制度;第四步,总结经验再教育。这样四个步骤,是大体划分的,是前后紧密衔接、互相穿插的,绝不应该绝对地、机械地进行。

十

城市人民公社是一个新事物,对于我们来说,是一个新课题,在建立和发展过程中,必然有许多新的问题要去研究和解决。因此,各级党委必须足够重视,并且切实加强领导。

为了加强领导,全省各个市委和县委应当成立城市人民公社领导小组,分工一名书记和一两名常委,负责城市建立人民公社的工作和经常工作。在党委的统一领导下,工会、团委、妇联、公安及工交、财贸等各个部门,都积极地加强工作,从各个方面推动城市人民公社的迅速建立和巩固、健全地发展。

中共江西省委
一九六〇年四月一日

中共上海市虹口区委员会
关于成立区委城市人民公社
工作领导小组的通知[*]

（一九六〇年四月三日）

根据市委指示，区委于3月30日第18次常委会议讨论，决定成立区委城市人民公社工作领导小组。

组　长　沈　堃

副组长　孙成伯　刘　峰　谢招妹

组　员　段盛华　施国祥　宋绍光　王文华　纪葵一　陈丽华　汪炎雄
　　　　张永祜　傅　胜　史瑞林　肖维新　程曼之　张步前　戴弼岑
　　　　杜育才

中共上海市虹口区委员会

一九六〇年四月三日

中共上海市委关于建立城市人民公社的工作纲要（草稿）*

（一九六〇年四月四日）

　　城市人民公社是社会主义建设持续跃进新阶段的必然产物，充分体现了工人阶级按照自己的世界观彻底改造社会面貌的迫切要求。上海是工业集中，工人阶级集中的大城市，社会主义全民所有制已经占绝对优势，工厂、企业、机关、学校已经按照社会主义原则组织起来了，这些都是建立城市人民公社的十分有力的基础。但是，在大跃进以前，还有为数众多的家庭妇女和一部分闲散劳动力尚未组织起来参加社会生产劳动，还有一部分个体劳动者和自由职业者尚未走上集体化的道路，并且存在着社会化的生产同个体的生活方式的矛盾，显然，这些都是和社会主义建设大跃进形势不相适应。

　　为此，从大跃进的一九五八年开始，在各级党委领导和广大职工群众赞助下，全市建立了九百四十七个里弄委员会，它以组织生产为中心内容，同时举办集体福利事业、社会服务事业和文化教育事业，引导里弄居民走上共同劳动、集体生活的道路。到一九五九年年底，已举办了四千六百个加工生产组，三千二百七十四个生活服务组，一千六百六十七个食堂，二千一百一十七个托儿所，六百四十三个里弄办的小学，二百八十二个街道、里弄办的业余中学。已参加各项社会生产劳动的里弄居民有八十五万六千人，约占里弄能从事劳动的人口一百二十一万八千人的百分之七十。经过两年来的逐步发展，里弄委员会已经成为里弄居民的经济生活、政治生活和文化生活的统一组织者，实质上是城市人民公社的一种基础组织。

---

　　* 原件现存于上海市档案馆。

城市人民公社实际上是以职工家属及其他劳动人民为主体,吸收其他一切自愿参加的人组成的。它是政社合一的社会基层组织。它不但可以使家庭妇女从家务劳动中解放出来,为城市生产建设事业的发展创造更加有利的条件,也是工人阶级彻底改造旧城市、建设社会主义新城市的工具和人民政治、经济、文化生活的统一组织者,它还具有极为深远的重要意义,是加速社会主义建设和过度〈渡〉到共产主义的最好组织形式。上海全党和全体工人阶级必须以十分积极、十分热情、十分认真的态度,立即行动起来,为全面实现上海人民公社化的重大任务而斗争。

一

从上海城市较大、工业集中、人口较多等实际情况出发,以区为单位建立一个人民公社较为适宜。老市区应在国庆节前做好有关建立城市人民公社的一切实际工作,闵行、吴淞等卫星城镇则应在上半年内正式成立城市人民公社。

(一)老市区在公社的下面,设立两种形式的分社,一种是:在工厂集中的地区,建立以工厂为中心,包括若干街道里弄居民参加的分社。如以上海机床厂为中心,包括原长白新村办事处地区一个分社;以国棉二厂和申新九厂为中心,包括原普陀路办事处地区成立一个分社;等等。一种是:在工厂较少的、居民集中居住的地区,以街为中心建立街道委员会。这两种分社下面都设立里弄委员会,以及由分社领导的工厂、商店、医院、学校等单位。

以工厂为中心的分社和以街道为中心的街道委员会,一般以六万至八万人为宜。原来有些区委会办事处的范围大小不一,应该依据地形、人口密度、经济特点、有利于举办某些事业和便于加强领导等条件,适当加以调整。在分社或街道委员会建立后,原来的区人委办事处即予撤销。

这两种形式的分社都根据以组织生产为中心的方针,负责领导各个里弄委员会的工作;以工厂为中心的分社,应以全民所有制经济为基础,全面组织居民的生产、生活;街道委员会应组织街道范围内的工厂企业和里弄挂钩,更好发展里弄的生产,积极为工厂企业服务。它们对所属街道范围的某些工厂、某些商店、某些学校、某些影剧院和地段医院以及人民武装等要逐步地管起来;它们还直接举办为全体街道居民服务的中心公共食堂、中心托儿所、中心幼儿园和中心学校等,树立旗帜,带动一般。

为了加强党对人民公社分社工作的领导,必须建立分社党委或街道党委,至少要有四个坚强的领导骨干,组成领导核心。党委书记应由相当区委书记、常委或至少区委部长一级干部担任。各个分社党委和街道党委应该根据本地区特点,分别吸收工厂、企业、学校的党委书记参加领导。

(二)里弄委员会一般仍按一千五百户左右的范围形成。有些里弄委员会根据地形、人口密度等特点可以适当有所调整。但是已经超过一千五百户的不要再予变动。里弄委员会负责领导所举办的生产组织和集体福利、社会服务、文化教育的事业,对工厂下放里弄的车间,会同工厂共同管理,另外还管理一些下放里弄的小摊小店。上半年内,里弄委员会应在深入进行思想教育、提高觉悟的基础上,根据自愿参加的原则,将尚未参加社会劳动的里弄居民统统组织起来,使他们走上共同劳动、集体生活的道路。

(三)闵行、吴淞等卫星城镇是新建的工业区,工厂较多,居住集中,绝大部分居民是职工和他们的家属,政治、经济情况比较单纯,并且靠近农村,可以适当划入一部分农村人民公社的生产队,建立以工厂为中心的工商农学兵相结合的城市人民公社。在公社的下面,应按地形特点和工厂分布情况,设立若干个以工厂为中心的分社,在分社下面设立若干个里弄委员会和农业生产队。闵行、吴淞区委应即订出具体规划,保证这一任务在上半年内胜利完成。其他的卫星城镇应在党委领导下,立即大力开展建立人民公社的工作,在闵行、吴淞两区取得经验后再行推广。

(四)各县城镇是否建立城市人民公社,另行研究。浦东县原东昌区地区,按照以工厂为中心建立分社的做法进行。

二

为了继续整顿、提高里弄委员会的工作,在上半年内,必须抓紧做好如下几项重要工作。

第一，积极组织生产劳动，为全民所有制的工厂企业服务。

组织生产劳动的主要门路是：

1. 发展加工生产组织，为工厂企业进行加工生产：

（1）承包工厂企业某些产品的装配、包装等加工任务，如玩具的装配、药品的包装等；

（2）就工厂企业的来料或半制成品，加工生产某些产品的部件、零件或制成产品，如绕线圈、修复电容器、缝羊毛衫等；

（3）工厂企业供给里弄加工生产组织一些设备和原料，制成某些简单产品，如制造金属纽扣、发夹、风镜等；有些生产方向转为生产高、精、尖产品的工厂，原来生产简单产品的车间和制造部件零件的辅助车间下放给里弄委员会。这些车间下放后仍然是全民所有制的，由所属工厂会同里弄委员会共同管理。原来的生产工人，除暂留少数技术工人和管理人员担任生产指导工作外（他们的编制仍属工厂），均另行安排。所需生产人员由里弄委员会补足，不列入工厂的编制。

2. 同工厂企业挂钩，大力发展综合利用社会上的和工厂、企业中的废料、下脚、废水、废液等进行加工生产。里弄中的垃圾废料，里弄委员会要全部管起来，应尽可能加以利用。

3. 发展市场有需要、原料又没有困难的某些日用小百货和某些手工艺品的生产如板刷、竹器、编结、刺绣等等。

4. 继续组织劳动预备队，培养一批预备工，适应生产建设的需要。

5. 继续动员输送里弄劳动力支援外地建设。

对里弄的加工生产组要根据其性质和规模，进行调整和提高，有的可以作为工厂的附属车间，有的可以分别称为工厂或工场。工厂企业外包的生产任务都由分社按照具体情况和条件，组织各个里弄委员会承接，原来由居民分散承接的情况必须加以改变。

第二，大办集体福利事业和社会服务事业，全面组织人民经济生活。

（1）工厂企业、机关、学校、群众团体和街道里弄要紧密合作，采取多种方式，共同办好职工、学生和居民的集中福利事业。

大力发展公共食堂。要求今年十月前市区在公共食堂搭伙的人数从原来占总人口的百分之三十逐步发展到百分之六十。除规模较大又有特色的饮食店外，一般饮食店和饮食摊贩逐步调整改组为公共食堂。有条件的公共食堂可以发展自给性副食品生产。

大力发展托儿组织。采取全托、日托、夜托、半日托、临时托等各种形式，在今年十月以前，市区入托儿所、幼儿园的儿童从原来占儿童总数的百分之二十四逐步发展到百分之六十。

对食堂、托儿所、幼儿园都应加强领导，不断整顿提高，认真办好，方便群众。要采取国家办、工厂办、里弄办三结合，大、中、小三结合等办法，以适合不同情况的需要。商业、卫生、教育等部门应有计划地培训炊事员、保育员和教养员。

（2）继续发展社会服务事业。每个里弄委员会建立一个服务站，下设各种服务组，构成一个星罗棋布的服务网，服务项目也要因地制宜，多种多样，更好地满足职工和居民的需要。

（3）商业部门要合理调整商业网。同里弄委员会的集体福利和社会服务组织相结合，安设供应点，有计划地组织商品供应。对副食品和某些日常生活必需品，逐步做到由里弄委员会进行合理分配。

第三，积极发展文化教育事业。

（1）今年上半年完成扫盲任务，并做好巩固工作，认真办好并继续发展市民业余中学，入学人数年底达到三十万人。

（2）进一步提高里弄小学的教学质量，积极配合公立小学完成招收全部学龄儿童入学的任务；整顿里弄小学的教师队伍，充实和加强骨干力量。

（3）每个里弄委员会要有一所少年之家或少年儿童活动室，大力组织少年儿童参加科学文化活动。

（4）每个里弄委员会要有一所文化站、图书馆，不断充实文化站的活动内容，广泛地开展群众文艺活动和学校科学技术的群众运动。

（5）不断深入开展除害灭病的爱国卫生运动，每季度掀起一次大张旗鼓、大除四害、大搞环境卫生的突击运动；每个里弄委员会都要有一个卫生站，并应壮大卫生积极分子队伍，建立健全卫生制度，普遍制定和贯彻执行卫生公约，要求出现更多的卫生先进单位，加强集体生产，生活组织，特别是食堂、托儿所的卫生保健工作。同时,要大力提倡多种多样的体育活动,使上海成为环境清洁、人人健康的先进卫生城市。

第四,大力调整房屋,作为一项重要的政治任务进行。目前很多职工的宿舍与工作地点距离过远,每日上下班来回需要两小时左右的约有二十万人,为了更好地组织和安排职工的生活,必须继续采取两调的办法(调工作,调宿舍),使他们的宿舍靠近工作地点。各工厂、企业、机关、学校的现有空房,包括迁厂留下的房屋今后均应归房管部门统一调度安排,房管部门应从多方面设法,调整一部分房屋给街道、里弄,以便它们举办各项事业,同时,在结合城市改造规划、新建和改造一批房屋时,应通盘考虑和充分满足城市人民公社举办的各项事业的需要。

三

在建立城市人民公社工作中必须注意和掌握下列几个政策。

(一)建立城市人民公社,应该首先组织政治觉悟较高、生活上有迫切要求和有劳动习惯的职工家属和劳动人民参加社会劳动。对于他们中因思想落后目前不愿参加的人,不要勉强他们参加,但是应该深入细致地进行思想教育。

退休工人一般具有较高的政治觉悟、丰富的工作经验和熟练的生产技能,应该充分发挥他们的作用和特长,安排他们担任里弄委员会的领导工作或者负责生产技术指导。对于其他的老年人,按照自愿原则,有些人可以组织他们参加某些轻便劳动;有些人可以吸收他们参加学习和某些社会活动与文化活动。总之,城市人民公社应该对老年人做出适当照顾,使他们欢度晚年。

对于资产阶级、资产阶级知识分子家属,必须坚持自愿原则,一律不勉强动员他们参加,也一概不动员他们出借房屋和家具,他们中要求参加劳动的人,应该按照他们经济地位的不同、觉悟程度的不同、劳动强弱的不同,区别对待,给以力所能及的劳动和发挥专长的机会。有的可以参加固定性的劳动;有的可以定期轮流参加某些较轻便的生产劳动;有的可以临时组织他们参加某些突击劳动。至于那些暂时不愿参加劳动的,可以组织他们参加政治文化学习、参观访问和各项社会活动。思想比较进步，一贯表现较好的资产阶级、资产阶级知识分子的家属，可以在保证工人阶级领导的前提下，适当安排担任里弄委员会的某些职务。

分散在社会上的个体劳动者和自由职业者的情况相当复杂，必须区别不同对象，按照社会主义原则，积极进行改造。有些人可以组织他们参加里弄委员会的各种服务、文教等组织，有些人应该在里弄委员会的配合协助下，由有关部门实行归口管理改造。在组织他们参加集体劳动时，要发挥他们的特长，照顾他们原来的实际收入，并且妥善地处理他们私有的生产资料。

对佣工女保姆应该采取慎重对待的方针。在集体福利和社会服务事业还没有大量兴办起来之前，对他们加强政治思想教育，鼓励他们适当参加里弄中的某些社会活动和文化活动，到条件成熟时，再吸收他们参加社会生产劳动或动员他们回乡生产。

地富反坏右分子一律不得成为城市人民公社的社员，其中有条件回乡或到外地参加生产劳动的都应遣送出去，由当地政府安置劳动，监督改造，并动员他们的家属随同前往；对于留在本市的五类分子，应在居民群众的监督下，采取夹（夹得紧）、看（看得住）、管（管得牢）、包（包改造）的办法，强制参加合适的劳动。

（二）实现家务劳动社会化和生活集体化的问题，是一个改变广大群众长期形成的生活习惯的大问题。应该分期分批逐步进行。对于不愿参加食堂搭伙、把孩子送托儿所、幼儿园的人，一方面，需要经过耐心细致的思想教育，启发他们的自觉；另一方面还必须把集体福利和服务事业办好，充分显示集体生活优越性，用事实来吸引他们参加。总之，既要积极工作，又要善于等待。放任自流是错误的，急于求成的急躁情绪也需要防止和克服。

（三）必须正确处理劳动收入的分配。里弄委员会应该实行"统一管理，两级核算，适当积累，按劳分配"的办法，来处理当前里弄各项事业的收入分配。

里弄委员会是一级核算单位。它的基本职权是：统一领导管理里弄各项事业；统一承接和分配加工生产等任务；统一调配和合理使用劳动力；统一管理和使用公积金、公益金；统一规定分配办法和各种工资等级标准，掌握和平衡各项事业之间的工资水平。

里弄的生产单位和事业单位在里弄委员会的统一管理下，也是一级核算单位。它的基本职权是：掌握本单位的收入和支出；核算成本；评发工资；保证上交公积金和公益金给里弄委员会；保管和使用分配后的多余款项。

当前里弄生产单位和事业单位提取公益金和公积金的比例，一般应占总收入的百分之五至百分之十左右，随着生产的发展要逐步提高。里弄委员会的公积金主要用于所属生产组织工具的大修和必要设备的添置；公益金主要用于举办和发展集体福利事业、发放奖励金、工伤事故治疗费用和补助生活困难的工作人员等。

分配给劳动者个人消费的部分，应该贯彻"政治思想教育和物质鼓励相结合""增加个人收入和增加集体福利相结合"的原则，采取等级工资形式。除去里弄小学教师实行固定工资外，适当规定各工种的工资等级及其标准，级别不应过多，级差不应过大；对劳动者个人，根据技术熟练程度、劳动强度和劳动态度评定工资等级，采取"死级活值"按实际工作者计算应得工资。

里弄委员会举办的食堂，托儿所和幼儿园，对于参加里弄生产劳动的人员，除收伙食费、点心费外，可以免收或减少搭伙费和托费，其应缴款项由里弄委员会从公益金中如数拨交食堂、托儿所和幼儿园。

（四）对于属于私人所有的工具（如缝纫机），应采取折价一次付款或分期付款等办法加以处理，在未处理前，要付给一定的折旧费用，不要采取无偿归公的做法。

四

加强党的领导是做好建立城市人民公社各项实际工作的根本保证。

第一，坚持政治挂帅，做好思想动员。广大居民从一家一户的分散状态逐步走上共同劳动、集体生活的道路，是又一次深刻的社会革命，其结果将要消灭私有制的残余，并为将来过渡到共产主义创造条件。在这样一个大转变的过程中，斗争是复杂的，有时还是尖锐的，不仅有资本主义残余势力的抵抗，还会遇到千百年来个体生活状态所形成的习惯势力的抵触。应该在党内和干部、群众中进行共产主义教育，交代党的方针、政策、步骤和做法，澄清思想，消除顾虑，鼓舞干劲，减少阻力，以便加速建立城市人民公社工作。

第二，各部门应该迅速集中一批坚强的干部，参加建立城市人民公社工作，以适应形势的要求。当前必须立即从各机关和工厂企业统一抽调一千五百名左右科长级以上的干部，分别加强街道党委、街道委员会的领导力量，以保证各项工作的顺利开展。

第三，有计划有步骤地开展工作。对全体参加建立城市人民公社的干部，应该集中进行动员训练，统一思想认识，明确方针、政策、步骤和做法，以便迅速有力地开展工作。在训练干部的基础上，各区各选择一个街道委员会和几个不同类型的里弄委员会，由区委领导干部亲自掌握进行试点，在取得经验后逐步推开。街道委员会当前主要是进一步深入开展组织居民工作，对本区域内的工厂企业和学校及有关事业单位的下放管理问题，应该进行调查研究，拟定规划，逐步进行。关于社会主义改造工作，更要分别不同情况有步骤地进行。整个工作都应该边发展、边巩固、边整顿、边提高。

第四，统一领导，全面协作。建立城市人民公社是全党的具有历史意义的光荣任务，也是本市当前的一项重要的中心任务，各部门都应围绕这项中心任务，就本部门工作订出具体规划，在党委统一领导下分工贯彻。

各级党委要加强检查督促，切实改进工作方法和工作作风，认真总结经验，及时发现问题，解决问题，引导运动健康地顺利地发展。

一九六〇年四月四日

中国共产党上海市杨浦区委组织部报告 *

（一九六〇年四月五日）

兹将中共杨浦区委城市人民公社工作领导小组名单，报请审查批示。

中共上海市杨浦区委组织部

一九六〇年四月五日

附：中共杨浦区委城市人民公社工作领导小组名单

组　长　宋　文　区委书记

副组长　傅一夫　区委书记兼区长、现任昆明路街道党委书记

副组长兼办公室主任　夏良珍　副区长、区委妇委书记兼妇联主任、区委常委

组　员　张叔明　副区长、现任隆昌路街道党委书记

范成方　副区长兼区委建设交通工作部部长、区委委员

石全孝　区委政法工作部部长、区委常委

李持均　区委财贸工作部部长、区委委员

陆兆珊　区委教卫部副部长兼卫生局长

陈敬筱　区委工业部副部长、区委委员

* 原件现存于上海市档案馆。

陶水瑜　区委组织部副部长

卢金堂　区劳动局局长

张　浪　上海机床厂党委书记兼长白地区党委书记

廖昌英　上海沪东造船厂党委副书记拟任沪东造船厂地区党委
　　　　书记

（上海市）黄浦区委
关于成立区委城市人民公社
工作领导小组的报告*

（一九六〇年四月六日）

为了积极准备建立城市人民公社,根据市委指示,区委决定成立区委城市人民公社工作领导小组,并设立城市人民公社工作办公室。

组　　　长　李东鲁

副　组　长　渠建新　辛紫上　王焕超

组　　　员　万其汀　王子华　王志盟　边纪忠　俞毅伯

　　　　　　连世忠　张又生　黄士廉　崔　路

办公室主任　王焕超

副　主　任　张六吉

特此报告。

中共上海市黄浦区委员会

一九六〇年四月六日

---

* 原件现存于上海市档案馆。

（上海市）对当前大办城市人民公社中劳动力安排的请示报告*

（一九六○年四月十日）

一、情　况

大办城市人民公社的运动，我区在区委的直接领导下，和全市一样，正在十分迅猛地发展着。地区凡是能从事劳动的里弄居民，极大多数都积极报名要求组织起来（除资产阶级家属外）参加劳动，走社会主义道路，直接为社会主义建设服务。根据区里弄工作办公室资料：仅三月份内，全区就组织了5089人（根据其中掌握的4035人划分，生产3252人，生活服务686人，文教80人，卫生17人），与以前组织的相加已参加劳动的共31546人（根据其中掌握的19731人划分，生产15500人，生活服务3448人，文教766人，卫生17人），占能从事劳动人员的64%。我委正对这新的形势，为促进城市人民公社的迅速建立，贯彻节约用人合理安排地区劳动力，从工厂企业精减一部分人员，支援本市高精尖产品新建、扩建单位和外地建设，保证提高劳动生产率的精神，最近我们对武夷路总支地段的组织情况作了重点了解。

据该地区三月初调查，总人口42691人，其中16岁以上的25449人，除去在职的13558人外，其余非在职的11891人。3月1日前已组织的2722人，应组织而当时尚未组织的里弄居民3372人。3月1日至4月5日止新组织起来的1387人，占44.1%，其中为工厂生产服务的1099人，占已组织的79%，为地区集体福利等事业服务的有288人，占已组织的21%。

---

* 原件现存于上海市档案馆。

为工厂生产服务的,其中有六种不同的形式:

(一)外包加工485人,有产品装配、产品包装、零部件加工、简易成品的制成等。如派林制盒厂,将园盒生产外包给地区加工。

(二)外包内做(进厂做包工)的有283人,这样进厂的情况较复杂,大体有二种:(1)由于地区缺乏场地、工具等条件而进厂加工。如宝山造纸厂外包给地区的拣废纸工作,因需较大的场地,地区目前有困难,无法解决,就借厂里场地工作。(2)可以外包外做,也可外包内做的加工任务。由于厂内方便,有利于生产,也就进厂内做了。如大同电讯厂的零件装配任务,拿出厂后需运转等不方便也就厂内搞了。

(三)增加人员的有102人。一般都是直接参加生产和辅助劳动。也有的里弄妇女进厂做炊事员、保育员,工厂将原来人员进车间生产。如沪江机器厂进厂妇女12人,其中有3人搞炊事房工作,将原三个炊事员调到生产部门,另外9名妇女直接参加车间辅助生产。此外,有的厂以外包内做为名偏向增人。如红色皮鞋厂进厂23人。称外包内做,实际上参加生产劳动,根本没有包工任务。

(四)临时性、突击性需要进厂的有122人。如厂内搬运、整理场地、出清马路仓库,以及为完成一季度生产需要等。如开元熔炼厂需要整理场地,临时在地区抽了10多人帮助搞了三天。

(五)工厂废品、废料、下脚的回收和综合利用,有58人包括拣煤渣等。如上海电子录像厂回收筒管等。

(六)经常性短途运输的49人。如中心厂与卫星厂之间,厂部和外车间之间运货。

计为地区集体福利事业等服务的288人中,共有27种不同工种,归纳起来为生活服务的181人(其中食堂14人,托儿所与简易托儿所70人),商业62人(如代菜场蔬菜加工等),文教7人,卫生19人,地区废料、垃圾回收19人。

二、存在着的几个问题及其原因

总的来看,该地区组织里弄居民参加生产的门路很多,前一阶段的劳动力

安排基本上是合理的,但还存在一些问题,主要有以下几点:

（一）在组织生产门路时,对废品、废料、废水、废液、下脚料等方面的回收加工和利用注意不够,挖得不深。据武夷总支的初步调查,废品的资源数量很大,要人很多。

（1）据10个用煤单位的统计每天烧下来的煤渣有15吨,每吨煤渣中至少含有二煤5%—10%。按每人每天炼两吨计算,全武夷总支地段在这方面每天可安排150人左右,但目前仅安排26人。

（2）宝山、海龙等造纸厂,每天有大量纸浆从阴沟中白白漏掉,如果用人工去捞,每天即可捞回一吨,价值600元;如果将该地区内四个造纸厂流入阴沟中的纸浆全部回收,共需要劳动力100名,每月可捞纸浆120吨,价值72000元。

（3）损纸加工。造纸厂每天有许多损纸作为废纸回炉,浪费很大。仅以海龙造纸厂一天就有损纸3—4吨,如果每天有30名妇女帮助整理,即把大尺码的废纸切成小尺码的成品,至少可回收成品纸一吨,价值820—920元。如果四个造纸厂都进行损纸加工,约需100名妇女。

（4）回收水泥。海龙厂有一部分水泥袋作为造纸原料,袋上还有许多水泥,不处理掉会影响产品质量,只要每天有20—30名妇女加工,即可回收水泥二包半至三包,一个月可得水泥二吨半左右。

（5）公元机器厂有30名钳工,每人每月用手套四副,一个月即有废弃破手套120副。如果经过妇女洗补,大部分手套都是可以继续使用。华新翻砂厂砂里掏铜,以及地区垃圾箱等,15种废料、下脚料、垃圾估计共可安排530名妇女,而目前只加工三四个品种,安排58人,这与实际需要还相差很远。

上海冷轧带钢厂每天漏掉15度—20度废硫酸,如每天有10只简易炉子配80名劳动力,用废硫酸和废铁沫子一起煮,每天可收回硫酸亚铁3吨左右。

（二）地区集体福利事业还没有相应跟上。武夷总支从3月1日后新组织起来1387人中,安排为食堂工作人员的有14人,托儿所工作人员70人,大大落后于新形势的需要。据进红色皮鞋厂的23名妇女工中了解,共有小孩

49 人,除应入学已入学的 26 人外,尚有小孩 23 人,入托的只有一人,寄养于乡下的 1 人,家中有婆母带的 7 人,暂时寄放邻居家中 12 名,锁在家中无人带领的有 2 人。这 23 名妇女全部没有参加食堂搭伙,除了生产劳动外,还要起早贪黑地料理家务,烧一次饭吃一天,也有的人怕食堂、托儿所费用大,负担不了,所以没有参加。

该地区 27451 人(不包括在职工人和入托儿童)已经搭伙的 4013 人,计划在 5 月 1 日前搭伙人数增加到 45%—50%,要求有 13725 人参加搭伙,还需要增加食堂炊事人员等 460 人。该地区 1—6 岁入托年龄小孩共有 25434 人,已经入托的 12110 人,要求在 5 月 1 日前再发展 10%,就有新入托小孩 2543 人,共需要增加保育员等工作人员 250 人。

根据以上两方面情况,初步估算即需要增加安排劳动力 1240 人。

该地区至 4 月 7 日止,应组织未组织的劳动力还有 1556 人(包括身体多病的、怀孕等以及资产阶级的家属)。总的来说,地区劳动力还是事多人少。因此在积极发展生产生活服务的同时还必须贯彻"节约用人,合理安排"的精神。

(三)个别工厂企业单位有违反党的"增产不增人"方针的现象。招收妇女进厂直接参加生产。如红色皮鞋厂增加 23 人分配在剪面子、包后跟、剪帮、沿沿条、擦皮鞋等工种的直接生产。又如沪江机器厂增加 12 人,其中 3 个人安排在食堂工作,把原来三个炊事员调做生产工人,其他 9 人都作为车间辅助工。

(四)在组织废品回收综合利用方面,与废品商店、煤渣商店关系上矛盾很大。煤渣商店通知周家桥办事处说:"大厂的煤渣我们都已包下来了,你们不能再去接了。"这就阻碍了里弄在废品回收加工的门路,而且还浪费国家资财。如冷轧带钢厂废硫酸虽由废品商店包下来,但却长期不利用,甚至流掉浪费。煤渣商店在已经回收的煤渣中,每吨渣只能拣二煤千分之几,而地区可拣 5%—10%。还有大批废品只是回收,而不加以充分利用。

(五)个别单位挤掉勤工俭学。如天成工业社,原来挂钩由市三女中 1000 多名学生为该厂加工别针,现在绝大部分任务都包给地区加工,仅剩下 100—200 名学生在为该厂加工。

产生以上问题的原因：

（1）工厂干部对回收废品综合利用重视不够，认为"废品数量少，垃圾货值不了多少钱"和怕麻烦。如海龙造纸厂，当地区干部去工厂联系有否下脚交里弄加工，该厂回说：下脚料数量少，没有什么可搞。个别单位领导对贯彻执行市委"增产不增人"指示不够坚定，有动摇，说："情况变了，增产不增人是否再适用"。再说："'不用'是否会说我不支持人民公社"。

（2）少数地区干部在组织社会劳动力参加工作中有追求百分比盲目给人，和有"拣肉头厚，油水足，时间长"的指导思想存在。如诸安琪总支与武夷路总支就争做上联电工厂的产品加工。徐家宅劳动力调配干部薄森海同志认为替派杯制盒厂做纸盒子"收费小，不合算"，准备退掉或者转让给别的地区总支去做，并对拣煤渣兴趣不大说："人工大，好处少"。因此武夷总支从3月1日至4月5日止，已组织起来的1387人中，安排在为工厂生活服务的就有1099人，安排在回收综合利用废料下脚方面，只有58人。生活服务方面仅有288人。所以在安排为工厂生产服务方面，也有违反市委"增产不增人"指示精神的观点。

（3）有些群众组织起来后，思想还不稳定，有愿搞生产不愿做生活服务工作，及进厂后讲究工资。如沪江机器厂三个炊事房工作的妇女（新组织起来的）说："炊事工作时间长吃不消"等，要求另行分配工作。有的算个人账，看工资多少，收支相抵是否合算。如红色鞋厂杨菊英（新组织起来的）说："家中四个小孩，我出来工作起码要二个放托儿所，看工资拿来是否够"。也有的舍不得小人，戴小凤只有一个孩子，仅5个月，自己出来工作，小人放托儿所不舍得，不想出来做。沪江机器厂新进厂的12个妇女工，进厂的办事处干部沈孝椿口头通知厂方每天按1—1.2元发付，居委会干部方玉珍用书方面通知该厂每天1.4元。现该厂按1元一天暂发工资。这些妇女不满意说："生活重，工资少"，不愿意做下去。

根据市委指示："上海全党和全体工人阶级，必须以十分积极、十分热情、十分认真的态度"，在组织里弄妇女走集体化道路时，一定要有利于组织城市人民公社，要有利于提高劳动生产率，坚决贯彻"增产不增人""增产减人"的原则，要有利于大搞废品回收加工，扩大原材料，要有利于企业向高精尖的方

向发展。为此,提出下列几个意见:

(一)各工厂企业某些产品包装、简单产品的装配,简单成品、半成品或者零件部件的加工等,凡是已经由地区加工的品种,因这类产品数量增加,可将增加部分交给里弄加工。如原来有本厂工人做的产品需要外包,将做该产品的原来工人,不能移交本企业内其他生产部门使用,而应由行政主管部门或劳动部门另作安排。如有的单位原有劳动力十分紧张,目前又增加新的产品任务,可以同意将一部分老的产品外包。老协作关系,基本上维持原关系,不应打乱(包括勤工俭学)。对显著不合理的可作适当调整。

由于里弄在场地设备方面暂时有困难或其他等原因,一定要在厂内做的可以内做,但工厂企业没有调配外包内做人员的权利。工厂企业可以供给,为本厂加工简单的工具设备。

(二)工厂企业因临时性、突击性和季节性需要增加劳动力,应首先充分挖掘本企业内部劳动潜力解决。属确实不能解决者,由行业之间临时借调解决。如再属不能解决者,可以在地区劳动后备队中短期借用,但不得"短期长留",应按期辞退。

(三)贯彻市委大搞综合利用,使物尽其用,化无用为有用,化一用为多用,化小用为大用的指示。以地区为主,工厂为次,应狠狠大搞。根据本区情况,在废品、废料、下脚料等方面的回收加工,是组织社会劳动力参加劳动的重要门路之一。因此,在这方面工作全区约可安排3000—3500名劳动力。

(四)某些工厂企业的生产向高精尖方向发展,它的简单产品或辅助车间,根据地区劳动力情况,可以把简单产品或整个辅助车间下放给里弄。具体做法应根据市委指示精神,在把简单产品或整个辅助车间下放后,本企业内原来从事简单产品和辅助车间工作的人员由行政主管部门或劳动部门另作安排。

上述第一、二、四条意见都必须由工厂企业单位报地区党委批准,报区委劳动工资委员会备案方可行动。

(五)对区废品公司和煤渣商店承包的废品,可下放给地区统一回收加工,然后再由废品公司和煤渣商店收购。

(六)对今年3月1日以来新进工厂直接参加生产的里弄居民,即属"增产增人"范围的人员应一律辞退。但在辞退之前,由有关工厂企业和地区总支共同切实地做好被辞退对象的思想工作和工作安排。在处理结束后,应报区委劳动工资委员会备案。以上报告当否,请批示。

中共上海市长宁区委劳动工资委员会办公室

一九六〇年四月十日

中国共产党上海市闵行区委通知*

（一九六〇年四月十一日）

为了积极准备筹建城市人民公社，区委决定成立区城市人民公社工作领导小组。由肖瑞云、赵纪锁、李琦、张玉琢、朱聪民、高宗智、冯火、郑重、王佐群、张德盛、朱世政、邵球、张庆生、李侠、沈祖耀、陈倩等 16 位同志组成，肖瑞云同志为组长，赵纪锁、李琦、张玉琢同志为副组长，李琦同志兼办公室主任，林炳秋同志为办公室副主任。

中国共产党上海市闵行区委员会

一九六〇年四月十一日

---

* 原件现存于上海市档案馆。

（上海市）关于将一般饮食店摊调整改组为公共食堂的意见*

（一九六〇年四月十三日）

根据市委"将一般饮食店和饮食摊贩逐步调整改组为公共食堂"的指示精神，我们在唐山和横浜桥两个地区以及乍浦地区个别摊进行了试点工作。经过十天来的实践，证明将部分一般饮食店摊调整改组为公共食堂是当前大办集体福利事业、组织人民经济生活、建立城市人民公社的一项积极措施。它不仅可以使城市公共食堂更能适应人民生产、生活的不同特点和要求，促进家务劳动社会化，而且亦便于全面安排市场，更合理更有计划地组织供应和分配，进一步做好市场供应；同时亦能使商业工作在新的形势下，更好地为生产、为人民生活服务。为此，我们认为随着里弄居民组织起来的状况，在统筹安排下，有计划、有领导地逐步将全区一般饮食店摊改组为公共食堂是完全必要的，特提出具体意见如下。

一、关于调整改组的几种形式

全区共有饮食店摊 405 户，4233 人。其中国营 3 户，51 人；公私合营 101 户，1506 人；合作食堂 301 户，2675 人。根据市委"除去规模较大，又有特色的饮食店外，一般饮食店和饮食摊贩逐步调整改组为公共食堂"的原则，将全区饮食店摊调整为以下几种形式：

第一，一部分饮食店，不调整改组，以保持经营特色，使市场丰富多彩。凡

* 原件现存于上海市档案馆。

本区较高档酒菜馆、西菜馆和具有特色的名店,均照常对外营业,计有:新亚饮食部、凯福饭店、北京菜馆、燕记西菜社、录叶西菜社、西湖饭店、胜利饭店、提篮清真、第一清真、第二清真、天红酒家、大中国、震东等共 33 户,以适应较高消费水平的需要。这些饮食店,除商业热闹地区保留较多外,并在每一个街道委员会地区保留(或增设)1—2 户,以便利群众。这些饮食店的毛利率应高于一般菜馆,以保证国家上缴利润收入。

第二,调整改组为街道委员会的中心公共食堂。凡本区除上述保留的名店、大店外的国营、公私合营饮食店,均调整改组为街道中心食堂。这些中心食堂供应中档菜馆(不收肉、鱼、油券)照市价计利润出售;毛利率应低于高档饮食店,保持一定的上缴利润,供应的饭粥面点收足粮票,少计利润。中心食堂主要负责供应两种对象:第一种是本市有口粮的居民、工人和干部,建议全市统一印发通用饭票(代粮券),凭通用饭票供应饭点,菜肴自由选购。第二种是特约人员,如旅客、运输工人和外出机关企业干部,凭全市统一特约券(代粮券)优先供应饭菜。这样,既能满足居民群众中的不同生活需要,又能照顾到市场的供应,有利于便利消费、稳定市场。

第三,调整改组为里弄、公共食堂。凡本区合作食堂均调整改组为里弄公共食堂。这些合作食堂调整改组后,划片包干,专为里弄、企业、机关、学校服务,凭里弄食堂和机关、企业、学校的饮食团饭票(或全市通用饭票)就餐,供应的饭、粥和大众化菜肴与里弄食堂价格一样(不计利润),另设卖品部出售计利润的中档菜肴和供应花色早点,收粮票一半照市价出售。早点的供应方法,除对老弱孕孺残疾采取优先照顾外,一般采取下里弄、机关、企业食堂供应与就店供应相结合的办法。并还应积极为里弄、机关、企业食堂加工生产花色早点,或下里弄、机关、企业食堂帮助增加花色早点。对居民中正常的临时人口,亦可在里弄食堂或改组后的公共食堂搭伙,原则上收粮票,但对确有困难者,经登记了解属理由正当,可规定期限,照顾供应。此外还应在里弄委员会范围内指定若干公共食堂,专门供应不正常的临时人口,凭里弄委员会证明,在规定期限内供应饭菜(都计利润)。

二、关于调整改组的几个具体原则

（一）所有制问题。改组后的饮食店摊，所有制不变，保留的大店、名店和改为街道中心食堂的国营、合营店仍为全民所有制，改组为里弄公共食堂的合作户仍为集体所有制（但与里弄委员会的集体所有制有所区别），仍属单独经济核算单位，按规定向原主管部门上缴利润税金。

（二）工资福利问题。改组后的所有人员的工资、福利照旧不动，仍由原单位开支。

（三）劳动力安排问题。改组前由原商业部门与街道委员会统筹研究，多余人员由商业部门统一处理（充实大店、名店或支援新兴区）。

（四）多余商品粮的处理问题。经过一个时期后，商品粮若有多余，建议由市商业二局转拨给粮食部门作为调整居民的口粮。

三、关于调整改组后的领导和管理问题

三种形式，分别管理。保留的大店、名店的政治、业务由区有关部门管理；改组为中心公共食堂的政治、业务由街道委员会管理，财权、人权仍由原商业部门管理；改组为里弄公共食堂的政治、业务由里弄委员会管理，财权、人权仍由原商业部门管理。财权、人权，暂不下放。这是个过渡的办法，待今后条件成熟后，再考虑下放给街道委员会或里弄委员会管理。

四、关于调整改组的步骤

总的原则是：既要十分积极十分热情，又要从点取得经验后逐步推开。"五一"前认真总结二个地区的试点经验，"五一"后各街道委员会分批推开，"七一"前基本上调整改组完毕。在调整改组过程中，一方面应加强政治经济形势的宣传、教育，以得到人民群众的积极支持和热情帮助；同时，还应迅速对居民参加生产、服务事业后的口粮不足部分，给以调整。

此外，对饮食店、摊贩的工作人员，也应加强政治思想教育，使他们认识到国家社会主义建设的飞跃发展形势，和建立城市人民公社的伟大意义，调动他们的积极性，更好地为生产、为人民群众服务。

中共虹口区委城市人民公社领导小组

中共虹口区委财贸部

一九六〇年四月十三日

中国共产党上海市委员会组织部通知*

（一九六〇年四月十三日）

各单位调往市委城市人民公社工作领导小组办公室和调往各区街道党委工作的党员干部，其党员组织关系，应即按规定手续转至市委直属机关党委和有关区委，其行政关系、供给关系仍保留在原单位。特此通知。

中共上海市委组织部

一九六〇年四月十三日

中共南昌市委关于成立市委城市人民公社领导小组的通知*

(一九六〇年四月十四日)

根据中央和省委的指示,大办城市人民公社运动,市委要求在"七一"前实现城市人民公社化。为了加强对这一工作的领导,决定成立"市委城市人民公社领导小组"。由何恒、刘迅、郭孝友、孙英、王林祥、严风绅、于德馨、郭忠任、许光、任惠君、于洪洋、马濠、马敬之、王明仲、吴健、李雯等十六位同志组成,以何恒同志为组长,刘迅、郭孝友两同志为副组长。领导小组下设"市委城市人民公社办公室",由刘迅同志兼任办公室主任,于洪洋、许光、章予、戴强夫等四同志为副主任。办公室内部分别设立宣传组(地点在市委宣传部),生产组(设市委工业部)、生活福利组(在市委财贸部)、组织规划组(在市工会)、秘书组(设市委,电话二三五四)等五个组。

各区委、重点工厂、机关、学校(经研究确定后,另行通知)应迅速成立领导小组,抽调一定的专职干部进行工作;其他各个机关、工厂、学校等单位也应指定专人负责城市人民公社工作,并将成立机构的情况,及时报告市委。

中共南昌市委员会

一九六〇年四月十四日

---

* 原件现存于南昌市档案馆。

中共南昌市委政法领导小组
给中共南昌市委的一封信[*]

（一九六〇年四月十五日）

市委：

市房管局党组关于支持城市人民公社兴办公共食堂、托儿所有关问题的报告，经与该局彭局长联系，了解此报告主要是他们汇报工作情况。报告中提的问题大部分已解决，他们意见不要批复，因此，我们不必讨论，并将文件退回市委备查。

此致

敬礼！

中共南昌市委政法领导小组

一九六〇年四月十五日

附：中共南昌市房管局党组关于支援
城市人民公社大力兴办公共食堂、
托儿所有关问题的报告

（一九六〇年四月十五日）

市委：

我局根据市委关于全市要在"七一"前实现公社化、"五一"以前达到80%

* 此标题系编者加注。原件现存于南昌市档案馆。

以上群众参加公共食堂并大力兴办托儿所、在短期内突击兴建大批公共食堂和托儿所是我市当前中心运动、房管工作必须大力支持公共食堂和托儿所的建立的指示精神,我局于本月 14 日上午召开了各区房管科长、修缮站长、基建队长、各科科长会议,认真地研究了市委指示精神,为了坚决贯彻市委指示,大力支持人民公社运动,作了如下的决定:

1. 自即日起,各区修缮站的工程,除对有倒塌危险的房屋可适当安排一定力量进行抢修、以保安全外,其余工程应一律停止,全力以赴(包括街管修组和技工学校培训班)突击兴办食堂、托儿所。此次抽调工人东湖区 460 人,胜利区 150 人,抚河区 250 人,西湖区 300 人,青云谱区 70 人,共计 1230 人。

基建队立即抽调 200 人支持各区,具体分配为:

东湖区 30 人,胜利区 50 人,抚河区 50 人,西湖区 50 人,青云谱区 20 人。上述 200 人在支持期间,一律由各区领导和分配,有关食宿问题由各区解决。

2. 材料问题。为了争取时间,保证把食堂兴盖起来,不能等待调度材料,各站(包括街管修组)先将现有的材料使用,但各站所有材料很难满足大量兴办食堂的需要,基建队又无存料,为此,应在区街领导下带动群众挖掘潜力,想办法搜集材料,以共同克服材料不足的困难。

3. 兴盖食堂可利用空院、空地和就现墙搭盖,具体地点,由各街尽快决定。为了尽快解决食堂和托儿所的房屋,各区对利用率不大的、使用上有浪费的房屋,可带动群众进行调整,所有挖掘出来的房间能适合公共食堂、托儿所使用的,不论公私房屋均应尽先支持公共食堂和托儿所。

4. 兴盖公共食堂和托儿所应根据简易、速度快、花钱少的原则,因陋就简进行施工,并可尽量采取借共壁临时搭盖。至于兴盖食堂和托儿所,所用材料和工资,各区应另立账簿,详细记载,待以后统一解决,在此期间,工人工资仍由原单位供给。

5. 各区对房管干部和修缮工人,应进行一次以建立城市人民公社为中心内容的宣传动员教育,使他们认识到建立城市人民公社的深远意义及其优越性,并积极投入兴盖食堂、托儿所的工作,从而发挥全体房管干部、职工的冲天干劲,打破过去 8 小时的工作制度,以不分日夜的战斗精神突击,完成兴建食堂、托儿所的光荣任务。

以上是否妥当,请指示。

南昌市房地局党组

一九六〇年四月十五日

中共南昌市委批转市委城市人民公社领导小组关于"南昌市城市人民公社组织规划方案"*

（一九六〇年四月二十四日）

市委同意市委城市人民公社领导小组提出的"南昌市城市人民公社组织规划方案"。现转发给你们，望按照规划精神贯彻执行。

规划中各公社中心单位的党委书记兼公社党委第一书记，应立即召开本公社范围内的单位会议，建立领导小组，抽出专职干部，迅速进行建社工作。

中共南昌市委

一九六〇年四月二十四日

附：南昌市城市人民公社组织规划方案

（一九六〇年四月二十四日）

根据中央、省委指示精神和我市现有经验，城市人民公社规模划分的原则是：既便于组织领导，又便于发挥"一大二公"的优越性，使它成为生产、交换、分配和人民生活福利的统一组织者，成为工、农、商、学、兵相结合和政社合一的社会组织，以便彻底改造旧城市，建设社会主义新城市。因此，我们遵照以大带小、以全民带集体和按片结合、就地入社的原则，提出如下规划意见：

---

* 原件现存于江西省档案馆。

中共南昌市委批转市委城市人民公社领导小组关于"南昌市城市人民公社组织规划方案"

一、全市共建立人民公社25个,按分管区域划分如下:

(一)青云谱区3个:

1.以洪都机械厂为中心,包括设在该厂内的工厂、商店、银行、学校等单位,建立洪都人民公社。人数约有30000余名。区域为:东至青云谱农场,南至机场南路,西至更改铁路线为止,北至轻工机械厂南面规划道路为止。

2.以"八一"麻纺厂为中心,包括江西砖瓦厂、江西铸锻厂、江西化工石油机械厂、省南昌汽车厂、市锅炉厂、省农垦厅机械厂、罐头啤酒厂、牛奶场、水文气象台、麻风病院、区技工学校等单位,加上京家山、施家窑、三家店、包家花园4个居民委员会,建立京山人民公社,人数约30000名。区域为:东至新铁路,南至靶场,西至抚河,北至江西玻璃厂(不包括青云谱公园和45速成中学)。

3.以江东机床厂为中心,包括江西玻璃厂、江西农药厂、肉类加工厂、南昌机床厂、南昌电缆厂、南昌耐火材料厂、南昌通用机械厂、商业厅金属预制厂、市运输公司汽车场、新溪桥粮食仓库加工厂、省建加工厂、电力公司、冶建公司、十三中学、十四中学等单位和徐家坊、何家坊、新溪桥3个居民委员会,建立三家店人民公社,人数约20000名。区域为:东至铁路,南至江西玻璃厂,西至抚河,北至第一交通路和耐火材料厂。

(二)西湖区7个:

1.以江西拖拉机厂为中心,包括江西电机厂、省农机厂、江西印刷公司、江南蓄电池厂、航道工程队、轻工学院、第十中学等单位,加上十字街街道办事处和绳金塔、张家山两个居民委员会,建立拖拉机厂人民公社,人数约有30000名。区域为:一交通路以北,站前西路以南,赣抚平原排水道以西。

2.以南昌铁路局为中心,包括市煤球厂、省建筑机械厂、南昌茶厂、国药厂、第二食品厂、南昌塑料厂、工人新村和该局附近工厂、企业、机关、学校、医院职工和居民,建立南站人民公社,人数约30000人。区域为:二交通路以北,三交通路以南,南莲路以东,土城以西。

3.以南昌柴油机厂为中心,包括省建二公司、轻工机械厂、新华印刷厂、市汽车修配厂、动力配件厂、洪都革品厂、市食品厂、南昌汽车站、南昌七中等单位和该地区的居民,建立金盘路人民公社,人数约20000余名。区域为:八一大道以东,三交通路以北,四交通路以南,铁路以西。

4. 以洪都钢铁厂为中心,包括南昌橡胶厂、华安内衣厂、太丰搪瓷厂、毛毯厂、轻工业厅试验厂、省工业设备安装公司、水电厅机械厂、市十六中学、市工业劳动大学等单位,建立洪钢人民公社,人数近 20000 名。区域为:四交通路以南,彭家桥、土城以东,赣抚平原以北,东三路以西。

5. 以航空学校为中心,包括铁合金厂、市翻砂厂、综合仪表厂、制革厂、探矿机械厂、市技工学校、邮电学校、邮电机械厂、608 厂,建立航校人民公社,人数近 30000 名。区域为:赣抚平原以南,土城以东,制革厂以西。

6. 以原西湖街人民公社为基础,将羊子巷街道办事处所辖的□瓜池、羊子巷、鸭子塘、三省巷 4 个居民委员会并入,人数有 25000 余名。区域为:东至八一大道,南至孺子路,西至渊明路,北至中山路。

7. 三眼井、系马桩两个街道办事处合并,加上绳金塔几个居民委员会,建立系马桩人民公社,人数约 30000 余人。

(三)东湖区 7 个:

1. 以江西棉纺织印染厂为中心,包括南昌火力发电厂、火电工程处、化工试验厂、东湖糖厂、十五中学、大桥工程处、省物资供应局仓库等单位以及江纺附近两个居委会,建立江纺人民公社。人数约 20000 余人。

2. 以江西造纸厂为中心,包括江西化工厂、江西火柴厂、江西油脂厂、江西制药厂、新牲纺织厂、焦化厂、市农业机械厂、财经学院等单位和董家窑、豆芽巷、肖皮巷、五纬路、沙沟 5 个居民委员会,建立三经路人民公社。人数约近 30000 人。区域为:青山路、新铁路以北,四经路以东,赣江以南。

3. 以江西师范学院为中心,包括江西大学、水利电力学院、药剂学校、省技工学校、师范附中、政法学院、教育学院、第五中学、工学院、洪都大学、工人疗养院、传染病院、精神病院、南昌电机厂、化工原料厂、电影制片厂等单位,建立学院人民公社。

4. 以省委为中心,包括江西医学院、下正街电厂、七中、女中、江西日报、北坛、环丘街、东濠街、经纬路、上沙窝、下沙窝、豫章路、四经路 8 个居民委员会,以及军区的家属及干部,建立豫章人民公社,人数约近 10000 多人。

5. 以省人委为中心,包括省属机关、江西饭店、江西宾馆、市图书馆、省妇幼保健院、省市总工会等单位,加上新公园居委会,建立公园人民公社。人数约 10000 余人。地区为:第四交通路以北,第五交通路以南,铁路以西。

6. 以市委为中心,包括墩子塘街道办事处所属居民委员会和江西医学院、一附属医院、二附属医院、防疫站、皮肤病研究所等单位,加永外街居民委员会,建立墩子塘人民公社。人数约近 20000 名。

7. 以原百花洲人民公社为基础,将公园街道办事处所辖的居民委员会(已划省人委的除外)、百货大楼等并入扩大,人数约 26000 余名。

(四)抚河区 3 个:

1. 以江西造船厂为中心,包括南昌储木场,南昌制材厂以及抚河以西几个洲的工厂、企业职工和居民,建立潮王洲人民公社,人数约 13000 人。

2. 以筷子巷、禾草街、都司前和惠民门的两个居民委员会,建立惠民门人民公社,人数约 35000 名。区域为:孺子路以南,象山路、福思路以西,沿江路以东。

3. 以现有广外人民公社为基础,将瓦子角和惠民门的 5 个居民委员会并入。人数约 37000 名,区域为:中山路以南,象山南路以西,孺子路以北,沿江路以东。

(五)胜利区 4 个:

1. 现滕王阁人民公社与胜利路街道办事处所辖居民委员会合并扩大为 1 个。

2. 杨家厂街道办事处与子固路街道办事处合并,包括市人委院内,建立杨家厂人民公社。

3. 大士院街道办事处与北坛街道办事处(划给豫章公社的北环、环丘、东濠街 3 个居委会除外)5 个居民委员会合并,建立八一桥人民公社。

4. 以省航运局和市航运公司为中心,包括所属单位,建立水上人民公社,人数约 10000 余人。

(六)以南昌钢铁公司为中心,包括江西氨厂等罗家集附近工厂、企业职工和居民,建立南钢人民公社。

二、几个具体问题的说明:

1. 原来考虑省直机关、市直机关各成立 1 个公社,而由于居住不集中,在户口、粮油关系等方面的管理上均有不便,经办公室研究,认为还是按片结合,就地入社较为方便。

2. 各个人民公社所包括的单位中,有些中小单位没有详细列入,可按所划地区组织入社。

3. 各工厂、企业、机关、学校的职工家属,如果现在不集中居住所属单位一块,现仍按居住区域入社,将来本人要求,各单位需要,公社同意,可作适当调整。

4. 建筑系统所属工地、工程队,一律同本公司入社,不在该居住区入社。

5. 公社以下可根据各社组织具体情况,按照"入而不并,体制不放"和有利生产又方便群众的原则,建立若干分社或支社,各区设立联社,以便加强对各个公社的领导。

中共南昌市委城市人民公社领导小组

一九六〇年四月二十四日

（上海市）城市人民公社在组织生产劳动中有关劳动力几个问题的初步意见（草稿）*

（一九六〇年四月二十九日）

根据市委关于建立城市人民公社的指示精神，现对有关劳动力的一些问题，提出初步意见如下。

一、关于加工生产问题

为了支持城市人民公社的建立，各工厂企业，应以十分积极、热情、认真的态度，支持里弄委员会发展加工生产组织。使一切有劳动能力而尚未参加生产劳动的居民，统统组织起来，参加各种生产劳动和生活服务工作，共同为社会主义建设服务。

工厂企业发包加工生产，应该尽可能采取厂外加工的办法，以免加工生产人员进入企业后与职工一起工作，使编制混淆不清，形成变相增加人员。如果必须借用企业厂房设备才能加工生产，或因某些工作（如废品处理等）必须在厂内加工生产时，经企业上级主管部门批准，可以采取在厂内加工的办法。采用这种方式，必须明确工厂企业和里弄委员会是发包和承包的关系。从事加工生产的人员，不是企业的职工。并掌握以下原则：

1. 进厂加工生产的人员应由里弄委员会单独编队编组，集中在指定的场所，从事其承包的工作，不能分散在各个车间与企业职工编在一起工作，企业

＊ 原件现存于上海市档案馆。

无权调动其从事其他工作。

2. 工厂企业按规定向里弄委员会交付加工费。从事加工生产人员的劳动报酬和福利待遇,均由里弄委员会负责处理,不得同企业直接发生关系。

3. 从事加工生产的人员,应由所属里弄委员会负责领导。工厂企业负责技术和业务指导。

4. 必须事先对有关干部和从事加工生产的人员讲清加工生产的工作性质。说明从事加工生产人员与工厂企业的关系以及工资福利的处理原则。

工厂企业发包的加工生产,不论是厂外加工或厂内加工,均应作通盘规定,经上级主管部门批准,然后由里弄委员会组织加工生产。生产任务发包加工后,应将原来从事该项生产的职工抽调出来,另作安排。同时不应挤掉原来生产协作单位的人员。

加工费的规定,应由各管理局或公司进行研究,提出意见,交各工厂企业掌握。

二、关于下放车间问题

下放车间应根据市委的指示,与经济改组、迁厂、并厂、产品发展的方向以及劳动计划的安排结合起来,由工业局通盘考虑,全面规划。

车间下放后,原有的生产工人,除留少数技术工人和管理人员担任生产指导工作外(他们的编制仍属工厂),其余职工,均另作安排,安排的主要方向是:

(1)调到新建扩建的单位;(2)生产高精尖产品;(3)去外地开辟原料基地;(4)支援外地建设。

车间下放后所需要的生产人员由里弄委员会补足,不列入工厂编制。

三、关于组织专业服务队和
劳动预备队的问题

为了适应工厂企业短途运输、零星修建和临时性、突击性、季节性生产任务的需要，街道委员会应建立短途运输队、修建服务队和劳动预备队。

1. 按街道委员会建立短途运输队，负责本地区所属工厂企业的短途运输任务，运输队和工厂企业之间的关系为协作关系，工厂企业应按运价规定交纳运输费。这种运输队，由街道党委统一领导，属公社集体所有，区交通运输局负责业务指导，运输队的业务范围，应与运输部门有所分工。

2. 按街道委员会建立修建服务队，负责本地区工厂企业、机关、学校及居民房屋的零星修建任务。服务人员的来源，除了把工厂企业临时招用的和社会上独立劳动的建筑工人统一组织起来以外，可将原属区的集体所有制的建筑服务队下放一部分或全部。服务队归街道委员会统一领导，区的建筑公司负责技术业务指导。

3. 工厂企业因临时性、突击性、季节性生产任务需要的一般劳动力应经过所在区的劳动部门批准，按招用临时工的手续办理。为了及时调配这些劳动力，街道委员会可根据工厂企业的需要，应在里弄居民中选择一些条件较好的人员，特别是青壮年，组织劳动预备队。确定队长和组长，并向他们讲清，要担负临时支援工厂企业生产任务以及车站、码头突击装卸任务。这些人员平时分散在各个里弄生产组内工作，当工厂企业需要时，由区的劳动部门按预备队的组织进行调配。

四、关于培训技术力量问题

为了适应发展加工生产和车间下放对技术力量的需要，工厂企业应派人去里弄进行指导，里弄委员会也可以组织人员进厂学习，但对委托工厂代训的人员，学习期满后必须调回里弄，工厂不得留用。学习期间的生活待遇，由里弄委员会负责解决。

五、关于调配输送劳动力问题

随着生产建设事业的发展和输送劳动力支援外地建设，街道委员会应根据上级下达的劳动力调配任务，负责动员输送。为了保证调配任务的及时完成,里弄委员会应经常掌握劳动力的情况,特别是社会青年的情况。

六、关于街道委员会的劳动工资机构问题

街道委员会应设立劳动工资部,在街道党委领导下,负责劳动力的组织管理和调配工作。工资福利和劳动保护工作,里弄委员会也要有专人负责劳动工资工作。

中共上海市委劳动工资委员会办公室

一九六〇年四月二十九日

（上海市）城市人民公社
在组织生产劳动中有关劳动力几个
问题的初步意见（草稿）*

（一九六〇年四月二十九日）

第一条　城市人民公社是在共产党和人民政府的领导下，以工人阶级为领导，以职工家属及其他劳动人民为主体，吸收其他一切自愿参加的人民组成的，它是工人阶级改造旧城市和建设社会主义新城市的工具，是人民政治、经济、文化生活的统一组织者，是政社合一的社会基层组织。

第二条　城市人民公社是加速建设社会主义和过渡到共产主义的最好组织形式。

为了实现由社会主义过渡到共产主义，必须坚决贯彻执行党的鼓足干劲、力争上游、多快好省地建设社会主义的总路线，大力发展工业生产和文化教育事业，实现技术革命和文化革命，使城乡差别、工农差别、脑力劳动和体力劳动的差别逐步缩小以致消失。

在社会的产品极大地丰富了，全体人民的思想觉悟和道德品质极大地提高了的条件下，由社会主义的"各尽所能，按劳分配"逐步过渡到共产主义的"各尽所能，按需分配"。

第三条　凡年满16周岁的男女公民（除精神病患者以外）都可以入社做社员，入社由本人自愿申请，经社员大会或社员代表大会讨论通过。

地主、富农、反革命分子、坏分子、右派分子以及其他被剥夺了政治权利的分子一律不得成为城市人民公社的社员。但是对于上述各类分子，可以在人

＊　原件现存于上海市档案馆。

民群众的监督下,允许他们参加公社内合适的劳动,使他们改造成为新人。公社按照他们的劳动付给报酬,并在他们确实改造好了之后,可以允许他们入社做社员。

第四条 每个社员都可以享受下列权利:

(1)参加社内的劳动,取得应得的报酬。

(2)提出有关社务的建议和批评,参加社务的讨论和表决,对社务进行监督。

(3)选举与被选举为公社的领导人员。

(4)享受公社所举办的文化、福利事业的利益。

第五条 每个社员都应尽下列义务:

(1)遵守社章,执行公社的各项决议。

(2)积极地参加社内劳动,遵守劳动纪律。

(3)爱护公共财产。

(4)加强与巩固全社的团结,同一切破坏公社的活动作坚决的斗争。

第六条 公社对于违反社章的社员应进行批评教育或适当的处分,如经过多次批评教育和处分还不悔改,由社员大会或社员代表大会讨论决定,可以取消他的社员资格。

被取消社员资格的人员如果已经悔改,社员大会或社员代表大会可以恢复他的社员资格。

第七条 个体劳动者入社时,对于他们原来私有的生产资料,如他们自愿转入公社时,公社应折价偿还。

第八条 以区为范围成立城市人民公社。在公社之下设立若干分社,即街道委员会。

城市人民公社是政社合一的社会基层组织。因此,区人民代表大会的代表可以兼任公社社员代表大会的代表,区人民委员会委员可以兼任公社管理委员会委员,区长兼任社长,副区长兼任副社长,公社管理委员会的办事机构,兼任区人民委员会的办事机构。

第九条 公社的最高管理机构是社员代表大会,公社的重大事务,由社员代表大会讨论决定。

（上海市）城市人民公社在组织生产劳动中有关劳动力几个问题的初步意见（草稿）

社员代表大会选出管理委员会管理各项社务，管理委员会由社长一人、副社长若干人、委员若干人组成。在公社管理委员会之下建立若干局和委员会（如工业、商业、文化、教育、卫生、财政等等），分别掌管各项工作。

社员代表大会选举监察委员会监察社务。监察委员会由主任一人、副主任若干人、委员若干人组成。

社员代表大会代表，管理委员会委员和监察委员会委员的任期均为两年。对于犯有严重违法行为的人员在任期未满之前，经原选举单位讨论和审查可以罢免他的职务。

第十条　公社必须大力发展生产，逐步使本区成为以仪表仪器为中心的工业区，努力试制和生产高精尖的产品，实现机械化和自动化。

第十一条　公社必须积极发展国营商业，合理调整商业网，有计划地组织食品供应，对副食品和某些日常生活必需品，逐步做到由里弄委员会进行合理分配。

第十二条　公社应该在生产发展的基础上，随着公社收入和社员收入的增加，逐步举办下列各种文化、福利事业：

（1）按街道委员会为范围，普遍地设立小学、中学和业余中学，使所有的学龄儿童全部入学、所有的青壮年都达到高中毕业的程度，并在条件具备时，在公社范围内设立专科学校和大学。

（2）每个里弄委员会要有一所或若干所少年之家与少年儿童活动室，大力组织少年儿童参加科学文化活动。

（3）每个里弄委员会要有一所或若干所文化站（俱乐部）、图书馆（图书室），广泛地开展群众文艺活动和学习科学技术的群众运动。

（4）每个里弄委员会要有一所卫生站，每个街道委员会要有一所地段医院，要不断地深入开展除害灭病的爱国卫生运动，同时，要广泛地建立各种体育组织，大力开展多种多样的群众性体育活动，使本区成为环境清洁、人人健康的先进卫生地区。

（5）大力发展公共食堂、托儿组织和社会服务站，要做到网布全区，实现家务劳动社会化，生活集体化，并促使妇女获得彻底解放。

第十三条　公社对于缺乏劳动力或者完全丧失劳动能力，生活没有依靠的老、弱、孤、寡、残废的社员,要在生产上和生活上给予适当的安排和照顾,保证年幼的受到教育和年老的死后安葬,使他们生养死葬都有依靠。

公社要组织幸福园收容没有儿女的老年人,组织他们参加轻微的劳动,保证给予他们生活上必要的供给,使他们欢度晚年。

第十四条　公社要根据全市的城市建设规划,结合本区的具体情况,逐步改善社员的居住条件。

第十五条　公社实行全面武装,凡符合民兵条件的男女青壮年均应组成民兵队伍,经常进行军事政治训练,执行国家所分配的任务。民兵在受训和执行任务期间,工资照发。

公社要负责动员兵员和安置复员军人的工作,对于烈军属的家庭缺乏劳动力的,由公社对他们的家庭生活给予适当的照顾。

第十六条　公社要在共产党和人民政府的领导下,在工会、共青团、妇联的协助下,经常地向社员宣传国内外的时事形势、共产党的主张和人民政府的政策法令,要教育社员积极响应共产党和人民政府的各项号召。并且要通过社内的各项实际活动,向社员进行国际主义、爱国主义和集体主义的教育,加强工农联盟的思想,不断提高社员的社会主义、共产主义觉悟,彻底清除资本主义思想残余。

第十七条　公社实行计划管理,定期制订年度的和季度的计划。公社所属的各机关、工厂、企业、学校、医院等单位,均应制订相应的年度的和季度的计划。

第十八条　公社实行民主管理,公社及其所属的机关、工厂、企业、学校、医院等单位,均应建立经常的民主生活制度。要发动群众运用民主生活会、大字报等各种方式,开展批评和自我批评,以便不断克服工作中的各种缺点。

第十九条　公社必须贯彻执行勤俭办社的方针,要厉行节俭,降低生产成本,减少费用开支,反对铺张浪费。要建立与健全财务管理制度,加强经济核算,对于贪污、盗窃和破坏公共财产者,应该严肃处理。

一九六〇年四月二十九日

关于当前城市人民公社运动的
情况和意见*

中共南昌市委城市人民公社领导小组副组长　刘　迅

（一九六〇年四月）

各位同志：

我完全同意郭光洲和李文科同志的报告。现在我就城市建立人民公社问题作如下发言：

党的八届六中全会"关于人民公社若干问题的决议"中指出，城市人民公社将"成为改造旧城市和建设社会主义新城市的工具，成为生产、交换、分配和人民生活福利的统一组织者"。我市试办的 4 个城市人民公社，一年多来的实践已经充分证明，它在发展生产、组织生活、进一步解放劳动力、加强人民的共产主义教育、移风易俗、改造社会等方面，显示出强大的生命力和无比的优越性。今年 3 月底以来，根据中央、省委关于建立城市人民公社的指示和市委的布〈部〉署，我市广大人民，在各级党组织的领导下，正在大办工业，大搞生产，大办生活福利事业，一个全面实现城市人民公社化运动的高潮已经到来，特别是郭政委于 4 月 19 日向全市人民进行了"大办城市人民公社，组织集体生产和集体生活"的广播动员后，全市掀起了宣传高潮，更激发和提高了群众觉悟。目前是处处锣鼓喧天，申请入社的有如潮涌。广外人民公社扩社中，申请入社的达 99%，胜利区已有 80% 的人口组织起来，其中有 6 个居民委员会的居民已 100% 的组织起来，潮王洲公社利字街两个 50 多岁的双目失明的老人，过去从未参加过什么会，这次硬要别人扶他们去参加建社的群众大会，

---

* 原件现存于南昌市档案馆。

并当场申请入社。许多人听说要成立人民公社浑身是劲,积极投入了运动。许多人拿出生产设备和工具,如西湖街人民公社社员在 3 天内就拿出 23 部缝纫机。义渡局居民委员会开办竹席厂,因为缺乏技术,工厂即派 6 人到别的厂学习,这 6 名刚离锅台炉灶的妇女,7 天就基本掌握了技术,并迅速进行传授,把产品试制成功,投入生产。江纺职工在得到市委城市人民公社试点组在该厂进行试点的消息后,职工干劲十足,提出“不许轧梭断头”作为进入人民公社的保证。保全一组平车队朱启才、陈银生、罗幼枫、广建海、王志强等人,经过 30 多次的试验和 4 昼夜的苦战,首创成功了轧梭自动机轻纱装运,在每分钟 200 多转的高速布机上保证轧梭不断头,经确定效果良好,能大大提高产量、质量,并可节约帮接工定员 50%左右,基本解决了自动布机轧梭断头这个关键问题(系一个全国性问题,每轧梭一次,断头少则一二十根,多则一二百根,并影响质量)。又如该厂印染二场职工为了用新的成绩庆祝即将开始的人民公社幸福生活,苦战 2 天,就试制成功了几种新品种,像“香花布”“印花泡泡纱”,穿在身上不但花色鲜艳,而且香气清幽。西湖区的建筑工人仅用 3 天 3 夜的时间,就给公社盖好了一幢一次能容纳 1000 人吃饭的大食堂;青云谱区何家坊有几十个居民到砖瓦厂等处拣断砖,两个晚上就把炉灶打好了,有的并积极支援炊具、家具。

各单位在城市人民公社这个新事物鼓舞下,更高地发扬了共产主义风格和共产主义大协作精神。如胜利区有 20 多个工厂企业和机关学校,在听完郭政委广播大会后,立即敲锣打鼓送给大士院人民公社 1176 件物品,其中有被服厂送的工作服,及其他单位送的桌椅板凳等各种各样家具;省民政厅招待所还支援公社 20000 元兴办工业;市教育局为各社办保教人员训练班,并派八人到社的托儿所、幼儿园进行辅导;东方红、新雅酒家,不但调出技术人员到社办食堂进行辅导,并帮助各社培训食堂管理人员和红白案;卫生机关也采取了医疗预防地域划片制;胜利区北坛合作食堂,主动提出对居民开放,他们是统一管理,分片记账,不计利润,就餐人员已达 200 多人,普遍反映很好。由于各单位在物质上、经济上大力地支援公社,促进了公社大办工业、大办集体生活福利事业迅速发展。

从 4 月初到 24 日为止,全市共建立工厂企业 736 个(包括加工性和运输队),比3月底增加近1倍,就业人员由原来的4908人,增到14894人,增长两倍。全市(不包括国营工厂企业和机关)共建公共食堂695个,比3月底(72个)增长86.5%,就餐人数由原7236人,增到32014人,增长3倍多。托儿组织现有521个,比3月底(140个)增长近3倍,入托儿童比3月底(4785人)增长1倍多。服务站(组)也由616个增长1155个。这就使一面被家务、小孩牵累的劳动人民的家庭妇女有了就业的机会,能为社会主义建设事业贡献一份力量,同时,城市人民公社运动的发展,使我市的政治、经济面貌和全市人民的精神面貌正在发生深刻的变化,到处可以看到为社办工厂、福利事业而奔忙的劳动群众,不少地区或街道正在实现前所未有的"人人有事做,户户无闲人"的伟大理想。邻居之间、人与人之间的关系更为融洽和和睦了。这些生动的事实说明,大办城市人民公社,是广大群众的强烈要求和迫切愿望。

当前,运动正在以空前浩大的声势蓬蓬勃勃的发展,形势很好。但是在运动健康发展的同时,还存在着一些问题,现对这几个问题发表一些意见:

首先,运动的发展还不够平衡。有些单位动得较快、较好,少数单位动得不够,等待上级指示,行动迟缓,干部力量尚未及时调配,摸底尚未深入进行。我们认为,为了实现市委提出的在"七一"以前全市实现公社化的要求,各单位都应抓紧抓好。以工厂企业、学校、机关为中心的公社,请按照规划精神,中心单位的党委书记要及时召集公社范围内的单位会议,建立领导小组,抽出专职干部,迅速进行建社工作。

其次,宣传教育工作有的还不够细致深入。个别干部、家属和居民中尚存在某些模糊认识和疑虑。有的怕入社后生活资料归公,因此,曾发现变卖家具、自养的家禽、家畜;有的顾虑参加食堂吃饭不自由,怕吃不好、吃不饱;或者担心孩子入托,吃穿照看有问题,有的虽报名参加食堂,仍在犹豫观望,保姆中有的顾虑找不到工作,更怕减少工资,少数家庭生活较富裕的不愿入社,顾虑进社后会降低生活等等。我们认为,城市人民公社化运动是一个伟大的社会变革,它普及到各个阶层和每一个人,并贯穿着两个阶级、两条道路的斗争。因此,必须继续大造声势,形成舆论,让人们街谈巷议,议论纷纷。当前主要是,既要轰轰烈烈,又要深入踏实,并注意进行针对性的政策宣传教育,"一把钥匙开一把锁",以解除群众不必要的思想顾虑。

再次,在大办工业企业中,有这样几个问题:一是有的挂钩关系被打乱了。据反映,抚河复制厂由华安内衣厂供应剩料下脚(每月供应8000斤),现华安已转供胜利复制厂,抚河复制厂近600人生产,原料缺乏。二是有的搞生产强调过分集中。三是有的注意了抓小商小贩、手工业户的组织,而忽视对分散的广大居民的组织。四是有的对生产时间硬性规定为8—10小时。我们认为,原有挂钩关系不应打乱,原供给多少现仍加以供给,有必要作调整,应待日后统一考虑;同时,不要过分强调集中,能集中的集中,集中暂时有困难的可统一管理,分散生产,以便利劳动群众;对分散的广大居民参加生产的组织工作,应放在重要地位;对职工家属和居民参加生产的时间,应根据具体情况确定,特别是刚组织起来的时候,一般时间不要过长,以便使刚参加生产的人员能够照顾一下当前尚未安排好的家务事。

第四,关于群众献东西问题。广大群众对成立公社感到欢欣鼓舞,积极性很好,不少人主动给公社捐献物资。我们必须万分珍惜群众的这种热情,并加妥善处理。据反映,有的街道在办公社时,硬性向人家借东西,不愿借就批评,不是很好地说服和商量。还有的强行集资,按户摊派,在群众中造成不应该的疑虑,必须加以迅速纠正。在接受群众自愿送来物资时,也没有进行登记。这不仅容易造成丢失和差错,也会造成思想不纯的人贪污挪用。为此,必须迅速建立起一套制度。今后,凡是工厂、企业、机关、学校送的物资,一律造册登记,凡属于向私人借的东西,应以急用物资为主,并一律要写收条和折价记账,在日后公社经济条件许可时,原物偿还或折价偿还。对群众送来的部分摆设装饰品不应接受,并和群众讲清楚后予以归还。

第五,关于要求公共单位支持问题。据反映,有的街道向省市所属机关和企业要求支持房子、筹集部分资金、抽调机关职工家属的劳动力,这个问题,应及时纠正和防止,因它牵涉到所有制问题,具有平均主义倾向,并容易产生混乱和不良影响。今后如公社遇有困难,应自力更生,必要时可请示区委解决(在机关、企业、学校方面,则应尽可能地给公社以必要的支持和赞助)。同时,个别干部宣传说80岁以下的人都要参加劳动,100%的要参加食堂。有的个别民办蔬菜站、服务站后卖或者不卖蔬菜、煤球给未参加食堂的,这是一种强迫命令的做法,希望各级领导要注意教育纠正。

第六,据目前掌握的材料,已发现五类分子造谣破坏、贴反动标语。为此,我们必须提高警惕,加强对五类分子的监督改造,防止和及时打击他们的阴谋活动。

我市人民公社化运动正在以万马奔腾之势向前发展,群众热情澎湃,高歌猛进。但由于它是一个新事物,对于我们来说,还是一个新的课题,因此,要加强党的领导,坚持政治挂帅,大搞群众运动,从各方面做好工作,及时发现新的问题,给予研究解决,以推动运动更加迅速和巩固健全地发展。

以上发言,是否妥当,请批评指正。

中国共产党南昌市第二届

代表大会第二次会议秘书处印

一九六〇年四月

高举总路线红旗,
迅速实现城市人民公社化 *

中共江西棉纺织印染厂党委书记　王尚德

(一九六〇年四月)

主席团,各位代表:

我完全同意和拥护郭政委代表市委所作的二届一次党代会议以来的工作报告和李市长所作关于南昌市发展国民经济第二个五年计划的报告,现在就我厂群众服务站是如何组织起来的做以下发言:

我厂群众服务站是 1959 年 12 月份建立起来的。服务站未建立以前,职工家属委员会曾组织过家属干部和积极分子搞过不少的临时互助,如帮助职工带小孩、搞卫生、洗衣服、代管家务等等,这给无人照料家务的职工来说,解决了不少的困难,给了很大的方便。但是,随着工业生产突飞猛进的发展,职工及其家属源源不断地进入工厂,这种临时性的服务工作已不能适应广大群众日常生活的需要:第一,职工人数大量增加。仅 1958 年下半年到 1959 年上半年约一年的时间,全厂职工由 3200 余人增加到 7300 余人,增加了 1 倍以上,职工家属亦增加到 1180 户,计 4182 人。职工人数增多,需要服务的对象越广,越需要有人帮助他们解决家庭事务和日常生活上的一些问题。第二,家庭妇女劳动就业。大跃进以来,妇女劳动力已得到了大大的解放,不少职工家属,特别是青壮年家属踏上了劳动工作岗位。据不完全统计,已有 300 多名青年家属参加了车间生产,有 200 多名中年家属参加了卫星厂和搞副业生产等各项工作。她们参加工作以后,家庭事务也需要有人帮

---

　*　原件现存于南昌市档案馆。

她们料理。第三,纺织厂的特点是女职工多,女职工占全厂职工的60%左右。女职工多伴随而来的是小孩多,根据今年1—3月份劳动保险生育费的开支,全厂每月平均有90个小孩出生,虽然有些已经进入了哺乳室和托儿所,但还不能完全的满足需要。这样,托儿事业就需要大大加强,否则,孩子寄托问题不能得到解决,就会直接影响生产。根据以上情况,我们于去年12月采取了积极发动家属参加服务事业,通过动员、座谈、辩论,打消顾虑,证明在社会主义建设高速度发展的形势下,组织人民经济生活的重要性,这样,就在边动员、边组织、边行动、边提高的情况下,在原来临时互助的基础上,把我厂群众服务站建立起来了。

经过5个月的努力,根据经营多样化的原则,服务站共建立了集中洗衣、分散接送洗衣、托儿、缝纫、挑煤、零工等6个组,服务项目达20余种,诸如代料理家务、代人打扫卫生、照顾产妇、服侍病人、代办户口等,几乎是无所不包,对促进生产、方便群众、解放妇女劳动力、改善职工家庭生活都起了重大作用。

一、方便群众,为生产服务。纺织工业服务站为生产服务主要内容是托儿组和零工组,托儿组目前收托了34个小孩,人数虽然不多,但收托的小孩都是家里无人照管而本厂托儿所又不能收容的孩子,孩子收托以后,父母安心生产了,保证了车间出勤率。如机动部工人蔡生财夫妻两人都在工厂里做工,家里有一岁多的孩子无人带,上班后孩子关在房子里,生产上不安心,两人时常轮流地出来看小孩,但孩子送进了托儿组以后,夫妻俩也不请假了,生产上安下心了,卸下了"千斤重担"。托儿组的服务形式也非常方便群众,有全托、日托、半日托、临时托等等,假如职工需要上几个钟头的街,托儿组也帮助职工带几小时的孩子,群众非常满意,零工组主要是为生产、为群众做些什么事情。生产上需要人捡棉花,零工组就马上派人去捡;托儿所保育员生小孩或生病,零工组就派人去帮忙,这对弥补生产上劳动力不足,起了立竿见影的作用。

二、减轻了职工家务负担,做到了工作、家务两不误。随着生产的不断发展,职工人数大大增加。一方面,一部分青壮年家庭妇女参加了生产劳动,从事家务劳动的人减少了;另一方面,由于职工忙于生产和学习,处理个人生活问题的时间相对地减少了,这就需要有一个服务性的组织,帮助他们处理日常生活问题。服务站建立后,帮助职工洗衣、缝补、做鞋、做袜底、挑煤、代笔、服侍病人和孕妇、打扫清洁卫生等等,这样使职工有更多的时间休息和学习,得到了职工的好评。如有的职工说:"我们有了群众服务站方便多了,衣服脏了有人洗、破了有人缝,整旧如新,美观耐用,真是个好当家。"职工家属参加服务站后,家务工作没有受到影响,两者得到了很好的结合。结合的方法,是根据参加服务站的家属孩子多、家庭事务较重而且都是有一定年纪的这些特点,采取了集中领导、分散服务的形式,把工作放在家里做,这样既能为群众服务,又能照顾家务,家属也很满意。

三、增加了收入,改善了生活。家属参加服务站工作后,不仅对生产和对职工生活有利,同时也使自己的家庭收入节节上升,生活得到不断改善和提高。如家属徐俊华一家 5 口,原靠爱人每月拿 15 元过生活,孩子生病、上学杂费时常发生困难。自从参加服务站后,最多每月收入过 42 元,最少每月也有 30 元左右,婆婆代职工带了 2 个小孩,每月也有 10 元的收入,不但扭转了过去入不敷出的现象,而且还添置了新衣,每月还有 5 元储蓄;家属张玲香是 7 个孩子的母亲(2 个孩子在学徒),爱人每月只有 30 元钱供全家生活,生活也时常发生困难,自从参加服务站洗衣后,每月增加收入 15 元以上,由于他善于勤俭持家,安排生活,不但生活没有困难,每月还贴花 3 元,使生活得到了改善。随着职工家庭收入的增加,参加储蓄的人也越来越多了,服务站未成立前,零整有奖储蓄额有 600 余元,现在每月能达到 3200 余元,增加了 4 倍以上。

四、人与人之间的关系得到了进一步改善,家属精神面貌随之改善。通过服务站的组织形式,使职工家属得到了集体主义和共产主义思想教育,政治觉悟不断提高,逐渐建立起互相关怀、真诚合作、把方便送给别人、把困难留给自己的"我为人人"的共产主义道德风尚,改变了那些旧社会遗留下来的狭隘、自私、保守的家庭妇女传统习气,加强了团结,使家属精神面貌焕然一新。如不少服务员在服务工作中,不计时间、不讲报酬、不辞辛苦地热心为群众办事,洗衣组的同志为了方便职工,亲自上门接衣送衣,发现破了就主动给缝补,减少了职工向外找人洗衣接送的往返时间,使职工有更多时间得到休息。

从我厂上述情况看,充分说明组织起来是我国工农业生产高速度大发展的必然产物,是职工群众的迫切要求和愿望。服务站虽然组织起来的时间不长,只建立了短短5个月的时间,而且人数不广,生产项目不多,服务项目也还不多样化,但即使如此,仍已从各方面展示出了它无比的优越性,尤其是最近党号召建立城市人民公社,这就为我厂全面地组织起来、进行集体生产和搞好集体生活福利事业指明了前进的方向,我们决心在原有的基础上全面地组织起来,以满足群众的要求和形势需要。

据我们初步统计,目前我厂职工家属有劳动力而未参加工作的(16—55岁)约有760余人。未参加工作的原因,根据重点调查,因孩子多、家务牵累较重的占68.8%,身体衰弱、有病、有孕的占22.7%,生活较富裕或出身于非无产阶级家庭而不愿参加工作和劳动的仅占8.5%。为了迅速地将这些闲散劳动力组织起来,目前正在开展一个声势浩大的城市人民公社优越性的宣传教育活动,以便通过边宣传、边申请、边组织、边行动的办法,先进带后进,一浪推一浪,争取时间逐步实现城市人民公社化。

我们打算,首先必须大办公共食堂和托儿事业,以便将闲散劳动力从家务劳动中解放出来,为参加集体生产开拓道路。开始时由小到大,因地制宜,逐步发展,先以每幢宿舍为单位实行做饭和带小孩集体化,利用原有的厨房作食堂和托儿所,然后逐步作〈做〉到将厂内具体福利事业交给公社加以扩大,如条件许可,再调剂或修建些房屋搞集体福利事业。关于大办生产,计划建立砖瓦厂、电石厂、地毯厂、浆料厂、针织厂(手套、袜子、童衫)、缝纫加工厂、锭胆加工厂、综合加工厂(做衣服、袜底、纱篓、拖把、包布等)、木工加工厂(倒板、打梭棒、修纱管等),并积极利用破籽棉进行综合利用和研究,建立副食品生产基地,种菜养猪、养家禽,改善职工生活。

此外,生活服务事业亦必须扩大,做到服务网点化,全厂设服务总站,1个居民委员会设1个分站,每幢宿舍1个服务点,1个点根据需要设几个或10余个服务员,扩大服务项目和内容,做到事事有人管和上门服务,建立管理制度,适当地抽公积金,使服务站不断地巩固和发展。

城市人民公社是我国社会主义建设进入新的历史阶段——高速度、按比例持续跃进新阶段的重要内容。我们相信,在省、市委的直接领导下,城市人民公社必将迅速地发展起来。让我们在总路线的光辉照耀下,为迅速实现城市人民公社化而奋斗。

中国共产党南昌市第二届代表

大会第二次会议秘书处

一九六〇年四月

坚决办好城市人民公社*

中共南昌市委抚河区委书记　李文声

（一九六〇年四月）

在市委的正确领导下，在总路线、大跃进、人民公社三面红旗的光辉照耀下，我区在 1958 年秋，掀起了一个全党、全民办工业的热潮，街街巷巷搞生产，家家户户无闲人，实现了"街道工厂化，居民劳动化"，广大街道居民社会主义思想觉悟空前提高，政治、劳动热情高涨，迫切要求参加社会主义建设，迫切要求举办各种集体生活福利事业，解决生产与家务劳动的矛盾。于是，我们在广外街试办了广外人民公社。

为了加速改造旧城市、建设社会主义新城市，以适应工农业生产持续跃进的新形势，根据市委指示，必须迈开巨大步伐，在短时期内，全面实现城市人民公社化。我区决定建立 3 个公社，两个是以居民为主体的（惠民门人民公社、广外人民公社），一个是以国营工厂企业为中心的（潮王洲人民公社）。为了加强对运动的领导，区委成立了组织城市人民公社领导小组，抽调了干部 87人，分成 3 个工作组下去进行巨大的组织工作。由于坚决地贯彻党的方针政策，坚持政治挂帅、依靠群众、发动群众、大造声势、大搞群众运动，经过 5 昼夜的苦战，到 4 月 19 日止，3 个人民公社就挂起了牌子，党委会和筹委会均建立起来并开展了工作。通过广泛深入的宣传发动，全区已有 83000 余人自报申请参加人民公社，占总人数的 90%，社办工厂和生产小组发展到 307 个，参加生产人员共 3500 余人，公共食堂发展到 223 个，用膳人数达 23000 多人，组织了幼儿园、托儿所 42 个，入园入所幼儿 1078 人，建立了生活服务站、服务点共

* 原件现存于南昌市档案馆。

76个，一个轰轰烈烈的城市人民公社化运动高潮，已在全区范围内形成。

城市人民公社化运动的进展是迅速的、健康的，成绩是巨大的。但这还只是全面公社化的开始，我们必须更进一步做好各项组织工作，促进城市人民公社的迅速巩固和发展，充分发挥它的巨大优越性，用更高的速度发展生产，在生产发展的基础上，进一步办好各项集体生活福利事业，逐步提高社员的物质文化生活水平和不断提高社员的政治思想觉悟，使它真正成为生产、交换、分配和人民生活福利的统一组织者。所有这些，都需要我们进行十分艰巨、复杂而细致的工作。

（一）大力组织和发展生产，这是巩固城市人民公社的关键，是促进集体福利事业进一步发展的物质基础，公社今后仍应大力组织生产、发展生产。在组织群众生产中，必须贯彻依靠群众、自力更生、因陋就简、因地制宜、土法上马、土洋结合、"三就"（就地取材、就地生产、就地销售）、"四为"（为大工业生产服务，为农业生产服务，为人民生活服务，为出口服务）的勤俭办社的方针。在原材料上利用大厂的下脚料、废料，发展综合利用。在资金和设备上，依靠群众筹集和公共单位的支持，在技术上把分散的手工业者组织起来，利用他们的技术，并采取能者为师、自教自学、请进来、派出去的办法，加以解决。在分配和积累问题上，我们贯彻了收入多的适当多积累，收入少的少积累和不得高于同工种同级别国营企业职工工资的原则，根据生产的不同情况，采取以下五种工资形式：

（1）对生产正常、积累多、有条件的单位，采取基本工资加奖励；

（2）对于对外加工的单位，采取按件计资提积累加奖励；

（3）对于分散流动经营的，采取包工包产、定额积累的办法；

（4）对各种非直接生产人员，采取固定工资，按级评发；

（5）对保教人员、炊事员实行供给制加津贴的办法。

我区准备在5月中旬以前，在原有社办工厂和生产小组307个的基础上，再兴办200个，组织运输队、基建队12个，将90%以上的有劳动力的居民，组织参加各种生产、集体福利和服务事业。在社办工业中，必须大闹技术革命和技术革新，迅速提高劳动生产率。

（二）大办公共食堂。食堂办得好坏关系到公社的生产发展和巩固问题，是人民群众最关心的问题。目前还有相当一部分人在这个问题上还抱着怀疑和观望的态度,我们必须坚持"积极办好,自愿参加"的原则,计划用粮、粮食到堂、按人定量、凭票吃饭、节约归己、按月结账、账单上墙,人人有底,大家欢心。在"五一"以前,再兴办食堂150个,参加用膳人数达到30000人以上,占全区居民总数的50%,"六一"以前,用膳人数发展到55000人,将90%以上的居民,组织到食堂中去用膳,同时要使群众吃得饱、吃得好、吃得省,既卫生,又方便,食堂还必须进行炊具改革,尽快地实现炊具机械化、蒸气(汽)化、菜饭多样化,要加强对食堂的领导,组织培训炊事人员,不断提高他们的思想觉悟、服务质量和技术水平,以适应群众不同的要求。

(三)积极举办托儿所、幼儿园,解放妇女的劳动力,使广大妇女摆脱孩子的拖累,愉快而又安心地参加生产和学习,同时也为了更好地教育祖国的后一代,使孩子从小就受到集体主义教育,以培养孩子们懂礼貌、爱劳动、讲卫生、爱集体的良好习惯和品德。这项工作必须根据因陋就简、因地制宜、照顾特点、便利群众的原则进行,简易、正规同时并举(当前以简易为主),在5月10日以前,幼儿园、托儿所发展到400个,入园入所幼儿发展到11000人,占全区6岁以下3岁以上幼儿总数的80%以上。形式灵活多样,有全托、有日托、有半日托和临时托,无论哪种形式都应该努力做到使孩子们吃得好、睡得好、玩得好、教得好、卫生好,孩子高兴,父母放心。在收费问题上根据具体情况,对确有困难者酌情适当减免,由公社补贴。

(四)以食堂为中心,以居民委员会为基础,组织生活服务网,居民委员会主任兼任服务站站长,促进家务劳动社会化。我们本着"大家的事大家办,群众的生活群众管"的方针和服务生产、便利群众的原则,广泛动员有劳动能力的居民群众积极参加各项服务事业,在服务形式和内容上,一般都是从小到大、从少到多、从简到繁。大体可分为四类:

(1)生产加工;

(2)代销代办;

(3)劳力服务;

(4)生活服务。

在5月1日以前,计划在全区建立生活服务站42个,服务点150个,以广泛地满足群众各方面的需要。

（五）广泛深入地开展学习和宣传毛主席著作运动，大办文化教育事业，在扫除文盲的基础上，"五一"以前普及业余初等教育，办好红专中学，不断提高人民群众的政治文化技术水平，积极开展文化体育活动，活跃群众文化生活，大除"四害"，大搞卫生，保证"五一"以前基本合乎"卫生光荣户"标准的住户和单位达到总数的40%以上，"七一"以前全区全面实现卫生光荣户和卫生光荣单位。

中国共产党南昌市第二届

代表大会第二次会议秘书处

一九六〇年四月

大闹技术革命,迅速实现城市人民公社化,为全面提前超额完成今年的跃进计划而奋斗*

中共南昌市委东湖区委　李玉尧

（一九六〇年四月）

主席团,各位代表:

我完全同意郭政委代表市委所作的报告和李市长的报告,并保证在工作中坚决地贯彻执行。

在党中央和毛主席的英明领导下,在市委的直接领导下,在总路线的光辉照耀下,在 1958 年的全面大跃进的胜利基础上,我区和全市一样,在工农业生产和其他各条战线上,取得了 1959 年的持续大跃进和 1960 年首季红的伟大胜利。1959 年的全区工业总产值提前 42 天完成了全年任务,到年底达到 2420 万元（按老方法计算）,超额完成计划 21%,比 1958 年增长了 96.7%,今年第一季度的总产值达 787 万元,超额完成计划 4.9%,比去年同期增长了 96.61%;农业生产在以蔬菜为纲的方针指导下,1959 年的农业总产量达到 503 万元,超额完成计划 0.6%,比 1958 年增长了 57.6%,全年蔬菜总产量达 8500 万斤,超额完成计划 154.54%,比 1958 年增长了 2.3 倍;全年生猪发展到 1.3 万头,比 1958 年多了 3%,今年第一季度的农业生产又有了巨大的发展,蔬菜总产量达 1528 万斤,比 1959 年同期增长了 52.8%,生猪发展到 9479 头,比 1959 年年底存栏数增长了 20.5%。在财贸、文教

---

*　原件现存于南昌市档案馆。

等各个方面都取得了继续大跃进的伟大成就。随着政治、经济和各项社会主义事业的飞跃发展，我区和全市、全国各个城市一样，在最近出现了一个具有伟大历史意义的声势浩大、波澜壮阔的城市人民公社化的群众运动，在运动中，全区广大劳动人民表现了极大的积极性和政治热情，在最近不到一个月的时间内，全区新办了加工、服务性的工厂和生产小组共93个，生产人员达1060人，新办了公共食堂15个，就餐人数1461人，托儿组织39个，收托儿童1058人，服务站（组）176个，服务员1325人。许多家庭妇女坚决地跳出了家务劳动的小圈子，笑逐颜开地走上了社会劳动的广阔道路。

面对着这样空前的大好形势，我们更加信心百倍地在这里向党表示我们的决心：在市委的直接领导下，在总路线的鼓舞下，依靠全区党员、干部和广大群众的积极努力，保证全面提前超额完成市委分配给我区的各项计划任务：工农业总产值4100万元，比1959年增长58.1%，其中工业总产值3100万元，比1959年增长48.4%；农业总产值1000万元，比1959年增长88.78%；蔬菜总产量1.6亿斤，比1959年增长18.82%。"六一"以前全区实现城市人民公社化。到那时，要做到有劳动能力的人都参加社会生产劳动，进公共食堂吃饭的达到全区人口（农村除外）的80%，送进托儿组织的儿童达到全区儿童的80%，实现家务劳动社会化、生活集体化。人人忙生产、户户无闲人，并且在这个基础上，使之不断地巩固和发展。

大搞以"四化"为中心的技术革新和技术革命运动，是提高劳动生产率的根本途径，是保证提前超额完成今年工农业生产计划的主要关键。今年以来，我区以"四化"为中心的技术革新和技术革命运动一浪赶一浪地推向了更高潮，运动的特点是：声势浩大、规模壮阔、内容丰富、发展迅速、效果显著。职工提出的主要革新建议达3646条，实现了重大的革新项目197件，分别提高了工效1—480倍，节约出来的劳动力达800余个，由笨重体力劳动和手工操作改变为机械化和半机械化操作的达400余人，因此，全区工业生产的机械化和半机械化程度已由年初的37%上升到44%。东湖造纸厂在缺乏设备、资金和技术人员的情况下，出穷主意，想土办法，大闹技术革新，先后制成了土洋结合的打浆机、搅拌机、抄纸机等多种机器，全厂实现了生产"一条龙"。东湖印刷厂的铅盘印刷,一贯是使用手工喂纸,经过参观学习,自行设计,制成了我省第一台自动喂纸机器,实现了铅盘机喂纸自动化。

我们当前的任务,就是要以不断革命的精神,把这个群众性的革命运动,在现有的基础上不断地大普及、大提高,使"四化"运动更广泛、深入、持久地向前发展。为此,我们已向全区职工提出了这样的战斗目标:在1959年年底机械化和半机械化程度已达到37%的基础上,要求在上半年上升到57%,到年底上升到85%。

为了胜利达到这个战斗目标,我们要继续坚持政治挂帅,加强思想教育工作,通过各种形式,彻底批判右倾保守思想,打破迷信观念和"唯条件论",克服畏难松劲退坡情绪,大力宣扬运动中的好人好事,充分发扬群众的敢想、敢说、敢干的共产主义风格,树立永远向前地不断革命的思想,使运动一浪高一浪的胜利发展,我们要在充分发动群众的基础上,全面地制订和修订全厂、车间、小组、个人的技术革新规划,以便作〈做〉到方向明确,重点突出,并抓重点,有计划地不断组织攻坚战,做到大家有目标,个个搞革新,人人有创造。我们要坚决贯彻"两条腿走路"的方针,从实际需要出发,由土到洋,因陋就简,自己武装自己。我们要在运动中通过现场会,组织观摩比较,广泛交流经验,系统地总结、推广和提高先进经验,教育群众既要有大胆独创的风格,又要有虚心向别人学习的精神,使技术革新产生更大的效果,促进生产不断跃进。我们要大力推广厂内、厂外"三结合"的先进方法,全面深入地开展共产主义大协作,号召广大职工群众充分发扬助人为乐、舍己为荣、先人后己、互相支持的精神,使协作之风吹遍全区每个角落,做到群策群力地攻破每一个难关,把运动汇成一条锐不可当的洪流。我们在运动中要进一步加强领导,改进领导作风和工作方法,继续坚持"两参、一改、三结合"的制度,强调领导干部必须深入生产第一线,参加生产,领导生产,参加技术革新,领导技术革新运动,及时发现问题,及时解决问题,站在运动的最前列,领导运动阔步前进。

加速农业技术改造,尽快地实现农业机械化、水利化、电气化和化学化,是社会主义建设的一项头等重要的任务,也是保证实现农业生产持续跃进和提前实现农业发展纲要的主要措施。自从党中央发出大力支持农业迅速实现"四化"的号召之后，我区工业积极采取以厂带社、厂社挂钩、送技术下乡、帮助公社培养技术人员、大力生产农具等方法对农业进行大力支持，实现厂社挂钩取得了很大成绩。我区在今年的农业技术改造的具体要求，是实现水利排灌机械化或自流化、耕作半机械化、运输车船化、农副产品加工和饲料加工机械化和半机械化。为了完成这个任务，我们将进一步加强宣传教育和组织工作，使工业、商业、运输、金融等各个部门都把支持农业当作自己的光荣任务，使支持农业技术改造形成一个广泛深入的全民运动，采取各项措施和形式，针对农业的迫切需要，给予更大的支援，作出更大的成绩。同时，我们也要教育农村干部和农业社员，决〈绝〉不能单纯地消极等待别人的支持，应该积极贯彻"两条腿走路"的方针和"土洋结合"的原则，依靠群众自力更生地大搞工具改革运动，大搞土化肥生产，千方百计地争取农业"四化"尽快实现。

迅速实现城市人民公社化，是我们当前一项迫切重要的政治任务。为使已经出现的我区人民公社化运动更加勇猛地向前发展，保证在"六一"以前实现人民公社化，我们要在人民群众中继续广泛深入地宣传城市人民公社化的伟大历史意义和它的巨大优越性，大力开展"三面红旗"的共产主义教育，不断地进行两个阶级、两条道路、两种思想的斗争，批判各种错误思想和反动言行，及时纠正可能产生的某些强迫命令作风，使广大人民群众都能够分清是非、明确方向、心情舒畅、兴高采烈地投入到公社化运动中来。我们要大办社办工业和街道工业，高速度地发展生产。在兴办工业中，继续认真贯彻依靠群众自力更生、因陋就简、因地制宜、就地取材、由小到大、从土到洋和勤俭办企业的方针，集中主要力量大搞加工、修理和服务性生产，积极地为工农业生产、为人民生活服务。我们要在大力发展生产的同时，大抓以公共食堂为中心的集体生活福利事业，做到"一手抓生产，一手抓生活"，认真贯彻"积极办好，自愿参加"的原则，做到服务生产，方便群众。我们还要本着不断扩大公共积累和逐步提高社员生活水平的精神，正确地处理积累和分配的关系。在办社初期，我们准备采取多积累少分配的原则，号召社员穷干、苦干，积极把公社办好，以后随着生产的发展，不断地调整积累与分

大闹技术革命,迅速实现城市人民公社化,为全面提前超额完成今年的跃进计划而奋斗

配的关系,达到既能不断扩大公共积累,又能逐步提高社员生活水平的目的。

以上发言当否,请大会审查和指正。

中国共产党南昌市第二届代表

大会第二次会议秘书处

一九六〇年四月

高举城市人民公社红旗，
昂首阔步前进*

南昌市滕王阁人民公社党委副书记　涂怀露

（一九六〇年四月）

首长、各位代表：

我完全拥护郭光洲同志和李文科同志所作的报告，保证在今后工作中坚决贯彻执行。现在我仅就胜利区滕王阁人民公社一年多来的试办情况，作简要的发言。

胜利区滕王阁人民公社是在 1958 年 11 月 4 日由街道居民和驻街市、区工厂、企业、学校等单位组成。全社 3701 户 14667 人，有 8 个居民委员会，111 个居民小组，社员 3400 人，其中机关、工厂、企业社员 700 人，居民社员 2700 人。

建社刚刚一年半，由于加强了党的领导，贯彻了以发展生产为中心，生产、生活同时并举的方针，保证了公社兴办的各种事业的巩固、发展和飞跃前进。通过全民办工业、大搞生产服务运动和全面组织人民经济生活的几个高潮，社办事业像雨后春笋，遍社林立，先后已巩固与发展草织、煤球、五金、化工、花爆等 8 个较大的工厂和 80 多个小型生产服务组织，并相应建立了食堂、幼儿园、托儿所、哺乳室、业余夜校、民办小学和文化夜校、医院、敬老院，以及各种生活服务组织（如洗衣、缝补、打扫卫生、代销商品、代为办理各种生活服务等），共有 83 个。还办有短途运输 3 个，参加生产、运输和生活服务总人数为 1135 人。一年来还输送工、农业及其他事业劳动力 1300 余人。按照我社应组织的

---

*　原件现存于南昌市档案馆。

闲散居民的总数来看,现已组织起来的占82%以上,基本上实现了"家家忙生产,户户无闲人"的要求,使解放前一直贫困落后的地区面貌焕然一新。

城市人民公社和农村公社一样,它一出现就显示了无比的优越性和强大的生命力。首先从社办工业情况来看,1959年完成产值高达42万余元,比1958年增长了4倍,提前60天跨入了1960年;在运输方面,水陆货运、港卸任务,1959年完成了36000公吨,总收入84000余元,比1958年增长了8倍。从人民生活水平来看,获得了大大地提高,社员工资收入(指社办企业的职工)由1958年平均工资19.90元增加到40元以上;全社按人口的水平增长比例是:1958年建社前平均每人每月收入9元,到1960年3月每人每月收入17元,增长1倍多。其次,由于贯彻了以生产为纲,促进了城市街道全面跃进,使城市街道面貌崭新。以民政工作为例,建社前全社有贫困户计280余户,730余人,每年平均要由政府拨出救济款48000余元。建社把能参加生产的救济户全部参加了生产,从根本上消灭了失业、无业的现象。现在需要公社救济的老救济户只是一些老弱的人,计8户,15人,降低了94%以上。又如建社前全社有文盲1000多一点,建社后扫除了文盲950余人,占文盲总数95%,基本上实现了无文盲社。由于组织起来参加生产,勤劳生产、勤俭持家蔚然成风。公房租金应收工作,由原来月租不月清转为月租月清,现在可以固定提前12天完成应缴租金任务了。定期储蓄,更是一跃再跃,每月高达16000余元,比1958年以前增长了16倍。

城市人民公社是政社合一的社会基层组织,使城市街道工作,由单一的政治教育工作转入了政治、经济相结合的新的历史阶段,大大地改变了人们的精神面貌。过去街道上户与户、家庭与家庭之间的纠纷数以千计,现在每月难遇两三起,而且大大地发展了我为人人、人人为我、尊老爱幼、和睦团结、道不拾遗的共产主义道德品质。社员歌颂公社好说:"共产主义是天堂,人民公社是桥梁,团结友爱如一家,劳动生产干劲足,生活过得乐无疆。"为了贯彻市党代表大会的精神,继续"以工人阶级为领导,以全民所有制为主体,以发展生产为中心"的原则,加强党的领导,坚持政治挂帅,进一步巩固与发展城市人民公社,以党委为核心,实行统一领导,大力发展生产,组织协作,办好集体福利事业和社会服务劳动,促进社会主义建设更高速度地发展。提出如下指标和

保证,作为向党的生日——"七一"献礼:

一、根据区党委的指示精神,进一步发挥公社"一大二公"的特点,扩大公社管辖地区,在"五一"前吸收胜利路街地区居民(包括机关单位)为我社的新社员,调动一切更广更大的积极因素,进一步显示公社无比强大的威力。

二、大力兴办为大工厂、为农业、为城市人民生活需要的制造性和加工性工业,发展生产,进一步调整老社员的劳动潜力,全面地把新社员从生产上、生活上组织起来,促进生产建设和全民所有制更大的发展。

三、积极行动,加强领导,在"七一"前全面实现"四化"(即生产化、食堂化、幼托化、服务网点化)。随着生产蓬勃发展,大量兴办公共食堂和托儿所,广泛地建立服务大街、共产主义大家庭和万能服务员组织,全面实现生活集体化和家务劳动社会化。

以上发言,是否有当,请代表们批评指正。

中国共产党南昌市第二届代表

大会第二次会议秘书处

一九六〇年四月

（上海市）建立公社有关几个问题
内部掌握原则（讨论草稿）*

（一九六〇年五月六日）

一、关于社员

（一）五类分子及其他犯罪分子等的入社问题：

1. 对五类分子一律不能吸收入社成为社员，但应结合建社做出规划将他们放在公社的劳动组织中，置于群众的监督之下，贯彻"十个好人夹一个坏人"和"三包一保证"的要求，进行劳动改造。

2. 对已经依法改变成分的地、富分子和已经批准摘掉帽子的反、右分子以及经过彻底改造的坏分子，应分别不同情况不同对待：

（1）过去的反动罪行不甚严重，通过劳动改造经批准改变了成分或摘掉帽子后表现老实，确已放弃了反动立场，拥护共产党，决心走社会主义道路的，通过群众讨论，经公社党委批准可以吸收为公社社员。

（2）过去的反动罪行较严重，通过劳动改造经批准改变了成分或摘掉帽子后并无显著悔改表现的，通过群众讨论，经公社党委批准可吸收为公社候补社员。

（3）过去的反动罪行严重，虽改变了成分或摘掉了帽子，或过去的反动罪行不甚严重但改变了成分或摘掉帽子后，仍心怀不满，思想对抗的分子，一律不能吸收成为社员或候补社员，仍应置于群众监督之下进行劳动改造。

3. 对正在被管制、保外执行、保外就医、假释、缓刑的反、坏分子，应按有关

---

* 原件现存于上海市档案馆。

规定和法律判决,置于公社内实行监督改造。

4.对属于婚姻案件,过失犯罪和责任事故等人民内部问题而被判刑的人,在政治上一般不能与五类分子同等看待,但在他们服刑期间,不宜吸收成为社员,可根据具体情况给予候补社员称号。对其中少数不服处理、思想对抗并有一定不满言行的,可通过群众揭发批判,置于公社内进行监督改造。

5.对确有实据的政治可疑分子,应结合建社由有关部门进行严格审查积极弄清问题,在他们的问题未弄清之前,一般不考虑他们的入社问题。当确有必须安置时,可在名义上给予社员称号,但不得让他们担任社内任何职务。

6.对被机关、企业等单位开除的,以及一些游手好闲不务正业的分子等,与对五类分子应有所区别,建社时可通过群众对他们进行揭发批判教育,根据他们悔改的决心分别吸收他们成为社员、候补社员或交由群众监督改造。

候补社员没有选举权和被选举权。

(二)关于资产阶级、资产阶级知识分子和他们的家属的入社问题:

1.对一些小业主在他们自愿要求下,入社后确能履行社员义务的,可以吸收他们入社成为社员。

2.对资产阶级、资产阶级知识分子和他们的家属原则上一律暂缓吸收他们入社。如果他们中有人提出要求入社时,可向他们讲清,公社刚开始建立,一切尚简陋,劝说他们不必急于入社,等到具有相当规模时再来申请入社仍然是可以的。

3.对现在已参加生产组织的资产阶级、资产阶级知识分子和他们的家属要求入社时,可根据他们在生产中的表现,如他们中有的对公社有了一定认识,确属自愿参加劳动的,可考虑吸收成为社员;对那些生活比较富裕的,当初为形势所迫参加生产组织的人,应劝说他们暂时不必入社。资产阶级入社后,帽子不摘,定息照发。

(三)关于国营工厂、企业(包括地方国营工厂企业)事业单位和国家机关团体学校的工人、干部、教职员和学生等的入社问题:

国营工厂、企业、事业单位和国家机关、团体学校的工人、干部、教职员和学生等的入社问题,应在生产、工作、学习岗位上分别申请,由他们所属单位的组织处理他们的入社问题。他们入社后与其他社员享受同等权利。因为他们的主要职责是完成党和国家交给他们的任务,因此公社分配给他们任务时要在不影响他们完成党和国家所交的任务的前提下分配力所能及的工作。

二、关于组织形式问题

1. 公社党委设组织、宣传、工业、财贸、文教卫生五个部和办公室,妇联和团委各设专职干部 1 人。

2. 公社管理委员会由社长 1 人,副社长 3 至 5 人,委员 11 至 15 人组成,任期二年。管理委员(会)下设工业、财贸、社会福利、文教卫生、劳动工资、政法武装等六个科和办公室,各科科长及办公室主任由管理委员会任命。

3. 公社成立监察委员会,由主任 1 人,副主任 1 至 3 人,委员 5 至 7 人组成,负责监察工作。

4. 公社的基层组织是里弄委员会。里弄委员会的范围一般为一千五百户左右,由社员大会或社员代表大会民主选出主任 1 人,副主任 3 至 5 人,委员 11 至 15 人组成,下设劳动生产、生活福利、文教卫生、治安保卫、调解及财务审查等委员会。

里弄委员会下面成立社员小组,由社员 15 至 25 人组成,小组选举正副组长各 1 人。

5. 公社所在地的工厂、企业、机关、学校等接受上级党委和公社党委的双重领导。有关地区性的任务(爱国卫生运动等)接受公社领导。

三、关于建社程序和社员入社手续问题

这个问题有如下两种意见:

第一个意见:

1. 分别在现在地区的生产劳动组织中和里弄委员会小组长以上的干部中进行宣传动员,说明组织城市人民公社的意义、目的、社员条件、权利和义务,讲清有关政策以及那些人可以入社,那些人应置于公社内监督改造,讲清资产阶级、资产阶级知识分子和他们的家属为什么暂时不吸收入社等问题的理由,

首先做到在参加生产劳动的人员和基层干部中弄通思想明确建社的主要政策方针。

2. 由里弄委员会负责分别接受居民群众的申请,并进行初步讨论提出那些人可吸收入社,那些人应说服暂缓入社,对五类分子及其他犯罪分子等提出改造初步规划,交由街道党委审查,然后由里弄委员会分别执行对该入社的履行入社手续,暂缓入社的进行说服,该监督改造的夹入生产劳动组织中进行改造。

3. 最后分别在里弄委员会所辖范围内召集已批准入社的社员大会(或社员代表大会)宣布公社正式成立。

4. 市级机关、工厂、企业、事业单位以及群众团体、学校等暂缓进行组织公社的工作。但应及时动员工人群众、干部、教职员、学生等积极响应支持人民公社的号召。

第二种意见:

1. 广泛深入地做宣传动员工作,向群众反复说明组织人民公社的意义、目的、社员条件、社员的权利和义务,着重讲清楚有关的政策,对那些还存在顾虑的,特别是资产阶级分子及其家属,使他们从思想上明确,现在不必勉强参加,以后再参加也是可以的。

2. 按居民小组组织群众进行讨论,在思想认识提高的基础上,由他们自愿领取申请书。在发给申请书时,对那些还有顾虑的仍继续向他们说明不要勉强报名,或者要他们慢一点报名,在接受申请书时仍要采取同样慎重态度,尽量做到申请多少批准多少。接受申请书后要群众讨论,着重是对已经改变成分的地、富分子或摘掉帽子的反、右分子,没有剥夺公权的刑释分子,以及非政治性的缓期执行的刑事犯罪分子等几种人进行讨论提出他们可否成为社员或候补社员的意见。

3. 讨论后经过筹备委员会(由现在的街道委员会吸收里弄委员会部分成员扩大组成)审查批准,可以发布红榜,造成热潮使人们感到入社是在政治上一件光荣的大事。

一九六〇年五月六日

上海市徐汇区襄永、南丁和南市区巡四里弄委员会分配情况调查资料[*]

（一九六〇年五月十七日）

　　襄永、南丁、巡四三个里弄委员会共有4952户19686人,其中闲散劳动力2562人,到四月底止,已经组织起来参加里弄生产和各项生活服务组织工作的人数1727人,占闲散劳动力的67.41%,尚未组织起来的835人,占32.59%。现有加工生产组30个,810人;食堂12个,工作人员56人,搭伙人数3645人,托儿所9个,工作人员79人,入托儿童848人(简易食堂和简易托儿所未包括在内);服务组织20个,工作人员115人。

　　现将三个里弄委员会有关分配方面的情况和问题分述如下。

一、分配情况

1. 工资水平

　　据对襄永、南丁、巡四三个里委会有统计资料的生产、生活、服务组织的新老人员中的调查,今年一月份的人数为339人,平均工资19.35元,二月份360人,平均工资20.72元,三月份801人,平均工资13.18元,四月份965人,平均工资14.93元。三、四月份二个月工资水平下降,主要是新人员增加很多,平均工资扯低了。

　　从新老人员工资水平比较来看,老人员的工资高于新人员。生产组老人

---

　　*　原件现存于上海市档案馆。

员工资水平约有半数在 20 元左右。如巡四里委会三月份 10 个生产组,月平均工资 20.35 元,有 6 个组的工资在 19—26 元,其中一个组 19 元,四个组 20 元到 23 元,一个组 26.6 元,四月份 14 个生产组,平均工资 18.57 元,有五个组的工资在 20 元到 22 元。襄永、南丁里委会四个老生产组,除了一个组二月份平均工资为 17.88 元以外,三个组一、二月份平均工资都在 22 元左右,最高的一个组二月份为 26.86 元。但新人员工资水平要比老人员低,如襄永、南丁里委会四个新纸盒组,四月份 106 人,平均工资 10.56 元。巡四里委会生产组新人员每月工资 10.4 元(每天 4 角暂定工资)。

食堂、托儿所工作人员的工资水平要高于生产组人员。三个里委会食堂、托儿所工作人员四月份 142 人,平均工资 19.04 元,而四月份老生产人员 710 人,平均工资 14.17 元。食堂托儿所工作人员要比生产组人员高 13.4%。以老人员比较,巡四里委会三月份生产组人员平均工资 20.17 元,四月份 18.37 元,食堂托儿所工作人员三月份工资 24.75 元,四月份为 22.16 元。

2. 核算单位和工资制度

巡四里委会以里委会为一级核算单位,统一收入,统一分配,统一管理。而襄永、南丁里委会实行小组核算,收入自行分配。三个里委会目前采用的工资制度有固定工资、死级活值、小组计件和平均分配四种。巡四里委会工资制度以固定工资和死级活值为主。四月份实行固定工资的有 273 人,占总人数 517 人的 52.8%,主要是最近参加工作的新人员和部分服务人员。死级活值 239 人,占 46.23%,包括生产,生活工作人员和部分服务人员。实行计件制的只有洗衣组中的 5 个服务人员,仅占总人数的 0.97%。襄永、南丁里委会实行以小组核算,计件制占很大比重,四月份实行计件制的有 190 人,占总人数 501 人的 37.92%。主要对象是生产组人员和部分服务人员。平均分配的 99 人,占总人数的 19.76%,多数是新组织的生产组人员。食堂托儿所文教卫生等人员实行固定工资制,共 103 人,占总人数的 20.56%。死级活值的 109 人,占总人数的 21.78%,主要是一部分不实行计件的老生产组人员。

3. 积累情况

襄永、南丁二个里委会以小组核算,今年二月份以前不提公积金,只规定生产组人员月工资收入超过 30 元以上部分,全部上交给里弄委员会。因此从今年二月份提公积金起到四月底止,只积累了公积金 393 元,而食堂托儿所收搭伙费、托费累计积累了 3700 元左右。目前公积金按照工作人员工资高低,提取不同比例,工资收入 10 元以下的提 2%—4%,11—15 元提 5%,16—25元提 10%,26—30 元提 15%。巡四里委会统一从总收入中提取公积金,到今年三月底止积累了 2597 元。去年,公积金按 10%的比例提取,今年一、二月份改为 5%,三、四月份里委会有亏损,没有提取公积金,亏损的原因主要是新人员增加很多,加工任务不足,有些加工产品产值低,上缴收入很少。如三月份11 个组中 7 个组亏本 438 元,四月份 17 个组中 5 个组亏本 497 元,二个月中里委会亏损了 320 元。五月份上旬 17 个组中有 5 个组停工十天左右。

4. 生活福利收费情况

襄永、南丁里委会对参加里弄生产、生活和服务组织的工作人员收搭伙费和托费,老人员搭伙费比新人员收得高,大口 1 元、小口 0.8 元,新人员大口0.5 元、小口 0.3 元。新老人员子女入简易托儿所的每个儿童收托费 1 元,点心费 1 元。老托儿所每一儿童收托费 3.5 元,点心费 1 元。巡四里委会对工作人员及家属入伙均免收搭伙费。托儿所对入托子女多的工作人员减收托费,如一个儿童入托收托费 1 元,二个儿童收费 1.5 元,三个儿童收费 2 元。

二、几个问题

1. 老人员对工资反映不多,新人员中生活有困难的对工资低有些意见。老人员在全月出勤和生产正常情况下一般有 20 元左右收入,生产情绪比较稳定。目前只有少数老人员反映新人员工作效率不高,影响她们的收入。大部分新人员最希望生产正常,收入可以逐步提高。襄永、南丁里委会第五纸盒组组长说:"我们头一个月(三月份)每人工资七八元,第二个月十多元,只要以后有活做我们心里很高兴。"但有少数新人员反映工资太低。如南丁哺乳室瞿桂南说:"拿这一点工资(固定工资十二元)太少了,不能开销,至少一个人的生活问题要解决。"生产人员将小孩送到哺乳室来,她说:"你们小孩不要再送来,我们吃勿消了。"巡四里委会竹壳组组员章华师参加工作以后有三个小孩放托儿所,单托费就花掉 5 元,四月份工资只拿 7.4 元(缺勤多),反映不够个人生活。

2. 分配制度上的问题。从三个里委会目前实行的固定工资、死级活值、计件工资和平均分配四种制度来看，实行固定工资和死级活值较好，计件工资存在缺点较多。计件制容易助长某些组员挑肥拣瘦，影响生产任务的统一安排。如襄永里委会照片着色组分配任务要协商才能解决，好做、难做的生活要搭配好，否则就有意见。同时也不利于劳动力的统一调配和劳动组织的改进。如襄永里委会花边组实行计件，组员做活挑挑拣拣，但老纸盒组实行死级活值，小组内部推行了流水操作，协作精神也好。计件制还影响里弄组织各项社会活动的开展。襄永里委会照片着色组有些组员见小组长和小组干部去开会，怕影响她们收入，对小组长说："上面叫你们开会，可以'回头''回头（拒绝）'。"至于平均分配的办法比计件制的缺点更多，更加不利于工作人员劳动积极性的发挥。

3. 目前三个里委会食堂托儿所工作人员工资高于生产人员，但是，工作人员的工资和食堂托儿所管理费用均由里委会从生产组提取的公积金中贴补，如巡四里委会一至四月份共贴补了1600多元。里弄组织应以组织生产为中心，围绕生产组织生活福利和各项事业的开展，生活福利人员的工资水平高于生产组人员不一定好。

4. 有些妇女对收搭伙费托费有意见。襄永、南丁里委会有些妇女反映参加工作以后开支增加很多，特别是子女多的新进人员，负担更重，如新人员胡华花四月份工资11元，有三个小孩入托，支出托费和点心费6元，占本人工资55%。她说："从早到晚忙啥，去掉小孩送到托儿所付了托费以后只剩了几块钱，拿这点工资付洗衣费也不够。"据对南丁里委会照片着色组48人的调查，在食堂搭伙的家属（包括本人）共有219人，平均每户4.5人，搭伙费支出4元，48人中有七岁以下的儿童43人，平均每户有0.9个小孩入托，托费每月支出2元。以上二项费用共计6元，占四月份平均工资18.09元的33.06%，实际收入只有12.09元。此外，她们认为里委会对新老人员搭伙规定二种收费标准也有意见，有些老人员认为老人员搭伙费大口收1元，小口收8角太多，会导致只看到她们收入比新人员多，看不到她们的生活比新人员困难（1958年组织起来老人员有不少是困难户）。

5. 襄永、南丁里委会实行小组核算,收入自行分配,从目前情况来看,这种分配形式影响积累,不利于里弄各项事业的巩固和发展,也不利于集体主义精神的发挥。同时,目前公积金按照每人工资多少提取不同比例的办法不妥当,这样提法使有些人担心多做多抽,影响生产积极性。如襄永里委会照片着色组组员许爱美四月份工资 15.32 元,公积金抽 5%,实得 14.55 元,另一组员徐美婷工资 16.5 元,公积金抽了 10%,实得 15 元,仅比徐多拿 4.5 角,有些组员反映说:"公积金从个人头上提取,多做生活有点心惊肉跳。"

三、几点研究意见

第一,关于核算单位问题。南市区巡四里委会以里弄为核算单位,徐汇区南丁、向永里委会以小组为核算单位,两者比较,以里弄委员会为统一核算单位,实行统一收入,统一分配,统一管理,有利于集体主义思想的发扬,有利于生产、生活服务等各项事业的全面巩固发展。

第二,关于工资水平问题。对于老人员的工资水平,从目前调查的实际情况来看,一般在 20 元左右,大家基本上是满意的,再加目前生产基础底子还较薄弱的情况下,20 元左右的水平还是恰当的。巡四里委会托儿费、搭伙费的减免,使参加里弄工作人员更加安心了。对于新人员的工资水平,一般在 0.4—0.6 元。对于食堂、托儿所等生活福利人员的工资水平,总的来看不应该低于生产人员,但也不应该高于生产人员的水平,对一些技术较高的人员也可以高于一般的生产人员的水平。对于培训的人员工资水平,如果新人员进厂培训,他们的工资水平应不高于工厂艺徒的水平,如果老人员进厂培训,一般按照其原来收入支付。

第三,关于工资制度问题,从上述三条里弄来看,分配的基本形式采取固定工资加奖励和死级活值的办法比较好。计件工资作为分配的辅助形式。生产组人员采取固定工资或死级活值二种分配形式都可以,生活福利、文教卫生系统的小组,一般实行固定工资,因为他们的工作性质比较固定。部分服务性人员及一些家庭副业分散劳动人员,可以实行计件工资的办法,以便鼓励他们劳动积极性。总之,工资制度问题,应该根据有利生产,有利共产主义精神发扬,从实际情况出发而定。

第四,关于食堂托儿所收费办法问题。生活福利的收费标准和办法,总的既要有利于组织起来,又要有利于巩固发展,根据目前里弄组织基础的情况,已经免收托费和搭伙费的单位,仍然免收。现在全部照收托儿费和搭伙费的单位,应当积极创造条件,逐步改变过来,做到减收或免收。新老人员不统一的,应该逐步做到在减收免收基础上统一起来。

四、关于当前里弄加工生产中工缴问题情况

随着大办街道工业的群众运动迅速开展,本区的里弄生产有了很大发展。截至四月底止,全区组织起来参加生产的人员已达 33354 人,其中参加生产的 23683 人,占总人数的 71%,共有 1050 个生产小组。它们为工业企业加工协作,为商业部门生产日用小商品,大搞综合利用,提供宝贵原料。因此已经形成了生产战线上一支重要的力量。仅四月份的加工费收入(包括少量产值)就达 64.9 万元,去掉货币工资福利费用管理费用等等开支预计积累了 15.25 万元,占收入的 23.5%。

目前各加工单位支付工缴的形式主要有计件和计时二大类,以计件工缴为主体,以计时形式支付工缴费的一般是为了适应进场内做,和某些产品不易计算数量而采取的,因此是少数。

但是,确定加工费的根据却是多种多样,主要有以下几种情况:

1. 按照历史习惯的单价核付。这些加工单位有发外加工的历史性,一般与里弄生产组织早有承包和发包,较多的是轻工业的纸品加工,如糊纸盒,装订,以及电讯仪表行业的一些零件、部件的装配加工。

2. 按照进场妇女工的工资标准(0.8—1.2 元)来支付计日工缴或者换算工缴单价,采取这种核算方法的加工单位,多数为新与里弄生产组挂钩,过去没有发外习惯,是现阶段新发展加工生产中核算,工缴的一种主要形式。

3. 按照车厂工人的工资水平和生产水平来核算工缴单价,采取这种形式的加工单位,也是新挂钩的居多。

4. 按照家庭副业的标准核给,如商业部门的折纱头、敲胡桃剥瓜子等;轻工业的搭照相角、糊信封和纺织工业的缝手套头、钉钮、锁眼等等,以这种标准核给的生产组各个街道均有,但为数不是最多。

5. 按照地区需要的开支加积累来核算单价,这是最近新出现的一种情况。如上海无线电仪器厂地中周线圈,原定三分一套,最近结算时,受到电讯公司的指示,考虑了地区的累计因素,把工缴提高到四分一套。又如光亚仪表厂的线绕电阻,原来发给协作厂是 0.16 元一只,发给地区改核为 0.08 元,他们的根据也是同样的。

由于加工的工缴费用,全市还未作统一的规定,新组织起来参加生产的人员生产技术还未掌握,以及少数生产的加工任务不够正常等等原因。因此,各生产组织的加工费,实际收入就显得高低不一,有盈有亏。据四月份的材料在 972 个生产组 21278 人中,每个劳动日平均工缴收入在一元以下的有 556 个生产组 11096 人,占总人数的 13.7%;0.41 — 0.7 元有 179 个组 3879 人,占 18.2%;收入在一元以上的 416 组 10182 人,占 48%。其中二元以上的 50 个组 1372 人占 6.4%,四月份全区每个劳动日的工缴平均收入为 1.63 元。(据五个街道材料)

加工费的实际收入高低不一,就带来了各生产组有盈有亏,如北京东路街道调查宁波路等五个居委 52 个生产组的材料,亏损的有 8 个生产组占 15.3%。南京东路街道对四个里弄委员会的 57 个生产组排队,亏损的有 14 个组占 24.5%。亏损的原因是多方面的,从南京路街道 14 个亏损组来看,属于工缴水平低而亏损的计剥瓜子等二个组,他们每人每天只能剥一斤,每斤 3 角,据调查熟练工每天最多也不过二斤;属于生产任务不正常而亏损的有棉织品复制加工的四个组;属于新人员技术不够熟练而亏本的有自行车装配,结纱围巾等八个组,如编结纱围巾,老人员能一天结二条,每条 0.75 元可收入加工费 1.5 元,而新人员现阶段需要二人编结一条,每人加工费四角也不到。因此,加工费实际收入的多少,与加工费的核定合理与不合理不是等于,只是有着一定的关系。当前工缴上存在的问题我们认为主要是:

1. 缺乏一个统一的核价原则和适当的加工费水平,上述列举的各种核算加工费的形式,均系由于缺乏统一的原则和水平有关。从本区情况来看,现阶段的收支情况还较正常,但是与大量的新人员采取了 0.3—0.6 元的暂支工资是有很大关系。这种暂时的工资制度是要改变的,工资水平势必增加,各项集体福利还将不断地举办提高,那么现行的工缴水平将会与公社的发展和巩固不相适应,亟须市有个统一的规定。

2. 少数小商品的加工费从绝对数来看,是偏低的,但是小商品本身的价值就很低,不调高影响公社的积累,要调高又受到价格、成本的限制。由于这个问题没有解决,现在已经出现了少加工,不加工的苗头,不予解决将会影响市场的供应。如北京路街道已将替六一玩具二厂加工劳美教材的人员中抽了40 余名去搞上海钟厂的闹钟装配加工了。

3. 在新人员熟悉生产掌握技术过程中,所出现的实际加工费收入过低的状况,虽然不是加工费合理与否的问题,但是这个情况在目前新形势下是普遍地存在着,也是需要解决的一个问题。

4. 个别老的生产组由于技术熟练,操作改变,设备改进等和工缴没有调整的因素,出现工缴费用很高的情况也是需要研究的,如南京东路街道下属的锯钢小组从手工锯改用电动锯之后,功效大大提高,每人每天平均工缴已在 10 元以上了。

根据市计委关于确定工缴费用的意见结合本区工缴问题上的情况和问题经与部分街道党委和少数工厂有关同志一起研究之后,提示如下意见供参考:

我们认为:确定工缴费用的原则,应该从既有利于里弄加工生产的发展和巩固,再根据技术要求,设备条件,劳动强弱等情况分别加以确定。

1. 有利于里弄加工生产的发展和巩固。我们认为:在确定工缴费用的时候,应该考虑到地区生产组织必要的工资、福利管理等费用开支和发展再生产,举办集体福利事业所需的积累。

根据几个里弄的核算达到能开支有积累的水平,每个劳动日的加工费用大体需要 1.30—1.50 元。其中包括工资 0.75—0.8 元(在老人员工资标准 2—3 级间),托儿、食堂、文教等集体福利费用 0.3 元(以一个小孩和三人搭伙计算)管理费和工本费 6.15 元左右,在加工 10%—20% 的积累。

2. 照顾到企业的合理负担,我们认为就是要在确定工缴费用考虑到里弄生产能开支有积累的同时在一般情况下,不应使加工单位增加成本,尽可能做到降低成本,个别老工缴必须提高或者小商品产值低于工缴的,提高工缴之后不要造成亏损或者调高出厂价格。

针对存在问题有以下几个具体意见:

1. 属于加工费绝对偏低的,一般均应调高,做到里弄生产"能开支,有积累"最低限度要使里弄生产不亏本。

2. 属于技术不熟练,暂时偏低的,如果掌握技术后能够达到能开支,有积累的要求,一般不予调整,个别由于掌握熟练技术过程较长(指三个月以上)我们意见工缴水平一般还是不变,在熟练技术的过程中可以酌情给予补贴,限期取消,使地区生产在这个时期内少贴本,不贴本。

3. 按照进厂妇女工的工资标准套算的工缴标准或固定的工缴,一般应该另加福利费、管理费和积累等,因为进厂妇女工的工资标准中没有包括这些费用,实际上进厂妇女工企业实付工资是超过了这个数字。

4. 由于老单价,新技术新生产水平后出现偏高工缴的单位,原则上应该调低,以有利于企业成本的降低,但是鉴于目前里弄生产正在开始组织期间,生产、收入均不够稳定,因此,我们认为可以暂时维持,今后再予调低。

中共上海市黄浦区劳委

一九六〇年五月十七日

中共南昌市委关于积极办好
城市人民公社的指示*

（一九六〇年五月十八日）

根据中央和省委关于大办城市人民公社的指示精神，我市广大人民，在市委和各级党组织的领导下，3月底以来，全面地开展了组织人民经济生活的活动，为建社做了充分的准备。4月中旬以后，连续掀起了宣传和建社的高潮，25个人民公社先后宣告成立，5月13日我市实现了城市人民公社化，较预计时间提前了一个半月的进程。

运动发展是迅速的、健康的、成绩很大。截至5月15日止，全市公社建立了工厂企业919个，服务站973个，从家务劳动中解放妇女和闲散劳动力达21669人，占应参加劳动总数的54.42%。随着生产的发展，集体生活福利事业也有很大发展。全市共建立托儿所、幼儿园694个，入托儿童21915名。现全市公共食堂共1790个，就餐人数达301504人，约占应就餐人数的60%。城市人民公社化的实现，是社会主义革命又一具有伟大历史意义的胜利。

为了使公社化运动更加深入的发展，特作如下指示：

第一，发展生产是人民公社的中心环节，各区各社应狠抓、紧抓生产，大办工业。

从目前情况看，我市还有40%左右的闲散劳动力有待解放；已解放出来参加生产的，还不够稳定巩固；个别以工厂为中心的人民公社，对于大办生产事业行动也显得迟缓。因此，各人民公社必须以生产为纲，大办工厂，大力组织闲散劳动力参加生产，已组织了的要进行整顿提高；凡是行动迟缓的，要加

---

* 原件现存于南昌市档案馆。

快步伐,迅速赶上。要求 5 月底以前,全市掀起大办生产的新高潮。

在大办生产中,必须充分发动群众,大搞群众运动。从拾遗补缺的原则出发,多方面地寻找生产门路。根据组织群众生产的特点,采取懂什么就搞什么、有什么原料就组织什么生产、需要什么就生产什么的办法,本着为大工业、农业、市场需要及为人民生活服务的精神进行各种各样的生产,并应注意从先易后难着手。组织生产,不要过分强调集中,应根据条件,能集中生产的就集中生产,不能集中生产的,就统一管理、分散生产,积极贯彻由小到大、由土到洋、因地制宜、因陋就简、勤俭办社的方针。

在发展工业生产的同时,应相应地发展运输业和建筑队,并应积极开展农副业生产,广种蔬菜,开展以养猪为纲的畜牧事业,进行各种副食品生产和加工,逐步做到自给自足。

为加速社办工业的发展,号召全市各工厂、企业为公社至少办一个工厂,全市职工和干部为公社做一件好事。

我市的 4 个试点公社,已具有较好的基础,必须走在前面,继续做出榜样。为了使公社更快发展,原来由街道兴办的工厂除个别的以外,现在一律下放到公社。各社的建社基金,主要依靠自力更生,但各工厂、企业、机关、工会可以支持,拿出点经费,如厂长基金、福利经费、事业费及工会经费等作为社办工业、集体生活福利事业创办经费。

第二,必须加强领导,建立与健全组织机构。

为加强公社的领导,各公社党委兼职的第一书记,在最近 2 个月的时间内,必须亲自大抓公社工作。公社工作只能办好,不能办坏,并且一定要办好。

各公社组织机构,应按省委规定,公社管理委员会下设 8 个委员会,1 个办公室。各委员会可由党委、社委委员兼任主任,再根据工作需要,配备一定的专职干部。

各公社和分社的组织机构,要继续建立与健全,并配齐干部。各公社和分社应配备女社长或副社长。居民单独组织分社,不要和工厂企业、学校等公共单位混合组织,公共单位自己单独组织分社。分社的干部可根据具体情况配备 2—5 名专职干部。社的脱产干部,其工资和公什费目前仍由原单位支出。原调来搞建社工作的干部,目前一律不准调回,如需要调回者,一定要经过市委批准。

各公社对于干部和食堂、幼托机构的工作人员的使用,必须贯彻党的阶级路线,地、富、反、坏、右以及其他不纯分子绝不能担任公社基层干部和炊事、保教人员,如已发现者,应坚决撤换下来,挑选政治可靠和热心为群众服务、大公无私的基本群众担任。

在审批社员中有关政策问题,除根据中央、省委指示精神执行外,对某些具体问题的处理可按市委批转市委统战部"关于建立城市人民公社有关统战工作方面若干问题的请示"意见办理。

第三,必须大力办好以公共食堂为中心的集体生活福利事业。

当前必须把现有的食堂积极办好,巩固提高,不要急于发展。食堂必须坚持"积极办好、自愿参加、面向生产、方便群众"的原则,坚决贯彻"计划用粮,粮食到堂,按人定量,凭票吃饭,节约归己,按月结算,账单上墙,人人有底,乐意欢心"的方针。办好公共食堂,当前重要的问题是设法提高出饭率,使职工居民吃得好、吃得饱、吃得省、吃得干净卫生,增进身体健康,促进生产的更大发展。

托儿事业是关系到生产巩固的问题,因此,目前必须巩固提高现有托儿组织,并坚持勤俭办园的方针,积极组织发展托儿网,作〈做〉到把母亲参加生产后无人照顾的儿童组织入托。收费标准应根据家长经济情况而定,一般的不要过高。孩子要带好,使家长满意。

第四,继续深入细致地进行政治教育工作。

虽然通过大张旗鼓地宣传教育,广大群众的政治觉悟提高了,绝大多数的群众热烈拥护积极参加了社;但由于人民公社是一个新生事物,又是一个群众性的革命运动,它接触到每个阶层、每个人,因此,有些人必然会有着不同的思想认识和顾虑。因此,必须继续深入细致地加强针对性政治思想教育工作。

在公社问题上只能积极扶持,不能有任何怀疑和动摇,更不能阻碍;对运动有抵触情绪和阻碍行动者,要批评教育,情节恶劣的,应给予纪律处分。

为加强城市人民公社的工作,决定把原下放的干部暂时抽调回来,从南师抽调一批幼师班学生,必要时也可从机关干部中临时抽出一批下放到各公社,安排到食堂和托儿组织内,协助公社加强管理,帮助建立与健全各种制度,并在尽量短的时间内包干负责,注意培养出胜任工作的食堂管理以及保教人员。抽调干部由市委组织部负责。

各公社在现有的联合诊所的基础上建立公社医院。各公社商业管理和商业网的设立问题,按照市委已批转市委财贸部关于城市人民公社中财贸体制机构的意见执行。

中共南昌市委

一九六〇年五月十八日

（上海市）关于城市人民公社组织形式问题的意见（草稿）*

（一九六〇年五月二十一日）

上海城市人民公社即将正式成立,公社各项事业正在发展,对于公社的组织形式、编制机构,目前尚缺乏经验。我们初步考虑,公社组织机构的设置,应以有利于加强党的领导,便于集中使用力量,便于联系群众和发挥群众的积极性,力求组织精干,尽可能减少脱产干部为原则。开始时,要更多注意集中统一,党政机构能统则统,有关业务能合则合,不要分得过细,以后随着公社的发展需要,再做适当调整。

具体意见是:

（一）各公社（街道,下同）均成立党委会,委员名额一般为 11 到 17 人。党委设书记 1 人,副书记 2 到 4 人。必要时可以成立常委会,常委人数一般为 5 到 9 人。

公社党委会可以吸收一些里弄优秀党员干部以及有关的工厂、企业、事业单位的党员负责干部参加。

（二）公社管理委员会,一般可由委员 15 到 25 人组成。管委会设主任 1 人,副主任 3 到 5 人。

在管委会的成员中,里弄干部和有代表性的老工人、青年、妇女积极分子应占适当比重,并需吸收一些有关的工厂、企业、事业单位的负责人参加。

---

　*　原件现存于上海市档案馆。

在管委会的成员中，非党员所占的比例，以四分之一到三分之一为宜，至少不要低于五分之一。

（三）公社党委会和管委会工作部门的设置，可采取有分有合的办法：

（1）公社党委设组织部、宣传部、监察委员会。这是党的机构。

（2）各公社一般均设办公室（其中须有一个干部专门负责管理党内文件和党委会议记录等事项），（公社办公室内应指定专人办理原由街道办事处负责的民政工作事项）；生产劳动部；生活服务部；文教卫生部；财贸部；治安保卫部（由区公安分局派出所兼）；民兵部等七个部门。在有农业生产队的公社，可增设农业部。这些机构既是党委的部门，又是管委的部门，它们既要管理行政业务工作，也应负责政治思想工作。至于日常党务工作和干部管理工作，仍由党委组织部统一管理。必要时对外又用公社人事科的名义。

（3）有的区已把一部分工厂党组织下放公社（街道）党委领导的，可视实际工作需要，充实加强公社生产劳动部，或者另增设一个工业部。

（四）各公社均需要设立共青团委员会和妇女委员会，并各配备专职干部一人，在公社党委统一领导下进行工作。

（五）里弄党的组织形式，根据目前里弄党员不多的实际情况，可分别考虑：（1）凡有正式党员三人以上的里弄即应成立党的支部；（2）正式虽不到三人，但加上预备党员已超过三人的里弄可以成立临时支部，或者编成党的小组；（3）一个里弄仅有个别的党员，可以编入邻近的里弄支部过组织生活。或者好几个里弄的党员联合建立一个支部。

（六）公社编制人数，目前平均仍按每公社配备干部 35 人，暂不增加。另设勤杂人员一至二人。由区委统一掌握和分配。现有人员已超过编制总数者，以后要逐步抽回。

里弄委员会均不配备脱产干部。

（七）党的组织关系不属于区委和公社党委领导的工厂、企业、事业单位，在有关组织人民公社工作和地区性工作方面，必须服从所在区委和公社党委的统一领导，并大力支持公社各项工作的开展。

（八）关于刻发印章问题。为照顾目前工作需要，可先刻发街道党委印章。章文为"中国共产党上海市××区××街道委员会"。以后正式宣布公社成立时,再换发公社党委印章。党委印章大小,可与农村人民公社党委相同。

中共上海市委组织部

一九六〇年五月二十一日

中共南昌市委关于城市人民公社化运动的情况报告*

（一九六〇年五月二十八日）

省委：

自 4 月 19 日市委举行了"大办城市人民公社"广播动员大会之后，我市城市人民公社化运动即汹涌澎湃地向前发展。4 月底以前，迅速掀起了宣传高潮，"五一"以后，接着掀起了组织建社高潮，到 5 月 13 日止，全市规划的 25 个公社陆续宣告成立，胜利地实现了城市人民公社化，它比预计的时间提前了一个半月。

这次城市人民公社化运动的宣传，声势浩大，规模壮阔，人人作宣传，个个受教育。在 10 天时间内，全市出动的文艺宣传大军达 30000 人以上，受教育的约达 90 万人次。八一麻纺厂组织了 22 个宣传队，创作了文艺节目 60 多个，出版了黑板报、专刊等共 30 多期。抚河区在一周内，就召开了大小群众会 544 次，参加会议的达 102000 人次。从来不出门的老年人，这次也被人民公社这个新鲜事物所吸引，跨出了门庭。瓦子角街戴起秀、尚大妹等 5 个六七十岁的老婆婆，自动地穿裙带花，和宣传队一起在街头载歌载舞。百花洲小学五六年级学生，经过多次宣传，把人民公社的优越性都能说得头头是道；江西医学院学生，在宣传中受到群众热烈情绪的感染，进一步认识到人民公社出现的必然性。

宣传形式多种多样，见人见物，有虚有实，内外结合，粗细结合。以我市 4 个试点公社一年多来的辉煌成就，大力宣传公社的强大生命力和无比优越性，

＊　原件现存于南昌市档案馆。

特别是组织现场参观，现身说法，收效很大。百花洲公社在扩社中，组织参观访问，群众亲眼看到、亲耳听到帆布厂是由 7 个家庭妇女白手起家搞起来的，现已发展到 130 多人，每月产值达 30000 余元；印刷装订厂由几个人很快就发展到 200 多人；参观刘将军庙食堂时，看到饭菜花样多，听到群众赞美："千种草、万种草，比不过灵芝草；张家灶、李家灶，都没有食堂好"。当他们看到和听到这些生动的事实之后，受到了极大的鼓舞，戴家巷食堂经过 3 天苦战，即开办起来了。

通过广泛宣传教育，广大群众认识到城市人民公社的优越性和办好城市人民公社的伟大意义，认清了形势，进一步提高了政治觉悟，迅速出现了申请入社的热潮，有的全家扶老携幼申请，很多单位 100% 的报名。广外人民公社扩社中，3 天内申请入社的达应入社的 99%；杨家厂陈菊桂外出，当接到丈夫的信，知道了要成立人民公社后，立即返回南昌申请入社。潮王洲公社利字街两个 50 多岁的双目失明的老人，过去从未参加过什么会，这次硬要别人扶他们去参加建社的群众大会，并当场申请入社。群众为被批准为社员而兴高采烈，当各公社召开社员大会或社员代表大会宣告公社成立时，又出现了处处敲锣打鼓、鸣炮相庆、家家张灯结彩、贴上对联的欢腾景象。

为了建立人民公社，广大群众和干部发挥了巨大的政治热情和革命积极性，很多人自动腾出房子，或把自己的生产工具、炊具、家具，甚至几十年前陪嫁用的金银首饰等拿出来，支持公社办工业、办集体福利事业。如西湖公社社员 3 天内自动借出缝纫机 23 部。潮王洲公社亨字街的社员一个晚上就自动腾出 18 间房子办工厂。为了办食堂，东上渝亭居民黄宝莲动员爱人胡冬水从 10 多里路远的工地上赶回来义务劳动，用一个通宵打起了炉灶；居民刘德龙老大爷看到食堂缺桌子，就不声不响地将家中一张方桌搬到食堂，食堂工作人员给他开收据时，他说："公社就是我的家，一张桌子还打什么收据。"筷子巷19 号家庭妇女张美毓，听说公社办食堂缺少饭碗，就自动搜集 100 只饭碗来支援办食堂，并在大字报中写道："喜闻公社办食堂，厨房姐妹得解放，家有饭碗一百只，献给食堂把菜装。"

各系统、各部门大力支援了人民公社。妇联和教育部门为公社积极培训了不少保教人员；财贸部门抽调技术人员到街道食堂进行辅导，并帮助培训管理人员和炊事人员;卫生机关也采取了医疗预防地域划片制;许多国营厂、店采取了"请进来"和"派出去"的方式,为社办工业培训了不少技术力量。不少单位发扬了共产主义大协作精神,如大士院地区有 20 多个工厂、企业和机关、学校在听了郭光洲同志广播大会报告后,立即敲锣打鼓送给八一桥人民公社 1176 件"礼品"。西湖区修缮站的建筑职工仅用 3 天 3 夜的时间,就给公社盖好了一幢一次能容纳 1000 人吃饭的大食堂。

由于广大群众的无比热情和干劲,集体生产和集体生活福利事业大大发展。到 5 月 20 日止,全市社办工厂 836 个,比 3 月底增加了 474 个,从业人员 8966 人,比 3 月底增加了 4058 人,是 1949 年全市工业人数 4550 人的 1.97 倍;社办运输队 78 个,比 3 月底增加 32 个,从事运输工作的达 2854 人,比 3 月底增加 611 人。这些生产事业,正在发挥积极作用,成为工业生产的一支新生力量。如西湖公社办的钢丝刷子厂,供应了机械工业的迫切需要。洪都机械厂急需钢印号码,杨家厂办起钢印号码厂,仅 4 月份即为该厂加工 200 多副。不少厂子利用剩料下脚,生产夏令用品蚊香、油纸扇以及生活用品童鞋、篾箩、篾篓等等。西湖公社金属提炼厂利用铁路和柴油机厂的煤渣、地脚,提炼出铅、铜、铁和其他化工原料,把废物变成了宝。社办运输队已发挥出巨大作用,据不完全统计,4 月份运输量约达 70000 多吨。胜利区街道运输队担负了为洪钢运耐火材料的重要任务。子固路运输队为了支援赣江大桥建设,4 月份运粮达 4270 吨。随着公社生产的发展,集体生活福利事业也相应地发展起来。整个市区共办起了职工家属和居民公共食堂 1433 个,入伙用膳人数达 108256 人,加上 821 个职工食堂,全市在食堂入伙的共有 301504 人,占市区人口的 60% 左右。人民公社兴办的幼托组织已达到 455 个,入托儿童 12857 人,加上机关、工厂、企业、学校举办的 236 个幼托组织,入托儿童共达 24582 人。公社办的群众服务站(组)达 962 个,工作人员 4457 人,服务范围十分广泛。广外 7 个万能服务站,开展了拆洗、缝补衣服和改旧翻新、修补皮鞋、胶鞋、炊事用具、日常用品、办理接送孩子、看护病人、打扫卫生、美化家庭、办理婚丧喜事、代销各种商品、代办邮电、储蓄、报纸、杂志、代买车、船、戏票等 98 项业务,几乎无所不包,无所不做。西湖公社的"社员之家"既办生产,又办福利事业,又制钢刷、蚊香、油纸扇、缝纫等生产组织,又以食堂为中心,设有幼儿园、哺乳室、理发、洗澡水、旅社、商品供应站、开水供应站、洗衣组以及俱乐部、业余学校等。全市在社办生产组织和生活部门的人员共达 21000 人,占应解放劳动力(39873 人)的 52.7%。大批家庭妇女从家务劳动中解放出来,参加社会主义建设事业,她们衷心地歌颂说:"摆脱家务得解放,劳动战线争荣光,经济生活能独立,永生不忘共产党。"

运动之所以能够蓬勃地健康地发展,这是由于:

一、大抓了宣传,大造了声势,做到了"家喻户晓,深入人心"。

公社有巨大的吸引力,绝大多数干群积极拥护,热情高,干劲足,为建社而日夜奔忙。但它是一次伟大的社会变革,它牵涉到每个阶层和每一个人,贯穿着两种思想、两条道路的斗争,人们不可能不产生这样或那样的认识和顾虑。在运动初期,少数职工家属和居民中曾存在某些模糊认识和疑虑。有的怕入社后生活资料归公,曾发现变卖家具、自宰家禽、家畜;有的顾虑参加食堂吃饭不自由,怕吃不好,吃不饱,或者担心孩子入托后,吃穿照看有问题;有的怕减少工资,降低生活水平等等;在居民干部中,有的伸手向工厂、机关要设备和房屋,甚至要求投资,存在拉平思想;在工厂企业干部中,也有怕吃亏、怕当公社领导、怕抽调干部的思想,在进行广泛深入的宣传和"一把钥匙开一把锁"的针对性、政策性教育之后,才不断地解除了思想顾虑,端正了认识,提高了觉悟。在运动深入时,居民群众中,有的对参加工作"挑肥拣瘦",提出"六不干":脏的不干,累的不干,赚钱少的不干,带孩子不干,服务性的事不干,没有技术性的不干。经过反复宣传动员,座谈辩论,在认识提高之后都先后奔向了不同的工作岗位。

事实证明,基本群众某些思想认识问题,通过宣传教育是容易解决的。非基本群众的思想就要复杂得多,两条道路的斗争是尖锐的,绝不是一切都风平浪静,抚河区广外公社 23 户个体生产者的入社,就是一个复杂的斗争过程。他们留恋单家独户的生产方式,存在牟取厚利的自私观念,因此,对参加集体生产采取了抵制、消极怠工等等办法。最初他们装病外出,躲避开会,当进行了个别访问、组织串连之后,他们虽然参加会议,有的又进行大吵大闹,兴风作浪,说自己是生产者,不是发洋财的,公社组织生产,要收管理费不合情理;经过座谈辩论,提出了入社申请,并表决心,搞报喜;同时,又向公社提出入社条件:生产不能集中,经济不能统一,只交 10% 的管理费,不参加会议和学习,工资和福利待遇要谈好;当公社进行了批评教育,正式组织生产、盘点资财时,又进行少报瞒产,个别甚至关门闭户,停止生产;最后在形势的压力下组织了生产,为逃避交纳管理费(交 25%)和税收,售货又不开发票。这就反映了对小私有者必须进行反复的教育和斗争。

阶级敌人为了破坏运动,进行了造谣煽动,贴反动标语,企图"螳臂挡车",先后发现了造谣破坏事件达 44 起。严重的是伪乡长情报员万作富和特务魏国江(已撤销管制)指使其子女万仁河(12 岁)、魏湖平(4 岁)、余永望(10 岁)于 4 月 28 日下午 7 时把庙巷 12 号食堂炉灶拆掉,影响当天 26 户、88 人用膳。由于运动中注意了教育群众,提高警惕,对五类分子加强了监督,同时政法部门积极工作,对敌人阴谋及时进行了揭露和坚决的打击,进一步提高了群众的觉悟和辨别能力,保卫了运动。

运动中我们自始至终地抓紧、抓细、抓深了思想教育工作,保证了运动的正常发展。

二、首先组织生产,然后组织生活。

建立城市人民公社必须从组织生产入手。因为发展生产是人民公社的中心环节和物质基础。如果从组织生活着手,不仅困难很多,组织起来也不易巩固。系马椿有 7 个托儿所一个时期几近垮台,其中原因之一,就是有的居民还没有安排工作,把孩子接了回去。有的居民妇女说:过去呆在家里可以做做饭,缝缝补补,带带孩子,现在孩子入了园,吃饭在食堂,闲得成了"神仙"。因此,首先组织生产,是顺利地组织公社的一个极重要的关键。我们在运动开始,狠抓了生产,大办工业,在公社搭起架子之后,又掀起了大搞生产的新高潮。

我们组织生产,是按"先易后难"着手进行的,即先把那些生活不够富裕、牵累少、政治觉悟高、迫切要求参加生产的先行组织起来。这不仅因为便于组织,同时因为他们在政治上和经济上有迫切需要,生产积极性高,他们是公社中的骨干力量,必须依靠他们,发展公社生产。对那些暂时思想上存在顾虑、子女较多、参加生产有困难的,则后一步组织,待公社逐步发展,再妥善地安排她们的生产和生活。

组织生产的方向是"拾遗补缺",广找门路,为大工业、农业、人民生活、出口服务。积极与国营工厂企业搞好挂钩关系,利用大厂的废料下脚,加工零件配件,和进行日用品生产、服务性生产。

社办工业的组织形式多种多样,根据居民分散和资金、技术不足的特点,采取大小结合、分散和集中结合。有大厂,也有小厂;有成批生产的,也有零星加工的;有正规生产制度的,也有适合于多子女妇女和半劳动力的。坚持贯彻因陋就简,不强调一开始就办大、办洋,有条件集中的就集中办,不能集中的就统一领导、分散生产或发原料、收成品。缝补业务做到游街串巷、服务到户。对职工家属和居民参加生产的时间,应根据具体情况确定,特别是刚刚组织起来的时候,一般时间不要过长,不要都是 8 小时,搞 6 小时、半天都可以,以便使刚参加生产的人员能够照顾一下当前尚未安排好的家务事,也只有这样,才能吸收更多的人参加生产和巩固下来。为了更好发展生产,培养技术力量是一个不容忽视的问题,我们的做法是输送到国营企业短期培训;国营企业在不影响本身业务的情况下派员辅导;能者为师,互教互学。

在发展生产的基础上,必须大力组织生活。生产集体化了,要求生活也与之相适应地集体化;生活的集体化,又反过来为生产服务,促进生产发展。

我们在组织集体生活时,坚持了积极办好、自愿参加的原则,贯彻大集体小自由的方针。

在大办食堂中要求品种多,味道好,饭热菜香,服务周到。就餐人员可以全家入伙,也可以一人入伙;可以吃一天,也可以吃一餐;可以只吃饭,也可以只吃菜;可以在食堂吃,也可以打饭回家吃。紧紧抓住提高出饭率的问题,并做到每餐有干有稀,菜饭混合吃,保证社员吃饱、吃省。要求实行民主管理,成立食堂管理委员会,并每月公布账目。做到"按人定量,粮食到堂,凭票吃饭,节约归己,按月结算,账单上墙"。对那些暂时不愿意参加或目前参加有些困难的,不去急于组织,并在生活上一样看待,不加歧视。

为适应生活的需要,同时大办托儿事业,为了办得又快又好,我们强调先办简易的,因为这样容易解决房子问题、设备问题、经费问题,也容易做到收费低廉,方便群众,有利生产。托儿形式也多种多样,有全托、半日托、白日托、临时托和跟班带孩子等。对家里有老太太带小孩或因子女多、入托会增加负担的，也不勉强他们送托。至于入托小孩的收费问题，也根据家长的经济情况，采取全收、少收或不收的办法，以照顾某些妇女刚刚参加生产收入不多的具体情况。此外，还大办了服务站，遍布在各个角落，为群众的多方面生活需要服务。

由于生活福利事业大大发展，当前突出的问题是管理工作跟不上去，管理员缺乏，管理水平低。根据这一情况，市委抽调了原下放农村劳动的 296 名干部和南师幼师班的 100 名同学以及机关企业的部分干部，下放帮助公社加强管理，要求在尽量短的时间带会徒弟，大量培养精通业务、能够胜任工作的生产管理、食堂管理和保教人员。这一措施对公社的巩固发展有积极意义。

三、贯彻党的阶级路线，认真执行党的政策。

城市人民公社化，实际上是以工人阶级的思想和要求来改造城市和各阶层的人，因此，必须坚决贯彻执行党的阶级路线，以工人阶级为领导，依靠工人阶级和劳动人民，团结、教育、改造资产阶级分子和资产阶级知识分子，把公社的领导权稳稳地掌握在工人阶级和劳动人民手里。为了贯彻阶级路线、纯洁内部，市委指示政法部门，及时审查公社干部队伍。据政法部门在 17 个公社3060 名基层干部、社员代表和要害人员中的审查，有问题的人达 293 个，占被审查人数的 9.5%。对这种现象，采取了坚决措施，有的已及时处理，有的正在处理，并挑选政治可靠、大公无私、热爱工作的基本群众担任公社的各项工作。

资产阶级分子和资产阶级知识分子及其家属，他们在这场革命风暴中，为了争取主动，在政治上与劳动人民平起平坐，有的表面积极要求入社，有的扶老携幼申请，有的拿出破烂的家具、花瓶、喜帐，有的要求家属参加街道工作和到公共食堂吃饭，有的未被批准就大叫大嚷，甚至"兴师问罪"，说他们有共产主义的强烈愿望，公社不应把他们关在门外。这主要是想换取政治资本，并非内心所愿。事实上，运动初期个别被吸收参加食堂的资产阶级分子，入食堂不到几天，就喧嚷他瘦了"八斤肉"。为了避免他们过早入社，增加公社内部矛盾和无谓的麻烦，使他们在政治上、在群众中孤立起来，我们采取了不同的对策：对有代表性的、高级的资产阶级分子和资产阶级知识分子及其家属，不仅不动员和吸收他们入社，他们要求入社时，也加以说服劝阻；已经被批准入社的,也给他们进行一些规劝工作,当然也不立即强迫他们退社;对一般资产阶级分子和资产阶级知识分子,在自愿原则下,吸收入社,对其中生活比较富裕、入社还有顾虑的也不急于吸收。

四、搭好架子,配备干部,加强领导。

我市建立的 25 个人民公社,其中以工厂企业为中心的 12 个,以机关为中心的 4 个,以学校为中心的 2 个,以街道居民为主体的 7 个。最大的为 50000 多人(系马桩),最小的约 9000 人,一般为 20000 多人。划分的原则是"以大带小,以全民带集体"和"按片结合,就地入社"。我们认为这样组织的好处是:能使机关、工厂企业等公共单位与群众关系更加密切,便于以大厂带小厂、以全民带集体,便于将来由集体所有制过渡到全民所有制。为不把集体所有制与全民所有制混淆起来,在组织分社时,居民一般与机关、企业、学校等公共单位分别组成分社。至于公社以下的体制,目前尚未作统一规定,有的公社设管理区,把公共单位和居民分别划入管理区内(豫章、墩子塘);有的公社下设分社,下再设支社(十字街、公园);有的公社在居民中设管理委员会,下设居民委员会、小组;在公共单位设分社(杨家厂);水上公社根据水上特点,在公社下设生产队;个别公社公共单位设立分社,同时又带有居民委员会(京山)。

在建社中,注意了不打乱原有行政管理机构,一般仍按原街道办事处、居民委员会范围划分,特别是派出所的工作暂时应照旧管起来。这是因为新的机构还不能马上适应形势,如果不是这样做会引起混乱,对于工作不利。

为了加快建社速度,我们首先配备领导干部,成立党委会、筹备会。实践证明,这样做是对的。以江纺公社为例,从调配了公社专职干部、搭起了公社架子之后,很快就办起了拖□、纺织器材制造等 10 多个生产单位和 5 个食堂、5 个托儿所,而在这以前,仅在胡村搞了缝补、做袜底 2 个厂和 1 个食堂,出现了前后截然不同的局面。这就说明,首先建立党委、筹委,确定专人具体去抓的做法是完全正确的。

市委对运动领导抓得狠、抓得紧,决心很大。根据中央和省委关于建立城市人民公社的指示精神,市委于 3 月底即派市委副书记领着有关人员到郑州参观学习,同时布〈部〉署各区首先在街道居民中开展全面组织人民经济生活的工作。为了加强领导,4 月中旬市委决定由 1 名副书记、2 名常委及其他负责干部成立领导小组,规定了建社形式、规模、体制,提出搞"四个战役",大搞宣传教育,搭起架子,大搞组织建设,大办工业,掀起生产新高潮,同时大搞集体生活福利事业,总结再教育,并调配大批力量,搞建社工作,市委城市人民公社办公室有40多名专职干部,各区社也成立了领导小组、办公室,有361个专职干部。5月中旬市委又召开了常委扩大会议,检查讨论了人民公社问题,作出了指示,并且决定将原来由街道兴办的工厂除个别的以外一律下放到公社,以充实公社的经济基础,将代销店下放到公社,由小集体过渡到大集体,并号召全市所有工厂企业为公社至少办一个工厂,所有干部和职工为公社办一件好事。

当前,我们正在开展第三个战役,掀起生产新高潮。运动的发展很快,形势很好,我们初步设想,在"六一"前后结束这个战役,把应组织的人员组织到80%,"七一"前后达到90%。

以后情况,另行报告。

中共南昌市委

一九六〇年五月二十八日

中国共产党上海市静安区
委员会通知*

（一九六〇年六月七日）

　　为了加强城市人民公社工作的领导，决定成立区委城市人民公社领导小组。由张竹天、单意基、肖习增、陆迅行、姚瑜、孙瑞英、沈伟、范存传、何正安、张智珠、史季光、薛映辉、李忠修、罗石玲、沈金裕、张锦华、杨宗丽等十七位同志组成，并由张竹天同志任组长，单意基、肖习增同志任副组长。陆迅行同志任办公室主任。

中共上海市静安区委员会

一九六〇年六月七日

＊　原件现存于上海市档案馆。

中共黑龙江省委批转省委交通工作部 "关于铁路参加人民公社的若干 情况和今后意见的报告"*

(一九六〇年六月八日)

各地、市、县委,铁路局党委:

省委同意省委交通工作部"关于铁路参加人民公社的若干情况和今后意见的报告"。现转发给你们参照执行。

现在我省城市各城镇都已经实现了公社化。铁路是国家的重要大型企业,应该参加公社并在公社中发挥它应有的作用。铁路系统党和行政某些基层组织,需要按照参加公社的要求,作相应地调整,特别像四、五等站,那样多头领导的情况如何改变,请各铁路局党委进一步研究,提出方案。你们在执行过程中有何经验与问题,望及时报告。

中国共产党黑龙江省委员会

一九六〇年六月八日

附:关于铁路参加人民公社的若干 情况和今后意见的报告(摘录)

(一九六〇年五月)

省委城市人民公社领导小组,并报省委:

根据省二届一次党代会精神和省委城市人民公社领导小组的指示,最近

---

* 原件现存于哈尔滨市档案馆。

我们召集三个铁路局负责公社工作的同志,座谈了铁路参加城市人民公社运动的问题。现将座谈情况和今后意见报告如后。

一

在省委和各地党委的领导下,从一九五八年以来,在全省农村公社化运动中,铁路系统积极组织分布在铁路沿线的部分单位,参加了当地农村人民公社。同时,根据省委提出的"积极、慎重"的试办城市人民公社方针和"以工人阶级为领导、以全民所有制为主体、以发展生产为中心"的三项原则,在各党委统一领导和规划下,积极试办和参加了城市人民公社。去年十二月省委召开城市公社会议过程中,我们曾和各铁路党委有关同志,共同研究和制定了铁路参加人民公社的初步意见,在铁路职工和家属中进行了广泛的宣传酝酿和有关政策的教育,现在在铁路系统中参加人民公社运动形成了高潮。全省三个铁路局所属地区、车站、中间工区共计五百一十九个(伸延在内蒙〈古〉和吉林管内的除外),职工十三万○三百八十九人(不包括临时工人),家属三十五万一千七百○八人(其中有不具备入社年龄的十万○二千一百九十七人)。到四月十五日为止,已经参加公社的共有二百二十五个单位,占总数的百分之四十三点三;职工为十一万六千一百五十九人,占百分之八十九点一;家属为十五万七千五百二十三人,占所具备入社年龄人口的百分之六十三点一;正在准备入社的有二百九十四个大小地区(主要是小站和中间工区),职工一万四千二百三十人,家属八万九千九百八十八人。从上述情况可以看出,没有参加公社的地区虽多而人数较少。这是因为铁路大小地区人数不等,大的地区多者有上万人的,小的地区(小站、中间工区)则只有几十人。

按照我省铁路分布状况,在铁路局或铁路办事处所在地区,绝大多数是大中城市,铁路三等车站以上地区,也是基本上靠近中小城镇,而四、五等站及中间工区,都靠近农村。目前情况是,在大中城市和靠近小城镇的铁路单位,基本上都加入了公社,分散在农村的一部分铁路单位,未加入公社的原因,是由于过去在农村公社化运动中,有些小站工区,因为是企业,没有参加农村人民公社,而在城市试办公社中,他们又不属城镇管辖,因此也未加入城市公社。

二

一年多来,铁路试办和参加人民公社的工作,大大教育了铁路职工及家属,提高了他们的共产主义觉悟,而且在人民公社推动下,为高速度地发展我省铁路事业创造了更加有利的条件。

第一,进一步体现了全党全民办交通,促进了铁路运输事业的发展,更有效地保证了运输任务的完成。在人民公社的统一组织下,通过社办常年运输社,组织专业运输队,抽调大批人力突击搬运、抢装抢卸,掀起了短途运输的高潮,把铁路干线运来的物资迅速分散给有关部门,把分散在城镇、农村的物资迅速集结在铁路线上,进一步使铁路运输和各种运输密切结合,相互衔接,共同配合,形成了一个以产供运销相结合、调装运卸搬相结合的运输网。

第二,进一步发展了铁路与厂矿企业的社会主义协作。铁路过去与厂矿的协作关系,由人民公社这个社会组织固定起来。在一个公社的范围内,铁路与有关厂矿的协作,已由原来的外部协作关系,变为公社内部的协作关系,协作的组织更加完备,协作的范围也更加广泛,推动了运输工作的不断发展。

第三,铁路支援了社办工业,社办工业也支援了铁路运输。目前铁路基层单位,比较普遍地采取一方面吸收社内劳动力参加大办属于铁路多种经营的卫星工厂;另一方面在公社统一组织下,通过站段与社内街道挂钩的方法,大量举办公社工业,为铁路加工配件,生产一部分原材料,为运输生产服务。

公社大办工业和全面组织人民经济生活,大批铁路职工家属参加了社会生产,既为社会创造了财富,又变消费者为生产者,同时也增加了职工的收入,生活更加改善。

第四,铁路沿线单位和职工参加各地农村人民公社,便于公社加强对铁路职工的领导,和组织职工家属参加生产劳动,同时也增强了铁路职工和农民的联系,加强了团结,增加了农村人民公社全民所有制的因素,同时也便于以工人阶级思想影响和教育农民。

在各地党委统一领导下,全省铁路职工参加人民公社化运动,总的情况是领导重视,思想明确,效果很大,并取得了初步经验。广大职工及家属愈来愈深刻地认识到了人民公社的无比优越性和强大的生命力,人民公社已经深入人心。但在前一阶段工作中,由于公社化运动发展很快,铁路线长、分散,少数铁路单位对如何根据铁路特点参加公社经验不足,因而对职工特别是对分散在沿线单位的职工思想教育还不够深透,组织职工参加公社化运动发展得也不平衡。

三

人民公社是政社合一的社会基层组织,铁路企业参加公社这是肯定无疑的。但是,由于铁路企业具有点线相结合的特点,所以铁路参加公社的具体形式,也必须按照地区和站段职工分布的不同状况,采取适当的形式和方法,把铁路企业和职工及家属组织到公社中来。根据我省各地铁路参加公社的经验来看,主要有以下几种形式:

(一)在较大城市中的铁路企业和职工及家属,参加公社有两种形式:一种是:铁路机关、站、段以及职工家属宿舍都比较集中的地区,采取以铁路企业为主,吸收附近机关、企业、学校、街道和附近一部分郊区单独建立起城市人民公社;另一种是:铁路机关、站、段和家属宿舍虽很集中,但又相对地居住在一个城市中的若干个行政地区,这类地区适合于以铁路机关或站段为主建立各公社的分社。

(二)在中小城镇中的铁路企业,铁路站段和家属宿舍一般比较集中,适于在城镇公社下面建立分社或管理区。

(三)铁路的小站地区,铁路单位和职工及家属都很少,采取以公社管理区的形式,靠近城市就加入城镇公社,靠近农村就加入农村公社。

(四)两个车间之间的工务养路工区,目前加入公社亦有两种形式:一种是就地参加附近农村公社;另一种是参加附近小站的公社。从现有经验来看,这类工区其上级领工区均设在附近车站,有些工区的工人及其家属也住在附近的小站内,因而参加附近领工区所在车站的公社或管理区较为合适。

（五）铁路的工程和基建单位，职工的流动性大，施工地点也常不固定，这类单位采取以工程段或队为单位，在其段、队部所在的基地，参加当地人民公社，家属在哪就在哪里入社。

（下略）

哈尔滨市委城市人民公社领导小组

一九六〇年五月

中国共产党黑龙江省委员会
关于加强城镇人民公社工作的指示[*]

（一九六〇年六月十日）

我省自从一九五八年秋季以来，随着农村的公社化，大部分城镇也试办了人民公社。我省城镇大体上有两种类型：一种是县级领导机关所在地的城镇，一种是大工业所在地的城镇。它们的共同特点是全民所有制的工业占城镇工农业总产值的百分之七十以上，职工及其家属占城镇居民的三分之二左右。城镇的经济构成、阶级状况和大城市大体相似。因此，省委对城市人民公社规定的"积极、慎重"的方针和"以工人阶级为领导、以全民所有制为主体、以发展生产为中心"的原则，也完全适用于城镇人民公社。一年半以来的实践完全证明，凡是依据这些方针和原则进行了工作的，都取得很大成绩，显示了城市人民公社的无比优越性。经过一九五九年的试验和总结，在今年三月全省党的二届一次代表大会上，明确规定了城镇人民公社"以发展工业生产为主，工业和农业同时并举；以城镇工业为主，城镇和郊区同时兼顾"的方针，各城镇人民公社进一步调整了社型，工作获得了更加迅速的发展。

目前城镇人民公社的形势极为良好。全省七十一个城镇中，一个以公社化运动为中心的大办工业、大办牲畜业、大办文化教育、大办集体福利事业的群众运动，正汹涌澎湃、广泛深入地开展着。据五月上旬统计，占城镇百分之七十九的有劳动力的人已经就业，兴办了四千七百八十个工厂；养猪和养鸡的数量也成倍地得到了增长；初等教育已经普及，各类业余教育网已经开始形成；办了食堂五千六百多处，托儿所和幼儿园六千七百多处，随着工作的继续

———————
　　*　原件现存于哈尔滨市档案馆。

深入,就食人数和入托入园儿童将大量增加起来;随着城镇公社化运动的开展,人民的社会主义觉悟和精神面貌也有了很大改变。可以看出,城镇公社化运动实质上是一个在党的总路线指引下、以大跃进速度发展城镇生产的运动;是一个极大地提高城镇人民社会主义觉悟和组织程度的运动;是一个彻底改造旧城镇建设现代化的社会主义新城镇的运动。各级党委要抓紧时机,趁热打铁,通过这个运动,把城镇人民公社切实办好,把城镇工作推向一个新的阶段。

城镇在社会主义建设中担负着重要的责任。城镇是周围广大农村的政治、经济和文化的中心和首脑,是支援农业现代化的前哨阵地。为了实现县社工业化,必须有城镇工业的大发展。城镇有了较多的工业以及各方面工作的加强,将为农村做出良好的榜样,并有力量用现代技术武装农村,加速农业的技术改造,进一步推动农村人民公社的工业化,使工业布局更加合理,有利于和战结合、城乡结合、工农结合。城镇是大城市和广大农村互相连接的桥梁和纽带,这种桥梁和纽带作用,一方面表现在工农业产品的交流;另一方面表现在城镇为大城市生产各种成品和半成品,为农村生产各种生产资料和生活资料,补充大城市生产的不足。有的同志把发展农业和发展工业对立起来,因而放松对城镇工作和工业的领导,这是错误的。须知工业和农业是互相支援和互相促进的,城镇工业发展起来,才有可能为农业生产提供更多的机械、电力、油料,并在技术上给农业以支援,能够以大量的现代技术装备供应农村,完成对农业和农村的彻底改造任务。由此看来,必须大力加强城镇的工作,下定决心改变城镇管理上的分散状态和领导上的薄弱环节,即"灯下黑"的现象,用人民公社的形式把城镇组织起来,统一调动各方面的力量,完成建设现代化的社会主义新城镇的光荣任务。

现在城镇人民公社的工作已经有了一个良好的开端,需要继续抓以下几项工作,以保证城镇人民公社健康地成长和发展:

1. 大力发展工业,通过组织、开展技术革新和技术革命运动,加强政治思想工作等方法,努力提高现有工业的生产水平,并以现有工业为基础,依据中央"三就、四为"的原则,发动群众,大搞多种经营和综合利用,大力办好钢铁、机械、煤炭、炼油、发电、水泥、酸碱、化肥、造纸、陶瓷、编织、砖瓦、粮食加工等

工业,力求做到城镇全面生产化、全民职工化;

2. 城镇郊区应利用一切便利条件,争取迅速全部实现机械化、电气化、水利化,郊区的农业生产应采取提高单位面积产量的办法,保证粮食和饲料作物自给,保证蔬菜和副食品生产能够充分满足城镇的需要并有余力供应大城市;

3. 做好交通运输和商业工作;

4. 以食堂、托儿所(幼儿园)、服务站为中心,办好各项集体福利事业,实现食堂化、托儿化、家务劳动社会化,有计划地进行城镇建设,逐步改变城镇的居住条件;

5. 发展文化、教育和科学事业,做好卫生工作,开展体育活动;

6. 进行经常的宣传教育,不断提高人民群众的社会主义和共产主义觉悟;

7. 加强政法工作和民兵建设。

实现上述任务的根本一环是认真依靠群众,广泛深入地开展以发展生产为中心的群众运动。多年来群众在党的教育下,是有较高的社会主义和共产主义觉悟的,特别是广大家庭妇女,她们摆脱了繁琐家务劳动后,感到异常兴奋,认为能够参加工人阶级的行列,能够为社会主义建设出一把力,这是最大的光荣,因而不计劳动时间,不计工作条件,不计报酬大小,热情响应党的号召,勇往直前,忘我劳动。我们要善于教育和引导群众,发扬自力更生、克服困难、苦干实干、白手起家的精神,树立建设社会主义新城镇的雄心大志,争取在不太长的时间内,使城镇的面貌彻底改观。

要密切注意群众的生活。领导上越关心群众的生活,群众的干劲就越大,越关心人民公社,越热爱社会主义建设。城镇的所有党员、干部都要和群众同甘共苦,利用一切可能的条件,因地制宜,因陋就简,举办食堂、托儿所、服务站等集体福利事业,适当调整宿舍,改善卫生情况,组织文化生活等,满足群众的迫切需要。在对待群众生活福利的问题上,我们要批判两种不正确的观点,一种是只组织生活,而不首先抓生产;另一种孤立地抓生产,而不相应地组织人民的生活。应当懂得,生产是基础,只有随着生产的发展,才能逐步提高群众的生活。离开生产,生活的提高就成了无源之水,无根之树,是不能实现的,这种想法不是真正的群众观点,而只不过是单纯的经济观点罢了。但是城镇人民公社在抓好生产的同时,如果不关心群众生活,对可能举办的集体福利事业也不积极去办,对应当解决的生活问题也不认真去解决,那样势必脱离群众,妨害群众积极性的发挥,这对生产的发展和公社的巩固也是不利的。

城镇人民公社是以全民所有制为主体的,这一方面是由于国营和地方国营企业是公社的核心和骨干;另一方面新办的企业单位,已经是全民所有制的。这些新办的企业单位虽然开始时多是发动群众白手起家、因陋就简兴办起来的,但是由于有党的坚强领导,有公社及全民所有制单位的协作支援,经过不断地整顿、巩固和提高,现在它们的设备属于公社,执行公社规定的生产计划,实行工资制,并向公社上缴利润,因此也是全民所有制的。只是镇郊农业管理区目前还是集体所有制的,但其比重较小,并正在积极准备条件,向全民所有制过渡。

为了充实城镇人民公社的工作内容,在城镇范围内的企业、事业单位,凡可以和能够下放的应交给城镇人民公社统一领导和管理,完成国家的一切任务。不宜下放的企业和事业单位,体制不变,在党的关系上实行双重领导,依据"入而不归"的原则,参加人民公社,并在人民公社中发挥自己应有的作用。城镇人民公社,要动员城镇范围内的一切企业、机关、学校及其他单位,发挥它们的积极性,并且尽可能地与街道居民、职工家属相结合,分工包干,兴办各种生产事业和集体福利事业。对这些企业和事业,目前一律由原兴办单位领导,公社给以领导和支援。有的同志有一种错误观念,总以为"有东西放在自己口袋里,要比放在别人口袋里放心些"。不懂得我们考虑体制问题的出发点,应该是如何更有利于调动和发挥各方面的积极因素,更有利于加速社会主义建设的发展,离开这一点,盲目地去区别"你的"或者"我的",那是没有意义的。

依据现有经验,城镇人民公社,一般地应实行两级管理,以社为主,即公社和管理区两级,以公社一级为基础;公社设生产协作、文教卫生、生活福利、政法、财贸、计划等委员,分别管理各方面的工作;有关全社的生产计划、建设规划、生产和工作的协作、资金调用、各项制度的规定等,由公社决定;管理区由一个大、中型工厂或若干小型工厂为骨干(农业管理区以生产队为骨干)带动周围的学校、商店和街道组成,管理区直接领导工厂、学校、食堂、托儿所、服务站的工作,保证完成公社所布置的各项任务。为发挥管理区的积极性,在人力、物力、财力的使用方面,管理区应有一定的机动权限,并给以适当数量的利润分成。

城镇人民公社的建立和发展过程,不可避免地要伴随着一场尖锐的阶级斗争。公社试办初期,资产阶级分子会千方百计地进行阻挠,而当公社的建立已是大势所趋时,他们又会摇身一变,钻到公社内部来,窃取领导权,按照他们的面貌来改变公社的性质。我们应该认真加以注意,通过对社员进行社会主义教育、批判资产阶级思想、整顿组织、清查人员等一系列的工作,把全体社员紧紧地团结在党的周围,把公社的领导权紧紧地掌握在可靠的领导骨干手中,发挥工人阶级的领导作用,以工人阶级思想改造城镇居民,切实保证把城镇人民公社的工作做好。

省委要求各地委、市委、县委立即组织一批较强的干部,深入城镇人民公社,就地检查,就地帮助解决问题,推动城镇公社化运动的深入发展。各城镇人民公社,都要定出切实可行的具体规划,以便有步骤地完成城镇的各项建设任务。

中国共产党黑龙江省委员会

一九六〇年六月十日

（上海市）巩固提高食堂
工作的情况和意见*

（一九六〇年六月十三日）

一

在以组织生产为中心，全面组织人民经济生活的过程中，由于区委的正确领导和地区党委的积极努力，随着组织程度的不断提高，里弄食堂有了很大的发展。到目前为止全区举办了大、中、小食堂607个，参加食堂工作人员4819个，搭伙人员达十九万二千余人。这些食堂的特点是：（1）发展速度快。从二月底138个食堂增加到目前607个，搭伙人数从38829个增加到192482个新增的。有的食堂搭伙人数从几十个增加到几百个，几千个。原来的简易食堂，小炉灶食堂都已变成了几百个人的大食堂，目前全区已基本上形成了食堂网。参加食堂搭伙的已占组织起来的52.85%。（2）食堂愈办愈好，饭菜质量不断提高。普遍采用了先进蒸饭法，出饭率从四十两增加到四十八两。根据市场副食品供应情况做到，一菜多烧，素菜荤烧，价格大众化，口味家常化。食堂工作人员的服务态度不断改善，他们千方百计为生产服务为群众服务，做到送饭上门，送饭进工场。群众普遍反映食堂比家里吃得好，吃得饱，吃得省。（3）建立了食堂财务管理制度，特别对"七票"的管理和成本核算，改变了过去装袋账的现象。（4）大型食堂在积极地实现炉灶煤气化烧饭蒸汽化，目前已有煤气炉蒸汽灶廿多个。不少食堂也出现了切菜机、淘米机、洗碗机等。并根据里弄各项事业迅速的发展和食堂工作越来越高的要求，目前里弄食堂

---

* 原件现存于上海市档案馆。

还存在着一定的问题：

1. 各个食堂普遍存在买菜买饭排队现象，排队时间有的长至半小时，有的食堂买菜要排队买饭要排队，添菜添饭又要排队，群众反映很多。

2. 食堂工作人员劳动过重，时间过长。经了解一般劳动时间都在十二小时以上，长至十五小时，不能保证工作人员睡眠八小时，休息四小时。有的一个人要抵一百多个人，一天要淘七、八百斤米，磨得手心破裂，手指出血，有的累得头部发肿、吐血等病态。

3. 炊具革新进展不快，煤气化蒸汽灶尚未普遍实现。目前大部分食堂还依靠手工操作。有的技术革新搞了一半碰到些困难就放在一边，决心不大。

4. 财务管理不够健全，民主管理委员会尚未普遍建立，食堂还缺乏一个坚强的领导。

5. 部分食堂工作人员对食堂工作思想还不够稳定。认为食堂工作"鸡叫出，鬼叫进"，吃力不讨好，而加工组工作八小时工资又比咱多。少数加工组人员对食堂工作也有不正确的看法，因此他们更要想到加工组，不安心食堂工作。

存在这些问题的原因，主要是里弄食堂迅速发展的新形势和我们工作方法的不相适应，工作中务实多务虚少，缺乏深入细致的工作作风。对思想教育、设备措施、管理制度、劳动组织都还抓得不狠，特别对为谁服务贯彻得不够坚决，因此食堂在进一步巩固提高还必须坚决贯彻"积极办好、自愿参加"的原则，认真地来解决存在问题，把食堂工作提高一步。

二

大力举办公共食堂是里弄居民的福利，使广大家庭妇女从繁重的家务劳动中解放出来，参加劳动生产从事社会主义建设。家庭妇女参加社会劳动以后随之而来的家务劳动社会化和生活集体化，公共食堂和其他服务事业给家庭妇女摆脱家务劳动的牵挂，促进生产。因此公共食堂必须坚持为政治、为生产、为广大组织起来的劳动群众服务的方针，食堂在已取得成绩的基础上，进一步巩固提高。要自力更生，土法上马，因陋就简，由低到高，组织各方面互相支援,贯彻两条腿走路,大、中、小结合,使食堂越办越好,越办越巩固。根据已经办好的食堂经验,要解决以下十个问题。

1.坚持政治挂帅,加强思想教育:一方面对食堂工作人员本身以各种教育方式,使工作人员树立对食堂工作的光荣感和责任感,热爱自己的工作,懂得为生产为群众服务的重大意义,食堂工作与社会主义建设的关系。树标兵、立榜样,对好人好事进行广泛的宣传。另一方面在社会上广泛造成"平凡劳动最光荣"的风气,组织搭伙单位、个人经常写信表扬或慰问,使食堂工作人员和其他服务事业的工作人员受到社会上普遍尊敬。

2.根据原有的条件,积极开展炊具的技术革新、技术革命,建立起一套完善的革新设备,小炉子要变成大锅灶,当前首先要推广的是蒸汽灶,它的好处是:减轻劳动强度,加快速度,提高出饭率,清洁卫生,消毒降漏,节约用煤,还能帮助群众解决生活用水。在建造过程中可以利用工业、浴室、老虎灶等的废气,也可以发动群众自己搞锅炉。有条件逐步实现炊具其他方面的革新。

3.合理调整劳动组织,妥善安排工作时间,根据"忙时人多,闲时人少,中间多两头少"的原则实行三班交叉制,保证工作人员工作八小时。

4.要提高炊事人员的技术,提高饭菜质量。根据市场供应情况,做到一菜多烧,素菜荤烧,增加出饭率,真正使大家吃得好、吃得饱、吃得省、吃得干净、吃得满意。

5.加强财务管理,成本核算。建立物质回收、财产保管、开支审批等必要制度。特别要做好账目日清月结天天上墙,做到财务管理和成本核实。

6.花色品种服务方式必须为生产、为劳动人民服务。根据不同地区定出不同的起售点,对三分、五分低档菜特别要注意质量,油水不能少。服务方式可拿回去吃,也可留在食堂里吃,对老弱病残要有特殊的照顾,做到送饭上门。在食堂里吃可采取大人小孩分开吃、老年人专席、和全家一起吃,多方面想法便利群众。并定期改善生活,调剂口味。

7.食堂要保证群众有大集体小自由。除了积极想办法提高食堂饭菜质量外,对参加生产劳动的职工家属和劳动人民要照顾他们的假日和特殊需要,可考虑为他们代买代烧小菜。粮食必须贯彻节约归己的原则。

8.加强组织领导,建立民主管理委员会。街道应选择几个好的工作人员作骨干,带附近几个食堂统一管理,便于领导。民主管理委员会的形式,由搭伙人、里弄干部、食堂工作人员及有关粮店菜场等代表的劳动人民九至十一人组成。其任务是:领导食堂工作,广泛征求意见,定期召开会议对食堂工作人员提出表扬、批评和建议;制订食堂工作计划,讨论决定食堂的重大问题。审查食堂,督促按期公布账目,达到为劳动人民服务和积极办好自愿参加发展食堂。

9.大搞群众运动,开展食堂与食堂、班与班之间比学赶帮的红旗竞赛,定期地进行检查评比,总结经验,树立先进旗帜。(检查标准可参照十好倡议)

10.书记进食堂,政治进食堂,领导干部要经常参加食堂劳动,深入实际和群众打成一片,发现问题及时解决问题。同时,通过干部劳动来改变社会上对服务事业工作人员不正确的看法。

中共虹口区委城市人民公社工作领导小组办公室

一九六〇年六月十三日

中共河南省委工业部
关于城市人民公社的巩固
发展情况（摘录）*

（一九六〇年六月）

我省城市人民公社是在党的总路线照耀下，在全面大跃进的形势下，在实现农村人民公社化的同时，于1958年8月建立起来的。这1年多的时间内，经过一系列的巩固整顿工作，已经由小到大、由低到高地逐步走上巩固健全发展的道路。目前，全省14个市共有人民公社33个（3月份以前69个），入社人数占城市长住人数的99.5%，每个公社平均85100人，最大者为18万人，最小者为23000人。这些公社是根据居住区域为主组织起来的，基本上可分为3种类型：以街道为主的15个，以厂矿企业为主的16个，以机关、学校为主的2个。

以厂矿企业为中心建立起来的人民公社，是以1个或几个大厂矿企业为中心和周围的机关、学校、商店、街道居民以及附近的农村建立起来的，全民所有制和集体所有制交错在一起，由于公社是以工人阶级为领导、以国营企业为主体、以发展生产为中心建立起来的，社办工业的生产原料、设备、资金、技术、房屋、干部等绝大部分是国营工厂支援的，生产所需要的原料，都是利用大厂的下脚料、废料、废物，生产主要为大厂服务，公社的积累，大部分用于扩大再生产，其余部分用于发展社员的集体福利事业，所以基本上属于全民所有制。但是，公社目前还是一个独立的经济核算单位，和国营企业是两本账，还是公社集体所有制进行分配，利润不上交，因此，还有一些集体所有制成分。

---

* 原件现存于河南省档案馆。

以厂矿为主建立的人民公社,在组织领导上,公社党委会和公社管理委员会都是分别吸收各个厂矿党政主要负责干部组成的,一般都有大厂党委书记和厂长兼任公社党委书记和社长,另外配几个副书记,或副社长,专门做公社的工作。公社下设分社、管理区,一般实行"二级管理、二级核算"(个别的也有实行"三级核算"的)。公社的主要任务是将职工家属和居民闲散的劳动力组织起来搞生产,组织以大厂带小厂、大小厂之间的共产主义大协作。根据"政社合一"的原则,公社领导国营厂矿企业的政法、文教卫生、生活福利等工作。

1年多以来,我省城市人民公社经过了历次的巩固整顿工作。1959年春季,贯彻执行了毛主席的指示和中央两次郑州会议的精神以及党的八届六中全会、七中全会的决议,进行城市人民公社优越性教育,实行了分级管理、分级核算、按劳分配、等价交换的原则,清算了账目,整顿了公社工业和公共食堂等集体福利事业,改进了干部工作作风。9月以后,又认真地贯彻了党的八届八中全会的决议,大反右倾,打退了右倾机会主义分子对城市人民公社的进攻,大鼓干劲,大力开展以技术革新和新技术革命为中心的增产节约群众运动,社办工业和集体福利事业又获得了很大的发展,尤其是通过今年3月党中央和毛主席关于发展城市人民公社的指示和中南协作区城市人民公社郑州现场会议以后,根据党中央和中南现场会议指示精神,又进一步地进行了巩固和发展工作,使城市人民公社走向了更加健全发展的新阶段。

一、以国营厂矿为中心,全面组织生产大协作,对进一步密切公社和国营厂矿的关系、对解决生产关键、挖掘生产潜力、更好地完成国家计划、巩固提高城市人民公社都起了显著作用。随着社会主义建设事业全面高速发展,特别是城市人民公社日益巩固和提高,那种仅仅局限于部门之间的零星的、分散的、不经常的协作,已经与生产力迅速发展不相适应,有些公社党委本着"保证重点、带动一般"的原则,以国营大厂为中心,开展了有领导、有组织、有计划地全面生产大协作。在公社党委的领导下,建立协作委员会,建立工作制度与定期联系制度,并成立协作办公室,负责督促协作任务完成情况,总结交流经验,全面处理问题,使过去零星的、小量的外部协作已经变为经常的、有组织的、全面的生产大协作,使大厂与大厂、大厂与社办工业的协作,已经发展到一个新的阶段。例如郑州市原纺织公社,在公社党委统一领导下,以 5 个国营棉纺织厂为主,将木模、翻砂、电气空调、水暖检修、装卸搬运、采购、消防、卫生、警卫、肺病所等统一领导,集中管理,共同使用,将食堂、托儿所、幼儿园、子弟学校、理发室、洁地、招待所、文化福利事业实行统一领导,统一使用,分级管理。郑州金水河纺织机械厂分社,他们根据大厂的共同需要组织供销、木工、铸工、化验生产大协作。焦作中站公社以大厂矿为中心组织联合企业把大厂的卫星厂和社办工业交给公社统一领导,共同生产,为大厂矿服务,把钢铁运输、基本建设、服务生产由公社统一计划、统一领导、统一安排、统一管理,在经济上实行等价交换,全面地组织共产主义大协作。虽然时间不长,但已充分显示出它的作用和优越性:(1)便于通过协作大大节省人力物力财力,解决生产关键问题,促进国家计划的完成。例如郑州纺织公社的国棉一厂和六厂缺少皮辊,跑遍全国 18 个大中城市买不来,而国棉五厂却积压有 160 吨在仓库里没有用,通过这次组织厂与厂之间的大协作,把一厂和六厂的皮辊问题解决了。在充分发挥物资潜力方面:过去一、三、四、五、六厂的翻砂,因为没有集中起来,各个厂子翻砂没有活干,集中起来以后,给各个厂子生产配件 1000 多件,过去每 4 天开炉 1 次,现在每天开炉 1 次,铁焦比例由 1:1 提高到 1:15 每月节约焦煤 10 吨左右,节约 3 个翻砂炉鼓风机 5 个,5 匹马力马达 3 个,厂房 200 间,劳力 30 个,节省采购员 4 个;搬运集中起来以后,过去 150 人完不成装卸任务,现在集中起以后有 45 个人即可完成任务;电气空调集中起来以后,可以全民性的办电,可以节省设备,可以按时进行检修;空调统一管理以后,可以连同各个厂子的地下水道解决供水的困难。(2)便于大搞原材料废物综合利用,充分发挥物资潜力。开封市三全保分社根据大厂提供的 21 种边料、废料和下脚料,组织新建和扩建了标准件加工、纤维板、水泥、机电制造、修配、矽酸盐、玻璃等 12 个工厂,可以产出 100 余种产品,如利用机械厂矿渣生产水泥,利用矿渣生产矽酸盐,利用二锅废料头拔丝,利用生产火柴的木屑生产纤维板,利用纱厂废料生产棉毯,利用食品、酒厂废渣、酒糟生产酱油。焦作中站煤矿分社利用大厂矿废铁、废胶、废坑木、硫磺渣制成高车架、矿车、道钉、胶管,传送袋、木轨道等 1000 多种,据 5 月 16 日统计,生产产值已达 7621562元。(3)便于推广交流经验、取长补短、提高广大职工的技术业务水平,有利于开展技术革新和技术革命。如郑州金水河纺织机械厂做大行车底轮和自动冲床,报废很重,纺织机械厂派技术员和 8 级技工 1 名到该厂做技术指导,很快地解决了报废问题,提高了质量,使上述产品大批投入生产。二钢厂热电高温机坏了没法修理,纺织机械厂帮助校正修理好,保证了生产。(4)通过全面组织生产大协作,不仅使厂与厂之间的关系更加密切和团结,而且大大提高了干部和群众的共产主义觉悟,改变了思想面貌和精神面貌,把方便让给别人,把困难留给自己,一处困难,多方支援,已成为社会主义的新风尚。同时,通过协作,在教育方面,过去有些单位由于学习人员少,师资缺乏不易组织学习,实现大协作以后,学习人员增多,师资统一调配,建立起了正常的学习系统。如纺织机械厂化验室和油脂化学厂化验室,都有 5—8 名化验员,这些同志迫切要求学习业务,但由于人员少,师资一直没有很好地解决,实行大协作以后,全社化验人员统一组织起来,很快地办起中等技术班和化学系 2 个班次,学习内容充实了,学习范围广泛了,使他们有了学习机会,就大大提高了他们的思想水平和业务水平。

二、通过这次城市人民公社的巩固发展,进一步挖掘了城市的闲散劳力,使人民公社的社办工业有了很大的发展。据 5 月底统计,全省社办工厂已由 3 月底的 4149 个发展到 5635 个,职工人数由 141399 人发展到 188117 人;今年 4、5 月生产产值达 13313 万元,为今年第一季度 14490 万元的 91.88%,为去年全年 20895 万元的 63.71%。社办工业的迅速发展,为大厂服务、为农业服务、为城乡人民生活服务起了很大的作用。据郑州市 841 个社办工厂统计,今年 1—4 月份完成产值 6776 万元,比 1959 年全年产值还增长 49.2%,产品由 1959 年的 755 种现已增加到 1443 种。据二七区 776 种产品统计,其中为大工厂和国家建设服务的 408 种,占 52.58%,为人民生活服务的 335 种,占 43.12%,为农业服务的 21 种,占 2.2%,为出口服务的 21 种,占 1.49%。

在巩固发展的基础上,广泛深入地开展了以"四化"为中心的技术革新和技术革命运动,使社办工业的"四化"程度迅速提高。截至 5 月底,据郑州、洛阳、安阳、平顶山、许昌、漯河等 6 个市的统计,"四化"程度由 4 月底的 36.8% 上升到 46.76%。洛阳市"四化"程度 4 月底是 40%,5 月底提高到 65.3%,该市洛北、溪河 2 个公社,去年年底机械化、半机械化比重为 17% 左右,目前都已达到 90% 左右，基本上消灭了笨重体力劳动。同时全市公社的自动化和半自动化的发展，也极为迅速，到 4 月底共有自动化、半自动化车间 98 个（其中有线遥控车间 52 个），自动生产线联动线 195 条，单机自动化 922 台，这种采用简易方法发展起来的自动化、半自动化生产花钱很少，并不需要什么贵重器材和复杂的机器设备，都大大发展了生产力，摆脱了原来的手工操作和笨重体力劳动，节约劳力，根本改变了原来的生产面貌，如洛北公社麻袋厂合绳、纺经 2 个"无人车间"搞成以后，生产效率提高 35—40 倍，节约劳动力 50—60 人。这 2 个车间只需 1 个人按一下电钮，机器就会自动生产，如果发生故障，也能自动开关闸、停车。工人除了维修、添原料，取成品外，还可以坐在操作室里学习毛主席著作，这充分证明了社办工业不仅能够实现半机械化、机械化生产，而且还能够实现自动化、半自动化以至遥控生产。

三、随着生产的发展，举办了各种集体福利事业，使大批的妇女从繁琐的家务劳动中解放出来，参加了生产，出现了"街街巷巷搞生产、家家户户无闲人"的新局面。今年 5 月底统计，全省城市公社的公共食堂由 3 月底的 8354 个，发展到 9497 个，就餐人数由 2046414 人，增加到 2366703 人，占应就餐人数的百分比也由 70% 上升到 90.25%；托儿所、幼儿园，由 3 月底的 3458 个，发展到 5094 个，入托儿童由 210787 人增加到 299760 人，占应入托儿童的83.49%；服务站由原来的 4091 个发展到 6251 个，服务人员由 19432 人增加到 38076 人，并且服务项目也大大增多了。从建立公社以来，全省共解放出劳动力 343130 人（其中绝大部分是妇女劳动力），仅今年 4、5 月就又解放出了71404 人。

由于生产的发展和各种集体福利事业的大量举办，社员的生活大大改善了，基本上消灭了救济户，物质文化生活水平也大大提高了。新乡县路王坟车站人民公社，1959 年平均每户收入比 1958 年增加了 225 元，困难户变成了富裕户，救济户变成了存款户。如装卸工人何菊亭全家 9 口人，公社化前每月收入仅 55 元，常年需要国家救济，公社化后，他爱人和他大孩子参加了生产，每月收入达百元以上，1 年多来不仅偿还了债务，而且全家添了 7 床新被子，每人 3 套以上新衣服，并买了 1 辆自行车，银行还有存款。据 1959 年全社 172户调查，有 170 户银行有存款，储蓄额达 11000 多元，公社化后社员光新增自行车就 66 辆。公社组织有业余剧团，每逢周末为社员演出，还有俱乐部、浴池、理发室等，因此，社员歌颂说："人民公社好，人民公社强，生产大提高，劳力大解放，工作有工厂，吃饭有食堂，娱乐有剧团，学习有课堂，实现公社化，幸福乐无疆，感谢毛主席，感谢共产党。"还有的群众说："公社好处有千万，真是幸福大乐园，吃饭有了大食堂，小孩送进幼儿园，家务琐事不操心，欢欢喜喜搞生产。"焦作中站煤矿人民公社，建立了生活上的"吃、穿、用"和生产上的"修、补、配"等 30 多个项目，174 个服务站、点，形成了以生产、生活为中心的服务网，做到了生产到哪里就服务到哪里，哪里需要就到哪里服务，啥时需要啥时服务。如服务站的英雄食堂，经常给工人送饭到井下，还在井下设立了小卖部。工人们说：有了服务站，啥事都方便了，咱情愿集中力量搞好生产啦。

四、随着生产集体化和家务劳动社会化的不断发展，人们的思想面貌也发生了根本变化，出现了"互相帮助，互相学习，取长补短、共同提高、和睦团结、热爱集体、热爱劳动"的新气象，这对职工家属是一次极深刻的社会主义教育。有的地方反映：公社化前在职工家属中存在着"五多"，即：无事串门多、不劳动的多、不问政治的多、困难救济的多、文盲多，公社化后变成了"十好"，即：政治思想好，生产劳动好，团结互助好，文化、技术学习好，教育子女好，爱护公共财产好，为公共事业服务好，执行国家政策好，节约储蓄好，讲究卫生好。焦作中站煤矿公社公社化前，3 年只动员出 389 人、占劳动力总数 6% 左右的职工家属参加生产，有 1300 多人从事家务劳动或在家坐等吃穿，个别甚至她自己没事干，还雇着保姆，公社化以后由于加强了对职工家属的思想教育，觉悟提高了，特别是家务劳动由公社的集体福利事业代替了，因而都积极地参加了生产。

五、人民公社是对旧城市进行全面社会主义改造的最好组织形式。据郑州市红旗人民公社管城分社了解，继"三大改造"之后，又对残存的 1490 户房产出租者、29 户个体手工业者、11 户小商贩进行了改造，生产资料分别归国家和公社所有，彻底挖掉了私有制的根子，切断了资本主义道路。

公社还对资产阶级及其知识分子的家属、宗教职业者和回族上层分子进行了改造。全社共有资产阶级及其知识分子的家属 57 人，公社化前都闲在家里，群众叫他们"吃饱蹲"。他们在大势所趋的情况下被卷进了公社，除 16 人因年老体弱外，其他都参加了公社生产（资产阶级分子戴帽子入社，经济上同工同酬，但不能当领导干部），占67.49%。如资产阶级家属盛蓉蓉过去雇着女仆，由女仆照顾穿坐吃，参加生产后，经过教育改造，现被评为全国"三八红旗手"。这就突破了资产阶级仅有的家庭堡垒，改变了他们"在企业是社会主义，回家是资本主义"的处境，更有利于对资产阶级的改造。全社阿訇和回族上层16人，除有意识地安排2人继续从事一定范围内的宗教活动、3人因年老体弱外，其余11人参加了公社生产，他们以劳动改造代替了念经、礼拜、传播封建迷信的老营生。阿訇"高人一等""不能劳动"的谬论被粉碎了。回族群众议论说："这一条，他们再也不吃闲饭了"。总之，人民公社的实现，不仅加紧了对他们的改造，使他们逐步地由剥削者变为自食其力的劳动者，而且为社会增加了财富。

人民公社更加有利于党的领导、巩固人民民主专政。公社化前，居民居住分散，彼此接触很少，不利于对残余敌人的斗争。公社化后，实现了政社合一，生产、生活集体化，就可以更好地依靠广大群众，加强对敌斗争，改造五类分子，巩固人民民主专政，进一步做到了在党的领导下专政机关和广大群众相结合。1年多来，我们采用了"十个好人夹一个坏人""三包一保证"等办法，把分散在街道上的五类分子，有计划地编入各生产单位，迫使他们在群众监督之下进行劳动改造。全社5000名五类分子，目前守法的30.87%，比公社化前上升14.07%；基本守法的55.03%，比公社化前上升19.11%；思想上不服改造的12.04%，比公社前下降11.14%；刑事案件1959年比1958年下降56.6%。

公社化的同时实现了全民皆兵，民兵组织在参加生产、保卫生产、维护社会治安方面也发挥了巨大的作用。

公社建立后，新建与修建房屋3700多间，发动群众调整生产、生活用房1000余间，整修街道15条，新建与改良厕所350个，种树30万株。根据先安置后拆迁的原则，拆除破房屋1500多间，拆除土厕所550个，破墙头2000多堵。目前正在建筑的有生产房、社员宿舍、集体生活福利和商业服务设施、学校全面配套及建筑面积25000多平方米的新型居民点，所有这些，对改变旧城市的自然面貌，已经起了并正在起着积极的作用。

我省城市人民公社经过不断整顿发展提高，当前已经进入到一个新的发

展阶段。但是,在新的情况下也出现一些新问题,主要是:

一、城市人民公社经过这次整顿发展,公社的规模扩大了,内容更加丰富了,任务越来越重,需要进一步加强领导,充实骨干。据洛阳市调查,全市共有干部3809名,市直机关干部占67.21%,公社级干部只占32.79%,公社、分社、管理区干部总数,只占全体社员的0.35%,尤其是管理区干部最弱。如洛阳涧西区公社天津路分社湖北路管理区,只有2名干部。洛阳轴承厂管理区10个社营工厂300多工人,只有1名刚提拔的干部领导生产,干部不足的问题越来越突出了。

二、厂社关系问题。由公社统一领导暴露了公社领导力量悬殊问题,公社领导力量较弱,公社党委书记大都是县一级干部,大厂党委书记大都是地级以上的干部,若由现在的公社党委来领导大厂,不好领导。当前以厂矿为主组织起来的人民公社党委,大都是大厂党委书记兼公社党委书记,实际上还是从事大厂工作,如大厂党委书记专做公社工作,既分散了大厂的领导力量,又对大厂生产有影响。如洛阳涧西公社党委,就是原来的区委委员,干部又少又弱,原来的区委书记是县级干部,但在该区的7名大厂党委书记都很强,以前公社没法管理大厂的生产、生活,只管些家属民政、卫生等事项。

厂社关系的另一个突出矛盾就是生产上的原材料问题。社营工厂的原材料大都是国营厂的边、废料、废物,公社要发展社办工业,现在大厂也要搞综合利用、多种经营,这就发生了矛盾,需要划个界限,哪些由公社搞,哪些由大厂搞。有些公社因缺乏统一规划,虽建立了一些厂子,因设备和原材料困难而不能进行正常生产。如郑州纺织公社148个社营工厂,就有46个因原材料和设备不足而停产。有些厂的卫星厂应该交给公社管理,厂里也不愿交,怕交出来后服务质量差,影响大厂生产。如洛阳关林钢铁厂的废水可以作肥料,以前由公社利用,现在厂里要搞综合利用,又没力量,也不叫公社搞。有些公社办工业,为大厂服务的观点不明确,纺织机械厂分社的社营工厂,只有40%是为大厂服务的。纺织公社几个大厂要搞棉秆皮综合利用,公社嫌剥棉秆皮的利润低,不愿意搞,只好由大厂抽出工人自己搞。洛阳市原来已经有1个大被服厂,但各公社也都成立了被服厂,和大厂"扛膀子"。

国营厂矿的职工生活福利不愿交给公社管理,怕公社将国营厂矿职工的福利和居民拉平,怕管不好,影响生产等。有些即使交了,还是和不交没有多大差别。如洛阳拖拉机厂把职工的生活福利连管理人员一起交到公社了,实际管理的还是该厂的生活福利。郑州纺织机械厂将4.2％的职工生活福利费拨到公社之后,因为公社内既包括职工和家属,农业生产大队,还有大小厂、国营社营、全民所有制和集体所有制之间的差别性,所以生活福利款虽拨到公社了,感到没办法花,是光为大厂用,还是职工和一般市民拉平共用。

一九六〇年六月

中共黑龙江省委批转省委城市公社参观团关于参观城市人民公社情况的报告*

（一九六〇年七月二日）

各地、市、县委：

现将我省城市人民公社参观团在天津、郑州等地参观后，向省委的报告转发给你们。

报告中介绍的兄弟地区的许多经验，可供各地参考。在整顿巩固城市人民公社的工作中，各地应该学习兄弟地区深入细致的工作作风，认真地研究自己的情况，创造性地解决工作中发现的问题，总结经验，使我省城市人民公社得到更进一步的巩固和提高。

中国共产党黑龙江省委员会

一九六〇年七月二日

附：关于参观城市人民公社的报告（摘录）

（一九六〇年六月中旬）

省委：

我们从五月二十五日到六月十日，共十五天时间，先后去天津、石家庄、郑州和北京四个市参观了十五个城市人民公社，现将参观学习的情况简要汇报如下。

＊　原件现存于哈尔滨市档案馆。

中共黑龙江省委批转省委城市公社参观团关于参观城市人民公社情况的报告

一、各城市人民公社概况

天津全市组织了四十七个公社,多是一九五八年发展起来的,分三种类型:以街道为主的四十个,以工厂为主的六个,以商业为主的一个。最大的公社十四万人,一般的五万至七万人,个别小的公社一万多人。石家庄市共有四十八万五千多人口,组织三个公社,大的公社人口达二十九万多人,小的七万多人,分社人口一般的是二万至五万,多是一九五八年建社。郑州市全市共六十万人口,从一九五八年八月至十月开始建社,当时建立一百三十一个公社(郊区五个),后调整为十七个,最近又并成四个公社。每个公社有五个至九个分社,分社人口一万至二万人。北京市四个城区建立三十三个公社,郊区五个,其中以大厂为主的三个,城区三十三个都是以街道为主建立的。多数公社是一九五八年开始组织生产、组织生活发展起来,今年四月在公社化运动中又发展一批。

二、几点学习体会

(一) 关于组织公社工业生产问题

从四个城市的人民公社来看,公社工业生产的发展速度都是比较快的,如石家庄市去年公社工业总产值是二亿一千九百万元,今年保证完成十一亿元,一月至四月份已完成二亿八千多万元;郑州市去年公社工业总产值四千五百三十九万元,今年一月至四月份已完成六千七百余万元,他们讲,公社工业发展快的主要经验之一是注意调动基层的积极性。郑州、天津、石家庄等市采取了一部分工厂下放、权利〈力〉下放、产品下放的办法,比如天津,将原来的手工业转厂的下放归公社领导;有些国营大厂下放了一部分产品交由公社组织生产;再如北京石景山人民公社的大厂,下放了十几种产品交由公社去生产,既解决了大厂的劳力不足,又扶植了公社工业的发展。这些做法实质是调整生产关系,调动基层的积极因素,促进生产力的发展。

在公社工业发展上，注意和大厂协作，实行产品分工，解决大厂搞综合利用、多种经营与公社工业发展在边材废料上互相争嘴的矛盾，几个城市在发展公社工业中都遇到了这个问题。北京石景山人民公社在解决这个问题上有一条原则比较好，就是"大厂搞尖端（意即高级产品），公社搞一般；一般为尖端，互相来支援"。同时，公社工业还主动从以下几个方面为大厂服务：利用废料、垃圾制成产品，为大厂服务，如石景山中苏友好人民公社利用发电厂的炉灰制成炉灰砖支援发电厂，大厂因自己需要，就主动帮公社工业搞机械化，就地取材，生产砖、瓦、沙、石、炭精等支援大工业；在大厂帮助设备的情况下，建起机械修配厂，为大厂服务；临时组织劳动力支援大厂，成为大工业的临时后备力量。当大厂生产紧张时，有的支援几个月，有的临时突击几天。

公社工业的发展，还充分体现了因陋就简、土法上马、白手起家、穷干苦干的精神。大厂支援的设备都记了账。大部分设备都是公社发动群众土法上马解决的，没有厂房，就在小胡同里盖上顶棚搞起临时车间，有些工厂夏天就在露天生产，工厂虽然比较简陋，但产品品种很多，与不少城市有订货关系。

在组织公社工业的生产上，从几个城市的公社工业一般看来，在解决原材料方面，主要有以下几条经验：充分利用大厂的边材废料、下脚料和遗弃材料来进行生产，如利用矿渣生产矿渣棉、水泥、制砖等；向自然界索取原料，如郑州红旗人民公社的化工厂，利用天然硝土，完全用土办法生产"三酸两碱"等五十六种重要化工产品，月产值达十七万余元，由开始时只有十二名老人生产，现在已发展到二百二十多名工人，生产的设备没有什么钢铁机器，只是一些大锅、大缸、陶瓷管路；从社会上回收废品，如天津兴安路人民公社的皮毛厂，从各地收集废旧毛皮，一点点对起来染上色，制成皮帽子，我省有些地方都去订货。这些做法都值得我们学习。

几个城市的公社工业，本着中央提出的"三就""四为"的方针，提出为四个方面（大工业、农业、生活、出口）服务，但从他们目前实际生产的比重来看，突出的是为生活服务的工厂多，天津在公社工业中建立了不少小商品生产基地，围绕着市场和人民生活的需要去大力组织生产。他们认为抓生活资料生产的好处是：原材料、设备、技术比较容易解决；适合公社工业分散经营的特点；更主要的是供应了人民生活的需要,补充了国家生产的不足。在发展生活资料的生产中,他们也碰到了一些问题,如有些小商品产值较低,利润较小,但因这些产品市场急需,他们仍坚持了生产,特别是天津市,有意安排了三种生产:一种是赚钱的;一种是不赔不赚的;一种是市场需要但可能赔钱的。天津市委认为天津一年搞到十几亿产值,能有一亿五千万元的积累就够用了,不去过分计较产值和利润。

值得我们注意的是,在公社工业上,天津突出抓了无线电工业的生产,郑州突出抓了"三酸两碱"的生产,并且都有了一定基础。从事电子工业生产的大部分是妇女,生产方法很简易,许多小厂除电子管外都能加工制造和装配;郑州的:"三酸两碱"也是到处开花,而且多是土办法。我们也有很好的条件,可以大搞。

(二) 关于组织人民经济文化生活问题

四个城市在组织人民经济生产上比较突出的是成龙配套,抓得很细,生活和生产密切结合。集体生活成龙配套的特点和做法是:

在食堂方面,有大、中、小型食堂,其中有普通食堂和回民、幼儿学生、老人食堂。为了方便群众,照顾多种人的需要,群众可以入整伙,也可以入半伙,可以单买主食,也可以只买副食,可以在食堂集中吃,也可以打饭回家吃。大食堂多数兼主、副食加工站,以大带小。天津市已基本上形成以大型为骨干的食堂网。如兴安路的主食加工站,目前一部分设备投入生产,就为三十多个中小型食堂加工主食,全部设备投入生产后可供应五万人的主食加工,仅面食一项即可加工三十至四十种,加工一斤生食只收费一分钱。中小型食堂里不再做主食,只加工汤和菜或稀饭。有的副食加工站办得也较好,如天津郭庄子人民公社的副食加工站(实际是副食品商店),只有八名工作人员,一间一百平方米的小屋,使用垛馅机、切菜机、打土豆皮机、打鱼鳞机、切肉片、肉丝、肉丁机等五台机器,就供应八十二个食堂、九千多人的吃菜需要,加工一个菜只收费五厘,中型食堂因不需加工主食,群众又多数打回家去吃,一般都是食堂面积小,效率高。东胜里公社一个中型食堂,只有两间房、两张桌、十一名工作人员,分两班供一千二百人吃饭,而且作到了随到随吃,保证热菜热饭。小型食堂主要分散在街道,一般的有三十至五十人,主食依靠加工,更加方便群众。在我们看到的一些食堂里,另一个较为突出的特点是大食堂机械化搞得好,而且有的已经基本定型、成套,试制成功的机器都由市里指定工厂加工制造,统一供应使用。

在托儿事业方面,也是基本成龙配套的。组织形式多样,有全托、日托、半日托、半夜托、临时托和假日托等,不少所、园是混合收容的。为了照顾孩子妈妈的生产、学习和休息,实行了"四不接"(天气不好不接、妈妈加班不接、孩子有病不接、夜班休息不接)、"五不误"(不误生产、工作、开会、学习、夜班休息)、"六包"(包拆洗、缝纫、理发、带孩子看病等)。从我们参观的一些托儿所、幼儿园来看,管理和保教工作质量一般都较好,并同样形成了大、中、小相结合的托儿网。

在服务站方面,一般都建立了固定的服务总站、分站和服务点(组),为了便利群众还建立了流动的服务队,服务到门,有的公社还建立了服务一条街。服务项目种类繁多,安排很细,个别的如天津东胜里服务站的服务项目达一千多个。一些服务总站还有部分机械设备,有的程度还很高。服务价格便宜,如洗一件单外衣收费八分,衬衣二分。

在敬老院方面,除鳏寡孤独无依无靠的劳动人民出身的老人免费入院外,郑州的几个公社还试行了双职工无人照顾的老人自费入院,受到群众欢迎。敬老院根据每个人身体情况,每天自愿参加一部分轻微劳动,如种花、种菜、养鸡和叠卫生纸等,不能劳动的不勉强参加。

集体食堂、托儿所、幼儿园、服务站组织起来之后,很需要从业务上、技术上指导提高。天津等市在市委和区、公社党委的领导下,商业部门、粮食部门、服务部门和文教卫生部门,工作很主动,采取了包教包学的办法,国营饭店派优秀炊事员到食堂去带徒弟或派人到饭店去学习;商业和服务业派出红旗营业员和全国省、市劳动模范组成小组,到服务站去定点包干,指导工作;财贸、文教部门组织训练班,培训各种服务人员。天津还从幼师学校中派出大批学生到幼儿园去实习和帮助,并选择年轻、有文化、政治进步的妇女担当保育人员。我们认为这些做法都是较好的。

在解决困难户(即家庭人口多,子女多,收入少的所谓城市"贫雇农")方面,为了彻底解放妇女出来参加劳动生产,几个城市一般都主张工资不大提高,扩大福利部分,逐步提高群众的生活水平。郑州金水人民公社水利厅分社(以机关为主)对困难户采取了"四免"和"三免"办法。他们规定:按家庭人口平均收入不到十三元的,子女入托实行"四免"(免保育费、工杂费、洗衣费、医药费);家庭人口平均收入不到十五元的实行"三免"(免保育费、洗衣费、医药费)。我们认为,解决困难户妇女就业是个很重要的问题,需要采取措施加以解决。

为进一步发展集体生活,目前天津、石家庄都在搞宿舍旅馆化,即家属宿舍几栋设一名服务员,负责清洁卫生、打送开水、代购物品等;独身大楼设服务点,服务人员负责组织和监督房间卫生,作宣传鼓动,负责公共卫生等。天津市郭庄子公社还组织了"百户坊""幸福巷"、小院变大院、大院变花园活动,我们参观的一个"幸福巷"八十八户、四百多人口,内有生产小组、食堂、托儿所、幼儿园、服务站、商品供应站(有四十二种日用商品)、康复室(几张病床)、保健站(一个大夫)、客人临时住宿室、俱乐部、办公室等,居民全部组织了起来,成了公社的一个基层单位,统一管理生产、生活和教育。他们认为这是集体生活进一步发展的方向,并讲这是学习我省的经验。

把经济生活和文化生活紧密结合了起来。在这方面较为突出的是天津市许多公社工业的工人,在劳动时间和学习时间的安排上,采取了"六二"制(六小时工作,两小时学习)、"七一"制(七小时工作,一小时学习),并组织了"六超八"竞赛(六小时工作超过八小时的任务)。这种做法好处是能很快提高家庭妇女的政治、文化、技术水平;便于照顾一部分家务事和妇女的特殊条件;有利于劳逸结合。在卫生工作上,许多公社都组织了"街道卫生绿化、美化队",吸收有劳动能力的老人或妇女参加,负责街道卫生,保护树林、美化街道。在学校教育上,石家庄发动群众十一天把全市二万余名小学二部制改成了一部制,从全市机关、工厂、街道调整了房子,并对小学生住校进行了试点。

几个城市对集体福利事业经费的解决,除服务收费外,都从社办工业积累中划出一定比例举办集体福利事业。

总的看来,各地对城市公社的性质认识上是一致的。

（三）关于机构问题

公社机构,各地大同小异,一般都是公社、分社两级,分社之下有的设立生产大队,有的叫"居民小组""社员小组",都没有定型。党的组织,公社为党委（大厂党委仍存在）,公社行政设管委会,职能部门都设立了若干个部,原来街道办事处的牌子还挂,但实质已是一套人马,和我们不同的是,他们公社之下有的有食堂工作部或保教工作部,组织很细。

（四）关于整顿巩固问题

在公社的基层中,各地都注意进行整顿巩固工作,特别是注意贯彻阶级路线,把领导权切实掌握在工人阶级手里。北京市委对此规定了六条政策界限:即①五类分子坚决不许做公社领导和要害部门工作,表现坏的集中到郊区劳动改造;②有重大政治嫌疑没审查清楚和有贪污、盗窃、流氓行为、有反动思想、机关企业开除清洗的异己分子、自动离职分子,也不许作领导和要害工作;③在押犯、被处决和逃跑的反革命犯以及刑事处决犯的家属,不得担任领导和要害工作,但政治表现好、划清界限特别是刑事犯罪家属站在我们这一边的,可担任一般管理职务,不担任领导职务;④五类分子家属不担任领导职务,一贯在公社表现好的,可担任一般管理职务;⑤小业主一般不担任领导职务,但为争取改造、一贯积极和技术上有特长的,已担任了一般领导职务的不撤换,但财会、仓库不交其管理,今后也不再提;⑥资产阶级分子按行业归口改造,调离街道职务。

（五）关于公社的发展规划问题

各地都很注意抓好公社的发展规划,从公社到全市都有一套安排。郑州全市近百分之九十是新建区,因考虑到现在的建设要适合未来的需要,所以,机关、企业、居民点都搞花园化,全市绿化面积达四分之三。郑州的红旗人民公社是原来的老城区,现正着手全面改造,拆除旧房,建设七个新居民点,计划三年内全部完成,在改造方面对工业生产、郊区农业、文化教育、医疗卫生等都有具体要求,有的居民点改造工程已动工,其中将设有工厂、食堂、托儿所、幼儿园、小学校、敬老院、服务大楼、百货大楼、文化馆、医院、邮局、公园和宿舍大楼等,一个居民点面积一万平方米左右,住五千人,每人占地二十平方米,四分之三绿化。天津的鸿顺里也搞出了全面改造旧街道的规划,并已动手拆除旧房。(下略)

上海筹办城市人民公社建立
街道工业的情况*

（一九六〇年七月四日）

在筹办城市人民公社运动中，上海里弄街道工业很快发展。到五月底止，已有三十四万六千多里弄居民参加各种劳动组织，其中百分之八十，二十七万八千多人参加了街道工业，共组织了近一万个生产工场、生产小组，比一九五九年底增长了一倍以上。

一

街道工业的迅速发展，是大张旗鼓宣传城市人民公社，充分发动群众，全民动手办工业的结果。在运动中，工厂、企业的支持起了很大作用。很多工厂提出"全民动手办公社，工人阶级当先锋"，"公社的事，是大家的事，也是工厂的事"，积极把工厂不用的旧设备、废料、旧木材等支援街道工业，职工们提出"要为人民公社出把力"，在业余时间，帮助街道工厂搭厂房，装设备。有的工厂把不用的铁屑、铜灰、角料、废料、废液交给里弄生产小组处理。有的派了技工、技术人员到里弄去教技术、教产品检验、教计划安排，或者吸收里弄工人到工厂来培训。卢湾区打浦桥有个变压器工厂，是附近六个厂帮助下建成的，有的厂腾出多余的房屋给里弄做厂房，有的厂帮助安装，有的厂支援设备，很快使这个厂投入生产。在工厂帮助下，有些街道工人学会了加工制造和装配小电珠、变压器、半导体体温计、开关、仪表零件、继电器等比较精密的产品。

---

* 原件现存于上海市档案馆。

街道工业在工厂及各方面支援下发展很快,有些原来只有几个工人的生产组,已经发展成几十、几百人的工厂,卢湾区红星运动器具厂生产组,开始时只有七个人,月产值还不到二百元,现在已经发展到有八十多人,月产值八万多元的一个运动器具加工厂。静安区三星螺丝加工组,开始时,只有七个工人,凭三台手摇钻,为工厂加工一些螺丝,现在已发展成有二百五十多工人,拥有钻床、车床和各种简单量具、机械设备的一个相当规模的加工厂了。

二

街道工业积极贯彻为工业服务、为人民生活服务的方针,就能成为工厂企业生产的有力助手。街道工业对工厂已发挥了如下几个作用。

1.为工厂、企业加工服务,协助企业完成任务。全市近万个街道工业组织中,约有六千多个为国营、合营厂加工;有二千八百多个为商业、外贸等部门加工;仅仅有七百多个单位,自筹原料生产产品。这些街道工业与四千多工厂、企业挂钩,承接了七千多种成品、半成品的加工、包装、装配、整修等业务。如为机电厂加工做方棚、绕线圈、装配零部件;为纺织厂整修毛料、整理废花;为轻工业装配玩具、编结绒线、包装、刻字等等。街道工业为工厂、企业服务,根据工厂、企业的需要,有啥做啥,要啥干啥,灵活机动,随接随干,有力协助工厂、企业按期完成任务。例如上海电机厂经常有铜丝要拉直,这种零零碎碎的活,过去在厂里要积压好几个月,现在有了街道工业,不论多少,三斤五斤都拉,随接随干,大大缩短了干这种活的生产周期。

2.废品、废料、废液综合利用,为工厂提供原材料。到五月底止,已有一千多个街道小组实验成功了一千六百多种废物综合利用项目,有八百多项已投入生产。

很多街道提出:"向废品要宝,要垃圾成金,使污水变清,叫废气回收。"大量利用钢厂、铜厂、机器厂的渣子、屑子、垃圾熔炼铜、铁、锡、铝等各种金属。南市区红星熔炼厂一年多来从铜厂下脚料中回收了原铜一百多吨,为国家创造和节约了五十多万元财富。闸北区有个地区生产组利用碎布、木屑做成布娃娃,月产一万打。很多街道还利用造纸、印染、化工、拉丝厂的废液、下脚提炼木糖浆、硫酸钙、亚硫酸钠、硫酸亚铁。有的生产组，在苏州河污泥中，提炼出贵重药品维生素 B12 的粗料。全市有二百多个街道生产小组，每天从七百多个里弄居民委员会收集二万多孕妇的小便，加工成制药原料，交给药厂制药。一年多时间中，已制成九种药品，其中有兽用促性激素，治妇女病的绒毛膜促性腺激素。从一九五九年四月到今年四月，工厂发给里弄加工费七十二万元，而工厂生产药品价值九百七十万元。

3. 为了保证部分工厂向高、精、尖方向发展，少数工厂原来生产的某些简单的产品或部件，下放给街道生产。这样做的单位数量不多。全市已下放产品的工厂或车间有一百六十一个，街道从业人员七千多人。如中国电工厂为了制造高级微型漆包线，把普通漆包线的拉丝、废杂品整理等工序下放给里弄生产。通运电讯器材厂为了制造高级电阻，二个星期中把工厂原来生产的电话听筒线圈下放给里弄生产。

此外，在里弄中还组织了几万人成立劳动服务大队和生活服务站等，担任工厂企业临时运输或临时突击性任务和日常生活服务工作，对于工厂也起了一定的支援作用。

三

在街道工业的发展、巩固工作中，有几个问题值得注意。

1. 街道工业的方向。实践证明：根据上海工业生产增长快，原材料供应不上，同时又要向高精尖方向发展等特点，街道工业的方向应该为工厂服务，以加工生产为主，这样就能够克服街道办工业的盲目性，不至于和工厂发生争原材料的问题。街道工业贯彻为工厂服务，以加工为主，就不必自建大厂房，也不要自筹原料，组织能大能小，生产灵活机动，开始在个别区曾经试办过规模较大、生产产品的街道工厂，但经过一个时间，就发生了与某些工厂争原材料的矛盾。这样，工厂，企业有意见，街道工业发展也成问题，因此，现在这些工厂也逐步转向为工厂服务，承接加工业务，这样工厂就乐于支援街道工业，街道工业也顺利解决了供、产、销问题，双方关系就十分密切。卢湾区丽园地区居民办了六十八个加工厂，他们提出："大工厂需要什么，我们就加工什么"。

有一个一把锉刀起家的五金工厂,一年来为工厂生产了一百三十多种零件,由于他们生产了大量开口钉,使上海皮革制品厂大量积压的半制品自行车座垫装配出厂。水产公司有次急需一部分大铆钉,到处找不到加工单位,也在街道工厂中得到了解决。

2. 街道工业初办时,在某些区部分干部中曾经产生自力更生为主,还是单纯依靠工厂为主,是土法搞还是洋法搞等问题。开始有人说:"上海工厂多,只要依靠工厂支援,街道工业可以办起来了。""大工厂拔根毛,街道上什么问题都解决了。"他们样样要求依靠工厂"包干",有的街道甚至提出要工厂"三包"、"五包"、包建厂、包设备、包经费、包食堂、包造浴室、包造托儿所。有的甚至不经工厂同意,就占用工厂、企业的空房、仓库、强拿工厂的设备。这样做法,不但不能充分发挥里弄群众的积极性,而且容易产生求洋求大思想。闵行区在开始筹建街道工业时,样样想等待工厂下放洋设备,看到土办法就认为"不象〈像〉样",结果筹备了近一个月,一个街道工厂也没有建成。后来经过务虚,强调自力更生,土法上马,在七天时间内就办起了七个工厂。

3. 工资问题,这是街道工业迫切需要解决的问题。目前各行业对工缴掌握不一,有的低,有的高。加工收入过低的生产组,不但没有积累,还要里弄补贴。而有的组加工费收入又过高。例如顺昌街道有个电器材料加工工厂,七十一个人,一个月加工费收入5万元,平均每人每月七百元。而南市区一个花边小组,每天忙到晚,十七个人一个月加工费收入只有60元,平均每人每月3.3元。由此可见,工厂、企业支付里弄工缴关系到街道工业积累与分配问题,目前必须考虑使工缴尽量合理,并统筹安排,力求做到参加劳动的居民所得工资差距不能过大。

4. 街道工业为工厂服务,是工厂生产的助手,要注意的是工厂不能变相增加人员。上海市委今年提出"增产不增人"的方针,必须坚决贯彻。最近发现少数工厂把街道工业为工厂服务片面理解为"就是给工厂劳动力"。因此借口"街道应为工厂服务",把街道工厂的职工调进厂来,分配在厂内各种生产岗位或服务岗位上,担任辅助工作,这种做法,既不利于街道工业有组织的发展,也不利于工厂企业提高劳动生产率的要求。最近劳动部门已经对这些工厂提出批评,纠正这种不适当的做法。

5. 街道工业创办之初,必须十分注意加强对职工的安全教育和采取必要的安全措施。最近不断发生街道工业职工工伤、中毒及设备损坏等事故,南市区从三月初到六月十日统计:街道中已发生起火事故一起,中毒事故六起,工伤事故七十七起,其中死亡一人,重伤二十二人,轻伤七十九人,中毒二十八人。保安里家庭妇女丁小妹,参加化工生产不久,因为不懂防毒,接触有毒气体而死亡,城隍庙里弄妇女王新妹在操作冲床时不慎被冲去三个半指头,闵行区有个综合化工厂从染料厂下脚料中提炼重亚硫酸钠,由于没有防护设备,有毒气体外传,附近农作物被毒死,职工身体也受影响(现已暂停生产)。因为街道工业的设备大多陈旧简陋,不少冲床、车床等都没有防护设备,必须立即采取措施,以防事故。

当前,街道工业已建立了一定数量的加工工厂(小组)后,突出的问题是:必须注意加工组之间、加工组与工厂之间的协作、配合,考虑合理布局,统一安排,加强管理。普陀区最近调查了工厂分布及需要情况,把街道中性质相同的小型加工组,合并成比较大的加工厂;同时,抽调出一定劳动力,根据工厂需要,再建立一些加工厂和加工小组,并加强这些单位的政治思想工作,和建立必要的生产制度,这样,加工生产效率就显著提高,就能更好地发挥大工业的助手作用。

中共上海市委工业工作部办公室整理

一九六〇年七月四日

关于上海城市人民公社所有制性质的调查报告（草稿）*

（一九六〇年七月二十五日）

自1958年起，上海开始试办城市人民公社（目前，上海城市人民公社尚在筹备阶段。未经正式挂牌，以下简称公社只是为了叙述的方便）。随着街道工业和集体生活福利事业的大量兴办和迅速壮大，实践本身日益要求明确城市人民公社所有制的性质。目前，大家在这个问题上的意见还不是一致的。其原因，有的是因为对于我国城市人民公社运动发展的实际情况，在了解的程度上不一样，有的是因为对于相同的事实，各有不同的理解而得出不同的看法。我们希望在这篇调查报告中，把调查到的事实反映出来，同时提出一些不成熟的看法，以供大家研究问题时参考。

确定城市人民公社所有制的性质，是一个复杂的问题，需要周密地考察反映所有制性质的各个有关方面，也就是：(1)劳动工具归谁所有，(2)生产用房归谁所有，(3)原料归谁所有，(4)产品的所有权和支配权，(5)收入的分配情况。大家知道，各地在筹建人民公社的过程中，由于具体条件的不同，在若干具体做法上各有不同。因此，我们选择了带有一定特点的七个街道地段（北京西路、梵皇渡路、普陀路、保安路、开封路、长白新邨、丽蒙，每一个街道即作为一个公社来筹备的）进行了调查。在这七个街道地段中，长白新邨、保安路、普陀路处在大工业区；梵皇渡路和丽蒙二个地段内，中小工厂较多；北京西路和开封路两个地段内工厂较少。

上海城市人民公社运动发展迅速，变化很快，不少做法尚未定型，缺乏系

---

* 原件现存于上海市档案馆。

统的资料,又由于时间、人力和水平的限制,收集到的材料很不完整,材料的鉴别和分析,还存在着粗糙和不够妥当的地方,希望同志们指正。

一、设备工具的来源和归谁所有

确定某种经济社会性质的决定性的因素,是看其生产资料归谁所有。生产资料包括劳动工具和劳动对象两部分。从对生产发展所起的作用来说,劳动工具比劳动对象更重要一些。劳动工具又包括设备工具、生产用房等等。其中,设备工具又具有较重大的意义。因此,我们在研究公社所有制的性质时,首先对其生产单位的设备工具,进行考察。

根据调查所得,街道工业生产设备工具的来源,可分为:①来自国营部门。②来自用积累购置。③来自里弄居民。其比重如下:

从表一看出:街道工业的设备工具,除丽蒙地区的街道生产组织,长白新邨和保安路的里弄生产组织以及开封路主要来自用积累购置外,其余地区主要来自国营部门。根据调查,这部分设备工具又可分为下列几种情况:

1.由国营部门自给的设备工具。这是最主要的部分,包括无代价的借用和以支付一定折旧费为条件的借用。公社对这些设备工具只有使用权,而其所有权仍属全民所有。原国营部门需要时,可收回。如在丽蒙地区,永源厂借给蒙三里委纽扣组的冲床,已有三台收回支援其他里弄。又如梵皇渡路地区锯铁组的锯床,工厂需要时便取回,里委需要时又来借来。

2.国营部门下放的整个工厂或车间,交给公社管理,但仍属全民所有。

3.由国家调拨来的设备工具,归公社使用,但亦属全民所有。凡采取调拨方式的设备工具,其价值一般较大。例如,北京西路街道由国家调拨来的一具真空泵,价值达 6000 元。

4.由国营部门送给公社的设备工具,这种情况很复杂。国营企业不能将其设备工具随便送人。只有账外财产如已经报废的器材设备,才能赠送给别的单位。但其价值很小,不足以影响整个公社所有制性质的确定。有时,国营工厂为了使街道工业便于为其进行加工生产,把某些财产账上登记的设备工

表一 设备工具价值中各种来源统计表

全额单位:元

街道	设备来源总计	全街地区的生产单位						街道管理的生产单位								里弄管理的生产单位							
		来自国营企业		来自积累购置		来自里弄居民		合计		来自国营企业		来自积累购置		来自里弄居民		合计		来自国营企业		来自积累购置		来自里弄居民	
		金额	比重	金额	比重	金额	比重	金额	占全街总比重	金额	比重	金额	比重	金额	比重	金额	占全街总比重	金额	比重	金额	比重	金额	比重
长白新邨	148997.33	134667.63	90.38	13129.70	8.81	1200.00	0.81	53537.33	35.93	47407.63	88.55	6129.70	11.45	—	—	95460.00	64.07	87260.00	91.41	7000.00	7.33	1200.00	1.26
普陀路	62990.00	56200.00	89.22	550.00	0.87	6240.00	9.91	10500.00	16.67	10500.00	100.00	—	—	—	—	52490.00	83.33	45700.00	87.06	550.00	1.05	6240.00	11.89
梵皇渡路	152500.00	92500.00	60.66	45000.00	29.51	15000.00	9.83	102200.00	67.02	73300.00	71.72	28900.00	28.28	—	—	50300.00	32.98	19200.00	38.17	16000.00	32.01	15000.00	29.82
开封路	33750.00	13140.00	38.93	15410.00	45.66	5200.00	15.41	25410.00	75.29	10940.00	40.69	10470.00	41.20	4600.00	18.11	8340.00	24.71	2800.00	33.56	4940.00	59.23	600.00	7.21
圆蒙	98186.00	50575.00	51.51	33796.00	34.22	13815.00	14.07	45225.00	46.07	16015.00	35.5	22550.00	49.9	6660.00	14.6	52961.00	53.93	34560.00	65.3	11246.00	21.2	7155.00	13.5
保安路	91932.00	21964.00	23.89	66651.00	72.50	3317.00	3.61	68090.00	74.06	18434.00	27.07	49656.00	72.93	—	—	23842.00	25.94	3530.00	14.81	16995.00	71.28	3317.00	13.91
北京西路	218777.00	131225.00	59.98	4196.00	19.18	45596.00	20.84	168365.00	76.96	104159.00	61.86	4196.00	24.92	22250.00	13.22	50412.00	23.04	27066.00	53.69	—	—	23346.00	46.31
合计	807132.33	500271.63	61.98	216492.70	26.82	90568.00	11.20	473327.33	58.64	280155.63	59.19	159661.70	33.73	33510.00	7.08	333805.00	41.36	220116.00	65.94	56631.00	17.03	56658.00	17.03

注一:因许多生产组织组织刚建立,财产登记工作未来得及做,故上表金额是根据各街道里弄生产组织所得,生产设备和工具估算出来的,因数字不够精确,但基本可靠。

注二:七个街道生产组织中,街道工厂及生产组共92个,其中没有设备的8个,里弄生产组及工厂共569个,其中没有设备的336个。

具无偿地交给街道工业使用。这种情况,乍一看来,好象〈像〉是一种"送"的形式。但是,我们知道,凡属财产账上登记的设备工具,国营企业本身是无权送人的。因此,它实质上是一种借用或调拨的性质,属全民所有。

由此可见,凡属来自国营部门的设备工具,不论其具体情况怎样,都属全民所有。

来自自购的设备工具,在整个设备工具中,占有相当重要的地位。这部分设备工具的所有制性质怎样,需要根据购买这些设备工具的资金来源而定。这是一个比较复杂的问题,我们准备在以后考察到公社的收入支配情况时,就积累问题一并加以研究。

来自里弄居民的设备工具也有三种情况:1. 借用,2. 无偿支援,3. 自带自足(用)。根据调查,借给公社使用的价值较大的设备,其种类很少,只有缝纫机等几种,以缝纫机为最普遍。其情况是:凡持有缝纫机的里弄居民,根据自愿原则,把缝纫机交给公社使用,由公社负担全部的修理费,并支付折旧费给本人。各个街道支付的折旧费每月每台 1 元至 2 元不等。原持有人在需要时可收回自用,所以,它是一种借用性质。缝纫机仍属里弄居民个人所有,并不因此参加公社收入的分配,所以不能把它看作是一种投资性质,不能从一般意义上的生产资料私有制性质来理解。除此之外,原持有人过去多半依靠缝纫机搞些副业收入,在参加公社后,已安排了工作,不再需要继续持有。因此,除个别特殊情况外,里弄居民把缝纫机借给公社使用后,不再取回。所以,目前以支付折旧费为条件的借用办法,实质上是折价收买、分期付款的一种变相的处理办法。目前,尚未对缝纫机进行作价,待作价后,即可规定一次或多次付清贷款的办法。付清后,缝纫机归公社所有。这部分来自居民的设备工具,经折价收买后,将增加公社自费部分的比重,其所有制性质怎样,也要就积累问题一并研究。

里弄居民无偿支援给公社的,都是一些价值很小、搁置不用的东西,如旧缸、砖头等等。因其价值很小,不影响确定公社所有制的性质,可撇开不计。至于居民自带自用的,都是一些极其简单的工具,如绒线针、小凳子、剪刀等等。虽然它们属居民个人所有,但是,他们携带这些东西是为了便于劳动,并不以此而参与公社收入的分配。因此,这些东西的价值极小,不影响公社所有制性质的确定,也可撇开不计。

综上所述,七个街道工业的设备工具,主要部分来自国营部门,占61.98%,有相当重要的一部分来自自购,占26.82%,个别来自里弄居民的占11.20%。因此,从总的情况来说,街道工业的设备工具基本上属全民所有,这是毫无疑问的。这一点对于确定公社所有制性质,具有决定性的意义。

应当指出,若干里弄生产组迄今为止只使用极其简单的工具,它们的价值很小,同作为劳动对象的原料比较起来,在生产资料价值中,占着极不重要的地位。如绒线绣花组的工具是绣花针、台子和凳子,它们的价值同绒线比较起来,是微不足道的。

因此,如果仅就这些生产组的所有制性质来加以研究的话,就应该侧重从劳动对象归谁所有等方面去进行考察。

二、生产用房归谁所有

房屋是生产工具的一种。街道工业进行生产,缺少不了生产用房。因此,在研究公社所有制性质的问题时,也需要对它的所有权进行考察。

根据调查,街道工业的生产用房,按照所有权的不同,可分为下列几种类型:①公共房屋,②自建房屋,③私人房屋。各种类型的比重如下:(见表二)

从表二看出除保安路以外街道工业的生产用房绝大多数是公共房屋,少数是自建,个别为私人房屋。解决生产用房(包括场地),对建立和发展街道里弄工业,关系极大。它们的用房,基本上都是通过房地产管理局和有关国营工厂调拨的。公共房屋属全民所有,私人房屋属个人所有。至于自建房屋的所有制性质,须视修建的资金来源而定。但不管怎样,就街道工业生产用房的情况来说,属全民所有,这是毫无疑问的。

三、原料来源和归谁所有

原料是街道工业进行生产所不可缺少的劳动对象,它是生产资料的重要

表二　生产用房中各种类型的比重统计表

全额单位:元

街道	全街道区的生产单位							街道管理的生产单位								里弄管理的生产单位							
	总计	公共房屋		自建房屋		私人房屋		合计		公共房屋		自建房屋		私人房屋		合计		公共房屋		自建房屋		私人房屋	
	间数	间数	比重	间数	比重	间数	比重	间数	占全街道比重	间数	比重	间数	比重	间数	比重	间数	占全街道比重	间数	比重	间数	比重	间数	比重
长白新村	51	38	74.51	13	25.49	—	—	29	56.86	19	65.51	10	34.49	—	—	22	43.12	19	86.36	3	13.64	—	—
普陀路	119	108	90.75	11	9.25	—	—	9	7.56	8	88.89	1	11.11	—	—	110	92.44	100	90.91	10	9.09	—	—
寛皂渡路	169	140	82.84	11	6.51	18	10.65	38	22.49	35	92.11	3	7.89	—	—	131	77.51	105	80.15	8	6.11	18	13.74
开封路	160	154	96.25	4	2.50	2	1.25	59	36.87	58	98.31	1	1.69	—	—	101	63.13	96	95.14	3	2.97	2	1.98
丽蒙	192	138	71.88	15	7.81	39	20.31	70	36.45	37	52.85	9	12.87	24	34.28	122	63.55	101	82.79	6	4.91	15	12.30
保安路	215	72	33.49	136	63.25	7	3.26	96	44.65	17	17.71	79	82.29	—	—	119	55.35	55	46.22	57	47.90	7	5.88
北京西路	379	343	90.50	25	6.60	11	2.90	133	52.45	103	83.74	20	16.20	—	—	256	47.55	240	93.75	5	1.95	11	4.30
合计	1285	993	77.28	215	16.73	77	5.99	424	33.00	277	63.33	123	29.01	24	5.66	861	67.00	716	83.16	92	10.63	53	6.16

注一:七个街道地段生产组织中有 202 个工厂及生产组没有生产用房。

组成部分。在研究公社所有制性质的问题时,应该对它的来源和归谁所有,进行考察。对于上面讲过的某些只有极其简单的生产工具的生产组来说,这方面的考察尤其重要。根据调查,街道工业的原料来源可分为下列几种类型:(一)委托加工单位的原料,(二)自购的原料,(三)自找的废品废料(指不付任何代价而取得的废品废料),各种类型比重如下:

从表三看出,除普陀路地区的街道生产组织和北京西路的里弄生产组织以外,街道工业的原料,主要来自委托加工单位来料,部分来自自购的原料和自找的废品废料。委托加工单位的来料,系委托加工单位所有,即全民所有。自购的原料中,很大一部分由有关国营部门暂垫原料资金,在交付产品,结算贷款时扣还。如表三中,普陀路街道管理的生产单位中,自购原料的只有一个单位(胶木厂)。每月用料(胶木粉)约一万元。全部先由国营部门垫付,在结算贷款时扣还。所以,它同来料加工的情况很接近。这部分原料价值也属全民所有。如果把它同委托加工单位的来料合并计算,则所占比重更大。以普陀路街道管理的生产单位为例,则达100%。

由此可见,从原料来看,基本上属全民所有,这也是毫无疑问的。

四、产品的所有权和支配权

产品归谁所有和归谁支配,是反映生产单位所有制性质的一个重要方面。同时,根据表四的统计,自找废品废料从事生产活动的人占总数的14%。这些单位所得原料,是不支付任何代价的,因此,很难以原料价值归谁所有对其所有制性质进行研究考察,对这些单位来说,更有必要对其产品所有权和支配权,加以调查分析。

根据调查,街道工业的产品,按其支配权情况的不同,可分为下列几种类型:(一)委托加工单位收回,(二)自产包销,(三)自产自销。各种类型的比重如下:

从表四看出,除普陀路地区的街道生产组织以外,街道工业产品的绝大部分由委托加工单位收回,一部分为自产包销、个别为自产自销。由委托加工单位收回的产品,很显然属于全民所有。根据调查,街道工业中有□□%的工厂

表三　原料来源中各种类型比重统计表

全额单位：元

街道	总计	全街道地区的生产单位						街道管理的生产单位								里辛管理的生产单位							
		委托加工单位原料		自购原料		自找废品原料		合计		委托加工单位料		自购原料		自找废品加工		合计		委托加工单位料		自购原料		自找废品废料	
		加工费金额	比重	加工费金额	比重	加工费金额	比重	加工费金额	占全街道比重	加工费金额	比重	加工费金额	比重	加工费金额	比重	加工费金额	占全街道比重	加工费金额	比重	加工费金额	比重	加工费金额	比重
长白路都	64266.69	64266.69	100.00	—	—	—	—	32228.71	50.13	32228.71	100.00	—	—	—	—	32057.98	49.87	32057.98	100.00	—	—	—	—
普陀路	107139	51880	48.42	49079	45.81	6180	5.77	51332	47.91	2255	4.39	49079	95.61	—	—	55807	52.09	49627	88.93	—	—	6180	11.07
桃浦路	176480	114861	65.08	18281	10.36	43338	24.56	82176	46.56	45734	56.00	12903	16	23539	28.00	94304	53.44	69127	73.30	5378	5.70	19799	21.00
开封路	44591	38219	85.71	—	—	6372	14.29	29161	65.37	25597	87.80	—	—	3554	12.20	15440	34.63	12622	81.70	—	—	2818	18.30
丽蒙	201794	152787	75.71	33931	16.81	15076	7.48	101887	50.49	54616	53.60	33931	33.10	13350	13.30	99897	49.50	98171	88.40	—	—	1726	11.60
保安路	226230	171516	75.81	16414	7.26	38300	16.93	152478	67.40	97764	64.13	16414	10.76	38300	25.12	73752	32.60	73752	100.00	—	—	—	—
北京西路	235524	188217	79.91	41616	17.67	5691	2.42	153713	65.26	147676	96.07	346	0.23	5691	3.70	81811	34.74	40541	49.55	41270	50.46	—	—
合计	1056045	781767	74.03	159321	15.09	114957	10.88	602976	57.10	405869	67.31	112673	18.69	84434	14.00	453069	42.90	375898	82.97	46648	10.30	30523	6.74

注一：普陀路自购的原料，是由国营部门先行垫款，再在结算贷款时扣款。

注二：七个街道地段中，街道管理的从事产品加工制造、无需用原料的工厂及生产组有90个；

不从事产品加工制造、需用原料的工厂及生产组有2个；

里辛管理的从事产品加工制造、需用原料的工厂及生产组有440个；

不从事产品加工制造、无需用原料的工厂及生产组有122个。

和生产组,通过加工方式为国营大工业服务。它们的原料由国营大工业供应,产品由国营大工业收回。从而它们实际上起着国营大工业的辅助加工车间(或工段)的作用。国营大工业的生产计划也就是它们的生产计划。并且产品本身就反映了国家工业计划的一部分。

自产包销的产品有不少是国家的统配物资,必须由国家统一收购和统一分配,有些产品虽然不是国家统配物资,但经过包销纳入国家的市场计划,从而其生产也就间接纳入国家计划。

自产自销一般是在生产还不够正常或生产已属正常,但管理措施还没有及时跟上去的情况下才出现。随着生产的发展,都将逐步改为包销。例如,梵皇渡路地段化工厂用的是附近厂的废料,其产品曾自销给绍兴农村人民公社,现已改归化工原料站包销。

由此可见,从产品的所有权或支配权来看,街道工业也是与国营工业类同的。

五、收入分配的情况

企业的一切生产活动,最后都将在企业的收入中得到反映,而且由于企业所有制性质的不同,收入分配的情况也就得到不同的反映。因此,考察收入分配情况,是研究所有制性质的一个重要的方面。这一点对于公社所有制的性质要作比较全面的考察,是不能忽视的。这是因为街道工业的收入主要是以通过加工费的形式来实现的,又因为街道工业中的若干生产单位,从事辅助性之类的劳动,既无复杂的工具,又无原料和产品可言,对于研究这些单位的所有制性质来说,也就需要侧重从它们的收入分配情况来加以考察。

根据前面分析,不论生产工具、厂房设备或者产品等等,都基本上是属于全民所有制的性质。但由于街道工业建立不久,本身所具有的生产力水平不高,劳动生产率较低,因而总的来说一般收入是不多的。适应这一情况,为了更好地调动群众的生产积极性,就在收入分配方面,一方面既反映了全民所有制工资制度的特征。例如规定各个街道里弄的工资水平不得超过每人每月25元,各个街道和里弄对于自己积累的使用和支配,也必须经过上级的批准。

表四　产品支配中各类型比重统计表

全额单位：元

街道	全街道地区的生产单位										街道管理的生产单位									里弄管理的生产单位							
	总计	委托加工单位原料 加工费金额	比重	自购原料 加工费金额	比重	自找废品原料 加工费金额	比重	合计 加工费金额	占全街道比重		合计 加工费金额	占全街道比重	委托加工单位本料 加工费金额	比重	自购原料 加工费金额	比重	自找废品加工 加工费金额	比重		合计 加工费金额	占全街道比重	委托加工单位本料 加工费金额	比重	自购原料 加工费金额	比重	自找废品废料 加工费金额	比重
长白新邨	64286.69	64286.69	100	-	-	-	-	32228.71	-		32228.71	-	32228.71	100	-	-	-	-		32057.98	52.09	32057.98	100	-	-	-	-
曹阳路	107139	51880	48.42	53459	49.90	1800	1.69	51332	47.91		51332	47.91	2253	4.39	49079	95.61	-	-		55807	52.09	49627	88.93	4380	8.83	1800	2.24
真如镇路	176480	114861	65.08	41294	23.40	20025	11.52	82176	46.56		82176	46.56	45734	56.00	30588	37.00	5854	7		94304	53.44	69127	73.30	10706	11.35	14471	15.35
开封路	44591	38219	85.71	-	-	6372	14.29	29151	65.37		29151	65.37	25597	87.8	-	-	3554	12.2		15440	34.63	12622	81.70	-	-	2818	18.30
丽蒙	201794	152787	75.71	21590	10.70	27427	13.59	101897	50.5		101897	50.5	54616	53.6	21100	20.70	26181	25.70		99897	49.50	98171	88.40	490	0.50	1236	11.10
保安路	226250	171516	75.81	-	-	54714	24.19	152478	67.4		152478	67.4	97764	64.12	-	-	54714	35.88		73752	32.60	73752	100.00	-	-	-	-
北京西路	235524	188217	79.91	23411	9.94	23896	10.15	153713	65.26		153713	65.26	147676	96.07	5691	3.70	346	0.23		81811	34.74	40541	49.55	17720	21.66	23550	28.79
合计	1056044.69	781766.69	74.03	139754	13.23	134524	12.74	602975.71	57.10		602975.71	57.10	405868.71	67.31	106458	17.66	90649	15.03		453068.98	42.90	375897.98	82.97	33296	7.35	4875	9.68

注一：七个街道地段中，街道管理的工厂及小组从事产品加工制造的有 68 个组及工厂；

不从事产品加工制造的有 24 个组及工厂；

里弄管理的工厂及小组从事产品加工制造的有 378 个组及工厂；

不从事产品加工制造的有 191 个组及工厂。

这些,都是从全民的利益出发的,也是符合于整个社会消费基金的绝对量必须同消费品生产的绝对量相适应的要求的。另一方面又较多反映了集体所有制形式的特征,例如各个街道一般都是单独核算、自负盈亏,收入归自己支配,自己进行分配和积累;而在一个街道内的各个里弄,也基本上采取单独核算、自负盈亏的做法。随着生产的发展、劳动生产率的提高,收入的增加,以及制度的健全等等,这种集体所有制分配形式已在发生迅速而显著的变化,例如街道里弄组织目前较普遍地推行带有固定工资特点的评级工资制,各个街道里弄工资水平基本上都在每人每月18—25元的幅度内,从而使工资水平大体趋于平衡,并使工资所得和总收入逐步游离;里弄日益较多地向街道上缴积累,而街道可以在所辖各个里弄间,进行适当的统一调剂,以盈补亏等等。这一切,很明显地说明它们在向采取全民所有制的分配形式发展。

为了对公社的分配情况进行具体考察,下面分别从工资和积累两个部分入手。

（一）工资

工资问题是一个极为复杂的问题。这里,我们需要弄清楚的是同所有制性质密切有关的几个问题,这就是:一是工资水平的高低同收入的多少是否游离? 二是各里弄之间、各街道之间的工资水平是否大体趋于平衡? 三是街道工业的工资水平同国营企业的工资水平是否平衡? 由于这些情况同工资形式密切有关,因此,我们首先考察工资形式,然后进行分析研究。

根据调查,各街道地段存在着下列几种基本的工资形式:

1. 小组内平均工资。生产组的收入在扣除里弄提取的积累以后,其余部分,该组组员平均分配。个人收入同小组收入还没有游离。这种工资形式一般在小组生产尚未正常、收入较低,以及各个组员劳动生产率相差不太显著的情况下采用。

2. 小组内计件工资。生产组的收入在扣除里弄提取的积累以后,其余部分在组内按各个组员工作的件数进行分配。个人收入同小组收入还没有游离,这种工资形式一般在小组收入较低并且尚未稳定的情况下采用。

---

3. 临时固定工资。临时规定每人每天（每工）得工资多少。一般在下列情况下采用。里弄居民被派到国营工厂（或建筑工地）从事临时性的劳动。工厂（或工地）所支付的按人工计算的劳动报酬，在提取一定的积累以后，其余部分作为工资，发给其本人。

4. 死级活评工资。以里弄为统一核算单位。根据各成员的劳动态度，劳动的质量分别评别级别、工分。里弄的总收入在扣除必要的生产费用和提取一定的公积金以后，其余部分经折算出工资分值后，全部作为工资。在各个居民之间按照评定的级别和应得的工资分分数，进行分配，个人收入同里弄收入还没有游离。

5. 评级工资。评级的原则和死级活评工资的原则相同，但每一级应得多少工资分，以及每一工资分的分值多少，则由街道统一规定掌握。街道在规定每一工资分值时，不仅考虑到收入水平，而且还考虑其他的因素。工资分值比较稳定，如梵皇渡路地段今年（1960年）3—6月，每月收入逐月增加，而工资分值没有变动过。在这种工资形式下，个人收入已经从总收入游离出来，它同国营企业的工资形式已相类似。

6. 暂借工资。新参加社会劳动的里弄居民，规定有一定的实习期，在这期内支取暂借工资。

上述各种工资形式中，除暂借工资外，在城市人民公社筹建的初期，以第一、二种工资形式居多数，而在近几个月来，则以领取评级工资的人员居多数。仅以1960年5月普陀路街道各里弄为例（不包括领取暂借工资人数），见表五。

表五

小组内平均工资（元）	115 人	14.36
小组内计件工资（元）	145 人	18.10
临时固定工资（元）	177 人	22.10
评级工资（元）	364 人	45.44
总　　计	801 人	100.00

普陀路地段准备从今年7月起，全体人员不论过去是否评过级，重新统一

评级,每一级应得多少工资分,以及每一工资分值的大小,都由街道统一掌握。这样,工资标准将在街道范围内趋于统一。根据调查,其他街道也正在向全面的评级工资制逐步过渡。

由此可见,随着全体人员领取评级工资制的逐步实现,将逐步采取比较固定的工资制度,工资水平将同收入多少日益游离,工资制度所反映的集体所有制的特点将逐步消失,而反映全民所有制的工资制度的特点,则愈益彰明。街道工业的工资水平同国营工业一样,不以收入的多少而随时转移。这是在研究公社所有制性质时,应该把握住的工资制度的根本特征。

根据调查,目前各里弄之间的工资水平还存在一定的差别。仅以长白新邨街道各里弄为例,见表六。

1960 年 6 月份工资水平(生产组人员平均工资)情况如下:

表六

一居为	19.90 元	五居为	22.50 元
二居为	(无生产组)	六居为	12.90 元
三居为	21.20 元	七居为	23.00 元
四居为	22.00 元	八居为	26.00 元

街道工厂工人平均为 24.50 元。

全街道生产人员平均为 23.50 元。

形成差别的原因是这样的。目前,街道工业的劳动生产率还比较低,从而收入也还比较低。这就决定了在街道范围内还存在着多种的工资形式。大多数的生产单位和人员由于生产水平和收入水平的提高已经过渡到采取统一的评级工资制。但同时还有少数的生产单位(组)和人员,由于生产水平和收入水平还比较低,从而不得不在一定时期内继续采取小组内平均工资、小组内计件工资等工资形式。这样就引起了里弄之间工资水平的不平衡性。它在一定程度上反映了集体所有制工资制度的特征。但是,我们应该看到多数人员已经采取评级工资,因而只看到里弄之间工资水平的不平衡性,是不恰当的。

随着劳动生产率和收入水平的提高,就有必要和可能过渡到实行全面的评级工资制,从而在街道范围内实现工资标准的统一。其所以必要,是由于收入水平在不断提高,如果不及时过渡到全面的评级工资制,不仅将引起整个社会消费基金的绝对量同消费品生产的绝对量之间的脱节,而且,里弄之间工资水平的不平衡性会不断趋向扩大,从而会引起高低悬殊的现象,这是不利于生产发展和不利于增进人民内部的团结的。其所以可能,是由于随着收入的增加,积累也迅速地增加,这样就有可能在街道范围内,统一调剂收入,实现工资制度的统一。例如,普陀路地段在各种条件成熟以后,就准备从今年7月份起,实行全面的评级工资制,实现街道范围内工资制度的统一。

全民所有制所要求的工资制度的统一,在目前在于工资级别和工资分值的统一,以便过渡到采取固定工资的形式,它并不要求里弄之间工资水平的绝对平衡。大家知道,各个生产单位由于其生产活动要求的劳动强度和技术水平的不同,按照按劳分配的原则,平均工资水平也就存在一定的差别。正如在全民所有制经济中,虽然工资制度是统一的,但各个部门之间、各工种之间的平均工资水平还是不一致的。因此,不能笼统地把平均工资水平的不一致,看成是集体所有制工资制度的反映,而即使在工资制度统一以后,各个里弄之间的平均工资水平还是有一定的差别的,要求绝对的平衡,是不切实际的。

根据调查,目前各个街道之间的平均工资水平还存在一定的差别。见表七。

表七　各街道地段生产人员平均工资比较表(1960年6月)

长白新邨	23.50元
普 陀 路	19.97元
梵皇渡路	23.65元
开 封 路	12.70元
丽　　蒙	22.00元
保 安 路	21.90元
北京西路	—

这种差别也是由于目前街道工业劳动生产率和收入水平还比较低所决定的。它也在一定程度上反映了集体所有制分配形式的特征。但是除开封路

外,这种差别并不很大。随着劳动生产率和收入水平进一步的迅速提高,积累在收入中所占的比重最大,将有可能对各个街道的收入分配进行一定的调剂,从而使各个街道之间的平均工资水平趋向于平衡。

根据调查了解,市委的意图是:随着生产和收入水平的增长,各个街道在平均工资水平达到 25 元以后,将从收入中较多地提取积累,这也就是说,各个街道的平均工资水平都达 25 元以后,它们就基本上趋向于平衡。当然,由于工业布局和各地区街道工业办的迟早的关系,也不能要求它们达到绝对的平衡。

因此,当前工资水平在各里弄之间、各街道之间存在一定的差别,也只是在分配形式上反映了集体经济的特点。随着生产的发展,劳动生产率的提高,以及比较固定的评级工资制的推广,它们之间的差别正在迅速缩小,而日益趋于平衡,这就表明着与全民所有制相适应的工资形式在发展和增长着。

根据调查,街道工业的工资水平低于国营工业的工资水平,这是由于街道工业的劳动生产率比较低所决定的。街道工业创办以来为时还不久,里弄居民参加社会生产时间久的还不到二年,短的还只有数月,她们所掌握的技术水平,有着很大进步,但总的来看,还只有相当于学徒工和低熟练程度工人的水平,以她们所得的工资水平同学徒工和低熟练程度工人比较,是大体相适应的。由此可见,不同于街道与国营之间工资水平还不一样,据以论断说,这是集体经济和全民所有制经济区别的一种反映。

综上所述,就街道工业的工资来看,正在逐步形成一种适应新的经济要求的工资制度,它同国营经济的工资制度虽然存在着差别,但正在日益明显地反映着全民所有制经济的特点,这是根本的一方面。另一方面,街道工业的工资同时还在一定程度上反映集体经济的特点,主要表现在:由于劳动生产率低,工资水平的高低同收入的多少还没有游离,因而在街道之间、里弄之间的工资水平还存在一定的差别。但是,这是次要的一面,它又是公社是全民所有制性质还不够成熟的某些表现。

（二）积累

弄清积累的性质,是考察街道工业所有制性质的一个极为重要的方面,这是因为随着街道工业的大量兴办和迅速扩大,各个街道地段已经有了一定的积累,并或多或少用来添置生产设备,扩大再生产。

根据表八中分析,在各个街道地段中,因丽蒙地区的积累数字为最大,从而用来购置的再生产设备和工具的资金也最多。而在丽蒙地区中,又以蒙三里委的积累数字为最大。从 1958 年 7 月至 1959 年底,丽蒙地区八个里委会的积累总和为 27 万元,其中蒙三里委会为 7.8 万元,占积累总和的 28.5%,八个里委会上缴给街道的积累为 11 万多元。其中蒙三为 4 万元,占上缴总数的三分之一强。为了弄清积累的性质,有必要进一步对蒙三里委会的积累情况进行调查分析(见表八)。

表八　蒙三里委积累情况表　　　　单位:元

生产组	1958 年积累	1959 年积累	合　计	%
纸盒组	9566	35000	44566	57.23
五金组	1170	27134	28304	36.34
绣花组	337	2737	3074	3.94
硬杉组	0	1934	1934	2.49
共　计	11073	66805	77878	100.00

从表八看出,蒙三里委的积累主要来自纸盒组和五金组,这两个组占蒙三里委全部积累的 93.57%。根据调查,纸盒组成立于 1958 年 7 月,里弄妇女发挥了冲天干劲,决心白手起家,苦战三月,不拿工资。但由于手工操作限制了劳动生产率的提高,加上操作还不熟练,三个月的积累并不太多,总共为 3584元,用积累购置了三架开刀。同年 11 月,同记纸盒厂支援了六架开刀和一架划线车,大大提高了劳动效率和生产能力。加工费收入(空)从十月份的3109.21 元迅速上升到 12 月份的 7729.19 元,提高了 149%,五金组成立于1958 年 8 月,一开始便由永源等厂支援冲床 19 台,再由小业主带来 7 台(尚未处理),投入生产。可见,这两个组的设备主要来自国营支援。纸盒组虽然还有里弄居民用白手起家的积累购置少量的设备,带有集体所有制的成分,但从全部设备看,基本上属于全民所有制性质。因而,其积累也应该基本上属于全民所有制性质。这是因为一定的劳动力只有在同一定的生产资料相适应的

条件下，才能从事物质资料的生产，创造价值。而决４定价值归谁所有的，不是别的东西，而是生产资料所有制的性质。

根据调查，长白新村、开封路等街道地段积累的形成，同丽蒙地区类似，也就是说，这些地区的积累也基本上属于全民所有制性质。

但，考虑到国营企业不是用本企业的积累来从事基本建设，扩大再生产的，它的积累上缴给国家预算，需要基本建设的，经过批准，由国家预算拨款。而集体经济则是依靠本身的积累来从事基本建设，扩大再生产的。这是两种社会主义所有制的重大区别之一。

根据调查，各街道地段或多或少用其本身的资金积累，添置一些生产设备和工具，用作扩大再生产。并且，迄目前为止，还没有把积累上缴给国家预算。这似乎与国营企业不同，而与集体经济相类似。但是，我们应该针对具体情况进行具体分析，街道工业的基本任务是通过加工为国营大工业服务。在发挥居民自力更生积极性的条件下，国营大工业也必须大力扶持里弄居民，通过下放、调拨、借用等方式，把必要的和可能的生产设备供应给街道工业。事实上，街道工业要依靠本身的积累一开始就添置成套的生产设备，也是办不到的。当必要的生产资金发生困难时，国家还根据街道的需要进行拨款。根据调查，保安路街道接受拨款达８万元，北京西路和梵皇渡路两个街道分别接受拨款６万５千元和３万元。这些拨款都是供添置设备扩大再生产用的。显然，这种拨款方式完全反映了全民所有制性质，而丽蒙等地区由于国营工业的大力支持，积累较多，直接用积累来添置一些设备工具，我们不妨把它当作国家拨款的变形来看。既然街道所必需的基本建设资金，可以通过国家拨款来解决，而毋需〈无须〉依靠本身的积累，那末〈么〉，街道工业的积累在提取相当的一部分作集体生活福利基金以后，其余部分理应上缴国家。但是，迄目前为止，街道工业的积累还没有实行上缴。我们认为：这是因为街道工业的生产水平还比较低，收入水平还不够高，在支付工资后，积累还不多。在目前积累中，还有相当大的一部分用于集体生活福利。因此，实际能够上缴的款项还很少。但是，可以相信，随着生产水平的提高和积累的增多，街道积累中的一定部分上缴给国家预算，乃是发展的必然趋势。这样做，便于从全民利益出发，发展工业建设，也便于工业的合理布局。这不仅对国家有利，而且对街道工业的发展来说,也是有利的。

由此可见,各街道用其一部分积累,从事基本建设,扩大再生产,同时,还没有实行上缴国家预算,这种情况反映了当前条件还没有成熟,因而在积累的处理上不得不采取类似集体经济的形式。根据调查,这样街道利用其本身的积累来扩大再生产,并不是全民所有制要求的发展方向。

六、城市人民公社基本上是全民所有制性质

从上面情况来看,构成公社所有制的因素确很复杂,就生产资料中的生产设备或工具来讲,既有国家拨款支援的,也有用公社自己积累的资金购置的,甚至还有向私人借用的;就产品来讲,有国营工厂来料加工,成品归加工单位所有,也有自产包销或自产自销,产品归公社所有;就收入分配方面来讲,工资大多都采取评级工资的形式。工资水平的高低同收入的多少已经相游离。但又有工资水平的高低随着收入多少而转移的多种工资形式,在积累的处理上,有的里弄已经把自己的积累上缴给街道,有的还没有。街道的积累尚未缴给国家,但有的区却对公社下拨了资金,等等。但就总的情况看来,可以肯定,这些公社的性质基本上还是全民所有制的,归结起来有如下几点:

首先,决定所有制性质的最主要东西是生产资料,在街道生产组织中,大部分是国家调拨支援的,特别是其中主要的生产设备、生产工具和厂房等都是属于全民所有。在里弄生产组织中,大部分没有设备或工具,部分生产小组还有不少是用积累购置的,也有是居民借用或无偿支援,但都比较简陋,价值一般较小,不足以影响整个公社所有制的性质,特别要指出用积累购置的或向居民借用的生产资料,并不以此参加收入分配,也不占有或支配什么产品。在生产资料当中,除了生产设备和生产工具外,还有作为劳动对象的原材料,大部分也都是国家的、自购的一般较少,这在里弄生产组织中,同简陋而低值的生产设备和工具比较起来,便占着生产资料的绝大比重,因而就使得里弄的全民所有制性质表现更为明显。

其次,产品的生产主要是承接国营工厂来料加工的,其产品为全民所有,

自产包销的产品公社不能自己支配,属于公社支配的自产自销部分不仅很少,而且也只是生产还不正常时的暂时现象。

第三,从上述情况的分析可以看出,公社的大部分生产组织实际近于国营工厂的一个附属车间或工段,因为生产资料和产品大部分都是国营工厂所有的,街道主要是提供劳动力,并因而取得应得的工资。

第四,从反映所有制性质的收入分配方面来看,目前工资虽然还采取评级工资的分配形式,工分值因里弄收入水平的不同还有高低,但工资并不是每月都根据生产收入的多少相应地变动,已经具有相应的稳定性,接近于国营工资的形式,同时各街道(里弄)每人每月平均工资水平,一般在18—25元之间,差距日益趋于缩小。目前公社工资水平一般地低于国营企业,这是由于里弄居民操作技术不太熟练,需要一段学习时间,因此这种工资水平也是同国营企业的学徒工的工资水平相适应的,不能笼统地把它看成集体所有制的反映,也不能笼统地把街道之间、里弄之间的工资水平的不一致看成是集体所有制的反映,因为国营企业的工资水平也存在着不一致的现象。因此,在考察工资制度究竟反映了什么样的所有制性质时,主要地应当看工资收入是否与企业收入相游离,只有当工资高低随时按照收入多少而转移时,才反映了集体所有制的特征。在积累方面,基本上属于全民所有的,因为不管街道或里弄的积累,大部分都是在生产资料全民所有制的基础上,同时是在为国营工厂加工生产过程中获得的,因此,用积累购买的生产资料,无论其所占的比重有多大,仍然是全民所有制的性质,只有一部分积累是居民白手起家的,但所占的比重却很小,并不能因此影响整个积累的性质。

但,从调查资料可以看出,城市公社是一种发展过程。因此作为基本上是全民所有制性质的公社组织虽然已经建立起来,但在若干方面却存在着还不完善的痕迹,这正是一种新生事物的特有现象。随着公社经济的逐步发展和巩固,无疑这种全民所有制的性质及其作用,将日益完善而又充分地显示出来。

七、这种所有制性质,是完全符合客观规律的

首先,它和上海整个社会生产力的发展要求相适应。一方面,上海是一个

大工业城市,自1956年以来生产上出现了连续大跃进的局面,各工厂生产任务都成倍地上翻。许多工业都在向高、精、尖方向发展,需要里弄组织劳动力负担一般产品的加工生产或辅助性劳动,这些公社和上海其他公社一样,就是适应这一要求,贯彻为国家工业服务的方针而建立起来的,由于城市人民公社组织里弄居民成为大工业的加工辅助力量和劳动预备组织,它的所有制形式也要求和大工业基本上一致起来,这样就能够更好地按照全民利益的要求,按照国家计划来调配劳动力,根据统筹兼顾,全面安排以及整个国家市场的产、供、销关系来安排生产。另一方面,上海这个大城市,在三大高潮以后,全民所有制经济已占绝大比重,公私合营企业里,资本家仅拿定息,它的所有制实质上是全民性质的,只有极少数个体劳动者和自由职业者尚待改造,在这种情况下就要求城市人民公社建立生产组织,应当尽可能地和城市中占有绝对优势地位的全民所有制一致起来,而公社发展生产贯彻为大工业服务,这就使得公社在刚开始筹建生产时,有可能得到大工业的无私帮助。因而也就使得公社经济一开始就是建立在全民所有制性质上的。

其次,里弄居民的经济条件和思想觉悟对这种所有制的形式,也有着重大影响,从以上调查可以看出,城市里弄居民(主要是广大家庭妇女)和农民有很大的不同。首先她们在参加集体生产以前,对生产资料是"一无所有"的,并且是从事社会生产劳动的消费者,自己没有固定的经济收入,生活来源主要靠其他家庭成员(丈夫或子女),在参加集体生产时,也没有什么投资,因而,虽然她们存在着浓厚的小市民习气,但,并不发生变私有制为公有制的问题,对生产资料的私有观念也是比较淡薄的,同时这些居民大部分是职工家属和其他劳动人民,据七个街道的调查他们占着全体居民的85%—95%。她们的思想觉悟程度一般还比较高,特别是经过了全民整风以后,她们的政治思想水平更为提高,在社会主义建设总路线的鼓舞下,很多人迫切要求从家务劳动中解放出来,为社会主义出力,为人民服务。在调查过程中,我们在普陀路街道地段召开了一次小型座谈会,她们自称参加社会生产劳动是为了支援社会主义建设。认为城市人民公社的工厂与生产组"象国营企业",因为里弄居民的生活来源,主要是由家庭成员负担的生活较安定,而自己参加里弄生产组织的收入是增加了生活补助,因此她们不象农民一样,生产收入的多少密切联系着农民一家的生活状况，又认为"象国营企业"也不能向国营工厂的生活福利看齐。因为工人为国家创造了很大财富，而自己支援社会主义建设，还没有很好出力，却伸手向国家要生活福利，无论如何说不过去。这一段话，比较恰当地反映了大多数里弄居民的精神面貌，她们既满意自己的工资水平，又高兴现在取得的社会地位，而对生产资料的私有观念却是比较淡薄的。因此，她们之中有不少人不计报酬，忘我地劳动着。有不少"早解放"（她们对1958年就参加社会生产劳动的妇女，叫作"早解放"）的骨干，在刚开始组织生产时提出"苦战三月不拿工资"，而在一个生产组织办起来以后，又根据需要去开辟新的生产门路。今年四、五月，为了进一步提高里弄生产小组的生产力，街道党委把若干生产小组提高到工厂规模，并由街道党委直接管理，虽然在部分干部中产生了舍不得的思想，但广大居民却是兴高采烈地购置新的设置工具，配备强劳动力，把生产小组装备起来，以发展到街道工厂为荣。这些情况也反映了多数里弄居民是对生产资料的私有观念比较淡薄。由此可见，在城市人民建立全民所有制性质的经济组织，既有其实际的经济基础，也有相应的思想基础。

一九六〇年七月二十五日

（江西）省委批转郭光洲同志在省委城市人民公社工作会议上的总结报告[*]

（一九六〇年八月十五日）

赣南区党委，各地、市、县委：

省委同意郭光洲同志在省委城市人民公社工作会议上的总结报告。从这个报告中，可以看出我省城市人民公社化运动前一阶段发展的概况，同时，提出了进一步做好城市人民公社工作的几个问题。现转发你们，望根据当地的具体情况贯彻执行。

中共江西省委

一九六〇年八月十五日

附：郭光洲同志在省委城市人民公社工作会议上的总结报告

（一九六〇年五月三十日）

首先向大家说明一下，因为时间来不及，这个总结省委没有讨论。省委意见是先总结，以后再发正式文件。如果有什么修改，按正式文件办理，现在可以根据总结精神先传达。中央也可能在最近下达关于城市人民公社方面的文件，总结当中如果与中央文件指示精神有出入，按中央指示执行。

---

* 原件现存于南昌市档案馆。

（江西）省委批转郭光洲同志在省委城市人民公社工作会议上的总结报告

我们这次会议开得很及时，很有必要。因为全省、省专属市绝大多数劳动人民已经组织起来了，城市人民公社基本上搭起了架子，下一步的任务是要巩固、建设，进行更深入细致的工作。这次会议汇报了情况，总结、交流了经验，对当前一些主要的问题作了研究，对下一步的工作做了部署，这对于运动的进一步深入发展，是很必要、很及时的。

根据各地汇报的情况来看，自省委五届九次全体会议和电话会议以后，我省城市公社化运动，发展很快，据七个市（不包括新余、萍乡）的初步统计，共建立了城市人民公社四十六个，其中：以厂矿企业为中心的十五个，以机关、学校为中心的七个，以街道居民为主体的二十四个；公社包括的人口总数达一百一十五万多人，占全部常住人口的百分之九十五，其中社员七十四万八千五百五十二人，占应入社总人数的百分之九十一。社办工业有了迅速的发展，公社举办的生产单位达到了一千四百四十五个，比三月以前增长三倍多，参加生产的人员达到三万八千多人，比三月以前增长百分之七十二，仅四月份一个月社办工业实际完成的总产值达到七百〇九万元，比第一季度每月平均增长百分之四十，三月份以前，有闲散劳动力九万八千多人，到目前为止，解放出来的闲散劳动力达六万八千多人，占全部闲散劳动力的百分之六十九点六（加上一九五八年至今年三月末总共达到十八万人，占全部闲散劳动力的百分之八十五点七五）；社办的集体福利事业也有了很大的发展，七个市共办了公共食堂一千四百六十二个，比三月份以前增长四倍以上，就餐人数达到二十一万五千多人，占街道公社人口的百分之四十五点二；社办的托儿所、幼儿园九百一十六个，比三月以前增长一点一倍，入托儿童达三万多人，占七岁以下儿童总数的百分之十八点五；社办服务站由三月份以前的一千一百四十六个增加到一千二百五十八个，敬老院由三月份以前的十三个增加到十五个。此外，公社举办的文化教育事业也有了相应的发展。以上情况说明，我省城市人民公社化运动，由于认真地贯彻了党的方针政策，贯彻了阶级路线和群众路线，运动的发展是迅速的、健康的，成绩也是巨大的。群众发动得比较快、比较广，也比较深入。从现在看，绝大部分经济上有需要的、政治上有觉悟的基本群众已经参加了公社，公社的架子大部分已搭起来了，建社工作已经基本上告一段落，运动开始进入到一个巩固和建设的阶段。以上就是前一阶段运动的概况。

现在,我就会议讨论的问题,根据领导小组研究的意见,谈以下几个问题。

(一) 进一步深入进行政治思想工作,进行宣传教育工作

从前一阶段情况看,各市都搞了一段轰轰烈烈的群众性的宣传教育工作。这样做很好,很有必要,但并不是说进行了这一段工作,就不需要再做深入艰苦的宣传教育工作了。前一阶段虽然做了宣传教育工作,但程度不一,有的深入一些,做到了家喻户晓,人人皆知,但有的地方还做得不够,没有达到应有的程度和要求,这一点从汇报中大体上可以看出来。政治挂帅,思想先行,这是任何运动、任何时候、任何工作都必须坚持的。城市人民公社化运动,是一个广泛、深刻的社会主义革命运动,它关系到每一个阶级、每一个阶层,甚至每一个人,也是每个阶级、每个阶层、每个人都很关心的事情。城市人民公社化运动,不仅要将分散的、个体的生产方式改变为大集体的生活方式、将散漫的生活方式改变成集体的生活方式,而且将改变旧的习惯势力,这种旧的习惯势力,不仅在资产阶级分子身上根深蒂固、在小生产者身上根深蒂固,就是在某些干部、共产党员身上也或多或少地存在着。由于旧社会的影响,在小家庭中,即使是在某些革命者的家庭中,这种旧的习惯势力也是有的。在小家庭圈子里,对家庭的看法、对夫妻的看法、对孩子的看法等等,往往还存在着旧的思想残余。公社化运动把妇女解放出来参加社会劳动,小家庭圈子要改变成为社会化的生活方式,是不是每个人都认识得那么清楚,没有一点抵触呢?旧的习惯势力是最顽固的,列宁说过,对旧的习惯势力的改造是个长期的任务,千百年来的旧习惯不是一下子能改变的,必须经过长期的教育和斗争。从运动进展的情况来看,当前在某些人的思想上,还存在着一些顾虑,甚至抵触。资产阶级分子表面上看要争取入社,实际上他们中的多数人对公社化是有顾虑的,他们大体有以下几种思想顾虑:一个是怕动他现存的私有财产,一个是怕劳动,一个是怕降低生活水平,有的怕政治地位受到影响。在小业主、小手工业者当中,绝大多数热烈拥护和积极参加人民公社,但也有少数人提出条件,如不参加公社开会、不改变他们的生产方式,他们只给公社交点管理费。这是什么问题?这实质上是对社会主义改造的抵触。在职工、职工家属中,绝大多数对公社认识是正确的,而且是热烈拥护和积极参加,但也有少数人认识模

糊,在入社问题上,有的职工家属选择到底到哪里入社好,街道好还是工厂好,有的不愿在街道而要到工厂去入社;在工人中也有个别的怕搞公社后降低工资、拉平收入、降低生活,并且随着运动的深入发展,在人们思想上还必然会引起新的反映,出现新的不同的问题。所有这些都说明,我们的政治思想工作必须进一步加强,宣传教育工作必须继续大搞特搞,必须坚持持久和深入地搞,做得更深入、更细致。

再一个是政策教育和宣传问题。据这次会议反映的材料看,有些思想认识问题是涉及政策性的问题。随着运动的深入发展,将还会出现一些带政策性的问题,当前主要是对现阶段人民公社的性质和分配政策的认识问题。现在有些企业、机关、学校的干部怕居民占便宜,居民干部中少数干部也有要求立即拉平的思想,要到机关食堂去,要机关拿出房子来、拿出东西来等(当然应该拿的还是要拿)。一方面怕占便宜,一方面想占便宜,这两种苗头在少数人中是有的。小块菜地应不应入社? 房子应不应当立即归社? 福利事业应不应立即拉平? 这些都是政策问题,不去正确解决和解释这些问题,就会影响运动深入健康的发展,何况我们有些地方前一阶段宣传教育工作还不是做得那么好,少数干部对运动还有抵触。比如有个别干部因为老婆积极参加公社而打老婆,还有个别干部因为人民公社在自己院内办托儿所表示讨厌,与公社干部吵闹,这说明在干部和共产党员中也还要进行思想工作。

根据以上这些情况,当前摆在我们面前的第一个任务,还是要进行深入细致的宣传工作和思想教育工作,只有各种思想认识问题解决了,群众觉悟提高了,运动才能深入、健康地发展下去。

宣传教育运动应当做什么? 怎么做法? 当前应抓哪些内容? 具体说:(1)应当宣传城市人民公社化的必然性和优越性,结合公社化取得伟大成就的事实,进一步向群众宣传城市人民公社的伟大前景,使广大群众鼓起更大的干劲,以更大的决心和信心来办好城市人民公社。(2)进行大办生产为中心的宣传教育,宣传社办企业、社办工业的方针政策,宣传白手起家、自力更生、以土为主、勤俭办社的思想,宣传"四为""三就"的方针,宣传社办工业像办其他事业一样,要政治挂帅,反对钞票挂帅,发扬穷干、苦干精神,宣传工厂要支持公社办工业、公社工业为大工业服务的精神,迅速掀起一个大办公社工业的高潮。(3)加强集体主义和共产主义风格的教育,宣传团结互助、以社为家的思想,结合大力发展、巩固生产和集体福利事业,宣传集体主义、社会主义大家庭的温暖和好处。(4)针对各种不同思想,宣传党在有关城市公社问题上的政策。现在,有些人有这样一种错觉:公社是要在生活上往下拉平,而不是上升。这是误解,发挥了公社的优越性、发展了生产,生活必然会随着相适应地改善和提高。人民公社现阶段是社会主义性质的,又有共产主义因素,我们要逐步地培养和发展共产主义因素,但这不是往下拉平而是往前发展,也不是绝对平均主义,绝对平均主义不仅现在不允许,而且将来也不允许。还要根据运动发展中的新问题,及时进行宣传教育和解释。此外,宣传工作还有对敌斗争的任务,对于敌人的造谣破坏,必须及时地揭露,给予打击,向群众进行教育。

宣传教育的方式方法应当是多种多样的。首先,在前一阶段没有搞过大规模的、广泛深入的宣传运动的地方,应动员所有的宣传工具和宣传力量,进行一次补课。其次,已经搞过了的,应继续搞下去,往深入细致的方向发展。同时,还应该针对当前出现的问题,出题目,组织群众进行广泛深入的讨论,组织鸣放辩论,进一步提高思想认识和解决思想问题。再次,组织参观、展览,对群众进行实际的教育,组织大家到那些办得好的公社和事业中去参观,真人真事现身说法,这是一个实际而有效的教育方法,应当广泛地加以运用。最后,特别提一下对干部的教育问题。这个问题很重要,每个干部、共产党员对人民公社化运动都应该有高度自觉,积极参加运动。这一点绝大多数干部是做到了,但也有少数干部还不是那么自觉,个别的有抵触,甚至对运动有阻碍。因此,要在干部中组织一次广泛的学习,提高干部的思想认识,应当认识这是一关。公社化运动对每个共产党员、每个干部都是一个考验。怎么经得起这个考验,怎么过好这一关,是一个现实问题。我们应当帮助干部提高认识,过好这一关,走在运动前头,而不要落在群众后头,更不能成为阻碍。

(二) 大办公社生产,大办公社工业

公社化运动是我国政治经济发展的必然产物,是大跃进的产物,是适应生产发展最好、最有效的形式。公社化的主要问题,是要组织起来大搞生产,高速度发展社会主义建设事业,并与之相适应地发展和办好集体福利事业。目前少数干部对生产与生活的关系问题，认识还不是很明确，处理得还不是很恰当。从汇报中可以看出，有的人热衷于抓生活，对生产抓得不那么紧。南昌市有个以工厂为中心的公社提出以发展集体生活福利事业为纲，带动其他事业发展，这个"以生活为纲"在群众中就碰了钉子。有一个职工家属说："孩子进托儿所，大人进食堂，我没有事干，变成神仙了。"这是以生活为纲的必然结果，这是一个方针问题、方向问题，必须有正确的认识和做法。公社必须以发展生产为中心，广泛深入地发动和组织群众大办生产，掀起一个大办生产的新高潮。公社办生产，必须从实际出发，根据公社现有条件和具体情况，充分发动群众进行讨论，需要搞什么，可能搞什么，有什么条件，有什么原材料，就搞什么生产。现在看来，凡是发动群众、土办法、穷办法办生产的，就搞得快、搞得好。反之，不走群众路线，光靠上面、光靠外援的，就办得慢、办得差。走群众路线，民主讨论，要不要集中呢？当然需要，既要有群众民主讨论，又要有统一的规划和安排，是否要等计委统一规划安排后再办呢？不能等，应该边办边调整，否则，就会迟滞不前了。总起来说，社办生产要从实际出发，走群众路线，把发动群众搞和统一规划安排结合起来，边办边调整。

发展公社生产，首先要抓副食品生产。不论是工厂、机关、学校和街道，都要尽可能地抽出一部分闲散劳动力，采取固定、定期轮换两种办法，在郊区建立自己的蔬菜基地、养猪场、养鸡场，逐步做到副食品自给。其次，必须发展社办工业。社办工业必须以土为主、以小为主、以自力更生为主，贯彻"四为""三就"的方针，如果谁对土的、小的看不上眼，那就干脆不要这种干部去搞公社工业。公社工业必须贯彻穷干苦干精神，必须政治挂帅，钞票挂帅是不行的。一九五八年成立的一些公社，这一方面的经验很好，开始一两个月没有工资也干起来了，而且干得很好，只要做好政治思想工作，政治挂帅，穷干苦干是办得到的。当然，不是提倡不拿钱，开始时没有基础就只有穷干苦干，有了一定收入就可以适当分配。开始每个人哪怕只有几块钱一个月也好。一九五八年以来，各市都有很好的经验，应该总结。街道工业一般都是穷干苦干搞起来的，如南昌市西湖人民公社靠社员家里拿出的白铁箱、饼干盒子做工具，办起了蚊香厂；百花洲人民公社七个街道妇女白手起家，办起了纺织厂；抚河人造棉纺织厂也是这样一个很好的例子：这个厂由十四个家庭妇女用十四把剪刀开始办厂,她们说:"天冷冷不了热心,地冻冻不了决心,大雪遮不住信心,寒风吹不动恒心,四心俱全加干劲,千艰万难一扫平",因而,从"膝盖当桌儿,石头当板凳,生产无炉灶,打灶又无砖,露天作厂房,月亮当电灯,一个污水池,杂草又丛生"的景况,在短短的一年多的时间内,生产人员发展到八百二十七人,厂房由一栋破烂不堪的会馆扩建为大小厂房十二栋,总面积四千平方米,生产从过去简单落后的手工操作,基本上实现了机械化、半机械化,产品由单一的利用废麻绳造棉,进而生产各种各样的帆布、花布、手套、托肩、护腿、工作服、旅行袋、地毯、人造棉、鞋板、窗帘、平绒等二十余种五光十色的产品。一方面要穷干苦干,另一方面也要提倡工厂、企业、机关、学校主动积极地支援公社办工业,不要借口自力更生而袖手旁观。南昌市委决定每个工厂支援公社办一个小厂,每个职工为人民公社办一件好事,这一条是很好的,也是做得到的,这样做,对国家、对公社、对社员都有好处。

公社工业不能和大工厂争原料,应当尽量利用大厂的边脚废料当原料,要做到既增产又节约、综合利用,综合利用就能增产节约。现在所有的工厂都有废料,做豆腐也有废料,豆腐水可以做酱油。只要我们深入发动群众找门路,废料很好利用起来是了不起的事情,一个厂就能变成几个厂,一种产品就能变成多种产品,既不要国家调拨或从市场购进原材料,又增加了产品,增加了社会财富,有人光伸手向国家要材料是不行的,在这里先打这个招呼。

公社工业应当有计划地培养技术力量,不断地提高技术水平和管理水平。现在一开始办工业就有意识地注意这个问题,将来发展就会更快更好。现在是用手工操作,但是必须看到发展方向,必须逐步提高,如何使大厂担负起帮助公社小厂培训技术力量这个任务,是一个很重要的问题。此外,还要有计划地举办一些技术训练班,培训一些技术力量,有计划地扶助,逐步提高,从技术到管理搞出一套来。

公社生产应该多种多样,除农业、工业外,应办些运输、建筑生产。有这样一个设想:现在城市运输紧张,汽油不够,能不能做到厂社挂钩,公社把工厂短途运输包下来,随叫随到,有什么搬什么,为大工厂服务,为生产服务,这样工厂很高兴,居民也很高兴。当然,短途运输将来也要逐步做到半机械化、机械化。建筑力量也是很紧张的,小修、小补、小建应该由人民公社自己来干,减轻建筑业的负担，这样城市的建筑力量就会大大加强。劳动力运用方面，应当尽量把职工家属、街道居民等闲散劳动力组织起来进行生产，即使有些妇女一下脱离不了家庭，又有点时间可以生产，也可以采取做半天或二、三个钟头的办法，这样就有更多的妇女可以参加生产，比浪费这几个钟头总要好得多。同时，生产也要按各人的身体条件和特长来分配，能搞运输的就搞运输，能织毛衣的就织毛衣，如果能做到这一点，许多妇女就会更高兴，解放的劳动力就会更多。

关于生产资料的处理问题。这次会上提出，一二头母猪、三几棵果树、一小块菜地，怎么处理？房子问题怎么处理？领导小组研究了一下，省委常委会也谈了一下。处理这个问题要从有利于社会主义建设事业发展的总前提出发，贯彻大集体、小自由精神。当前要看到蔬菜、肉食品比较紧张，也就是说副食品生产的发展还不快，考虑到这种情况，社员私人养一、两头猪应允许，一、两头母猪也可以放一、两年，以后再说，农村也是确定以公养为主、私养为辅。肉猪一、两头没有关系，母猪一、两头也让它，等母猪发展得多了再考虑进一步的处理办法。菜地如大片的，应当折价入社，一家人一、两分菜地可以让他们去种，个人开点荒地种了些蔬菜的也不要动他。但是要规定一条，干部种的菜不要拿到街上去卖，拿到食堂去最好。养几只鸡也没有什么坏处，三几棵果树也放下再说，大量的果树可以考虑作价入社。房子问题，公社租国家的房子，社员租公家的房子，要不要交租？房子还是要交租的。资本家自住的房子当前不要去动他的，即使他自己拿出来也要劝阻。资本家整栋的出租房子，可以实行分租改造，由房产局代租，逐个去拿过来，不要由公社直接去接。公社住国家的房子现在交不出租的可以记账，交点租也好，交点租就会爱惜房屋，避免浪费。九江提出有的出租一百多床被子，一个晚上可收二十多元租钱的，这些被子应当折价入社。而两、三床被子临时出租的可作别论。

关于积累和分配问题。这是比较复杂的问题，目前硬性规定还不适当。省委五届九次全体扩大会议关于城市人民公社几个问题的意见中提出的有关工资问题的意见，可参照执行。赣州提出来的六条也是可以参考的。总的来说，要从实际出发，开始要发扬穷干苦干精神，收入多的积累多些，分配多些，收入少的分配少些，积累少些。积累、分配多少不能规定统一的百分比。城市有些行业和工种一个月可以收入一、二百元,有的分配百分之七、八十也得不了多少,有的虽然只分配百分之四、五十,分配的钱也很多。因此,要看具体情况而定。公社工业的工资水平不能高于国营工厂的工资水平,应该低于国营,否则会把国营工厂工人挖走。工资形式一般尽量不采取计件,计件工资不是好的工资形式。

贯彻劳逸结合,注意劳动保护。公社刚组织起来,群众积极性很高,要注意爱护群众的这种积极性,不注意就不能持久,有的还会损伤群众的积极性。家庭妇女刚出来参加生产,技术知识还少,可能出事故,因此,要进行安全生产的教育,建立安全生产的制度,养成习惯,避免伤亡事故的发生。同时,要认真贯彻中央关于劳逸结合的指示精神,一定要保证有八个小时睡觉,吃饭休息四小时,这个时间不能少。

(三) 加强公社的组织建设

公社的架子已经搭起来了,因此,必须加强公社的组织建设。组织建设的中心问题是贯彻阶级路线,先组织贫农、下中农,使公社的领导权紧紧掌握在工人阶级和劳动人民手里。从各地反映的情况来看,目前公社和公社举办的生产和集体福利事业单位,干部和积极分子队伍大多数是好的,但少数公社和少数公社举办的事业单位中,也有干部和积极分子队伍不纯的情况。南昌市十七个公社的三千六百名干部和工作人员中,有二百九十三名不适合担任领导职务和要害部门工作,占百分之九点五,这就应引起我们极大的注意。因此,在建社开始,就必须注意明确和贯彻执行阶级路线,紧紧掌握公社及其所属生产和福利事业单位的领导权,强调干部、积极分子队伍的纯洁。这样大的运动,如果不注意组织建设,就会使敌人有机可乘,混到我们队伍中来进行破坏活动。大家知道,土改初期,地主、富农混进来搞假农会,民主改革初期也有类似的教训,事实证明现在也混了一些不纯分子进来。比如上饶市某公社就有十七个五类分子混进来担任了大队长、食堂经理、车间主任等。为了纯洁公社干部、积极分子队伍,让工人阶级和劳动人民确实掌握领导权,我们应当采取两方面措施:一方面应当从机关、企业、学校中调出一部分干部来,放到公社去作为骨干,同时要吸收运动中的积极分子:另一方面公社干部、积极分子队伍要对五类分子关门,就是说,不让五类分子当干部,也不让资产阶级分子及其家属当公社干部。

关于资产阶级入社问题。这个问题在中央批转上海市委和北京市委的报告中已有明确的指示。中央指出:有些资产阶级的上层代表人物表示愿意参加公社,但多是出于政治原因,并非内心所愿。鉴于这个问题影响较大,中央认为必须采取慎重态度。第一,除对一些小业主在自愿原则下可以吸收他们参加公社外,对于资产阶级、资产阶级知识分子和他们的家属,不要急于让他们入社。第二,不要动员他们拿出房屋、家具,即使是自己送来的,也应该予以劝阻。第三,也不要动员他们进食堂吃饭,有些高级知识分子和知名的资产阶级代表人物要求加入食堂吃饭时,应当说服他们等到食堂办好了之后再说。第四,不要动员他们对公社或其他方面投资。资产阶级、资产阶级知识分子及其家属入社问题,总的精神是暂缓入社。为什么暂缓入社呢? 我领会有三条:(1)首先有利于把劳动人民组织起来;(2)有利于对资产阶级分子和资产阶级知识分子的改造;(3)不是根本不让入社,而是暂缓入社,搁置三年五载,甚至更长一点时间之后再说。根据这个精神,我们具体做法是:1. 在城市人民公社建设初期,集中力量把劳动人民组织起来,资产阶级分子、资产阶级知识分子及其家属暂时放在一边,首先把职工、职工家属和劳动人民及其家属组织起来。现在公社架子已经搭起来了,劳动人民百分之九十五以上已入社了,可不可以考虑资产阶级分子、资产阶级知识分子及其家属的入社问题呢? 可以区别不同对象、不同情况,分别对待。2. 对小业主,可以按照自愿原则,报名批准入社,其中个别特别坏的,也可以暂缓吸收他,给他一些教育。3. 原来资产阶级家属自己举办的幼儿园、托儿所,公社可以接收,变为群众集体福利事业,她们原在这些组织中担任了领导职务的,如院长、所长等,也可以仍然在其中适当安排她们任副职。4. 资产阶级分子、资产阶级知识分子及其家属,目前已经入社的,经过批准公布了的,强迫他们退社也不好,可以同他讲,如果感到不方便,仍然可以暂时缓一步来,但不要强迫他们退社;已经被选为社员代表、社委会委员的,马上把他们换掉也不好,可以暂时不动,到下次改选时再作处理。5. 对这些人的解释怎么说法? 要根据不同对象采取不同的解释。对左派可以说清楚,不是不要他参加,是先把劳动人民组织起来,他们以后再进来,这样他们心里就有底了,而且要他们在资产阶级分子中进行一些工作;对中右分子主要说明是为了照顾他们的生活习惯。这些人马上让他们入社是不行的,对于资产阶级、资产阶级知识分子,原来安排的职务,如副市长、人民代表、居民代表等,暂时不动,原来是什么还是什么。凡是现时尚未入社的人,生活资料和日常用品还是要照常供应。居民中暂时不愿参加的也要照常供应,这一条很重要。

地、富、反、坏分子及其他一切剥夺政治权利的人,一律不得入社,但不能让他们自由自在,逍遥法外,要强制他们参加劳动生产。当然,有的年纪实在太大、实在不能劳动的,一定强迫他参加生产也不必要。对这些人强制劳动,办法是十个好人夹一个坏人,不能让这些人在一堆或无人管理。人民公社建立后仍是加强无产阶级专政,不是削弱专政。对敌人的破坏活动要提高警惕,发动群众检举揭露,严重的要依法处理。

当前城市公社刚刚建立起来,不能把原有基层组织机构打乱,特别是派出所、居民委员会、街道办事处,目前一律暂时不要去打乱。这一条很重要。这些东西打乱了,下面就没有基础,就有利于敌人乘机破坏,不利于我们巩固专政。根据中央指示精神,当前不强调政社合一,不要硬套政社合一,有些地方选资产阶级作社代表、社委,就是硬套"政社合一"来的。

关于建立分社问题。公社基本上建立起来了,公社问题比较更复杂些。分社一般以工厂、机关、学校为单位为宜,不要把居民和机关、工厂搞在一个分社,搞在一起不便于组织生产,不便于核算,不便于分配,组织在一个公社则是可以的。

矿区建立公社问题。可以大矿山为中心,把为矿山服务的小乡镇吸收进来,还可吸收一、两个农业大队进来。建立矿山人民公社,这对矿山生产和解决矿山生活供应也是有利的,小矿山吞大市镇就不行。具体的由地委决定。

县镇是否建立城市人民公社? 城市公社包括机关、工厂、商业、学校,从这个角度来看,建立城市公社较为适宜。但组织到农村人民公社中去是不是可以? 过小的县城也可搞到农村公社去。这个问题,具体搞法由地委决定。

（四）积极办好集体生活福利事业

城市人民公社应以发展生产为中心,大力举办群众集体生活福利事业。

先抓生产，以发展生产为中心，同时办好食堂、托儿所等集体生活福利事业。办集体福利事业应当贯彻"积极办好，自愿参加""大集体、小自由"的原则。积极办好、自愿参加这一条很重要。集体生活福利事业本来是好事，但强迫就变成坏事了。大集体、小自由也要注意，养成集体习惯是必需的，但不是说不要小自由，大集体、小自由任何时间都是需要的。中央明确指示："大集体和小自由的问题，这是目前一个重要的问题，在一九五八年冬季的郑州会议就提出了这个问题，现在又有被人忘记的现象。目前已出现只要大集体不要小自由的不健康的想法和做法，这是违背客观法则的，任何人都有集体的时候和自由的时候。劳动生产、工作、学习是集体的，生活中就有大集体与小自由的区别，休息就是完全自由的，课堂学习是集体的，自修自学就是自由的。只注意集体，要求什么都集体，不允许小自由是错误的，这一点特别在城市人民公社的工作上要十分注意。"集体生活福利事业，还要因陋就简，促进生产，为群众服务，形式和办法要灵活多样，方便群众。

当前，集体生活福利事业首先要集中力量办好食堂，以食堂为中心。办好食堂要解决吃饭的问题，使群众在食堂吃饭不会比家里少吃，应当与家里一样，在不增加国家粮食支出的前提下，能做到比家里吃得多一点，那就更好了。因此，要解决出饭率的问题，一斤米一定要出三斤以上的饭。提高出饭率，一是煮饭方法问题，一是管理问题，还有一个是干部是否揩油的问题。凡是出饭率低的要检查和分析原因，要及时地解决问题。这是件大事，不要小看它，如果在食堂比在家吃得少，那谁愿在食堂吃饭呢？食堂必须贯彻群众路线，方便群众。饭要有干、有稀、有菜饭，适合各种人的需要。菜饭要多种多样，每餐有三个菜、四个菜，每个食堂可附设一个小吃部，弄点新鲜蔬菜和鱼、肉、蛋之类的荤菜。公共食堂是集体福利事业，不能弄成赚钱的企业，这一条要做规定。小吃部可以赚点钱，赚的钱还是拿到食堂改善伙食。

以食堂为中心搞好服务性事业。围绕食堂可附设理发、洗澡、洗衣、缝补、代买等，做到又是食堂、又是服务站、又是学堂、又是俱乐部。要加强对食堂工作的领导，派党、团员到食堂去工作，初办时期要派强的干部去，一个食堂至少派一个，下决心把食堂办好。食堂当前问题是会计缺乏。解决的办法：一个是组织食堂管理委员会，群众参加记账算账，当天账当天了，每天一结账，一周一清算;另一个是训练,商业部门为主帮助训练会计、炊事员,妇联、文教部门负责训练保教人员。条条要抓起来。

当前食堂不强调数量,要强调巩固办好,如果一边办、一边散就不好。现在要把已经办起来的巩固起来,不能让它垮掉,在办好的基础上,逐步扩大发展。

托儿所也很重要,做法上也要灵活多样。一种是正规的全托、日托、半托。此外,还可采取其他多种形式,如临时托,甚至几个孩子托一个人管,这也可以把部分劳动力解放出来。大一点的儿童一时搞不起幼儿园的,也可采取洪都机械厂的办法搞临时儿童室等,有个房间,有些玩的东西,儿童愿意来玩,搞个别人照管就可以了。有些地方把青年妇女抽出来,把老太婆放到托儿所去,这个问题值得考虑,老太婆一般地说也会带孩子,但也不一定能带好孩子,有坏习惯,缺乏卫生知识,派老太婆做这个工作,也要对他们进行训练。总之,要把小孩带好,对托幼人员要加以教育、训练、培养。不论食堂和托儿所的领导人员和工作人员都必须是政治上可靠的。

（五）加强领导问题

当前的工作是非常重要的,人民公社刚建立起来,千头万绪,需要解决的问题很多,因此,必须加强党的领导:

1.各市要有一个书记挂帅,建立领导小组。地委没有建立领导小组的,也要建立。

2.派得力干部加强重点公社。每个城市起码要搞一个重点社,最好是找一个一九五八年办起来的老社,先走一步,领导强、干部强、生产好,集体福利事业搞得好。有的公社一九五八年办起来的工厂,上交了的可以放回,或是大部分下放还给公社,使它仍有些经济基础。每个公社应当搞好一个重点工厂,一个重点食堂,一个重点托儿所。一九五八年办起来的社一定要走在前面,给其他社做榜样。

3.要加强对公社干部的思想领导。有的干部刚做这个工作生疏,不安心,要加强教育,加强领导,及时解决思想问题,多给他们一些工作和原则问题的指示。

最后传达问题,回去后要向地、市委传达会议精神,希望讨论一下,把前一段工作做一检查、总结,在这个基础上,根据省委这次会议精神,很好地进行贯彻,要求各地向省委作一次书面报告。

一九六〇年五月三十日

中共南昌市委关于城市
人民公社开展生产、生活检查
评比的通知*

（一九六〇年八月十五日）

在省、市委和各级党委领导下，随着城市人民公社化运动的深入发展，社办工业和集体生活福利事业，都蓬蓬勃勃地发展起来。为总结与交流经验，使生产和生活福利事业更好地发展，决定在全市（包括南新两县）城市公社范围内进行一次全面的检查评比，检阅成绩，表彰先进，达到取长补短、共同提高的目的。

（一）组织领导

在市委城市人民公社领导小组统一领导下，吸取各区、县委分管城市人民公社的书记和有关部门负责同志参加，建立市检查评比委员会；区、县委吸取各公社党委书记和有关同志参加，建立检查评比小组；各公社以书记、社长为首吸收有关同志参加，建立自查自评小组。

检查评比小组的划分：第一组：西湖区（包括所属人民公社，下同）；第二组：东湖区；第三组：胜利区；第四组：抚河区；第五组：青云谱区；第六组：南昌县（包括县属城镇公社）；第七组：新建县。

（二）检查评比的内容

甲、生产：

＊　原件现存于南昌市档案馆。

1. 比"六定"工作搞得好、生产人员思想稳定、积极性高、劳动生产率高;

2. 比大办化工生产、大搞综合利用和小商品生产,有显著成绩者;

3. 比生产品种多、质量好,并建立了运输队、建筑队和农副业生产;

4. 比完成和超额完成上级布置的产值计划好,并取得显著成绩者。

乙、食堂:

1. 比组织面广、就餐人数多、基本上解决了需要在公共食堂用膳人员的吃饭问题;

2. 比出饭率高,每斤米出三斤饭以上的食堂多,基本上保证了膳员吃饱、吃好、吃省,节约粮食有成绩;

3.比菜饭花样多、质量好、清洁卫生、多种经营、方便群众;

4. 比管理民主、制度健全、账目清楚、定期公布、为群众所满意;

5. 比巩固一类食堂、提高二类食堂、消灭三类食堂有显著成绩。

丙、幼托组织:

1.比组织面广。每个公社都有中心幼儿园,每个居委会都建立了幼托组织,形成了托儿网,基本上解决了已参加生产(工作)人员子女入托问题;

2. 比收托形式灵活多样、方便群众、干净卫生、保教质量高、家长满意;

3.比因陋就简、勤俭办园有显著成绩者。

丁、服务站:

1. 比服务网点稠密,居委会有服务站、小组有服务员,基本上解决了已参加生产(工作)人员的服务问题;

2. 比服务项目多、业务范围广、服务形式灵活多样、方便群众、服务人员态度好、服务质量高。

(三)检查评比的方法步骤

这次检查评比分三步进行:第一步以公社为单位,组织自查自评,大力开展普查活动,进行分类排队,并把自查自评结果,上报检查评比小组;第二步以区、县检查评比小组为单位,开展检查评比活动,选出全面红旗和单项红旗候选单位,上报市评委会;第三步由市评委会审查评定。

这次检查评比,市里录取全面红旗公社一个至三个;单项红旗公社三个至五个;红旗单位:工厂、食堂、托儿所、服务站、运输队、建筑队、副食品生产队各一个至十个。

(四)时间安排

1. 八月二日至二十四日,公社开展自查自评活动;

2. 八月二十五日至二十六日,各区、县检查评比小组进行检查评比;

3. 八月二十七日市检查评比委员会评定全面红旗和单项红旗单位,而后,举行授奖大会。

(五)几个注意事项

1. 各区、县委和公社党委,必须把这次全面的检查评比工作重视起来,加强领导,并以它作为推动工作的动力。

2. 各公社必须把检查评比的目的、意义,广泛地向职工和社员进行宣传,以调动一切积极因素,掀起一个竞赛热潮;同时检查评比应实事求是,反对虚夸。

3. 全面红旗公社指发展各项生产和集体生活福利事业的成绩卓越者;单项红旗公社指在某一方面非常突出者;红旗单位即工厂、食堂、托儿所、服务站、运输队、建筑队、副食品生产队中办得成绩显著者。

以上各点,希各区、县委和公社党委,认真贯彻执行。

市委城市人民公社领导小组

一九六〇年八月十五日

（上海市）锦绣里食堂实行固定
搭伙工作的总结*

（一九六○年九月八日）

一、概　况

　　锦绣里是一个劳动人民聚居的里弄，有 653 户，3010 人，其中职工和劳动人民占 93% 以上，大部分是国棉厂、新生纱厂等纺织厂的职工，公交公司工人和他们的家属。锦绣里食堂是在 1958 年 12 月开办起来的，目前它已发展成为拥有千人搭伙的食堂，并有两个卫星食堂，共有 544 户搭伙，占锦绣里总户数的 83.3%，其中全搭伙 187 户，占 34%，半搭伙 357 户，占 66%，搭伙者中有 174 户是解放妇女劳动力的，占全里弄解放妇女劳动力的 82.8%。开办一年多以来，日益巩固提高，在为生产服务、为群众生活服务方面起了一定的作用。它已在群众之中扎根。尤其是双职工和参加社会劳动生产的家庭妇女更是离不开食堂。今年三月份曾发动群众鸣放，积极整改，从而使落后的状态转变为较好的食堂。

　　但是，由于搭伙者的生产时间生活水平和习惯不一，要求不一，情况较为复杂，食堂没有及时建立相应的管理制度，因此搭伙者流动性较大，来食堂吃饭的人时多时少，饭菜时而剩余时而不足，工作人员焦急，搭伙者不满，有时还浪费饭菜，少数看菜吃饭的人，很早把好菜买光，而真正基本搭伙户下班回来，却买不到，有些人市场上买了菜，再到食堂买菜，这样不仅影响到食堂的巩固提高，而且在副食品供应上重复不合理，增加市场压力，这些都是亟须解决的

---

　　*　原件现存于上海市档案馆。

问题。加上食堂工作的服务态度、服务质量和管理制度上尚有缺点需要改进。

根据市委、区委的指示，为进一步巩固提高食堂，更好安排好群众生活，必须实行固定搭伙，并与副食品计划供应结合起来。街道党委经过讨论，决定以锦绣里为点，由党委书记挂帅，生活组具体负责，会同商业部门组织人民经济生活组，粮店、菜场等方面9个人，深入里弄，在调查摸底的基础上，经过7月20日到27日的七天时间，实行了定人定点定粮的固定搭伙制度。原来544户，七月份用粮18800斤，现在固定搭伙497户，1384人，转粮到食堂共25298斤，其中全搭伙户134户，430人，半搭户303户，504人，七月份为平均每人在食堂用粮11斤7两，8月份转粮到食堂18斤6两，占锦绣里居民大小人平均定粮数25斤的73.6%。通过这个工作，食堂管理有了改进，服务态度、服务质量也有提高，同时副食品实行了"划片停点，按户发卡，凭证购买"，做到有计划地较为合理地供应。

二、食堂工作的调查摸底情况

为了掌握搭伙者的基本规律，他们对于固定搭伙制的看法和态度，我们首先进行调查，依靠居民小组长反映情况，召开各种座谈会和个别访问之后，了解了如下的基本情况。

（一）搭伙情况，搭伙户数544户分析：

1.全搭伙户186户占34%，其中双职工95户，解放妇女劳动力78户，单身职工8个，家中虽有人，但老弱病残自己不方便的5户，他们绝大部分是1958年就参加食堂的，是食堂的基本搭伙户，双职工反映"党和毛主席真关心，我们办了食堂以后，我们安心生产了"。以前自己忙不过来，做工回来，哪有心思烧饭，用个保姆要30元，长户口用不到，只好用临时户口，很忧心。现在吃饭有食堂，既方便又节约。解放妇女劳动力的王阿茶说："我们母女二人，过去一天到晚就忙三顿吃的，烧饭开门七件事，弄到头昏脑胀，现在参加食堂，安心服务组工作，而且身体也好了。"她说："只要食堂办着一天，我永远吃食堂。"单身职工过去每逢星期天就担心没有地方吃饭，现在问题解决了，他们积极拥护实行固定搭伙制，把80%以上粮食转到食堂。

2.半搭伙户调查了232户，他们所以半搭伙有几种情况：

（1）三班工人放工回来吃饭时间与食堂不一，有的三班工人和菜场摊贩下班回家尚有时间就自己烧，又可以解决开水和浴水问题，有25户占10.8%。

（2）年老残废或有病的或有婴儿的66户占28.5%，患有胃病的说食堂的饭太硬，老年人说牙不好，患肺病的有时有营养菜自己烧，家里有婴儿的有时烧奶粉或煮些粥的。

（3）家里有人可以烧的76户，占32.7%，有退休工人或长病假工人在家里，自己烧一部分的，有老年人认为晚上全家男女老小，团聚吃热闹些，有因开水浴水问题，自己生炉子烧，也有在暑期里孩子在家里暂时自己烧一部分。

（4）粮食较紧12户占5.2%。自己在家多吃些粥，有时粮菜混吃，如果孩子进食堂见别人吃饭就要吵。有4户因家里有临时户口，粮堂就不够，因此自己烧一部分占1.7%。

（5）有的经济较紧或者认为食堂的小菜贵，数量少，认为自己烧比较多，有23户占10%（工人12户，摊贩2户，银行职员1户，小业主1户，五类分子家属7户）。

（6）有的嫌食堂工作人员不够大公无私，态度不好，有空时就自己烧。有13户占5.6%。

（7）还有10户看菜吃饭的和3户勉强参加食堂，看菜吃饭的10户［其中3户是电车工人，2户铁厂工人，1户小业主，他们的经济收入都比较高，平均每人每月在16—20元的4户，21—30元的3户，40元以上的3户。勉强参加的3户，其中一户反属，一户刑属，一户工人（实际可能不止3户的，这3户比较突出）］，如反属陈招弟，买了少量饭票，每天还是自己烧饭的，她说："大家都吃食堂，我不吃不好。"

（二）对固定搭伙的看法和对食堂的意见：

1.全搭伙户是积极拥护的，他们说："我们小家庭烧饭也要有计划，这样大的食堂，管许多人的饭菜，如果没有计划，饭菜坏了，不是浪费国家粮食吗？做菜有计划，既有利于食堂，又有利于我们搭伙的人。"但是也有一部分人有思想顾虑"粮食转进食堂,多余下来的可否取出。""亲友来是否可以吃。""荤菜券是否一定要交给食堂。若这样礼拜天不能自己烧了。""固定下来后,逢开会、学校不能保证回来吃怎么办?"有少数人说:"食堂方便我们不方便了,不能随自己便了。"

2.对食堂的主要意见:是出饭率时多时少。时硬时烂,小菜品种少,烧法单调,而且数量较少,个别食堂工作人员不大公无私,提出意见还不虚心,此外买菜挤,放工回来买不到好菜。

三、基本做法和收获

针对以上的情况和问题,我们主要抓宣传教育,改进食堂,办理转粮、制度健全和副食品计划供应几环工作来实行固定搭伙制。

(一)广泛开展宣传。我们从干部到群众广泛宣传食堂开办以来为生产服务为群众生活服务所起的作用,显示集体生活的优越性,坚决克服缺点,改进工作,另一方面同时因未实行固定搭伙食堂工作上的困难问题提出来,要大家讨论,我们提出固定搭伙的意见好处和办法,向大家交代自愿的原则和允许大集体中有小自由。好处是:1.有利于加强食堂管理和核算;2.有利于计划用粮节约用粮;3.简化搭伙手续方便群众;4.更好培养集体主义思想;5.更好为群众服务,促进生产;6.有利于市场统一安排、合理供应。办法是按户建账,分户立卡,一次转粮,分批购买,凭票吃饭,节约归己。在这个规定下,根据各户的实际情况,要全搭伙或搭一餐二餐都得可以,但是必须固定下来。做宣传报告后,组织小组讨论,干部和积极分子深入小组,现身说法,谈体会,组织座谈,上门访问。如78号的余兰英是1958年进厂做工的,全家每月只买5—6斤粮,积极分子冀素珍就访问余兰英,通过谈心,了解她主要是怕家里人多,吃食堂后粮不够,其次人多小菜钱要花得多不划算,冀素珍就谈自己的体会,用对比的方法说明吃食堂只要安排得好,缺粮问题、经济问题完全可以解决的,同时向他解说固定搭伙仍然有大集体之下的小自由等,经过现身说法的教育,余兰英第二天把全家粮食转到食堂里来了。

（二）在宣传工作的同时，积极改进食堂工作，首先对全体食堂工作人员务虚，进一步说明食堂工作的重大意义作用，加强他们的责任感和光荣感，这个食堂连卫星食堂在内共有 22 个工作人员，除两个手工业者家属以外，20 个是职工家属，其中有两个是党员家属，觉悟较高，对实行固定搭伙制是拥护的，他们说："原来二个急，一个急多饭多烧了会馊，二急少，少了搭伙者吃不到，有意见，现在可以解决了，我们只讲得出每天烧多少米，讲不出有多少人吃饭，以前点人头数筷子办法都用过，但计算不清，管理不好。"一致认为这个办法很好，表示一定要办好食堂，但是在制订制度过程中，个别工作人员有怕麻烦、怕负责任的思想，我们结合工作进行了教育。

改进工作方面采取了几点措施：

1. 提高出饭率，工作人员一起研究出饭率不稳定的主要原因是蒸米时间欠长，影响出饭率，于是建立了烧饭记录制度，从米到饭实行四过磅制度即蒸米磅米下锅磅、米出锅磅、饭卖出磅，这样当餐能结算盈亏，促进了出饭率稳定地保持在三斤以上，而且加强了工作人员的责任，居民反映很好。同时为了节约粮食，调剂群众口味，做了如绿豆粥、馒头、烂污面，居民反映说："食堂有饭有粥有面有馒头，比自己家里还好。"

2. 小菜品种质量已价格核算大众化，如主动与菜场联系，根据市场品种，动脑筋，多翻些花式，扩大供应面，如原来小黄鱼卖 0.15 元和 0.20 元，经过核算又增加盆头，改售 0.07—0.08 元。这样供应面就广了，蔬菜也分批算，分批烧，打破逢五、逢十的价格，同时改进了合理用油，荤菜多收，蔬菜少收，油炸荤菜一般收两张油票，素菜收一张，这条里弄的居民爱吃菜汤，需要量较多，原来工作人员怕麻烦，也就规定一碗汤 5 分收油券，现在恢复三分不收油券，居民说："我们提了意见，食堂改得真快呀。"

3. 改进了供应方法。增加饭菜供应点，从原来三个窗口改为八个窗口，开饭高峰时全力以赴，新鲜菜、荤菜采取热门菜分批抄，分班卖，使迟来的人也能吃到，减少食堂拥挤排队现象。

4. 改进了食堂管理，建立了进货验收、财务保管制度，专人负责验收。如食堂财产家底不清，特别是炊具、筷、碗失散浪费很严重，建立财产管理小组以后，向居民宣传要爱护食堂财产，效果很好，仅几天内，还出食堂用碗 206 只，食堂工作人员还节约用煤,采取勤封、薄加、三拣的办法,八月份比七月份节约煤球 23 担,节约了食堂开支。

(三)组织力量,办理转粮手续,为方便居民,我们分段办理转粮手续,实行按户建账,分户立卡,一次转粮、分批购买、凭票吃饭、节约归己的办法。有特殊需要,可办理退粮手续。在转粮的同时,提出搭伙居民,可根据自愿把鱼票肉票交给食堂,按旬发给荤菜券,保证交荤菜券的人吃到荤菜。

办理转粮手续的第一天群众都踊跃而来,三天基本结束,还有少数人,以后陆续到食堂来转粮,目前已办理转粮手续,固定搭伙的有 497 户 1384 人转入粮食 25298 斤,其中全搭伙 194 户 480 人,半搭伙 303 户 504 人,另外有 32 户新参加搭伙,原来搭伙的有 29 户,未来办理转粮手续占原来搭伙户 544 户的 5.3%,这 29 户的情况如下:

1. 经济困难,人口多收入少有 3 户,其中小业主 1 户,五类分子家属 1 户,城市贫民 1 户,如 159 号小业主戴启美家属系解放劳动力的,家中有 9 人,三个大人,六个小孩,每月收入 80 元,而且因生病欠一笔债,房钱有一年未付。

2. 家中有病人有□□户,如 32 号的陈广荣,全家四个人,有三人生病,吃食堂不方便。如安远路 80 号的张顺度,她的爱人害严重胃病,因此也不搭伙了。

3. 看菜吃饭的 3 户,这几户收入较高,平均每人每月 23 元的生活费。

4. 家中有年老人,在家没有什么事情做有 8 户。

5. 放暑假时期,自己烧饭的 6 户,开学后仍进食堂搭伙。

6. 家中粮食较紧或有临时户口的有 2 户,如住在 111 号的张玉妹家里有个江西来的倒流户口,所以反映粮食不够。

我们对实行固定搭伙后锦绣里解放妇女劳动力参加食堂的情况作了一个调查:

1958 年以来锦绣里先后组织了 193 个妇女劳动力,参加地区各项生产劳动(不包括输送工厂的人数),其中 186 户已经参加食堂搭伙占总数的 96.6%,到目前为止只有 7 户未参加搭伙。其中因家里有人烧的有 2 户,家庭人口多,经济收入少,吃食堂有一定的困难的有 3 户(这 3 户中一户小业主,2 户工人成分)。解放劳动力的妇女本人因病在家自己烧的。

（四）为保证对食堂的合理供应副食品，我们在办理转粮手续实行固定搭伙以后，商业部门组织人民经济生活小组和菜市场立即进行副食品计划供应工作，采取"副食品划片定点，按户发卡、凭卡购买"的办法，具体做法，采取"三对口"的办法，菜场对街道，门市部对里弄，综合菜摊对若干居民小组。如锦绣里自 15 个小组分三个综合摊，这样把供销关系固定下来，根据全搭半搭与不搭伙的情况，按户发卡，全搭伙发给星期卡，每星期买一次，为了适当照顾，内部掌握，每次比一般可多买 50%；半搭伙每天供应蔬菜半份，不搭伙的每天供应一份，全家人口中有半搭不搭和全搭的则发给混合卡。

从 8 月 1 日实行凭卡供应以来，争购蔬菜的现象已基本上消灭，群众感到很满意，开始凭卡供应只按照居民的卡来计划供应，对食堂还是根据以往的办法。由食堂开单子供应，没有根据搭伙人数折合份数有计划地分配，因此统计 8 月 1 日到 15 日供应食堂的菜略低于居民的。发现这个问题之后，商业组织人民经济生活工作组研究后作了调整，目前根据食堂全搭半搭伙折合全搭份数与居民一样供应，在货源可能的条件下适当照顾食堂。目前锦绣里这一段的副食品供应，基本上克服了重复供应现象，供应较为合理了。

同时，对今年 3 月到 7 月锦绣里用煤情况也作了调查，食堂举办以来，用煤总量逐渐下降，锦绣里居民今年 3 月用煤总量 64891 斤，7 月 49953 斤，下降 23%，其中食堂用煤比重逐月增加，今年三月份食堂与居民用煤比例为 3.91% 比 96.09%，7 月份转变为 33.43% 比 66.57%。据锦绣里附近一家煤球店统计，售给锦绣里的煤球月月减少，今年三月比去年同期减少 15.29%，7 月比去年同期减少 38.03%，今年每个月相比，也逐月减少，6 月比 5 月减少用煤 12.04%，7 月比 6 月又减少 20.05%，从第 16 居民小组调查共 42 户，除 3 户不搭伙和 4 户在外搭伙的以外，有 13 户全搭伙，参加食堂前用煤球 1480 斤，参加食堂后 445 斤，半搭伙有 22 户，参加前用 2655 斤，参加后用 1975 斤，即搭伙的共 35 户中每月少买煤球 1715 斤（参加食堂后不需要用这么多的煤球了）。

实行固定搭伙近一个月来，已经初步体现出它的好处，主要是加强了食堂的经营管理，控制了搭伙人数，使食堂有计划地用煤和配菜，有计划供应饭菜，克服了盲目性,食堂内也建立起基本的制度,而且提高了服务质量。对市场的副食品供应,实现合理分配,更好安排群众生活,指导群众生活。

四、几点体会和存在的问题

首先使我们认识到固定搭伙的基本好处:

(一)实行固定搭伙制是整顿、巩固、提高食堂的关键性措施。锦绣里食堂开办以来,不仅为生产服务为群众生活服务起了很大作用,而且节约了燃料等物资,显示了集体生活的优越性。但是,由于搭伙不固定,流动性大,饭菜多少不容易掌握,菜场供应重复不合理,食堂的巩固提高遇到不少难于解决的问题,实行固定搭伙后,解决了这一连串矛盾,能更好地为基本搭伙者服务,更好安排群众生活,更充分地显示集体生活的优越性,我们体会到市委、区委的指示的及时和正确,固定搭伙是整顿巩固提高食堂的关键性措施,从根本上解决问题。

(二)固定搭伙意味着搭伙者与食堂的关系,进一步密切和固定化,这样一方面使食堂工作人员具体地体验到要当好千百户人家的好管家,大大提高了食堂工作人员责任感和光荣感;另一方面,搭伙者也清楚地看到里弄食堂确是为大家,是里弄居民自己的食堂,从而关心食堂、支持食堂,这是办好食堂的根本因素,大大有利于不断巩固提高食堂的工作,同时也体现着里弄组织程度的提高,有利于培养集体主义思想的增长。从食堂本身来说,有利于进一步改善经营管理,管好粮食,避免浪费,而且能够更具体地贯彻为劳动人民服务的方针。

实行在固定搭伙的工作中:

1.政治挂帅。党的领导是搞好工作的根本保证。这次试点,街道党委书记亲自种试验田,生活组干部具体负责,深入群众,一起参加食堂劳动,发现问题,帮助解决问题,对食堂工作人员加强务虚,发挥他们的积极性,并且发挥食堂民主管理委员会的作用,加强党领导,协作各方,统一组织力量,结合中心全面安排。依靠了大家的力量,办好食堂,使这一工作得到顺利进行。

2.坚决贯彻了群众路线工作方法。这些工作首先深入到群众中去进行调查研究，了解群众的实际需要和思想情况，对具体情况作了具体分析，整个工作自始至终贯彻从群众中来到群众中去，每一件事每一个办法反复与群众商量，充分做好思想工作，内外发动，对食堂工作人员的务虚与群众的务虚相结合，使食堂工作人员确立了改进工作的思想基础，又得到群众的普遍拥护和支持，不仅使工作顺利进行，而且大大提高了群众的觉悟程度。

3.采取切实可行的措施是搞好固定搭伙的重要一环，是从组织上制度上，从基本已固定下来，又在大集体下有小自由，方便群众，解除了群众的顾虑，同时，食堂本身建立了相应的制度，而且根据群众的意见，立即动手，大抓食堂的改进工作。尤其较差的食堂这一点特别重要。

但是，在工作中，还存在一些问题需要解决，如粮食"节约归己"后积余粮食由食堂代为保管，有需要时也可随时领取，加强节约粮食的宣传，发扬共产主义精神，根据自愿原则，组织小组余缺调剂的办法。另外，食堂本身的新鲜菜如何进一步合理分配问题，按粮食比例发给甲菜券，进一步消灭排队问题。同时，食堂相应的经营管理上还不够完善，我们要在现有工作基础上，不断改进，不断提高。

中共上海市普陀路街道委员会

一九六〇年九月八日

（上海市）当前城市人民公社工作中的几个需要研究的问题[*]

（一九六〇年九月）

一、现阶段城市人民公社的性质、任务

（一）政社合一的问题。什么叫政社合一？是政权与公社的合一？还是政权工作同社会工作、经济工作合一？如果不政社合一，是不是能叫公社？

各种不同类型，不同规模的公社，是否都实现了政社合一？或者合到了什么程度？

现阶段实现政社合一好？还是不实行政社合一好？可以合哪些，不可以合哪些？

（二）所有制问题。在各种不同类型的公社的社办企业、事业中，有哪几种不同的所有制？这些不同的所有制是什么条件决定的？它们的特点是什么？怎样使这些不同的所有制能更好地适应目前生产力发展的需要？

当前社办企业、事业的所有制存在的主要问题是什么？应该怎样调整？

（三）目前城市人民公社工作的主要对象是哪些人？从实践经验看，哪些人是十分必要的？哪些人是不太必要的？哪些人是完全不必要的？

现阶段城市人民公社已经担负了哪些职能？不同类型、不同规模的公社能够完全担负的是哪些，不能完全担负的是哪些？不能担负的又是哪些？

（四）对于现阶段城市人民公社的性质任务，概括起来，怎样规定为好？怎样的提法切合实际？

＊　原件现存于上海市档案馆。

二、城市人民公社的组织、规模

（一）各种不同类型的人民公社，各有什么好处，各有什么问题？是否需要调整？

（二）以大厂为中心的人民公社，如何正确处理厂、社之间的领导关系和经济关系？

（三）目前城市人民公社的规模，是大一些好？还是小一些好？在不同的城市中，公社的规模各以多大为宜？

三、社员

（一）具备什么条件的人才能作社员？在现阶段，国营工厂、机关、学校的职工和学生，加入公社好还是不加入公社好？如果加入，他们和公社是什么关系？

（二）在现阶段，对资产阶级分子、资产阶级知识分子和他们的家属的入社问题，怎样处理好？

（三）目前关于社员问题，在群众中是明确好？还是不明确好？

四、公社工业

（一）如何适应当前情况，对社办工业的所有制、组织形式、规模和行业，进行合理调整？

（二）在调整中，如何正确地处理社内社外的各种经济关系？妥善地安排劳动力？

（三）对各种所有制的社办企业，应当如何正确地处理积累与消费的关系？采取什么样的工资形式？工资水平和福利待遇如何确定为好？

（四）公社工业如何千方百计地广开供销门路，大力发展小商品生产和修理服务业务，不断增加品种，提高质量？直接为大工业服务的社办工业，如何根据当前具体情况进行合理调整和全面发展安排？

（五）在各种所有制的生产单位中，应当如何严格实行经济核算，加强民主管理？哪些应当实行自负盈亏？哪些可以实行各计盈亏？

五、城市人民公社要不要办农业？如果要办，那么应当在什么条件下适于办？是自己办农场的办法好还是划入一部分农村分社或农业生产队好？办农业的方针任务是什么？

六、公共食堂、托儿所、幼儿园、文教卫生事业

（一）城市公社领导的公共食堂、幼儿园、托儿所应当按照什么性质办？是由群众自筹自办还是公社举办？是单独核算、自负盈亏，还是要由公社给予一定补贴？

（二）公社食堂、托儿所、幼儿园，当前应该主要为哪些人服务？

（三）公社要不要自办一些力所能及的文教卫生事业？如果要办，在目前可以办哪些事业？它和政权的文教卫生行政部门是什么关系？

一九六〇年九月

（上海市）关于改进街道里弄
工作的若干规定（草稿）*

（一九六〇年九月）

一、组织里弄居民的工作方针

（一）里弄居民组织起来从事一定的生产劳动，不仅积极支援了工农业生产，逐步改善了他们的生活，而且可以不断提高他们的政治觉悟，有利于城市的社会主义建设和社会主义改造。

组织里弄居民必须坚决贯彻执行自愿参加、自由退出的原则，对不参加的人不得有任何歧视。

（二）里弄居民组织起来，从上海的实际情况出发，根据需要与可能，可以举办某些生产、服务等事业。这些事业应该贯彻执行为工农业生产和人民生活需要服务的方针，作为国家企业、事业的补充，发挥一定的辅助作用。

这些事业单位应当是互助合作性质的集体组织，采取自愿参加、民主管理、独立核算、自负盈亏的办法。对所需要的房屋、设备、家具等，原则上应该由参加本单位的人员自筹解决，一律不得无偿占用居民群众和全民所有制企业的任何财物。

这些事业单位都必须经过政府有关部门的登记许可，实行归口管理，不采取由街道里弄统管、统包的做法。

（三）组织起来的里弄居民，绝大多数是家庭妇女，她们一般都有不同程度的家务牵累，除了一部分人可以组织参加集中的生产劳动外，应该尽可能组

＊ 原件现存于上海市档案馆。

织她们分散在家庭中从事家庭副业性质的生产劳动。这样,使她们既能对社会生产发挥一定的积极作用,又能有时间安排好家庭生活,教育好子女。

(四)对里弄居民已经举办的各项事业,应该根据上述原则,从有利于支援工农业生产、有利于安排人民生活、有利于紧缩城市人口出发,进行必要的整顿;对确有需要又有可能举办的事业应该加强管理,积极办好;对需要不大又没有力量办好的可以裁并或停办;对虽有需要而实际条件不具备的应该缓办。

二、生产组织

(五)街道里弄生产应该坚决贯彻加工生产为主的方针;同时,根据需要与可能,可以利用边角废料生产若干小商品;在有条件的地区,还可以生产某些农副产品。

(六)对于现有的生产组织,应该进行必要的整顿;凡是生产任务较正常,又适宜于里弄居民举办的,要继续积极办好;凡是产品重复、任务不足的,要适当进行裁并和紧缩;凡是原料困难或技术复杂,不宜里弄居民举办的,或是有毒气体、有害粉尘等有损生产人员和周围居民健康的生产,以及不适宜妇女担负的过重的体力劳动,均应该坚决停办。

(七)街道里弄生产,凡是适宜于分散生产的都可以分散生产。同时,还应该允许里弄居民从事其他的家庭副业生产或有益于社会的个体劳动。

一部分必须集中的生产组织,规模不宜过大,劳动时间的安排应该灵活多样,可以四小时、五小时,也可以六小时、七小时。总之,要使家庭妇女有一定时间照料家务。

(八)对因工厂企业退工和街道里弄生产组织停工而多余的劳动力,可以根据自愿原则,组织劳动预备队,以适应工厂企业或社会上的临时需要,从事临时性的劳动。

(九)街道里弄生产组织按街道范围联合建立管理组,负责日常管理工作,向各生产组织提取一定的管理费用。市、区有关部门对街道里弄生产组织必须从原材料供应,产品规格、质量、工缴费标准和销售价格等方面,制定一套管理办法,切实加强管理。

街道里弄生产组织均应该建立和健全各项制度，严格遵守政府的政策法令，反对粗制滥造、投机倒把等资本主义经营作风。

（十）街道里弄生产组织应该认真加强劳动保护工作，经常对生产人员进行安全生产教育，并采取必要的措施，保证安全生产。

三、生活服务事业和文教卫生事业

（十一）里弄食堂、托儿所、幼儿园、服务组以及街道里弄小学、卫生站等，都实行自愿参加、自由退出、自纳费用和自负盈亏的办法。

（十二）里弄食堂要根据群众的不同需要，采取灵活多样的方式，如承接包饭（类似过去的包饭作）、代客加工、固定为几个单位服务等，为确实需要搭伙的人办好食堂。

食堂管理费用由搭伙人员合理分担。可以采取分摊在饭菜价格中的办法，也可以采取合理收取搭伙费的办法。无论实行哪一种办法，都不得以营利为目的。

（十三）托儿所、幼儿园应该采取国家办、工厂企业办、机关团体办、居民办等多种办法。居民群众中原有的自由结合、邻里互助带孩子的方式，应当加以运用。

居民举办的托儿所、幼儿园向儿童家长收取合理的托保费用。有关部门对居民举办的托儿所、幼儿园有困难的，可以酌情补助一定的开办费用，在业务上应该加强对托儿所、幼儿园的指导帮助。

（十四）在生活服务方面，应该指导居民办好群众生活上需要较大的服务项目，补充商业服务网点的不足；对那些群众需要不大和不宜由居民自办的服务项目，可以少办或不办。

在组织形式上，凡适宜于固定设点服务的，可以各按专业组成合作小组；适宜于分散服务的，可以由居民自接业务，自劳自得。此外，对方便群众生活的个体劳动者，应该允许他们继续进行个体的经营活动。

商业部门对居民办的生活服务合作小组，应在原材料供应、技术培训、网点设置、价格标准等方面加强领导管理，并给予具体的帮助。

（十五）有关文教卫生事业方面,当前应该在教育部门的领导下,集中力量办好街道里弄小学,以解决适龄儿童的入学问题。街道里弄小学实行"收费自给为主,政府补助为辅"的办法。教育部门应该加强对街道里弄小学的领导,不断提高教学质量。

对里弄居民举办的其他确有实际需要的文教卫生事业,有关部门也应该加强业务领导,并给予必要的帮助。对于实际作用不大,流于形式,又没有力量办好的,可以裁并、少办以至停办。

四、收益分配和财务管理

（十六）居民举办的各项事业的收益分配,应该从有利于办好事业和调动工作人员的积极性出发,把国家、集体、个人三方面的利益紧密地结合起来,贯彻执行按劳分配、多劳多得的原则,实行合理的工资政策,反对平均主义的倾向。各项事业应该根据不同的生产劳动,分别采取计件工资、计时加奖励、分成工资、收入全部归己等多种多样的分配形式。

（十七）福利待遇应该根据生产发展水平和事业经营好坏来决定。办得好的,福利可以多一些,办得差的,福利应该少一些。当前福利待遇不宜过多。

（十八）居民举办的各项事业都必须切实执行勤俭办事业的方针,加强财务管理,建立和健全财产、物质、票证和现金等管理制度,并定期向群众公布账目,发动群众审查讨论,严格防止铺张浪费和贪污盗窃现象。

五、退赔问题

（十九）已经举办的各项集体事业,凡是占有了居民群众和工人、企业的财物、侵犯了他们利益的都应当坚决退赔。只有认真地坚决退赔,才能分清是非,教育干部,密切党和群众的关系;同时,使干部和群众在提高认识的基础上,懂得事情应该怎样办、怎样才能办好。

（二十）必须坚决退赔的主要是指房屋、机器、用具以及现金等财物。凡是能退还原物的必须坚决退还,原物毁坏丢失的应该作价赔偿。退赔的时间从一九五八年算起。

工厂、企业和街道里弄之间属于互助互利性质的物质支援,应该根据等价交换原则,双方协商处理;过去相互支援的人力账,可以不算。

（二十一）退赔工作应根据不同情况,分别轻重缓急,有领导、有准备、有步骤地进行,并且要同各项集体事业的整顿结合起来,通过试点取得经验后逐步推开。

六、组织领导

（二十二）街道党委必须改进对街道里弄工作的领导,认真做好政治思想工作,及时检查党的政策的执行情况;加强党的组织建设,发挥党支部的堡垒作用;管理街道里弄和居民集体事业的干部,加强对他们的教育和培养;充分发挥街道办事处和群众团体的组织作用,克服党委包办行政事务的现象,改进工作作风,密切和群众的联系。

（二十三）街道办事处是区人民委员会的派出机构。它的主要任务是:承办市、区人民委员会有关居民工作的交办事项;指导里弄委员会开展有关居民的工作;对居民举办的集体事业进行监督管理;负责地区劳动力的管理和调配;经常听取和反映居民群众的意见和要求;处理一般日常行政事务等。

（二十四）里弄委员会是居民群众的自治组织。它的主要任务是:开展对居民的政治思想教育工作,动员居民响应政府号召和遵守法律法令,了解劳动力的情况,并按照实际需要和自愿原则进行动员工作;办理有关居民的公益事项,经常了解居民的意见和要求,及时向有关部门反映;领导群众性的治安保卫工作,调解居民间的纠纷等。

每个里弄委员会可设专职工作人员二至三人,由国家按月给予一定的生活补助。

（二十五）街道里弄干部和各项集体事业的干部,应当认真学习"党政干部三大纪律、八项注意",能够记得清楚,背得出,在日常生活中切实执行,并且养成习惯,形成风气,真正做到和群众打成一片。

（二十六）市、区业务部门有关居民的工作，街道办事处和里弄委员会应该积极协助进行。各业务部门不能只就本部门的方便，任意向街道里弄交办任务，属于确需街道里弄协助进行的任务，应该由区人民委员会作统一安排，以便于更有秩序地做好各项工作。

一九六〇年九月

（上海市）锦绣里食堂实行固定搭伙工作的再总结[*]

（一九六〇年十月十七日）

一、概　况

　　锦绣里是一个劳动人民聚居的里弄，有 653 户，3010 人。其中职工和劳动人民占 93% 以上，大部分是国棉四厂、新生纱厂、公交公司的职工和他们的家属。锦绣里食堂是在 1958 年 12 月开办的，近二年来，它已发展成为拥有千人搭伙的大食堂，并有两个卫星食堂，有 544 户搭伙，占锦绣里总户数的 83.3%，其中全搭伙 187 户，占 34%，半搭伙 357 户，占 66%，搭伙者当中有 174 户是家庭妇女解放劳动力的，占全里弄家庭妇女解放劳动力的 82.8%，今年三月份，这个食堂曾经发动群众鸣放，积极整改，促使它从落后的食堂转变为较好的食堂，它在服务生产服务群众生活方面起了一定作用，已在群众之中扎根。

　　但是，在食堂发展的过程中，出现了一些新问题。由于里弄食堂搭伙者的情况较为复杂，他们的生产时间不一，生活习惯和具体条件不一，因此对食堂的要求也多种多样。据调查，全搭伙 186 户，其中有双职工 95 户，家庭妇女解放劳动力 78 户，单身职工 8 户。以及 5 户家中虽有人，但老弱残病，自己烧不方便的，他们是固定全日搭伙的。半搭伙户 357 户，他们的具体搭伙情况则不一样，有的三班制工人，有时在家自己烧，到食堂吃几餐和吃哪一餐是根据生产班次而定的，有时全家伙食在家里自己烧，有时全家伙食都到食堂买，还有

---

　　*　此标题编者作了修改。原件现存于上海市档案馆。

菜场摊贩,也有自己烧一部分的,这二种情况共有52户,占半搭伙10.8%。家里有老年人自己烧一部分的有76户,占32.7%,家有病人和婴儿,因而自己烧一部分的有66户,占28.5%,有十户看菜吃饭和3户勉强参加食堂的,此外认为粮食较紧12户,嫌食堂菜数量少或服务态度不好而有时自己烧的共36户。食堂尚未建立相应的管理制度,任何居民只要凭粮票、油券和钞票就可以随时买饭菜券,凭票吃饭,不受任何限制。食堂对搭伙的户数人数粮数心中无数,没有一本账,因此不能统筹安排,有计划地管好群众生活。到食堂来吃饭的人时多时少,饭菜有时不够,有时又剩余很多,工作人员经常"三急",一急人来少了,饭菜过剩浪费变质,二急人来多了,饭菜供应不足,三急居民吃不到饭菜意见多。搭伙者生产学习回来吃不到饭很不满意,有时还有浪费饭菜现象。少数看菜吃饭的人,抢先把好菜买光,而真正基本搭伙户下班回来,却买不到好菜,而且在副食品供应上有重复供应的不合理现象,有些人到市场买了菜,再到食堂买菜,增加了市场压力,这些问题不解决,影响食堂的巩固提高。

为了巩固前一阶段大发展的成绩,切实地解决在发展过程中出现的新问题,我们根据区委的指示,实行固定搭伙,作为整顿巩固提高食堂的重要环节。为了取得经验,街道党委决定以锦绣里为点,由党委书记挂帅,生活福利组具体负责,并组织了普陀路街道商业组织人民经济生活工作组,粮店和菜场等方面的力量,深入里弄,在调查摸底的基础上,经过7月20日到27日七天时间集中的工作,基本上实行了定点、转粮、凭票吃饭的固定搭伙制度。实行固定搭伙以后,原来搭伙的544户有497户转粮来(有50户双职工全部转到工厂去了),而有34户新参加,未转粮来的只有29户,他们不转来的原因主要是:家中有老人等亲属自己烧的8户,看菜吃饭的3户,以及少数家中有病人或有临时户口的,这几种人共占5.3%(9月份搭伙户数又略有上升,有507户)。固定搭伙后食堂的用粮数则有增加,从7月份的18800斤增加到8月份的25416斤,9月份继续略为增到26004斤,以个人平均转粮数计从7月份的11斤上升到8月份的17斤,占锦绣里居民大小人平均定粮数25斤的近70%。

二、基本做法

由于固定搭伙工作的目的是巩固提高食堂，充分发挥集体生活的优越性，更好安排好群众生活，因而我们的基本做法是广泛开展宣传工作，发动群众依靠群众来整顿食堂工作，同时，了解群众的实际要求和听取他们的意见，采取切实措施改进食堂，更好为群众服务，具体分以下几点：

1.调查研究，摸清情况。对搭伙者排个队，摸清全搭伙的基本情况和半搭伙的基本情况，以及半搭伙的各种原因。他们对食堂的意见要求，进行分析研究。通过调查，证明绝大部分搭伙者，包括全搭伙户和大部分半搭伙户对食堂的举办普遍反映良好，赞扬它为生产、工作、学习，为群众生活服务起了积极的作用，因而使我们看出今天的食堂群众已经离不开它，食堂已在群众之中生根，群已把食堂作为自己的家，充分反映了固定搭伙是群众的要求，使我们有充分的信心来实现固定搭伙。并且把群众对食堂拥护的无数事例，作为教育群众提高对集体生活认识的最好的内容。

通过摸底，听取了群众的意见，一种是属于食堂工作人员服务态度上的缺点，另一种是对于食堂尚未固定搭伙而造成管理不善，服务上的缺点，并反映了有一部分人"看菜吃饭"，这是食堂的漏洞，使我们了解这些漏洞，必须堵塞。

调查摸底的方法主要是召开座谈会，和个别访问，以及依靠居民小组长反映情况，通过排队，使我们心中有了底。

2.总结食堂工作，广泛开展宣传。为了提高群众觉悟，使群众看到集体生活的优越性，并发动群众一起搞好食堂，我们先干部后群众，总结了食堂开办二年来的工作，突出宣传它在为生产服务为群众服务方面所起的积极作用，充分显示出集体生活的优越性。同时，检查工作上的缺点，采取积极措施加以改进，对于尚未实行固定搭伙制而影响食堂的管理问题摊开来，给大家讨论。

3.订出方案，交给群众讨论。由食堂民主管理委员会提出实行固定搭伙的办法，说明它的意义好处和办法。并且针对某些群众对固定搭伙的顾虑进行解说。如：有人问："固定搭伙以后有没有小自由？""粮食转进食堂，有余的是否可以取出?""亲友来访,星期日能否特殊照顾,到食堂吃或取出来自己烧?""定下来后,逢开会、学习回来迟了不吃是否浪费了?"针对着这些思想,大讲固定搭伙的意义、好处和办法。好处着重讲:(1)有利于改进食堂的管理;(2)更好为生产服务为群众生活服务;(3)有利于计划用粮节约用粮;(4)简化搭伙手续,方便群众;(5)更好培养集体主义思想;(6)有利于市场统一安排,合理供应。

4.对群众正面讲清政策原则和办法。为了要整顿巩固集体生活事业,公共食堂必须要有规章制度,即有一定的章程和管理办法。里弄食堂的搭伙者必须是居住在本里弄的常住户口或在当地工作的人,特殊情况则须办理正常手续才可搭伙,而且必须按户按人按餐固定下来,把在食堂的用粮转到食堂,我们贯彻积极办好,自愿参加的原则,向群众说明固定下来继续贯彻执行大集体小自由的原则。具体的办法是:"按户建账,分户立卡,一次转粮,分批购买,凭票吃饭,节约归己。"可根据实际情况参加全搭伙或半搭伙,一般早、中、晚餐转粮数可以二二一的比例计算,各搭伙者可自行决定。在宣传教育基础上,分别办理转粮手续。

5.加强对食堂工作人员政治思想教育,积极改进工作。使她们进一步树立全心全意为生产为劳动人民服务的观点,鼓励他们虚心听取群众意见,积极采取措施,改进工作,把食堂向前巩固提高一大步。

三、主要收获

1.提高了集体生活的组织程度。通过食堂工作的总结,群众更进一步体会到集体生活的优越性,并且广泛听取了他们意见,食堂工作有了显著的改进,感到食堂对他们的关心,从而更加支持食堂,许多人把粮食转到食堂,所转粮数比之未固定时增加,更多人以食堂为家,克服了原来相当一部分"一脚门里,一脚门外"的思想和搭伙的不稳定性。食堂的搭伙情况愈来愈稳定了。还有不少人来义务劳动,每天早上有十四五个老人来帮助拣菜。有个退休工人叫陈阿二,每天早上来帮助拣菜,空下来宣传卫生,劝孩子们洗清手再吃饭,向搭伙者宣传爱护食堂财产。

2.改进了管理,使食堂巩固提高了一大步。现在,食堂对搭伙户、人、粮食均有一本账,便于统筹安排,有计划地进行工作。工作人员的"三急"问题解决了,变忙乱、被动为有计划、主动了,居民到食堂饭菜断档的现象也基本克服了。同时,食堂建立了各种必需的制度,如验收、财务、经济核算等制度,提高了服务质量和服务态度,他们根据群众的意见,作了如下改进:(1)提高出饭率,一般稳定在三斤以上。他们应用烧饭过程中过磅记录制度,用四过磅的办法,即拿来磅、米下锅磅、出饭磅、卖饭磅。这样,促使出饭率稳定,而且加强了工作人员责任心,并且能当餐结出盈亏。他们还实行了干稀并举,在蔬菜较应较多的日子,粮菜混吃。(2)小菜实行经济核算,分批烧,分批供应。每种菜分别核算,打破逢五逢十的价格,有不收油券的汤,三餐备有酱菜,适合劳动人民的生活水平。(3)改进供应方法,减少了排队拥挤现象,增加饭菜供应窗口。卖饭高峰时工作人员全力以赴。为了使时鲜菜供应趋于合理,发时鲜菜券,既减少了拥挤争购现象,又使大家可以吃到,居民普遍满意。(4)建立了验收、保管、财务等制度,货物购进均进行验收,食堂财产清点和保管。如碗筷借出散失的浪费很严重,加强了宣传和管理,仅几天内归还了 408 只,账目做到每天清,隔日公布,每月公布一个月的账目。她们贯彻了增产节约的精神,饲养了部分家禽,下的鸡蛋做菜照顾病人、产妇吃,淘米洗锅、刷锅的米饭粒都积起来,分别作为粮食和饲料;淘箩篮子自己修理,留下南瓜子、冬瓜皮、目鱼骨都卖给药材店;用煤方面,用少加、薄加、勤封、一煤三拣的办法,八月份比七月份节约 23 担,九月份改进了炉子,炉堂改小,并减少一只炉子。因此又比八月份节约了 46 担,行政管理费用九月份比八月份节约了 28%。

3.简化了搭伙手续,无论对居民、食堂和粮店都带来方便。固定搭伙后,转粮只需办一次手续,以后没有变动,就可凭搭伙卡到食堂购买饭菜券,不必再如原来那样每购买一次饭券就需要到粮店出代粮证,节约了时间和精力。食堂也不必每天把这些代粮证到食堂办理过户手续,粮店更加减少转粮的次数,几百户的代粮证代之以食堂一张购粮证了,而且粮食有条件直接运到食堂,不必经粮店再搬运过来,因而促使粮店节约了两个劳动力。

4.使菜场供应给食堂的菜,有条件根据实际搭伙人数按比例的合理供应,解决了一天跑几个菜场排队购菜的紧张忙乱现象,一方面保证了食堂的副食品供应,另一方面有利于市场实行副食品计划供应。

前一阶段的固定搭伙工作,在区委领导下,虽然取得一些成绩,但还只是初步的,还有很多不够完善的地方。我们要在现有工作基础上,继续整顿、巩固、提高。

中共上海市普陀区街道委员会

一九六〇年十月十七日

中共上海市委城市
人民公社工作领导小组
办公室通知[*]

（一九六〇年十月二十六日）

市委城市人民公社工作办公室于 1960 年 10 月 21 日精减人员,由以下同志调回原单位另行分配工作:

李　援　张慰慈　陈志存　周惠珍　高曾幗　程　豪　陈燕芳　刘敏之
徐炘如　陈心志　赵二皆　魏锦堂　祝月珍　钟云宝　谢建晖　章力挥
路　文　徐文彬　韩　韬　张淑曾　李影秋　王任涛　金宝根　徐德铭
在此以前已陆续回原单位的有:
何复基　勇坚　李春阳　周林章　朱志全
市委城市人民公社工作办公室目前有干部 30 人,分秘书、生产、生活三组:

秘书组:余宝麟　郭俊生　洪文媞　佘　英　余立德　陈建明　陈施明
　　　　陈荣杨　葛蕴芳　陆志清(史济才、陈业精 2 人额外)
生产组:王　静　陈德真　邵宗友　邬松清　丘培泰　徐　洁　姜东成
生活组:赵宝玲　徐　建　席玉年　黄仁尧　陈永庆　谢　宁　沈建良
　　　　沈　衍
部　长:王一平
主　任:刘光耀　汤桂芬

---

* 　此标题系编者加注。原件现存于上海市档案馆。

赵宝玲于 1960 年 11 月回市妇联。王静于 1961 年 6 月调总工会。

注:30 人都系中共党员;部长级干部 3 人,处级干部 8 人,科级干部 13 人,一般干部 6 人。

一九六〇年十月二十六日

中共上海市委召开城市
人民公社工作会议*

（一九六〇年十一月十四日）

王一平同志:最近办公室提出了一个今后工作的意见,因涉及方向性的问题,有些问题还要进一步研究。今天开个会作为酝酿性的,将来再向市委汇报,由市委批了下达。

一、基本概况

城市人民公社工作通过大发展,边发展边巩固,到七月后停止发展,着重进行整顿巩固。到九月底统计:全市有481000多人组织参加各项社会劳动。占现有劳动力629300人的76.5%。其中:生产人员73.3%,生活服务人员23.2%,文教卫生3.5%。今春市委向中央报告,也达到75%,但不能比,因那个数字把支援外地的、进厂的和已归口改造的个体劳动者都不包括了。

现有生产组织8875个,参加生产人员271850人,其中街道工厂836个,参加生产人员60145人,里弄生产组8039个,参加生产人员211705人。

从今年1—9月,生产的主要产品有:有色金属26660吨,电器仪表零部件77435000件,硫酸亚铁18990吨,硫酸钠7480吨,各种玩具17278000件,伞793929把,纸盒421298823只,金丝草帽4763顶,羊毛衫2291284件,各种服装2520967件,各种围巾3589588条,手套5558494副。以上这些情况说明街道里弄生产为大工业服务,为人民生活需要服务起了重要的作用。

---

* 原件现存于上海市档案馆。

在农副业生产方面:前一时期注意不够,这两个月注意了些,但统计数字不大。到 9 月底统计:养猪 8687 只,鸡鸭鹅 27184 只,鱼 127 万尾,种菜 1559 亩,食用菌已收获 835 斤,小球藻干粉 910 斤。

生活方面:食堂现有 2738 个,参加搭伙、半搭伙的共有 161 万人;托儿所、幼儿园共有 2845 个,入托、入园儿童 309548 人;各种生活服务组织 6867 个,服务人员 35155 人。

食堂、托儿所搭伙人数及儿童数比前两月有了减少,因前一时期大发展,统计不确实,后经整顿合并,有些减少。

文教卫生较前也有发展。街道里弄举办的招收学龄儿童的小学共 496 个,入学学生 185665 人,业余中小学 896 所,学员 144639 人。此外,还发展了文化站、图书馆 859 个,少年宫、少年之家等 166 所,政治理论学习小组 1952 个。有些地方还建立了地区医院、卫生站、隔离室等组织。

从以上情况看,组织起来后,对促进生产发展是起了一定作用。在改造社会生活方面,也起了重要作用。这是生活方式的逐步转变,主要是为了适应生产的需要、群众的需要。不能设想,群众没有这需要,强迫命令能组织起来。离开这需要,不能办得好,不是为集体化而集体化。社会生活的改造,与觉悟程度也有关系。生活习惯的逐渐改变,在改变社会精神面貌方面,也在逐步改变。当然,旧的东西不可能一扫而空,是长期的斗争过程,要及时反复不断地教育和锻炼,但必须看到这苗头。

这些是带有方向性的,积极起作用的东西,今后还在不断发展,不断起作用。这样一个深入的社会主义革命,不可能没有问题,有积极因素,但也有消极作用,问题是要调剂,使暂时起作用的东西能化消极因素为积极因素。一个深入的社会主义革命由于没经验,不可能没缺点。组织妇女参加劳动是个大好的事情,有其深远的政治意义,但带来的是社会购买力的增长。生产跟不上生活需要,农业生产还跟不上去。劳动量增加了,但相应的粮食量的消耗也增长了,对市场压力增加了。个体生活与集体生活处于交错现象,生活方式就变化了,在市场供应上也带来矛盾,如两面烧饭,两面供应。这是交错过程的必然现象,大集体、小集体之间也有矛盾。这些矛盾可不断调整,不断解决。大发展过程中,广大群众积极性很高,但由于没有经验,不免在一定期间带来一定盲目性,有些还在试办摸索过程,本来不是成熟的,只要方向不错,具体环节处理上可不断调整。一定时期出一些问题也是难免的,如生产方向、统一布局、争工缴等有矛盾,也有些小的共产风,个别倾向有点。搞些积累、家底(把集体生活办好)很容易发生,但发现了不得不纠正。又如生产经营思想,由于小业主、坏分子带来了投机倒把等坏因素。政策问题由于领导小组办公室对有些界限自己也不是很明确,特别是阶级关系方面,动用资产阶级房子,开始是明确的,有的提出自愿出让者可不可以动用?我们说:自愿的也不要。但执行结果不自愿的也搞来不少。当然,大办集体事业、大办生产、大办服务事业、大办文教事业,房子也是有问题,实际用劳动人民的房子是更多的。从劳动人民看,可能感到用资产阶级房子是天公地道的,我们也要体会劳动人民感情。另一方面,我们也必须承认检查教育不够,要批评教育,也要先讲清道理。如大发展,资属参加否?根据中央、市委指示,都不是积极吸收他们参加,当时我们也提:把有劳动习惯,有政治、经济需要的人组织起来。因公社的性质尚不是全民的,是以劳动人民为主体的,在组织初期,为使基础打好,把矛盾放在外面更有利些。对领导权一开始就必须掌握在无产阶级手里。只有这样才能贯彻党的政策。也考虑到基层干部的水平、经验,对资产阶级应付不了。现看,这样做法还是对的,但执行中没有坚决贯彻。这有几方面的关系:1.阶级关系在上海是复杂的,你要避免他,避免不了,他有个大势所趋,要考虑将来能否入社。他要来不见得是真心的,有的是半心半意,有的是假心假意,有的半真半假,也有的真的多些。2.上海还有个历史关系,从解放初至1958年,里弄的一套、妇代会等,头面人物大部分还是资产阶级及高知家属。这在当时是起了一定的作用,现在继续发挥她的作用,矛盾还不能完全摆到外面去。3.大发展中,有追求数字,未能很好贯彻市委指示。另外,我们说:劳动是光荣的,劳动能改造人。他们也想从劳动中改造自己,但急躁了些。柯老曾指示:不要把关系复杂化了,不要去触动资产阶级,资产阶级由统战部管。这些问题的出现不足怪,统战部检查,有道理。整个来说:领导权如何发挥作用?但基层如何估计?另一方面,现在市场供应是有困难的,群众意见较多,如何将关系处理好,减少不必要的叫嚣,还是必须的。要找出正确的办法,简单化了不行,"左"的或右的都不对。存在问题还是在具体政策的贯彻上,要采取具体措施以及时调整解决。

二、今后城市人民公社的生产问题

根据大半年的经验,过去中央和市委确定的方针是完全正确的。即:为大工业、为农业生产、为市场需要、为出口服务;增产节约运动一来,又提出四保:保钢、保粮、保尖端、保出口。这些方针都是正确的,问题在于怎样根据上海的特点、具体条件、每个时期不同的生产任务来具体贯彻。柯老在两次会议上提到,搞农副业生产,这与整个方针是一致的。如何加强农业第一线,农副业生产,以解决当前的亟须。这在当前情况下是对的,完全一致的。问题是上海的加工与副食品生产等位置怎么安排,尚未解决。按需要说,要有更多的劳动力去农业第一线,搞农副食品生产,但是上海的情况是:

(一)过去生产主要是加工生产(35万人中占27万多人),占主要方面。劳动力一下子向别的方面转有些问题。

(二)上海终究是工业城市,工厂多,不能大办工厂。另一方面,需要为工厂服务的也比较多。加工生产不是我们发明的,解放以后一直有,现在一部分是发展,一部分是把过去分散的个体的组织成集体的。这说明加工是有这个需要的,但这方面需要究竟怎样还摸不透。随着工厂劳动生产率的提高,原材料的困难可能有减少的趋势。但另一方面,以后向高精尖发展,利用边角料,有些小商品要不要解决,也值得进一步摸一下。

(三)农副业生产要有场地,城市有些"十边"可以利用,养猪、养鸡、养鸭,近郊区条件更好一些,这是一个方向,但是究竟能投入多大劳动力,也没有数。

(四)上海街道里弄生产人员绝大部分是家庭妇女,她们是否已完全摆脱家务牵累。她们有一部分还需照料家务,能去开荒、组织农场的究竟有多少?也要照顾她们的特点。还有收入问题,能否保证她们的收入,不能保证由哪里补贴?这里有一连串问题。如何继续积极地把一部分边角料先用起来。食用菌是否可以多发展些?也有政策界限问题。农村种十边为个人所有,城市十边到哪里去?公地无人管,就占为私有,也有矛盾。集体与个体也都有些问题。看样子大多数劳动力一下子是转不过去的。

第二个情况是明年上海的工业生产可能增长 10%,但轻工业可能只增长 4%,5%(未定),上海街道里弄原属于轻工业加工的不少。曹荻秋同志的意见,街道里弄加工生产的水平维持现状。街道里弄不能办工厂,不能搞自产自销,只能搞加工。加工生产的性质是属于为大工业服务,是辅助劳动性质。这方面需要多些,就可能发展多些,需要少些就少发展些,不能搞独立制造。加工生产最大的特点是不稳定,争取稳定是相对的。原因是:①原料不足,很多工厂的潜力没有完全发挥。②工厂还在不断地改组、调整、外迁、合并。③即使生产好的工厂也有间歇性,街道里弄生产要考虑如何灵活些,以适应这要求,不能要求正规。如何灵活些(产品时常变动),培养多面手,随时适应变化。

现有的生产组织如何整顿? 除了经营方针、经营思想必须整顿外,组织上、方向上、总的人数、个数不能发展增多,有些可以内部调整,某些还可能相应地紧缩。如里弄工已退回一万多,现在加工生产劳动力有多余,约 10%,如退回,共约有 5、6 万人多余,势必要紧缩。生产水平能否维持今年水平,这里有矛盾否,可以研究。要解决几个问题:①现有生产是否排排队,哪些生产比较稳定,根据需要与可能,可以维持现状? 有哪些生产不能维持:原料困难多,或是方向不对头,或是有碍健康太大,影响居民健康的,应坚决紧缩,裁并停止? 有的根据需要,要充实、提高、发展的(发展是指某些品种的内部调整),搞煤砖要由区考虑也有个合理布局。哪些街道搞,哪些不搞,同时要有技术指导,这方面有发展。小商品生产加工(利用边角料的)满足市场需要,有的可以发展。废品综合利用如何搞? 是否分分类研究一下。②采取间接纳入计划挂钩的方法。发的参考材料的两个地方所以搞得好,是因工厂需要,可以有个合同。想全市都采取这个办法不行,要多种多样的,为了密切协作,多方为工厂服务,有的可采取书面合同,有的可采取口头协议,沾个边。总之要灵活,使街道里弄生产有个依靠,能为工厂服务,好互相支持。与外贸部门也建立一定的协作关系。坚决制止独立制造,不要派采购员,更不要派到外埠做投机倒把买卖,不搞自产自销,但自产包销还是要有,因社会上有废物,边角料,采取正当的办法收集还是可以做的。自产可以,但一定要包销。销路必须控制:甲、由商业部门统一收购;乙、直接供给需要部门,经商业部门备案;丙、合法摊贩挂钩,经商业部门同意,但不能搞地下买卖,抬高市价,要按商业部门统一的价格。有关生产方向,是否各区研究一下。③街道里弄的适当分工,哪些由街道搞? 如废品综合利用,积累大,辅助材料有些是紧俏物资,放在里弄搞矛盾多,但是积极性大,如何办? 里弄最好搞单纯加工,但有些也不能统一(如"激素"),从产品性质、积累大小、辅助材料如何加以区别,里弄单纯些好。街道里弄要有适当分工。现在街道下放工厂如何办? 产值问题不与工厂争,已下放的还是变成加工性的,工厂就积极了。问题在于加工费要采取合理办法。有些工厂已转入别的产品,这个产品不管,原料由区解决,与工厂无关的当然又不同。凡是原料由工厂来的都作为加工。有些工厂必须收回的需要加工多少就加工多少。

上面说的是加工生产。

第二,农副业生产。如何采取积极态度,根据可能组织,方法不外:①崇明开荒,但体力劳动重。(郭健同志:不大合适)开荒好了去是适合的。②与农村公社挂钩,经常去一批劳动力,运菜等。收入办法:算工分,蔬菜公司能否给点补贴,街道里弄解决。这样的办法也是过度的。劳动力要合理使用,不要采取人海战术。③近郊区养猪等。

第三,劳动力的安排。最主要的是退工问题。使用单位要做好思想工作。现在事先打好招呼的是个别的,大多数是一二个小时讲讲话就回去了,使里弄无所适从。①按整编要求不能不退,但要考虑工厂的需要程度。最好的办法是把能从事农业的人口坚决退回农村,现在用农村人口的还是有。②使用单位做好思想工作,事先与街道里弄打招呼,给一个准备时间。③回来后不能不管,但也不能完全包下来。思想工作要继续做,分别情况对待:有的家庭生活不成问题,愿意暂时在家的还是允许他在家,等于劳动预备队性质;家庭生活不成问题,子女牵累多,可出来可不出来的,也可以暂时缓一步安排。必须首先安排生活困难的。办公室二室调查,约有半数是生活困难的。像这样的必须给以出路,安排。要有分析对待,总的方向不是要他们回家,安排在那些地方? ①带临时性的劳动(如运菜等);②服务站可以多安排一些,托儿所也要适当发展。食堂是稳定现状。着重安排在生活服务一路,生产方面可以内部调剂。

劳动保护需要重视。加工生产影响不大,最重要的是体力重的,从发展过程看是好的,但从发展看,长期下去是不行的。要适当调整过重的劳动,注意劳动保护。上次发的劳保规定,恐规定得死了一些,是否灵活些,假期不动,在产假时期给一定工资,允许有一些伸缩。有些生产组织任务不足,劳动力有余,劳动时间可以灵活些,可采取半天工作的方法,工资按计时工资。

三、关于生活问题

改变生活方式是一个革命,要有个过程,要根据生产的需要,起移风易俗的作用,要很重视,一定要办好。开始时认为要大搞,想一下子生活集体化,作为方向是对的,但在步骤上不能不分步骤,要逐步。

(一)食堂。要加强管理。城市与农村情况不同,一个生活水平不同,另一个农村食堂有家庭,有物质基础,有菜地,可养猪,养家禽,这一些城市也要搞,但受限制多些。所以城市要办好食堂困难多些,复杂些,但方向和作用是一致的。根据几年经验,城市食堂能够办好,能够巩固,问题是加强管理:(1)能否在可能条件下也搞些家底。以食堂的泔脚养些猪,能养一头二头也好,有的场地成问题,可采取二个或几个食堂联合起来办,或者食堂与里弄联合养,肉食问题要靠市场支持是不行的,优先集体是养不起的,要自己搞一些。(2)最重要的是加强管理,采取固定搭伙办法。大家庭要有计划,否则有"三急",吃饭的人多了伙食不够供应急;吃饭的人少了吃不掉,饭菜变质急……所以固定搭伙是否考虑作为一个方向。但固定不等于固死,不给予小自由,根据群众的要求,要给予小自由。要退伙的可以随时退伙,临时有事可以变动一下,临时退伙;亲戚朋友来有客饭。这些问题解决了,大集体小自由就解决了,固定就没有问题了。同时也要做好思想工作,讲清为什么要固定搭伙。食堂主要是满足需要,真心需要的人无所谓固定与否。本来可来可不来的人,暂时不来就不来吧,办好了他还会来的。节约归己用文字公布,不用文字都一样。节约不归己,大家就不高兴节约了。所以节约还是归己,可以文字公布。农村里都是节约归己的。总之,采取固定搭伙是好的,要坚持,但手续不要太繁杂,要便利群众。(3)书记要亲自下食堂,生活书记要抓典型食堂。

反对干部的特殊化,特殊化作风要坚决纠正。干部要以身作则,参加吃食堂,发现问题,改善管理。

(二)托儿所。最近以来,实际上未发展。还是要根据需要,根据不同情况,适当发展。现工厂还是非常需要的,希望里弄解决。要分别情况,该工厂解决的由工厂积极解决,该里弄解决的由里弄解决。也可以工厂里弄协作配合解决,哺乳室应该由工厂自己解决,幼儿可由附近里弄给以解决,有困难可与工厂协商解决。市委批了杨浦区的材料,一方面讲是对的,但正常的协作,互相支持还是要的,不能过于偏于一方面。总的不刮"共产风",但该协商的可协商解决,工厂也不要把该负的责任推给里弄,里弄担负不起来。曹书记的意见最好还是两下合作,要起草几条东西。

托儿所本身的管理也要加强,现在还存在很多问题,大小揩油,好人坏事,坏人坏事,托儿所中也有,在整顿中要抓住坏人坏事搞一下。最近不断有事故。保育员可训练一些,过去什么都紧张,现劳动力是有的,可从生产中调整一下做保育员。房子的潜力还可以挖一下,从公房中考虑,和房管局联系一下,但无论如何不要去挤资产阶级的房子。此外,保育员的业务训练要加强,包括新的老的,过冬防寒问题也要注意。

(三)服务事业。现在看发展不足,服务事业本身也有一定的生产性质,可以促进生产,还可大大发展,可以区别不同情况。要解决的问题是:(1)基层领导干部和群众的思想。愿搞生产,不愿搞服务,因为生产有积累。现在生活跟不上职工与居民的需要,当前群众的要求很迫切,拆、洗、缝、补,还有外来人口回乡后解决家务上的需要。所以思想上要解决,不能重生产,轻服务,要重视这种社会服务的重要性。在群众思想上重生产,不愿做伺候人的工作,也要进行教育,这是社会劳动的分工。劳动力安排上主要向这方面转移。(2)服务事业要作为社会服务事业,不要作为集体福利事业来办,有些人思想不通,认为不好向群众交代,这是可以说清的。在1958年大发展时,把服务事业作为福利事业是起过积极作用的,但到现在,里弄居民的收入增加了,福利也扩大了,再享受优待会增加新的矛盾:一方面和工厂比,工厂职工也没有服务方面的享受,居民有此享受不合理;另一方面真正得到优待的是谁?生活困难的劳动人民享受不了,享受到的一般是生活较好的。(3)服务项目要有重点,结合增产节约运动,结合季节特点,拆、洗、缝、补要多发展。价格应按质论价,如果与国营服务部门相等的质量,为何不能收相等的价格。服务站要能维持,还要从提高劳动效率这方面考虑。修补业务的布局也要考虑,有个合理布局问题,另外也有个原材料问题,可以和商业部门联系。(4)商品分配是非常复杂的一个问题。首先,根本问题是供应不足,同时供应方法如何合理,如何方便群众,目前有几个点在摸索分配方法,各种方法都可试验,究竟哪种办法好,有关部门共同来研究一下。开封路采取小组分配,不要卡,据说搞得较好。最近黄浦区与财贸部有些唱对台戏,是否平心静气地研究,不要有情绪。现在政权在手,党的威信很高,即使方向不对头,集中一批干部去搞,在短期内也能找出几条好处。所以还是平心静气地共同研究。

四、关于收入分配,财务制度问题

(一)现在全市平均工资水平是 20 元。七月份,市委考虑今年年底达到 25 元,现在根据情况准备维持在 20 元不动,暂不增加,比别的地方低些。现总的是社会购买力高,要压缩。关于分配办法已布置的,基本可用,但有些规定是否太机械些,如有些可以不评级的评了,有些高的压低了,可个别调整之。基本可行,但不要太机械,要根据具体情况而定。很多地区不平衡,采取一律的办法不适合。年终奖金看工厂,如果工厂发,里弄也可能酌量发,看市委讨论决定。

(二)工缴费问题。目前仍按习惯办法。现有二种意见,一种来自计委的意见,我们基本上是同意的,就是将工资、管理费和一定的福利费给里弄,其余都给工厂。里弄实际上是简单再生产。这个办法的好处是一切积累都在国家,不要再有利润上缴等问题了,但是否会影响里弄的积累(即福利补贴);另一种意见基本上是街道的意见,按工本费计算,给工缴费,有积累,有利润上缴。如果第一种办法,没有税收可言,如果第二种办法则税收、利润上缴都有了。现在这些都不定,将来采取哪一种,还是二者都用,还要研究。提出这些问题是给大家打开思路,如何对整体有利,适合上海的特点,又可适当照顾到群众的积极性。

（三）其他福利享受问题。关于食堂的搭伙费，现在不一致，有的地方付，有的地方不付，有的家属也不付。现要完全一律也有困难，因为基础不同，不能完全拉平，只有将来生产发展时向高处趋于一致。现在可先摸摸情况，不要轻易改变。现在我们实行的按劳分配，不要产生这个印象，叫"生产养生活"，作为任何一项社会劳动，都应有它的收入。对福利事业的补贴可采取内部转一笔账的办法，进行计算。食堂不能作为商业性的，但是管理上也应有个计算，是否可将费用算在伙食费中，但不赚钱，名义上不付搭伙费，实际上付了，要算一下，5%、6%问题不大，再大就不行了。总之，要比在家里吃得好，吃得便宜。如果 10%就困难了，这个问题要作为考虑。为了使食堂里吃得好，吃得便宜，食堂向商业部门买菜是否可按批发价格？价钱便宜些，这有一些道理的，①劳动力减少，②损耗减少，商业部门的费用也降低了，这是设想。食堂的房租究竟多少？是否可低些，也可研究。这二条都是假设，基本的是改善管理，靠生产的积累，究竟怎么样？

托儿所收入托费问题，也要研究，也有几种方案。

财贸部考虑发的税收问题，恐过早了一点。要再研究一下，不能一律 30%，各里弄的收入情况不同，要再摸一下。

五、组织整顿，思想整顿，工作作风上的整顿，制度上的整顿，各路都有这些问题

（一）阶级关系。现在的问题是怎么正确处理这些问题，还是要根据具体情况具体分析:(1)领导权坚定不移，一定要掌握在劳动人民手中，领导骨干一定要依靠无产阶级劳动人民。这并不是完全解决了的问题。人民公社是以劳动人民为主体的，同时，在基层干部，现在的水平与经验，对付他们是对付不了的。(2)在确保领导权的条件下，对有些资产阶级代表人物是否要适当照顾，对长远看来怎么样有利？具体工作可做。再有副职、虚职要照顾，有利于减少他们的叫嚷，以减少阶级关系的紧张，虚职如大委员，实职是各种组织的负责人，如生产、食堂、托儿所的负责人，表现好的可担任副职，发挥其作用，

但领导权不能在他们手里,依靠他们贯彻党的政策是不行的,不给他掌握实权,不依靠他们。具体工作如食堂,托儿所工作人员,这方面不要采取排斥的办法。(3)资产阶级家属,高级知识分子家属,按成分是资产阶级,我们不能把资产阶级与坏分子、反革命分子等五类分子混为一谈。坏分子、反革命分子不能给他们当炊事员、保育员,因为要防止破坏,资产阶级家属去当有什么不可以,表现好的,当副职也可以的,有些街道不让他们参加食堂、托儿所工作就不妥当。(4)要具体分析具体对待。如过去吸收的资产阶级家属,有些劳动表现好,靠拢我们,要留在生产组织内不能排挤,有些勉强的,有抵触,还有处在中间状态的,要具体分析,各区要做好政策问题,抓一下这件事。有个里委会说如何不纯,一检查,有些实际上不是资产阶级分子。统战部与办公室执行的都是党的统一政策,但有不同角度,不同的着眼点,办法是互相通气,交换情况,共同研究,否则就容易片面,互不信任就不好。总之,要在确保领导权的条件下,不要使阶级关系太紧张。在目前市场供应紧张的情况下要注意的。如天平路街道要汤蒂因家填节约表,反映到妇联,妇联干部就说:他们不对,你不要填。街道这样搞是不对的,但妇联也不要片面助长他的威风,不要那样支持他,说可以不填,再问问街道,这样,好人也同样做了。

(二)整顿中最主要的是改进作风,经营思想。对投机倒把、贪污盗窃也要整顿。这要区别情况,属于真的坏人坏事,要采取在群众中揭发批判,教育群众。但对小揩油要有区别,主要正面教育,一个分清是非,一个分清过去与今后。家庭妇女多少年的落后自私,一下子抹不掉,搞得不好把小揩油当坏人坏事处理了,会出毛病,要正面教育,今后改正。要区别坏人坏事、好人坏事和小揩油等几种情况。

六、关于街道委员会问题

国庆节前,6个单位成立了街道委员会,几个月前,陈、曹书记就认为街道委员会可普遍建立。这实际上是上海城市人民公社的一种形式,成为区以下的一级领导层次。任务非常重,既管集体组织,还管居民。也可能一部分全民所有制的事业、企业，也要逐步由街道管起来。还要看领导经验，现在街道不少要管两套，不是相应的机构，不能应付这局面，整编中要适当解决。光靠街道党委，党政不分不行。曹书记的意见还是可以普遍建立。年内陆续建立，形成一级领导层次。将来公社以区为中心，还是以工厂为中心，采取什么形式可以考虑。但成立仅是组织形式，如何把工作做好，最重要的还是进一步改进领导方法、领导作风，深入基层。这要结合整编搞整风，采取整风形式。

现有个新问题，几年来大跃进，但基层的基本建设，常易被忽视，如党组织的建设，领导制度，领导民主作风，群众路线，群众观点等，大搞群众运动而不深入群众。没有基本建设是不行的，深入基层还是要依靠基层党的组织，每次运动，政策上都有些问题，与这也有关系。各区要考虑建立这一层次，时间在今年内，采取既成事实的办法，集体组织是选举出来的，任务与办事处基本一致，现办事处的牌子暂时不要摘下来，以后经人民委员会讨论通过上述之后再摘下，街委员会主任、委员要经组织部审查。编制数 35 人，各区再考虑。

公社办公室机构各区不一致，如果街道委员会的领导层次形成后，各路都要管起来，办公室采取什么形式可考虑，但在一定阶段还要有。许多问题要摸索，因涉及各部门协作问题。作为区委助手，重点检查，组织要保留，但形式、人数以及各部门应怎样分工，可考虑。必须考虑上下左右的关系，力量既不要重复，又要发挥各部门的作用。整编过程中可研究。作为区委办公室的一部分，现还为时过早。

一九六〇年十一月十四日

中共南昌市委批转市委城市人民公社领导小组"关于城市公社整顿公共食堂和托儿事业的情况和意见"*

（一九六〇年十一月二十一日）

市委同意市委城市人民公社领导小组报来"关于城市公社整顿公共食堂和托儿事业的情况和意见"的报告。现转发给你们，望认真贯彻执行。

办好集体福利事业是关系到人民公社的巩固和发展的问题，是关系到直接影响社员群众的生产和生活的问题。因此，各级党组织必须在抓生产的同时，认真办好食堂、办好托儿事业。报告中反映全市大多数公共食堂和托儿组织经过一次整顿后工作人员觉悟进一步提高，各项制度已基本建立，多数食堂和托儿组织，做到了吃得省、吃得饱、吃得好、工作仔细耐心、群众满意。但在少数单位仍然存在一些问题，有些问题还相当严重，如管理混乱、用粮用油无计划，造成很大浪费；抬高某些售价，不计成本，单纯盈利赚钱，不结账，不按时公布账目；人员复杂，服务人员严重地缺乏群众观点，损集体，肥自己，少数食堂炊事员私分东西，看人打饭卖菜，个别保育人员竟忍心揩小孩的粮、油及糕点、水果等副食品。所有这些已严重地影响食堂和托儿组织的巩固和发展，这种现象必须迅速限制和纠正。

市委要求各区委、公社党委必须坚决地采取措施加以制止和整顿，立即组织力量深入食堂和托儿组织，从帮助工作入手加以整顿、加强教育，巩固地树立为群众服务的观点；建立与健全管理制度，坚持按人定量，按餐按人定量下米，节约归己；坚持半个月或至少一个月结一次账公布，账单要上墙；对五类分

---

* 原件现存于南昌市档案馆。

子、阶级异己分子一定要作出处理,清除出去,并立即从下放劳动中抽调一批大公无私、廉洁奉公、联系群众、民主作风好的人去充实加强力量。总之,要经过整顿,认真地把集体福利事业办好,使之巩固和发展。

中共南昌市委员会

一九六〇年十一月二十一日

附:关于城市公社整顿公共食堂和托儿所事业的情况和意见

(一九六〇年十一月十五日)

市委:

我市公社的集体生活福利事业,通过整顿获得了进一步巩固和提高。到目前为止,全市的居民食堂,由整顿前的 445 个,合并调整为 391 个,就餐人数达 71619 人。食堂各项基本管理制度日趋健全,工作质量有了提高。当前副食品供应紧张,多数食堂也能做到饭菜多样、吃饱、吃好,如系马桩公社清节堂第一食堂,在党的增产节约号召下,出饭率由 9 月份的 2 斤 14 两(5、60 年代度量衡中 1 斤为 16 两——编者注)提高到 3 斤 4 两,并以饭菜多样、干稀搭配、干净卫生和"六菜一汤",获得群众的赞扬,因而 10 月份用膳人数比 9 月份增加了 10%以上。

托儿所事业在巩固提高的基础上,根据生产和群众的需要,有了发展。到第三季度末,全市共建托儿组织(不包括公共单位)749 个,入托儿童 31235 人,比城市公社化初期增加 3 倍。杨家厂公社在建社初期,仅有幼儿园 6 个,保教人员 25 名,收托儿童 300 名,现在幼儿园已发展到 23 个,同时建立了哺乳室 5 个,儿童会 10 个,婆婆幼儿组织 11 个,入托儿童增加到 1310 名,占应组织的 94%,并已形成幼托网。

由于食堂、托儿所的大量举办、积极办好,对方便群众、解放劳动力、促进生产的更大发展和巩固提高公社组织起到了应有的作用,成绩是巨大的、基本的。但在整顿过程中也暴露和出现了某些新的问题,有待今后注意改正。

在公共食堂方面的主要问题是：

1. 食堂工作人员通过整顿，仍不纯洁。瓦子角公社 7 个食堂的 42 名工作人员中，有政治历史问题的达 11 人，占 1/4 还多。其中 5 个管理员，3 个有问题（伪党部干事、资产阶级分子、伪维持会职员）；5 个会计，3 个有问题（伪甲长、地主分子、伪警密家属）；9 个食堂负责人中也有 1 个是伪保长、土匪的家属。

2. 管理不善，菜少价格高，部分工作人员爱占小便宜。有些食堂还未建立严格管理制度，花园角和表花巷食堂，10 月份少了 200 多斤米，并查不出原因。有少数食堂的民主管理制度不够健全，已建立的也未经常开会，有的食堂几个月都不公布账目，内部管理有些混乱。如滕王阁公社石厂街分社第三食堂，8 月份未收搭膳费，除各项开支外，还节余 80 多元，而 9 月份收了搭膳费 70 多元，饭菜质量和价格未变，竟亏了 32.52 元。这个食堂盈利思想严重，一桶水豆腐成本不到两元卖了 5 元钱，肉皮进货成本 1.1 元，却按 1.6 元计算出售。百花洲公社 17 个食堂的工作人员，有 1/3 不按自己定量吃饭，炊事人员的专用饭票流于形式，实际是吃多少算多少。个别的食堂工作人员，把一家大小都带到食堂吃饭。潮王洲公社黄泥洲食堂邓玉莲未参加食堂工作以前，在家经常是干稀搭配吃，参加食堂工作后，不仅天天吃干饭，而且有面条摆在家里霉烂掉。高桥食堂胡少华（资属、居委会主任）在食堂，往往不拿饭票，多了米就退饭票，拿粮票去换饼票买饼吃，一次就换了 12 斤（1 斤换 1 斤）。杨家厂中心食堂管理员用粮票换香烟抽。某些食堂工作人员的工作作风有问题。豆豉厂第二食堂朱老太在工作中经常谩骂群众，影响很坏；有些公社把群众长期搭膳卡转食堂后，采取不准退膳的办法来巩固就餐人数，甚至由第二食堂转第一食堂都不同意，限得过严。部分人员不大公无私，看人打饭、卖菜，把浓粥、好菜留给自己或干部吃。百花洲公社保赤苍食堂，国庆节时供应肉汤，将有油的汤打给干部吃，中间一层炊事员吃，第三道汤之后再卖给群众吃；卖卤鸡、卤鸭也是如此，将肉卖给干部，头脚骨头卖给群众。马王庙食堂对国庆节计划供应的一批鸭子，干部和工作人员将大的、肥的私自分掉 50 多只，剩下 16 只借口在群众中分不开而退回商业部门去了。有的对食堂物资随便乱吃或携带回家，个别食堂已发现集体贪污粮和钱的现象。

3. 政策观念、群众观念不强。有的未很好地掌握计划用票，不是先松后紧就是先紧后松；有的食堂未按量买饭，积存了不少粮油。如杨家厂公社的子固路、射步亭两个分社的食堂就积存了大米 2400 多斤；文孝庙中心食堂自 5 月开办以来，平均每月都积存大米 100 多斤；潮王洲公社利字街 400 人的食堂，现积存大米 921 斤、食油 30 斤。问题还不在积存，而是未认真执行"节约归己"的政策，利用各种借口，把这些粮食和款项用于别处。如广外公社以借的名义向食堂要 15 斤大米，补助去萍乡挖煤的人员食用，迄今未还；惠民门公社桐子树分社将食堂结余款开支保教人员工资，虽然是暂借、代垫，但有的实际上是"一平二调"。此外，有的食堂弄虚作假，多购粮食。如百花洲保宜仓食堂，搞了 3 个粮站，10 月初多购粮达 1000 多斤（正在处理），有些食堂多吃粮，月月借粮，违反定量规定。

4. 当前蔬菜供应量不多。有的把蔬菜都供应食堂，有些单家独户买不上菜。这是一种偏向，但个别地方也曾经一度出现过另一种偏向。如供应未入食堂的单家独户居民的蔬菜数量，往往高于供应公共食堂按每人定量的指标；有的则将推销不了的臭腌菜或烂菜往公共食堂送，引起了某些群众思想的波动和不满，认为吃食堂不如退食堂，加上臭粮食压缩定量及出饭率不高的原因，已发现有些群众要求退伙。

在幼托组织方面的主要问题是：

1. 保教人员成分不纯比食堂工作人员不纯更为严重。如瓦子角分社 4 个幼儿园，18 个工作人员中有 7 个是有问题的，占 1/3 强，其中有地主 3 人，五类分子家属 1 人，特务家属 1 人，伪警察局旧职员家属 1 人；十字街公社中心幼儿园的老师是伪女保长，经常发牢骚，讲怪话；南关口分社中心幼儿园 4 个工作人员，3 个有问题，负责人是位女警察；百花洲公社中心幼儿园有 1 个杀父之仇的保教人员。

2. 粮食不够吃，影响到退伙、退园。粮食短缺一些的原因大致是：(1) 10 月份起一律停止了对幼儿园组织的补助粮；(2) 停止供应猪肉，也增加了孩子的饭量；(3) 过去每人每月有两个饼干（不收粮票）可顶两斤粮食；(4) 安排不当，计划不周，想办法提高出饭率不够，没有做到按定量称米下锅。据惠民门公社的调查，9 月份在 18 个幼儿园中有 12 个办了伙食，入托儿童有 600 人，搭伙儿童 378 人。现停办的有两个,停火的有 4 个,入托儿童也减为 448 人,下降 25%,孩子入伙也由 378 人下降为 283 人,减少 25% 左右。这主要是家长对下面三种类型的伙食有意见:(1)一天只吃两顿,而且是一干一稀,开饭时间又长(上午 10 点,下午 5 点)。(2)一日三顿,早上水豆腐或两个糖,中午稀饭,晚上干饭。(3)一日三餐都吃青菜煮饭。家长反映小孩在幼儿园吃不饱,不如回家,大人可节约一点给小孩吃饱。

3. 利用堂前、堂屋因陋就简建立起来的幼托组织。冬天到来,保暖有些问题。虽然有的在做调整,但少数缺乏门窗,甚至透风漏雨,而玻璃木料等的供应又有些困难。

4. 保教人员不大安心保托工作,认为没有前途,低一等,要小朋友叫"老师",不要他们叫"阿姨"。值得特别指出的是,有的保教人员或公社干部在幼儿园揩油、吃小朋友的粮食、肉食和点心。突出的如百花洲公社的某些负责干部和保教人员,他们在第一幼儿园吃饭,不按定量转粮油关系,把照顾幼儿园的猪肉擅自拿回家去,今年夏天孩子在庐山避暑时供应的花生米、桃酥、莲子、饼干、红茶、黄花等即被他们分掉或大部分分掉。另外,他们还常以幼儿园名义购买副食品。

根据上述问题和情况,我们对进一步办好公共食堂和幼儿园组织的意见是:

第一,进一步加强对集体生活福利事业的领导,切实做到生产生活一起抓。各公社必须要有 1 名书记或者社长分工专管生活工作,要实行干部分片包干、分工负责,经常地深入生产、深入生活,及时帮助解决各项具体问题,特别是要加强政治思想领导,安排好各种学习,组织和开展各种形式的竞赛活动。经常注意培养积极分子,根据条件发展一批党、团员,作为骨干,建立起领导核心。各区委要对此提出要求和措施、监督实现。

第二,坚决贯彻阶级路线,纯洁队伍。对公共食堂、幼托组织中的五类分子和表现不好的资产阶级、资产阶级知识分子家属等人员,须加以清理撤换,并在这次压缩劳动力的各种人员中加以调整补充,把那些成分好、身体好、工作积极、大公无私、热爱共产主义事业的社员调去接替他们的工作。

第三,建立与健全各种制度,认真贯彻政策,防止出现"一平二调"的现象。首先要把食堂民主管理委员会、托儿所管理委员会建立起来，并真正发挥它的作用。这些组织要吸收群众参加才能更广泛地听取群众的意见，更好更快地改进我们的工作。当前食堂应广泛地发动群众，开展大鸣大放，揭发问题，研究改进，以巩固这一阵地。其次，食堂必须继续坚持"计划用粮，以人定量。指标到户，粮食到堂，凭票吃饭，节约归己，按月结算，账单上墙，人人有底，乐意欢心"的方针和"积极办好，自愿参加"的原则，加强计划管理，做到成本核算，堵塞一切漏洞，力争不亏不赚（小卖部可适当赚些钱，但仍应用于食堂），群众满意。同时要教育群众，今天不吃明天米，食堂也要当月不用下月粮。公共食堂的粮油钱来自群众，要用于群众，有结余时不得做它用，已借用的要办好账务手续，并定期归还，不得随意挪用。再次，加强对炊事、保教人员的思想教育，要求他们关心集体、关心孩子、大公无私、克己廉洁。今后，所有工作人员伙食均不应与孩子们伙食混合，而应到公共食堂去用膳，并禁止占用、分吃供应给孩子们的食品。

第四，大力发展蔬菜副食品生产，各公社各食堂必须"以我为主，自力更生"地解决蔬菜副食品的供应，只有这样，才能更好地、尽快地办好伙食，改善社员生活。必须采取各种措施，达到"年底以前自给 20%—30%（按每人每天1 斤计算），明年 3 月以前半自给，6 月底以前完全自给"的要求。

第五，关于办好和进一步改进食堂工作的具体意见是：

提高出饭率。根据不同的情况和不同的对象，供应饭食，出饭率一般都要达到 3 斤以上，幼儿园的饭食应该是 4 斤左右。

干稀搭配，菜饭混吃。有干有稀是广大群众所习惯的，也是保证吃饱吃好的有力措施之一。当前蔬菜供应量少，应想方设法增加菜源，使饭菜多样化。

为了打消群众对卖饭量的某些疑虑，可以普遍推广钵子蒸饭。炊事员应按照自己的定量吃饭。

冬天来了，要做好保暖工作，保证餐餐供应热菜热饭，并尽量方便群众、缩短排队。

为了更好地服务生产，方便群众，有条件的食堂，要做到供应开水、热水，并试行"公用灶"，给予群众热菜热饭的便利。

在目前条件下，蔬菜供应应适当地给公共食堂、幼儿园以优先照顾。积极办好是我们办食堂的主要一条,在这个前提下,对极少数家中尚有闲散人力、要求自己弄饭的人,要根据"自愿参加"的原则,不要一律要求在食堂用膳。对退膳者和单家独户的蔬菜供应,也要按量供给,不应该停供或少供。

第六,积极办好幼托组织的伙食,使孩子吃饱、吃好。某些按年龄需要调高定量标准的应与有关部门联系,及时调整,并研究和学习别的幼儿园在同样的定量标准能使孩子吃饱吃好的经验。

第七,对简易幼儿园,必须做好防寒防冻工作,及时修理门窗或调整房屋,保证儿童不受冻。

以上意见是否有当,请批示。

中共南昌市委城市公社领导小组

一九六〇年十一月十五日

（上海市）关于食堂情况汇报 *

（一九六○年十一月三十日）

根据市、区委提出"全面组织人民经济生活"的指示，各街道区委均集中力量，第一书记亲自挂帅，组织干部深入第一线，发现问题解决矛盾，使居民食堂起了新的变化，情况如下：

1. 目前共有大小居民食堂 254 个，工作人员 1794 人，搭伙者 95227 人。这些食堂通过前一阶段的整顿、巩固工作，普遍地加强了领导，建立和健全必要的制度，使食堂管理水平，饭菜质量有所提高。据各街道区委的初步分析，其中属于骨干力量比较强，工作人员相互之间能团结，安心工作干劲比较足，有一套账务管理制度，财务有专人负责保管，没有大盈大亏，饭菜质量比较好，能根据当前货源供应情况动脑筋，翻花样，群众比较满意，"三热"工作基本上解决的一类食堂有 79 个，占食堂总数的 31.1%。如徐镇地区的后胡第一食堂，是街道区委的重要食堂之一，她们严格执行了一套管理制度，一切开支及时向群众公布，实行民主管理，出饭率始终保持在三斤左右；为了节约用煤放弃了休息时间，上门取灶，改进炉灶，拣废煤等措施每月节约煤球 1000 斤左右。为了在当前蔬菜不够宽裕的情况下使居民吃得满意，实行素菜荤烧，有素鸭、素排骨、素春卷等花样。为了使居民吃到热饭、热菜、热汤，她们采取了大锅饭不翻桶，小锅菜分批烧，随到随烧等措施，做到了"三热"，居民满意地称她们为"食堂的好当家"。

属于骨干力量，还比较强，工作人员基本上安心工作，也愿意把食堂搞好，

＊ 原件现存于上海市档案馆。

但管理制度欠健全，虽有预算制度，但执行得不严格，账目公布不及时，饭菜质量一般化，保暖工作基本上能做到，但做得还不够彻底的二类食堂，131 个，占 51.60%。

属于骨干力量比较弱，工作人员之间不够团结，工作不大安心，制度不全或有名无实，漏洞不少，揩油现象仍然存在，冬令保暖解决得不够，搭伙人员有意见的三类食堂 44 个，占 13.30%。如斜土地区的北方食堂，原来搭伙者 961 人，目前减为 458 人，下降 47.70%。该食堂虽然亦有一套行政财务管理制度，但是有名无实，核算毛估，小食堂拿去的饭也不过秤，上月缺粮 422 斤，原因不明，同时出饭率很低，一直在二斤十两左右，搭伙者反映粮食不够吃。工作人员态度生硬，看人头卖菜，居民很有意见地说："出饭不高，菜又不好，数量又少，还是自己烧合算。"

2. 基本上贯彻了实出实售的政策，极大部分食堂干部认识到此办法的重要性以后，就不厌其烦地掌握米的属性，掌握出饭率，盈亏差距很小。如枫林地区的西木食堂由于工作人员认识到实出实售是关系到居民的切身利益，每来一批新米要反复试，掌出饭率，这样 10 月份用粮 11315 斤，回笼 11235 斤，差距 0.7%。又如徐镇地区的后胡食堂，9 月份用粮 8000 斤，余粮只差距 1%。但是，亦有少数食堂干部，对实出实售的意义认识不足，存在怕缺粮没有办法，虽然名义上也讲实出实售，却在称饭时斤量扣得紧，如永加地区的永福食堂，10 月份用粮 11483 斤，回笼 11733 斤，余粮 250 斤，占 2.18%，个别食堂干部，对实出实售政策不了解，还是照旧不变，克扣斤量。如天平地区的湖南中心食堂，10 月份用粮 3706 斤，回笼 3974 斤，余粮 268 斤，占 9%。平时出饭率达三斤，而他们饭为扣热耗就一律以二斤八两出售。又如斜土地区的日晖二屯食堂，用油米做到实收实用，平时小菜油水很少，群众有意见，但食堂在 10 月份就积余了食油 40 斤。

3. 食堂固定搭伙工作，目前区的试点单位——漕北地区的馀德里委中心食堂和永加街道自己搞的连岳食堂的固定搭伙工作已经初告段落（总结在修改审查中），其余五个区委进一步提高食堂的基础上整顿巩固结合副食品供应工作的排队摸底，有重点地积极地作准备工作，创造条件分批推开。

4.上述存在的问题,各街道区委已引起应有重视,目前正结合整风,组织力量进行整改,进一步搞好食堂工作。

中共徐汇区委城市人民公社办公室

一九六〇年十一月三十日

上海市丽园街道公共食堂的调查[*]

（一九六一年一月）

一

丽园街道共有公共食堂三十一个（其中有一个是与工厂合办的），参加搭伙的人员共有一万二千四百三十人。

这三十一个食堂有十七个是一九五九年以前开办起来的，有十四个是一九六〇年城市人民公社化高潮中办起来的。搭伙人数在二百人以下的食堂有九个，二百人至三百人的食堂有四个，三百人至五百人的食堂有十一个，五百人以上的食堂有七个。最大的食堂有一千多人搭伙，最小的食堂只有七十多人搭伙。

在这三十一个食堂中，每日开办三餐的有二十六个，日夜服务、开办四餐的有五个。其中，还有一个食堂是专为老人和儿童服务的。

参加里弄公共食堂搭伙的主要对象是职工、职工家属和其他劳动人民。据对蒙二食堂三百四十五个搭伙人员的调查：家住外区，在本地区小厂小店工作的职工占26.9％；家住本地区的职工及其家属占25.5％；单身汉（主要是一些青年职工和个体劳动者）占6％；组织起来的里弄居民占39.1％；资属、知属等占2.3％。这些搭伙人员在食堂吃三餐的占24.3％，吃两餐的占32.7％，只吃一餐的占43％。

在这三十一个食堂中，约有四分之一办得较好，他们在当前的条件下，尽可能地提高服务质量，其余的食堂一般也能注意改进服务质量。总的看来，里

---

* 原件现存于上海市档案馆。

弄公共食堂是受到不少职工和居民的欢迎的。有些原来常常不能按时吃饭的小厂小店职工,现在能够按时吃饭了;有些夫妇在职的职工原来天天愁孩子无处吃饭,现在不用他们操心了;还有些平时家中无人照料的老人病人,也得到了食堂的帮助照顾。相当多的职工和居民反映:食堂确实帮助他们解决了吃饭的困难,使他们安心于生产和工作。

二

但是,在大办里弄公共食堂的过程中,单纯地强调"生活集体化"和"家务劳动社会化",认真分析客观需要和实际可能不够,食堂办得过多了一些。这就造成了里弄在经营管理上的许多困难,多占用了居民的一部分房屋、家具,增加了同居民的矛盾,也分散了里弄的精力,不能集中力量为真正需要的人把食堂办好。具体表现在如下几个方面:

(1)食堂办得过多,包得过广,一部分实际不需要食堂的人参加进来了,有些原来自办伙食的工厂、商店也不自办,而把职工的生活问题推出来到里弄食堂搭伙了。

在参加食堂搭伙的人员中,有一部分人对食堂并无实际需要或需要不大。据对蒙二食堂搭伙人员三百四十五人的分析,约有八十七人、占25%属于这种情况。他们基本上自己起伙,参加食堂是为了有时可以"机动吃吃";有的为了表现"积极"而参加食堂,不参加怕被人批判"落后";有的为了食堂可以提前买粮而参加进来;还有一些人则是"脚踏两头船",看菜吃饭,食堂有了好菜即来,没有即不来。如职工家属汤富源,本人在家从事家务劳动,一共只转了十四斤粮食到食堂,听见食堂有好菜才去吃。又如参加服务站工作的李金娇,住在食堂楼上,家中有人烧饭,只转了五斤粮食到食堂,每天看见食堂有好菜就去买。他们有的说:"食堂花样多,买点吃吃蛮方便";有的说:"参加食堂小菜多(指到菜场上买了一份,又可到食堂买一份),不参加食堂没啥啥。"这些人经常提前到食堂排队,将新鲜好菜和点心等抢购一空,往往使那些按时下工的职工等人买不到,产生很多不满意见。这是一方面的问题。

另一方面,有些原来自办伙食的集体单位,自己不办而来参加里弄食堂搭伙以后,多数职工感到不如以前方便,意见甚多。本街道地区有金银饰品厂、明星运动器具厂、振声钢铁厂(二车间)、卢湾五金厂、勤奋中学等四十个单位(共一千三百多人)原来自办伙食的,后来,他们为了节约劳力都不自办而来参加里弄食堂搭伙。事实上里弄食堂比起他们自己的食堂无论客观物质条件和领导管理能力都要差得多。有些职工反映:"过去厂里不排队,现在买菜买饭都排队";"过去吃的三热,现在吃的三冷";"过去饭量准足,现在时多时少";"过去可以随时根据大家意见改进伙食,现在里弄食堂条件差、困难多,办不到"。有些职工已经要求工厂自办,不愿继续参加里弄食堂搭伙。

(2)食堂多占用了居民的一部分房屋和家具,增加了同居民的矛盾,同时,在副食品、燃料和炊具等方面也有重复供应现象,增加了市场的压力。

食堂共使用房屋二百零九间,面积为三千零八十五平方米,其中,动员居民让出的为六十九间、一千一百零九平方米。本地区居民的居住用房本来很挤,食堂多占用了一部分房屋,在一定程度上增加了部分居民居住用房的困难。尤其是在动员居民出让房屋的过程中,有的不够实事求是,勉强动员群众出让,有的甚至强迫居民出让,或者不经居民同意擅自占用,群众意见甚多。局一食堂勉强借用了一个三班制工人楼下的客堂和灶间,有时这个工人做夜班,白天要睡觉,而食堂吵吵嚷嚷,使他无法安睡,他气愤不过,即在食堂开饭时敲楼板,楼下灰尘飞扬,居民说:"撒胡椒面了"!相互关系极为紧张。借用居民的桌椅板凳、刀锅碗筷、盆罐缸橱等用具,损坏丢失很多。有一个里委会借居民两张八仙桌,因门小拿不出,即将两条桌腿锯去,抬到食堂。有一个食堂借用居民十七条长凳,遭到损坏当木材烧掉的就有十条。居民对这些现象十分痛心,有些居民说:"自己舍不得用,给你们弄得一塌糊涂!"有些居民已经提出收回所借房屋和家具的要求,他们说:"尽义务尽了一年也可以了!"

此外,由于食堂办得过多,尤其是参加食堂搭伙的人员中有80%以上家中还要起伙,这就在副食品、燃料和炊具等方面造成某些重复供应现象,增加了市场的压力。

(3)由于食堂办得多了一些,有些食堂规模又较大,这同刚刚走出家庭的里弄妇女的实际管理能力极不适应,因而不少食堂在经营管理上出现了许多混乱现象。

首先是财务管理混乱,账册不全,账物不符,家底不清,漏洞很多。财产没有清点入册,也无专人保管,流失、损坏严重。有一个食堂从开办以来共缺少碗盆一万多只,除去一部分被打碎外,多数是散失掉的。有一个食堂原有一百多条长凳,现在只剩下是十一条。有些食堂买米回来,不验收过秤,囤放后又无专人管理,饭票回笼与实际用粮数也不按餐按日计算,漏洞很大。蒙二食堂缺粮一千七百多斤,到现在也查不出具体的原因是什么。

其次是工作人员思想情况比较复杂,不少工作人员办事不公,有些工作人员营私舞弊、贪污盗窃。居民对食堂工作人员办事不公十分不满。有些居民说:"同他们熟悉的人买菜买饭,饭盛得满,菜盛得多";"好菜留给自己人,居民只好看看没话讲";有些居民说:"吃食堂叫个没办法,不如家里吃得饱"。最近发现八个食堂的工作人员有营私舞弊、贪污盗窃行为。如蒙二食堂工作人员一次私分掉四百块米糕,局一食堂负责人把食堂的鱼腌起来陆续带回家去,蒙一食堂负责人贪污严重,据侧面调查,其家庭实际支出已超出实际收入九百多元,家庭实际用粮已超出实际定量五百八十多斤。

里委会的干部和一些食堂负责人,对于要把食堂领导管理好,感到困难较多。他们有的说:"心里急得如火烧,不晓得用啥办法把食堂搞好";有的说:"工作搞不好,想想真要哭出来。"他们反映:"实际工作都靠会写会算的人,自己一样不懂,有啥问题也不知道。"而那些会写会算的人,情况则比较复杂,有的是小业主家庭,有的还是面目不清的人。在这种情况下,那些出身好,思想好的食堂负责人,也只好做做具体事务,实际上不能掌握经营管理大权。

(4)大多数食堂长期亏损,里委会包下来统负盈亏,给予补贴,这样,既加重了里委会的负担,也不利于食堂本身改善经营管理。

在三十一个食堂中,有二十六个食堂长期亏损,从去年一月至今年三月的十五个月中,共亏损四万一千五百八十三元,均由里委会的生产收入给予贴补。这种由里委会统负食堂盈亏的办法不利于促进食堂经营管理的改善。食堂不进行核算,"当家不理财",亏本赚钱与己无关,不仅依赖思想十分严重,而且用钱用人大手大脚,浪费很多,不能贯彻勤俭办食堂的方针。有些食堂工作人员认为:"不管搭伙人员多少,不管收支情况怎样,反正工资照拿。"因而不注意勤俭节约,不努力改善服务态度和提高服务质量。有的食堂工作人员把掉在地上的筷子当垃圾一样扫掉;有的食堂工作人员洗碗重手重脚,经常将碗敲碎;有的食堂工作人员听到居民检举有人拿食堂的东西,竟听之任之、不闻不问;尤其是有些工作人员根本不虚心听取搭伙人的意见,认为:"不是拿你的工资,你愿吃就吃,不愿吃拉倒"。前一时期,有些食堂乱花钱(最近较少),现在还有些食堂多用人,有一个食堂平均每个工作人员只为十八个搭伙人员服务。从这些情况看来,由里委统负食堂盈亏不是一个好办法。

三

里弄公共食堂虽然存在以上这些问题,从目前相当一部分职工和居民的生活需要看,他们仍然要求继续在公共食堂搭伙。据对蒙二食堂三百四十五个搭伙人员的典型调查,约有二百五十八人,占75%需要继续参加公共食堂。他们主要是下列四种人:(1)家住外区,在本地区小厂小店工作的职工九十三人,占二百五十八人的36.04%;(2)单身汉(主要是青年职工和个体劳动者)二十一人,占二百五十八人的8.14%;(3)家住本地区,家中无人烧饭的职工及其家属四十七人,占二百五十八人的18.2%;(4)组织起来参加集体劳动,自己无法烧饭的居民九十七人,占二百五十八人的37.6%。

再从整个街道的情况看,除了组织起来参加社会劳动,自己无法烧饭的里弄居民而外,还有下列几种人有继续参加公共食堂的需要:(1)大跃进以来,本地区新建和迁进了复源废品商店、东方鞋底厂、黄陂五金厂等二十三个单位,这些单位的生活福利工作还跟不上需要,共有二百多个工作人员需要参加里弄食堂搭伙。(2)相当一部分职工家庭的临时户口回乡了,佣工保姆不用了,现在家中无人烧饭,仅今年以来回乡的临时户口就有二百四十八人,减少的佣工保姆有三十六人。(3)有不少人过去在饮食摊店吃饭,现在饮食摊店减少了,又实行了凭就餐券吃饭的办法,于是就转入公共食堂搭伙。本地区一九五六年有饮食摊店一百三十六户,现在只剩下二十六户,减少了80.8%;(4)小厂小店限于客观条件,不能自办伙食,也不能联合举办食堂的有一百二十一个单位、五百三十三人,他们需要参加里弄食堂搭伙。

相当一部分职工和居民是确实需要食堂的,但是,一方面,里弄公共食堂必须针对存在的问题进行必要整顿；另一方面，他们的需要也不可能完全由里弄负担解决。

从里弄食堂看，大体要进行以下的整顿工作：

（1）必须坚决贯彻自愿参加原则，适当紧缩一部分里弄公共食堂，对于不愿意参加里弄公共食堂的人都允许他们退出去。

（2）对需要继续办下去的里弄公共食堂，要根据不同需要，采取灵活多样的方式：如承接包饭（类似过去的包饭作）；代客加工；固定为几个单位服务等。食堂的规模一般以二三百人较为适宜，同时，以实行"自愿参加，民主管理，独立核算，不亏不赚"的办法为好，凡是参加食堂的人都要做到定餐定粮，固定搭伙。

（3）对少数没有继续存在必要的里弄食堂要妥善地予以停办，多余的房屋可以退还居民，炊具、用具等物资要很好地进行善后处理。

采取上述措施以后，里弄公共食堂的搭伙人数会有所减少，但是可以集中精力为真正需要的人服务，认真把食堂办好。

为了适应生产和群众的需要，除了继续办好一部分里弄公共食堂外，同时还要采取以下的办法：

（1）工厂、机关、学校，过去办过食堂，现在又有条件恢复的应将食堂恢复起来；过去没有办过食堂，现在群众有需要，又有条件办食堂的应该自己办。

（2）小厂、小店单独办食堂有困难，有条件联合办的，应该在自愿结合、共同管理的原则下联合举办食堂。

对里弄公共食堂进行整顿和工厂、机关、学校举办食堂，都要有准备、有计划、有领导地进行。

一九六一年一月*

_____

* 本文献的制作时间为编者的推算。

中共南昌市委关于城市人民公社
组织机构和干部编制的决定[*]

（一九六一年二月二十七日）

市委常委会议于 1 月 28 日对城市人民公社的组织机构以及干部编制问题，进行了研究，并作出如下决定：

（一）将市区现有的 23 个公社调整合并为 20 个公社。

（1）南站与金盘路公社合并，仍以南站人民公社命名，其所属公共单位分别成立分社，统由南站公社领导。

（2）建新公社与桃花塘公社合并，改名为胡坊人民公社，原属建新公社的航校划归洪都公社。

（3）撤销青山湖公社，该社所辖的第四交通路以南的教育学院、政法学院、南昌五中、实验研究所、传染病院等在西湖区范围内，仍划归西湖区，就地入社；第四交通路以北第五交通路以南，青山湖以西地区划归百花洲公社；第五交通路以北，老铁路线以西划归墩子塘公社；老铁路线和青山湖以东地区划归江纺公社。

（4）江纺人民公社改名为青山路人民公社。

（5）潮王洲公社所属人造棉厂、敬老院划归广外人民公社领导。

（6）公园公社只包括省人委大院及其附近职工家属和江西宾馆、江西饭店，其他公共单位划入百花洲人民公社。

另外，新建县所辖生米、蛟桥城镇人民公社目前不变动，蛟桥公社仍由新建县管，其中中央、省、市所属工厂的党的关系原由市委领导的仍由市委领导，

＊ 原件现存于南昌市档案馆。

望城岗镇公社并入该地农业人民公社。

（二）精减干部编制。

将 23 个公社（洪都公社编制未在内）的 463 名干部，精减为 256 名干部。具体分配如下：

  （1）西湖区   6 个公社   78 人

  （2）东湖区   4 个公社   47 人（公园公社的编制不在内）

  （3）胜利区   4 个公社   57 人

  （4）抚河区   3 个公社   48 人

  （5）青云谱区 3 个公社   16 人（洪都公社的编制不在内）

  （6）新建县   蛟桥公社   2 人

分社是公社的基础，也应增加力量，使其真正起到一级组织的作用，凡以居民为主或规模大、业务广的公社，可配备 1—3 名专职干部，由公社生产收入中解决，不占公社编制；以工厂、机关、学校等公共单位为主、居民（家属）不多、社办事业较少的分社，一般不配备专职干部，但应由有关单位指定专人兼管起来。

（三）为加强对城市人民公社工作的领导，市委城市人民公社办公室仍予保留，以经常进行调查研究，总结介绍经验，检查贯彻党的方针政策，以及日常具体工作。办公室交市总工会党组具体领导（待整社工作基本结束后再交工会），编制 10 名，从市补贴公社干部总编制中拨给 6 名，从市编制总机动员名额中拨给 4 名。

（四）全市城市公社总编制为 256 名，即只占用原街道办事处的 126 名编制和市总编制内拨给 130 名干部。公社化运动以来借用机关、企业、学校的干部编制，留的干部应将关系转到公社来，不留的应迅速退回原单位。但原在工厂企业、机关、学校调到公社来担任实职的干部，原则上不调回，个别必须调回须经过市委批准。

由于干部编制的减少，工作又日趋繁重，必须配备较强的干部担任此项工作。关于干部调整配备问题由市委组织部和各区委研究确定。

中共南昌市委

一九六一年二月二十七日

（上海市）关于城市人民公社
工作中的几个问题*

（一九六一年五月十八日）

一、生产问题

全市现共有街道里弄生产组织 6971 个。参加生产的人员有 22 万多人。其中，为国营工厂企业加工的单位约占 81%，自产包销的约占 15%，自产自销的约占 4%。街道工厂（场）共有 825 个，有 6 万 6 千多人；里弄生产组织有 6146 个，有 13 万 5 千多人。生产的原料，大部分是工厂的来料加工，少部分是利用工厂的边角废料。生产的花色品种约有七八千种。去年一年的加工费及少数产销收入共有一亿八千多万元。经过几年来的逐步发展，街道里弄生产组织已经成为大工业的一支重要的辅助力量，支持了工厂的生产，补充了市场的需要。街道里弄生产的发展，解放了一部分家庭妇女，增加了她们的收入，改善了她们的生活，使她们受到劳动锻炼，学到了生产技术，树立了集体主义思想。同时，由于生产的发展，其他各项集体事业也相应地得到了发展。

但是，目前街道里弄生产组织还存在不少问题：

（一）盲目发展。有些产品不需要或需要不大、不宜发展的发展了，造成了原材料供应困难，生产任务不足，浪费了人力物力。

（二）过多地发展了一些街道工厂。全市共办有 825 个街道工厂。平均每个街道有八、九个，最多的有 22 个。街道工厂一部分是新建的，一部分是里弄生产组提升的，一部分是国营工厂及民政劳动部门下放的。有些街道在提

---

* 原件现存于上海市档案馆。

升里弄生产组的时候,没有适当照顾里弄的利益,使得里弄的收入减少了,增加了同里弄的矛盾。有些国营工厂下放后,供产销没有得到妥善安排,领导管理削弱了,产品质量反而有所下降。街道工厂办得过多以后,街道干部的领导水平与生产管理需要不相适应,因而部分街道工厂生产效率不高,浪费很大。

(三)加工生产不稳定,任务变化较大。今年第一季度,由于大厂开工不足,街道里弄生产组织处于停工半停工的占 30%—40%,最近仍有 4% 的街道工厂停工,24% 的街道工厂半停工。

(四)照顾家庭妇女的特点不够。集中生产的组织形式过多了一些,有些适宜于分散生产的也集中生产了。过去,分散生产,生产与家务可以兼顾。忙闲能够调剂。现在集中生产以后一般均机械地实行了八小时工作制,影响了一部分家庭妇女不能兼顾家务,而增加了某些困难。同时,还有部分妇女参加了不适宜于妇女参加的劳动,在一定程度上影响了她们的健康。

(五)少数自产自销单位由于缺乏领导管理,问题较多。有的产品质量低劣,以次充好;有的自订价格,往往比市价高出 30%—50%;有的派出供销人员到处奔走钻营,进行物物交换,甚至套购紧张物质投机倒把。

上述问题都必须加以解决:

(一)从上海工厂较多、原料不足、生产潜力较大等实际情况出发,街道里弄不宜于举办独立制造某种产品的工厂。过去市委确定街道里弄工业的方针主要是为工厂企业进行加工生产,现在看来这一方针是完全正确的,应该继续执行这一方针,办好加工生产。同时,根据需要与可能,充分利用废料下脚,积极生产某些小商品,增加市场供应;为了适应工厂企业的需要,也可以组织一些临时性、突击性的劳动,如装卸、运输、修路等;有条件的地区可以生产某些副食品。

(二)街道工业不能发展过多过大。如发展过多过大,势必造成原材料供应紧张,生产任务不足,以及街道里弄互相之间、街道里弄与工厂企业之间的矛盾增多。对于产品过剩或原料不足的生产组织都要加以压缩,需要停办的停办,或者改产其他有需要的产品。对于街道提升里弄的生产组,属于提升不当又适宜于里弄管理的归还里弄管理。有些已经下放给街道的国营工厂,属于不宜下放的应该交回有关部门。由于街道任务繁重,不宜管理太多的工厂。

（三）加工生产单位主要是为国营工厂企业服务的,其生产任务应该服从工厂企业的需要。为了保持加工单位的相对稳定,工厂企业对于需要街道里弄加工的任务,应该纳入本单位的生产规划,产品也应相对固定,并加强对街道里弄生产组织的技术辅导。这样,以便加工单位安排劳力,提高技术,保证产品的品种、数量和质量。

（四）组织生产要根据生产和里弄妇女的特点采取多种组织形式,如街道工厂（场）、里弄生产小组、统一领导下的分散生产和家庭副业等等,凡是适宜于分散生产的可以分散生产,必须集中生产的也不能按大厂办法,一律实行八小时制,可以根据不同的生产需要和妇女的特点实行四小时、六小时或七小时、八小时工作制。对于不适宜妇女担当的劳动,应该坚决进行调整,逐步把她们调到适宜的工种工作,同时,必须切实加强劳动保护工作。

（五）自产自销单位必须加强领导管理,不许粗制滥造、投机倒把。凡是商业部门能收购、包销的应该实行收购、包销;不能实行收购、包销的应该在产品、价格、质量方面进行监督管理。

二、公共食堂问题

全市现有里弄公共食堂 2355 个,参加搭伙、半搭伙的有 1117882 人。最大的有 2000 人;最小的不足 100 人。食堂的搭伙对象,据典型调查,小厂小店等集体单位、职工及其家属和一些单身汉共约占 60%,已组织的居民占 40%。里弄食堂自 1958 年开始举办以来,适应生产发展的需要,帮助一部分城市居民解决了吃饭的困难。但是,食堂也存在不少问题。（1）在大办食堂时,由于强调"生活集体化"和"家务劳动社会化",办得过多,包得过广,部分不需要参加里弄食堂的人参加进来了,有些原来自办伙食的工厂商店也不自办而来里弄食堂搭伙了。这些厂店的职工参加里弄食堂感到不便,意见很多,他们反映:"过去保证三热,分量准足,吃饭不排队;现在吃的冷饭冷菜冷汤,盛饭有多有少,买饭买菜都得排队!"还有一些居民家中有人烧饭,为了表现进步,随大流参加搭伙,他们"脚踏两头船",看菜吃饭,食堂有了新鲜好菜就来,没有就不来。（2）食堂多占用了居民的一些房屋、家具,增加了同群众的矛盾。

同时,在副食品、燃料和炊具等方面,也有重复供应现象,增加了市场的压力。(3)里弄食堂是依靠家庭妇女来办的,经营管理跟不上,不少食堂的财务混乱,亏损严重,工作人员办事不公,徇私舞弊,贪污盗窃的现象也相当普遍。

城市的公共食堂目前虽然存在不少问题,还是有不少群众需要公共食堂。这是由于:(1)1958 年全面大跃进以来,生产单位和其他事业单位发展得较多,这些单位的生活福利工作一时还跟不上需要;(2)居民的就业面扩大了,特别是大批家庭妇女参加了社会劳动,没有时间从事家务劳动;(3)许多临时户口回乡参加生产,佣工保姆减少了,有些家庭无人烧饭了;(4)过去不少人靠包饭作包饭,或者在饮食摊店吃饭,现在包饭作没有了,饮食摊店大量减少了。全市 1956 年有饮食摊店 24413 个,1960 年只剩下 3279 个,减少了86.5%;(5)有些小厂小店由于缺乏地方、设备、炊事员,自办食堂或联合办食堂都有许多实际困难。以上这些人都需要公共食堂帮助他们解决吃饭问题。

但是,目前里弄公共食堂的问题很多,照现在的办法办下去,群众有许多意见,必须加以整顿:

(1)适当紧缩一部分里弄公共食堂。凡是不愿意参加里弄公共食堂的人允许他们退出食堂。

(2)需要继续办下去的里弄公共食堂,要根据不同需要,采取灵活多样的方式:如承接包饭(类似过去的包饭作);代客加工;固定为几个单位服务等。食堂的规模一般以二三百人参加较为适宜。所有里弄食堂今后都应实行"自愿参加,民主管理,独立核算,不亏不赚"的办法,对参加的对象都要做到定餐定粮,固定搭伙。

(3)少数没有继续存在必要的里弄食堂要妥善地予以停办,多余的房屋可以退还居民,炊具、用具等物资要很好地进行善后处理。

采取上述措施以后,里弄公共食堂的搭伙人数会有所减少,但是可以集中精力为真正需要的人服务,认真把食堂办好。

为了适应生产和群众的需要,除了里弄继续举办一部分公共食堂外,还要采取以下的补充办法:

(1)工厂、机关、学校,过去办过食堂,现在又有条件恢复的应将食堂恢复起来;过去没有办过食堂,现在群众有需要,又有条件办食堂的应该自己办。

（2）小厂小店单独办食堂有困难，可以根据条件许可，在自愿结合、共同管理的原则下与附近单位联合举办食堂。

对里弄公共食堂整顿和工厂、机关、学校举办食堂，都要有准备、有计划、有领导地进行。

三、举办文教卫生和社会福利事业的问题

全市街道里弄现有为学龄儿童举办的中学十五所，小学四百四十八所，入学学生二十万六千多人。为一般居民举办的业余中学有一百九十五所，业余小学七百三十八所，参加学习的有13万多人。另外，还举办了文化站、图书馆、少年之家等文化组织二千四百四十六个；卫生站、红十字会等组织一千三百六十三个。这些文教事业在开展地区群众性的文教工作和提高居民的政治、文化水平方面起了一定的作用。

但是，在举办文教卫生和社会福利事业中，对街道里弄的实际情况和可能条件考虑不够，有些事业办得多了一些，不仅增加了里弄的经济负担，而且在领导方面也是力所不及。有的由于需要不大或管理不好，已经流于形式。如有的里弄图书馆每日来看书的不过二十多个儿童和十多个成人，却要设两个专职人员，按月支付工资40元。有的少年之家由文盲老妈妈管理，少年儿童经常在里面吵闹打架，好处不多。有些本来可以发动群众搞的卫生工作，现在设了庞大的卫生机构，专门雇用了一些人员来搞。个别里弄委员会举办了类似"敬老院"性质的老人俱乐室，追求形式，开支较多，引起群众不少意见。同时，这些事业都是为全民服务的，而经费全由里弄支付，里弄干部的业务又不熟悉，如果在业务领导上、活动经费上得不到有关部门的帮助和支持，既不能发挥这些事业的应有作用，也不能持久地办下去。

为了办好这些事业，充分发挥它们的作用，应分别不同情况，加以整顿。（1）凡是真正能够发挥作用，符合群众需要，领导管理和经费来源都没有困难的应积极办好。（2）凡是实际作用不大，流于形式，街道里弄缺乏力量办好的可以裁并、少办以至停办。（3）各有关部门（如教育局、卫生局、文化局、团委等）应在业务领导上、活动经费上给予必要帮助和支持，尽可能帮助解决某些

实际困难,使这些事业发挥其应有的作用。

除了以上三个问题,还有托儿所、服务事业、收入分配、借用和租用工厂、居民的房屋、设备、用具的处理等问题,正在进行调查研究,以后陆续汇报。

中共上海市城市人民公社工作领导小组办公室

一九六一年五月十八日

（上海市）关于当前城市人民公社试办中的若干问题和意见（草稿）*

（一九六一年五月）

我国的城市人民公社,是在党的领导和三面红旗的指引下,在生产发展和群众思想觉悟提高的基础上产生的,经过 1958 年的重点试验,又经过 1960 年的普遍试办,目前在全国绝大多数城市中已初步建立起来。两、三年来,它在组织闲散劳动力、发展生产、组织人民生活、提高群众觉悟等方面做了许多工作,取得很大成绩,在改造旧城市和建设社会主义新城市方面,发挥了积极作用,显示了一定的优越性。但是,由于城市的情况比较复杂,我们办社的时间还不长,经验还不足,加以对中央有关指示精神结合城市的具体情况研究不够。对现阶段城市人民公社的性质和任务认识不够明确,在工作中也存在着不少的缺点和问题。主要是要求在工作上急了一些,步子迈得大了一些,存在着不同程度的盲目性,在所有制问题上,公社一级集中多了一些,统得死了一些;对各种所有制之间的经济关系划分的不够清楚;在分配上存在着不同程度的平均主义;公社的各项管理制度还不够健全。这些问题都需要根据调整、巩固、充实、提高的方针,在调查研究、总结经验的基础上,实事求是的加以解决。

一、城市人民公社的性质和任务

关于城市人民公社的性质和任务。由于各地的做法不同,认识也不尽一致。归纳起来,基本上有两种不同的情况和看法。

---

* 原件现存于上海市档案馆。

有些城市的人民公社，一般的是建立在街道办事处一级。公社和街道办事处基本上是两个组织系统，两个牌子，一套人员；有些工作是结合进行的，有些工作是分别进行的。公社的组织对象主要是街道居民中的劳动人民，暂时不吸收国营企业、机关、学校的职工入社。公社的主要任务，是以发展生产为中心，组织生产，组织集体生活福利、服务和文教卫生等事业，逐步提高街道劳动人民的组织程度和觉悟程度。根据上述情况，这些城市的同志认为：城市人民公社在现阶段是城市街道劳动人民自愿结合起来的新的社会组织，是社会主义的集体经济组织。它在若干方面已经具有社会基层单位的性质和政社合一的因素，经过一个相当长的发展过程，将成为政社合一的组织。

有些城市，既建立了街道办事处一级人民公社，还建立了区（或不设区的市，下同）一级的人民公社。它们和相应的政权组织相结合，行使政权的职能。在组织上，公社管理委员会和街、区的政权组织一般是两个组织系统，两个牌子，一套人员。公社的组织对象主要是城市居民中的劳动人民，同时，还吸收国营企业、机关、学校的职工入社。公社的主要任务，是以发展生产为中心，组织生产，组织集体生活福利、服务和文教等事业，同时，管理相应政权的其他工作。根据上述情况，这些城市的同志认为：这些人民公社现在基本上是政社合一的组织，是我国社会主义社会在城市中的基层单位，又是我国社会主义政权在城市中的基层单位，但是在若干方面还不够完备。在经济性质上，这些人民公社虽然有或多或少的全民所有制的成分，但集体所有制是主要的。

鉴于城市的情况比较复杂，我们办社的经验还不足，关于现阶段城市人民公社的性质、任务如何规定合适，还需要经过一个实践的过程。因此，现有的各种不同的做法，都可以继续试验。

从现有的经验看，城市人民公社的实现政社合一，是一个比较复杂的问题，必须采取慎重的态度。凡是已经实行政社合一的公社，不论政社合一的程度如何，在工作中都要既有结合，又有分工；既要做好公社工作，又要做好政权工作，特别是不能削弱公安、司法等专政部门的职能，凡是没有宣布政社合一的，仍需要遵照中央历次指示的精神，不要急于宣布。

不论哪种类型的城市人民公社，目前首先应该做好组织职工家属及其他劳动人民的工作，对于资本家、资产阶级知识分子及其家属，凡是没有入社的，在今后一个相当长的时间里,仍然不要吸收他们入社。对于他们中已经入社的,应该对他们加强教育和改造,愿意退出的,允许他们退出。对于已经入社的小业主,既要注意发挥他们在生产技术上的长处,又要加强对他们的教育和改造。

二、关于所有制

目前,城市人民公社存在着国有制(公社管理的国营企业和公社企业中的全民所有部分)、社有集体制(包括以区建立的分社所有,以下同)和社以下的集体所有制(如分社所有,企业和小组所有),也存在着社会主义经济领导下的个体所有制。从全国来看,在公社经济中,集体所有制是主要的。

城市人民公社的工业不是在生产资料私有制的基础上发展起来的,而是在国家支持下,依靠工业公社职工的劳动积累,自力更生地发展起来的。在这种集体所有制的经济中,不同程度的具有全民所有的因素。

城市人民公社的所有制形式,对调动各方面的积极性、发展生产起了促进作用。但是,在公社工作发展和调整过程中,有些地方过多的把分社所有和企业所有的生产单位变为公社所有。在管理权限和利润提成方面,集中过多,统的〈得〉过死,对企业的亏损和费用开支,也包得过多。这种状况如不加以改变,对发展生产是不利的。因此,必须对公社的所有制进行适当调整。

调整所有制的原则,应当是有利于提高劳动生产率,增加产品品种,提高产品质量,节约原料材料和降低成本;有利于调动公社各级组织和生产单位的积极性;有利于实行"各尽所能,按劳分配",调动生产人员的积极性。

对积极性程度较高,操作技术比较复杂,供产销比较稳定的生产单位,对于积累较多的生产单位,和为公社服务的原材料改制、设备工具修造等生产单位,可以仍然保持公社或分社的集体所有。上述生产单位,如果公社一级集中过多,影响分社经济发展的,可以把一部分改为分社所有。

对于技术简单,手工操作的生产单位和以零星加工、修配服务为主的生产单位,如果不改变所有制就对发展生产和调动群众积极性不利的,可以改为生产单位集体所有。

对于已经集中的某些适合个体劳动的手工业者,应当允许他们在公社的领导下,进行独立劳动。

属于公社或分社所有的企业,应当核定资金,合理规定利润留成,进行独立核算,实行公社或分社共负盈亏。在这些企业中,有的也可以承认企业单位的部分所有,让这些企业在一定规定范围内自负盈亏,或者由公社(或分社)和企业按照利润分成比例来承担亏损。看来,这些做法都是可以进行试验的。对于生产单位集团所有的企业和小组,应当在公社统一领导下,实行独立经营,自负盈亏。

调整所有制是一件复杂细致的工作,必须从实际出发。经过调查研究,根据不同的情况,区别对待。有关所有制的改变,资产处理等重大问题,都应该经过干部和群众的充分酝酿,反复讨论,在取得他们同意后,再做处理。调整所有制的工作,必须先做试点,取得经验以后,有计划有步骤地进行。

在调整所有制工作中,应当对公社的财产进行彻底的清理。凡是占用劳动群众的生产工具和生活资料,应当坚决清理作价逐步偿还。公社占用资产阶级分子的生产资料和生活资料,应当坚决清理作价逐步退还。对改为企业、小组所有的单位中属于公社所有资产的处理,应当订出妥善的解决办法。

公社和国营企业之间,公社的各种不同的所有制企业之间,在产品交换、有关生产资料和劳动力的相互支援和一切经济往来,都必须遵守等价交换的原则。属于公社所有的各企业之间的经济往来,也应当等价互利,做到账目清楚、定期结算,以免影响各企业的独立核算。

三、公社工业生产

城市人民公社工业,经过两年多的发展,已经成为社会主义工业中的一个不可缺少的部分,成为国营工业的有力助手。它应该继续贯彻为人民生活,为大工业、为农业、为出口服务的方针。在今后一个相当长的时期内,应该把重点放在为人民生活服务、发展小商品生产和修理服务建设上面,充分发挥公社工业在恢复和发展手工业生产中的积极作用。

公社工业的组织形式,应该从有利生产、方便群众出发,既要有集中生产,又要有分散生产。生产单位的规模一般不宜过大，行业不宜过杂。对于现有生产单位中集中的不当的，应该加以分散。摊子搞得过大，企业并得过杂的，应该适当的分开。对于那些适宜于家庭生产的，可以采用分散的形式组织家庭副业生产。原来转为公社工业的手工业生产合作社，根据需要与可能，经过群众的讨论同意后，可以转为手工业生产合作社（小组）。

公社工业的产供销，应该在国家计划领导下，在各级手工业和公社工业管理部门的领导下，统筹安排，分级管理。公社工业的生产既要服从国家管理，加强计划性，又要发挥企业安排生产的主动性和灵活性。既要继承和发挥手工业传统名牌产品的特色，又要在可能的条件下积极创造新的品牌产品。

公社工业生产所需要的原料材料，除了一、二类物资由国家分配外，应该继续发扬就地取材、自力更生的精神，充分利用国营企业的边角废料和社会废弃物资，也可以根据国家和地方的规定，自行采购一部分三类物资。有条件的地方还可以建立原料材料生产和加工改制企业。公社工业产品销售，由国家供应原料材料的计划产品，原则上由商业部门包销；自筹原料材料和国家供应部分原料材料的非计划产品。可以自行销售一部分。销售价格，应该"优质优价，分等论价"。但是，公社工业采购原料材料、自行销售产品，都必须在有关部门的统一领导下，服从当地的市场管理。

公社工业企业的管理，既要实行集中领导，又要充分发扬民主、依靠群众、公社（分社）集体所有的企业和属于公社管理的全民所有的企业，都应采用适当的形式，加强民主管理。根据有些地方的经验，可以试行建立企业党组织领导下的工厂管理委员会。工厂管理委员会应该由职工群众选举产生，它既是行政组织，又是群众组织，既要抓行政工作，又要抓群众工作。它有权决定企业内部的重要问题。但不得违反公社和上级有关生产部门的规定。生产单位集体所有的企业（小组），也可以参照上述办法和手工业生产合作社好的经验，加强民主管理。

公社工业企业应该注意劳逸结合，加强劳动保护工作，尤其要注意妇女的保护工作，使他们在产前、产后、月经、怀孕、哺乳期间得到必要的休息和照顾。

公社工业企业，必须贯彻执行勤俭办企业的方针，严格实行经济核算，提倡因陋就简，精打细算，切实地节约人力、物力、财力，反对贪大求洋、铺张浪费。逐步地建立健全生产责任制和定额管理、质量检验、原料材料收发保管等制度。不断改进工具设备和操作方法。改善劳动组织,从各方面努力,不断提高劳动生产率,提高产品质量,降低成本,增加花色品种,切实地提高公社工业的生产水平和管理水平。

城市人民公社应该在有关部门的协助下,大力发展修理服务事业。目前应该集中力量办好拆、洗、缝、补、日用品的修配、改制,以及其他群众迫切需要的服务项目。修理服务业的经营方式要灵活多样,可以固定设点,也可以游街巷;可以专营修理,也可以由生产单位兼营。公社应该加强对修理服务事业的领导,加强思想教育,充实和培养修理服务事业的技术力量,努力做到服务质量好,效率高,价格合理,方便群众。

在有条件的公社,应该组织一些市内短途运输力量,以适应人民生活和城市建设的需要。

在有条件的城市人民公社应该适当的办一些农业,积极发展蔬菜和副食品的生产,但一般的规模不宜太大。

四、公社工业的利润分配和工资

公社工业的利润,应该从有利生产,有利于调动企业和职工的积极性出发,进行合理分配。

目前,公社(分社)集体所有的企业的利润留成,一般应该适当扩大。在具体规定各类企业的留成比例时,应该根据生产条件、产品、利润的不同情况,分别确定,企业留成主要应该用于扩大再生产、改进技术装备、整修厂房、改善劳动条件、技术革新和技术革命、竞赛奖金以及职工福利等方面的开支。

生产单位集体所有的企业(小组)的利润,主要由企业(小组)自己支配,并且根据利润大小,向公社缴纳一定的公积金、公益金或管理费。归企业(小组)支配的部分,主要用于扩大再生产、竞赛奖金以及职工福利开支,不得任意提高工资水平。

属于公社领导的个体劳动者的收益,除向公社缴纳的少量的公积金或管理费外,其余全部归己。

公社工业企业的工资制度，必须贯彻各尽所能、按劳分配的原则，实行政治思想教育和物质鼓励相结合，反对平均主义。工资水平应该低于当地同行业、同工种、同等技术条件的地方国营企业职工的工资水平。工资形式应该灵活多样，可以实行计时工资，也可以实行计件工资，必须加强定额管理，加强产品质量检验。有些分散的生产组和修理服务业也可以实行死分活值或分成制度，但必须合理的确定分值和分成比例，并且根据收益的变化进行必要的调整。不论采取哪种工资形式，都必须加强政治思想教育，提高群众觉悟。

为了保持特种工艺和传统品牌的技术，对有专门技能人员的工资应该提高。对积极培养技工的老师傅，应当给予奖励。

职工的集体福利待遇，应该根据企业的生产水平和生产经营好坏加以确定。一般不宜过高。对于经营管理好、利润留成较多的企业，福利待遇可以稍高一些，经营管理差、利润留成少的企业，福利待遇可以稍低一些。目前，集体福利待遇过高的，应该适当地加以压缩，以增加直接分配给劳动者个人收入的部分。

五、关于公社和国营大企业的关系

以国营大企业为中心的人民公社，在组织生产协作，为国营大企业生产服务，进行原料材料综合利用，发展公社经济；以及帮助大企业安排好职工及家属的生活方面，一般的都发挥了很大的作用。但是，由于各地的情况不同，工作基础不同，在公社和大企业之间的关系方面，程度不同地存在着一些问题。

国营大企业入社，应该坚持自愿原则，国防工厂不宜加入。凡是以国营大企业为中心的人民公社，必须保持大企业的组织机构、行政管理、经济核算，都完全独立。大企业间公社之间，应当互相支援、相互协作。双方的经济往来，必须实行等价交换，并且要服从国家计划。过去大企业与公社之间互相支援的物资、设备和劳动力等，凡尚未处理过的，应该适当加以处理，以教育干部，提高认识，明确政策界限，对于没有入社的国营大企业，公社应当从生产上、生活上积极地为大企业服务，而国营大企业也应当积极地支持公社。

在建社初期，有些国营大企业的党委书记和厂长兼任公社党委书记和社长的职务是必要的。为了不影响大企业的领导精力，又有利于公社工作，今后大厂兼职公社的干部不宜过多，可根据具体情况，由大企业的党委或行政有关负责干部兼任公社一定的职务。以继续加强大企业同公社之间的联系，共同研究解决双方有关的问题。

六、食堂、托儿所、幼儿园

城市人民公社的食堂、托儿所、幼儿园等集体福利事业，在促进生产，服务群众方面，都起了积极作用。今后应该根据群众需要和现有条件，继续办好。

食堂的主要服务对象是公社的生产服务人员和他们的家属。国营企业、机关、学校的职工、双职工子女以及其他劳动人民，必须在社办食堂入伙的，也可以吸收他们入伙。无论哪些人入伙，都必须坚持自愿原则，实行入伙自愿，退伙自由，不得勉强。

托儿所、幼儿园，应该主要吸收分社生产服务人员的子女入托。对公社所在地的国营企业、机关、学校的职工的子女入托，也应当根据可能条件，予以照顾。

食堂、托儿所、幼儿园的入伙、收托形式，应当适当生产和群众的不同需要，因地因时制宜，灵活多样。食堂可以入整伙、入半伙。也可以只买主食不买副食。托儿所、幼儿园可以全托、日托，也可以半日托。

食堂、托儿所、幼儿园的经费开支，除基本建设和配置大型的设备费用由公社开支外，经常费用一般地应该尽可能地逐步做到入伙人员、入托儿童家长负担。公社的生产服务人员缴纳管理的确有困难。可以由所在单位酌情给以补助。

食堂、托儿所、幼儿园必须坚持勤俭节约的精神，实行经济核算。建立健全的管理制度，努力节省人力、燃料和经费开支；必须加强民主管理，定期公布账目，根据入伙人员、儿童家长的意见和要求，研究和改进工作，提高工作质量。食堂必须加强粮食和副食品的管理，提高饭菜质量，做到经济实惠、分量足、质量足、价钱便宜。托儿所必须以保育为主、教育为辅。保证孩子吃好、玩好、睡好、身体健康；幼儿园应该保育、教育并举，培养孩子的体育、德育、智育全民发展。

公社应当加强对这些事业的领导，对于那些办得好、群众满意的食堂、托儿所、幼儿园和工作成绩优良的工作人员，公社应该给以适当奖励。

七、党在城市人民公社中的思想政治工作

在城市人民公社中，中国共产党的组织是领导核心。共产党员和共青团员，应当在各项工作中起带头作用和模范作用。

城市人民公社中的党组织，必须根据党的方针政策，加强对城市人民公社的领导。但是，公社的日常行政工作，应该由公社管理委员会负责办理，党组织不要包办代理。

城市人民公社中的党组织，应当定期讨论和检查公社管理委员会的工作，对于生产、生活、教育和其他方面的重要问题，一般地应先在党内进行充分酝酿，然后提交公社管理委员会讨论执行。

在城市人民公社中的党组织，必须加强思想政治工作，要经常向干部和群众宣传党的社会主义建设总路线，进行社会主义、共产主义教育，进行阶级教育，进行时事政策教育，进行为谁劳动、为谁服务和劳动光荣的教育。要教育党员、团员在工作中，必须坚决贯彻党的阶级路线，依靠职工群众及其家属，团结其他劳动人民，教育改造资产阶级分子及其家属，防止和打击地、富、反、坏分子的破坏活动，从思想上、政治上、组织上巩固城市人民公社。

城市人民公社的各级组织应当在党的统一领导下，经常注意以整风的精神，按照党的政策，检查工作、总结经验，培养训练干部和积极分子，发扬调查研究、实事求是和群众路线的作风。克服主观主义、官僚主义、命令主义，密切干部和群众的联系，不断地改进和提高城市人民公社的工作。

一九六一年五月

（上海市）关于城市人民公社性质、任务的几种看法[*]

（一九六一年六月十日）

一、关于政社合一

（一）什么是政社合一？

1. 按街道办事处范围建立的公社，虽然政权性的工作和社会性的工作合一了，但是，由于街道办事处不是一级政权，所以，这是一种不完整的合一。

2. 政权性的工作和社会性工作的合一，再加上政权和公社的合一，才是完整的合一。

3. 所谓"政"，就是政权职能，"社"，就是经济组织，政权合一，就是经济组织和政权职能的结合。

4. 政社合一，是社会基层单位和政权基层单位的合一，相当于街道办事处的公社，只能说是政权工作和社会工作、经济工作的结合，不能说是政社合一。

（二）现阶段城市人民公社是不是政社合一的？合一到什么程度？

1. 现阶段城市人民公社是政社合一的。因为：

（1）公社的社员可以包括社会各阶层有公民权的人，社员代表大会可以代替人民代表大会的职能；

---

*　原件现存于上海市档案馆。

(2)公社的组织机构,既有管生产、生活的部门,又有管政法、公安、民政等工作的政权机构;

(3)公社的工作内容,已经包括了原政权组织的一切工作。

2.现阶段城市人民公社实际上是政社合一,但是不够完备。因为:

(1)公社基本上担负了原区、街政权的大部或一部分职能,既管了生产、生活工作,又加强了专政工作,如果只管经济工作,就不叫公社;

(2)人民代表大会与社员代表大会还是两套,公社内不便于安排资产阶级分子;

(3)目前仍然实行一套人马、一套机构(或两套机构)、两个牌子。

3.城市人民公社是政社合一的。但是有问题,因此,现阶段不要合一。现阶段实行政社合一的问题是:

(1)影响和削弱了政权工作;

(2)容易产生强迫命令作风;

(3)对未参加公社的国营单位不便使用公社名义工作;

(4)城市阶级情况比较复杂;

(5)有些不应当由公社开支的费用由公社开支了。

因此,政社应分开:政管政权工作,社管经济工作,实行三块牌子(①派出所,②公社——分社——地段,③街道办事处——居委会)、三个组织、三套人马。

4.现阶段城市人民公社是经济联合组织,政社没有合一。因为:

(1)公社内尚未包括管界内的全体居民,工作对象不是全民;

(2)公社的工作内容未包括街道政权工作,只管社办工业生产和生活服务事业;

(3)不实行政社合一,也可以叫公社。

二、关于所有制问题

(一) 在公社管理的工业生产中有哪几种不同的所有制?

根据会议反映的情况,公社管理的工业生产大体上有下面十种情况(各

地不一定都有,比重也不相同):

　1.下放交公社管理的市、区属国营工业;

　2.由国营企业支援设备、技术力量、为国营企业加工的工厂;

　3.由民政部门下放的社会福利(救济)工厂;

　4.在手工业合作工厂和手工业合作社(组)的基础上发展起来的工厂;

　5.国家和公社共同投资(有的还有手工业联社的投资)兴办的工厂;

　6.公社一级管理的、依靠公社积累兴办的工厂;

　7.分社一级管理的、依靠公社(或分社)积累兴办的工厂;

　8.为国营企业或社办工厂加工的分散生产;

　9.群众兴办的、自负盈亏的小工厂(或生产组);

　10.独立经营的个体手工业。

　　对于上述生产单位的所有制性质有下面一些不同的看法:属于第2类的工厂,有的同志认为既然生产资料和产品的所有权都属于国营工厂,它就应该基本上属于全民所有;有的同志则认为这种工厂全民所有成分虽然很大,但它又是由公社管理,是公社工业的一个部分,基本上仍是社会主义集体所有制的范畴。属于第3类的工厂,有的认为基本上是全民所有,有的则认为这些工厂吸收的对象只限于贫苦烈军属、贫苦市民或有残疾的人,生产的利润一般作为救济费用,只能说是一种集体经济。属于第8类的分散生产,有的认为由于生产人员一无资金、二对材料和产品没有任何所有权,实际上是有关工厂(或商业部门)的附属工人;有的则认为是属于个体经济性质的家庭副业。

　　关于社有集体制的性质也有不同的看法。有的认为是属于公社(分社)的全体生产服务人员所有,有的认为由于城市公社是政社合一的组织,这些工厂应当是属于公社范围内的全体人民所有,生产利润中有一小部分作为集体福利,非生产服务人员也可以享受。

　　(二) 目前公社工业的所有制状况是否适应生产力发展的需要? 今后应当怎样进行调查?

　　这个问题,一般还谈得不多,初步涉及的有以下几方面。

1. 有的认为目前城市公社工业的所有制状况基本上是适应生产力发展和群众的觉悟程度的，不需要做根本性的变动，但是，也必须进行局部性的调整。有的则感到目前城市公社的大集体所有问题很多，有必要做根本性的变动，改成生产单位的小集体所有或者改成手工业生产合作社、组，自负盈亏，才有利于调动群众的积极性，发展生产。

2. 一般认为，在今后相当长的时间里，在公社工业中应当允许多种所有制同时并存。其中，有的认为，今后主要是发展社有（分社有）的大集体，某些集中过多的，可以发展一点分社（管理区）一级的经济，并在利润分配、管理权限等方面进行调查；有的认为，当前主要是多搞一点生产单位的小集体所有，让群众的工资、福利和企业的经营好坏直接联系起来。

3. 根据什么条件来调整企业的所有制？除了有利于调动群众的积极性、发展生产以外，有的提出在调整所有制时既要考虑资金、设备的来源，也要考虑生产力发展水平。有的具体提出：机械化程度较高、技术比较复杂、生产稳定、积累较多的，仍然实行公社集体所有；工序简单、手工操作多的，可以实行生产单位的小集体所有，或组织分散生产；对某些修理服务行业（修鞋、磨刀等）还允许个体经营。

（三）对和所有制有关的一些具体问题的看法

1. 为大厂加工的社办工厂中，大厂支援的设备如何处理？有的认为应当折价由公社付款购买，把经济关系搞清楚。有的认为既然这些加工工厂基本上是全民所有，除了由公社折价购买外，也可以采取继续借用、付折旧费的办法。

2. 由公社集体所有改成生产单位的小集体所有的工厂的资金、设备如何处理？有的认为可以采取借用、付折旧费的办法，有的认为应该作价由该单位逐步付还。

3. "自负盈亏"和所有制的关系。有的认为社有工厂也可以实行"自负盈亏"，有利于调动群众的积极性和克服"统负盈亏"带来的大平均主义。有的认为既然是社有，就应该由社"统负盈亏""自负盈亏"就成了生产单位的小集体了，而且"统负盈亏"并不一定就有大平均主义，只要加强工厂的经济核算、严格财务制度、合理规定留成等等，就可以克服大平均主义。

三、关于现阶段城市人民公社的职能

对于现阶段城市人民公社的职能,大体上有以下几种意见:

(一)凡是一区一社,工作对象应包括机关、工厂的职工、学校的师生以及城市居民,公社工作的主要职能是组织各种企业之间的生产协作、组织公社的工农业生产、组织全体人员的生活服务事业,以及原来政权所管的工作。

(二)公社的组织对象只要是城市贫民、职工家属及其他劳动人民。它的主要任务是通过各种集体生产、生活的组织形式,把街道劳动人民组织起来,参加社会主义建设。

(三)以街道居民为主体的公社,不包括企业、机关、学校,也不包括一般街道居民,只管参加集体生产和生活福利事业的人员,不管政权工作。

(四)以街道居民为主建立的公社,除做好城市街道办事处的几项工作外,还要做好以下几项工作:

1.加强市场管理。监督各服务部门的工作人员改进经营作风,提高服务质量。

2.加强对民办食堂、托幼等集体福利事业的领导,并积极组织居民搞好家庭副业生产。

3.积极发动群众加强对小商小贩和其他个体劳动者的政治思想改造工作。

4.组织和领导地区性和群众性的治安保卫工作和文教卫生工作。

5.推行"五好"、贯彻"三勤"的方针。

6.做好调解纠纷和社会救济的各项民政工作。

公社不管工业生产,原来的社办工业除个别转为合作工厂外,一般分别改为合作社或合作小组,归口郊区手管局的专业公司领导。实行统一领导,分散经营,独立核算,各负盈亏。

(五)一区一社和区以下的社在职能上应有区别

1.一区一社的职能

应该管:社办企业和事业;文教卫生工作;一部分商品分配政权工作;民兵

工作。

可管可不管：理发、洗澡、棉布店；财贸工作（银行、储蓄）；分散的房产。

不必要管的：属于双重领导的国营大厂，大中专学校；大医院；可不带或少带农业。

2.区以下公社的职能

应该管：生产和集体福利事业；综合商店；小学校；民兵工作；原街道办事处的一些工作。

可管可不管：银行分理处；房管处，财政管理所。

不必要管的：大厂的协作；数字的统计；大厂和机关的民兵工作。

（六）现阶段城市公社的基本任务：

1.以组织生产为中心，认真贯彻调整、巩固、充实、提高的方针，积极发展社办工业生产、修理服务和短途运输事业，并加强经营管理。

2.安排好人民经济生活，组织各种集体福利事业，办好食堂、托儿所、幼儿园。

3.开展文化教育和卫生工作，办好职工的业余教育，做好家庭工作，搞好公共卫生和防治疾病工作。

4.贯彻党的方针政策和政府法令，组织地区性的行政工作。

5.进一步加强社会主义改造，认真贯彻阶级路线，加强人民民主专政。

6.积极参加改造旧城市和建设社会主义新城市的工作。

7.加强政治思想工作，不断提高群众的思想觉悟。

一九六一年六月十日

（上海市）平凉街道第五里委会
食堂调查*

（一九六一年六月二十一日）

一

平凉街道第五里委会，共有三个食堂，都是 1958 年秋，在大跃进的形势下，群众白手起家办起来的。经过不断的整顿、巩固、提高，两年多来，对提高居民的集体主义思想，推动家庭妇女参加社会劳动；帮助家中无人照顾的职工和附近商店职工解决吃饭困难；并在节约开支方便群众等方面都起了重要作用。贯彻了为生产服务，为劳动人民服务的方针。

但是，由于食堂举办不久，经验不足，因此，也还存在不少问题。主要是：饭菜质量不高；服务态度不好；搭伙人数不稳定；食堂管理制度不健全；收支时盈时亏等。

为了更好地办好食堂，总结两年多来里弄食堂的工作经验，检查存在问题，我们调查了食堂的搭伙对象和它的内部管理关系，从而对里弄食堂的性质任务和它的经营方针，有了进一步的认识。现将调查结果报告如下。

二

搭伙对象的分析：

---

* 原件现存于上海市档案馆。

三个食堂目前共有 404 个固定搭伙户,占这个里弄 1257 户的 35.2%。人数 1846 人,占这个里弄 5575 人的 33%。这 404 户,有双职工 161 户,占 39.85%;单职工 115 户,占 28.47%;组织起来的里弄居民 87 户,占 21.53%;单身职工 27 户,占 6.68%;个体劳动者 5 户,占 1.24%;小业主 2 户,占 0.5%;孤老病残 7 户,占 1.73%。他们总的定粮是 47261 斤,其中转到工作单位的用粮 7592 斤,占 15.9%;转到里弄食堂的用粮 9347 斤,占定粮的 19.7%;家中留粮 30323 斤,占定粮的 64.4%。同时每月以代粮票到食堂搭伙的约占四五千斤。(属固定搭伙增粮的约占 32%;属临时搭伙的约占 68%)此外,尚有商业职工 251 人,转粮 5626 斤,集体宿舍单身职工 47 人,转粮 300 斤,因此,三个食堂每月用粮约二万余斤。

这 404 户搭伙对象有三种类型:

(一)迫切需要里弄食堂的有 94 户,占搭伙户数的 23%,其中因双职工和单职工,家中无人照料的有 41 户;家庭妇女参加社会工作后,家务工作没有人做的有 19 户,单身职工(即单身汉)宿舍离工厂较远,搭伙的 27 户,加上集体宿舍职工 47 人共 75 人;孤老病残,无依无靠的有 7 户;此外,因没有条件开伙的商店职工 251 人。这 94 户的特点,都是家中无人照顾,食堂未办以前,他们用保姆的 6 户,请邻居代烧的 5 户,吃包饭跑馆子的 5 户,在单位搭伙的 4 户,工作之余自己烧的 74 户,现在他们大部分粮食都转到工作单位和里弄食堂,他们的总定粮是 7486 斤。转到工作单位的是 1656 斤,占 22%;转到里弄食堂的是 3250 斤,占 44%,平时以代粮票在食堂搭伙的用粮还不计在内,他们对办好食堂都很积极,不少人在食堂开办时,还送过东西。两个孩子的妈妈周阿娥说:"家中只有我一个人,过去每天上工前都要把一天的饭烧好,不知少睡多少觉,还吃不到热饭热菜。"又说:"现在有了食堂,我还参加了文化学习哩。"双职工吴伟良说:"参加食堂有三大好处;对工作学习有好处;对身体健康有好处;对节约开支有好处。"此外,像商店职工,在里弄食堂搭伙,对食堂影响不大,而对商业部门却能节约人力和物力。过去汇群旧货商店十六个职工吃饭,商店每月平均要为每个职工支付 4.27 元,现在只需为每个职工缴 1.5 元代办费,节约了 2.77 元。最低的如同兴百货店,平均每个职工也节约 1.20 元,一般商店平均每个职工可节约 1.50 元左右。不仅开支节约,商店的炊事员和房屋设备也节省了。

（二）部分需要里弄食堂的有 194 户，占搭伙户数的 48.3%，其中因：双职工和里弄组织起来的居民，家中无人照顾，但平时常常利用休息时间烧饭，工作忙的时候就在食堂搭伙的有 118 户（双职工 69 户，里弄组织居民 49 户）；为了节约开支，在食堂搭一顿早餐的有 64 户；因为烧饭人身体不好或其他人都在外面搭伙，家里只有一个人，因此也不再另起炉灶，而在食堂搭伙的有 12 户。

这 194 户的特点是：家中虽然缺乏照顾，但是小孩较大，能帮助烧饭，本人也能抽出时间照料家务或者家中有老年人，但因年老病弱或孩子较多，忙不过来，因此，仍然需要食堂帮助解决部分困难，特别是在工作较忙或家中有人生病时，就更需要。他们固定转到食堂的粮食不多，194 户的总定粮是 24317 斤，转到工作单位的是 4056 斤，占 16.8%；转到里弄食堂的是 4548 斤，占 18.7%；留在家中粮食占 64.5%；平时他们也陆续以代粮票到食堂搭伙。过去他们是自己烧饭，食堂办了以后，就减轻了他们的家务劳动。他们说："过去起早摸黑，不知要费多少神，而现在方便多了。"九口之家的徐富清算了一笔账：过去每月用煤球一担半，现在搭一顿早餐，可以晚生三四小时煤球炉，每月一担煤球都用不到了。

（三）对食堂不一定需要的有 116 户，占搭伙户数的 28.7%。其中因：贪图方便而搭伙的有 65 户，他们自己说是"机动户"；为了调剂口味看菜吃饭的有 33 户，他们中有人说："我们是以家里吃为主，吃食堂是小自由"；为了控制用粮而到食堂搭伙的有 9 户，他们是大人在家吃小孩按定粮在食堂吃，为的是怕小孩把粮食"吃豁边"；为了表示积极而到食堂搭伙的有 9 户。

这 116 户的特点是：家中都生炉子，有没有食堂对他们"无所谓"。相反，他们对食堂的冲击很大，一有好小菜，就抢先去买，他们转到工作单位和里弄食堂的粮食都很少。这 116 户的总定粮是 15458 斤，转到工作单位的是 1880 斤，占 11.5%；转到里弄食堂的是 1549 斤，占 10%；留在家中的粮食达 78.5%。

从以上情况分析，说明有相当一部分居民和职工是确实需要食堂的。特别是家中无人照顾的双职工和里弄组织起来的居民，他们说："现在保姆也找不到，即使有，也不合算。"对食堂有部分需要的人，也认为："如果真正没有食堂，我们只好起五更，摸半夜，多费些神。"商店职工则说："现在我们连炊事用具，都没有了，就是有，人太少也办不起来。"

关于里弄食堂的规模问题，大部分人都认为"食堂办得大一点，可以降低成本，花色品种也可以多些，但是里弄食堂规模太大了，不容易管理。里弄不像工厂，比较分散，而且家庭妇女文化低，太大了，管不了"。根据这种情况，我们认为里弄食堂的规模，既不宜过大，也不宜过小。每个食堂一般每天用粮约300斤左右较为适宜，这样也适合里弄妇女的管理水平，有利于把食堂办好。从五里委的调查看，今后只需办两个食堂就可以了。

关于搭伙形式问题，迫切需要食堂的人说："我们都是星期卡，平时不买菜，食堂有点好小菜，常常被转粮三斤、五斤的人买去了。这样还是固定好，你们不固定，我们事实上也已固定了。"对食堂有部分需要的人也说："固定搭伙是好，对食堂对自己都有好处，但是太呆板了也不行，像碰到开会，或者在外面来不及回来，如果定死了，怎么办，最好灵活一点。"至于对食堂可要可不要的人，对这个办法都有顾虑，他们说："从道理上看，固定搭伙是对的，但是不是能保证给我们吃到好小菜呢？"而食堂人员也主张实行固定搭伙。他们说："吃饭人流动太大，对真正需要的人，我们心中无数，不能主动关心，有点好小菜，多被有空的人买去了，不卖给他们要说：'看人头'。卖给他们，后来的人菜又没有了，真难弄！"又说："三个食堂使用统一饭票，我们更是难掌握，所以每天烧饭好比猜谜语，没有数，烧多了卖不掉，饭要馊，烧少了，不够卖，又挨骂最好能固定下来就好了。"

根据以上情况，里弄食堂的搭伙的形式，应该按照自愿参加的原则，实行固定搭伙，采取定点（固定在一个食堂吃饭）；定量（按固定转粮，合理供应每天小菜）；定餐（明确吃哪几餐，但也保持一定的灵活性，即过节日、例假、调动工作班头等；临时情况，可以不固定），对一些固定搭伙有困难者，也应根据具体情况采取临时搭伙的办法，给予适当照顾。

三

（一）食堂的性质和经营方针

既然这个里弄委员会的服务对象，除了组织起来的里弄居民以外，大部分都是居住在本里弄的职工及其家属和没有条件开伙的商店职工,那么它应该是属于怎样的性质呢？在这个问题上有四种意见,第一种意见认为它是里弄集体福利事业,因为"食堂搭伙者都是本里弄居民,食堂又不赚搭伙者的钱,每个月里委还要贴补食堂,所以它是集体福利事业"。第二种意见认为它是社会服务事业,因为"它只认粮票不认人,随便什么人都可以搭伙,连过路的三轮车工人有粮票也能吃"。第三种意见则认为前面两种意见都有一定的道理。因此主张"里弄食堂既是集体福利事业,又是社会服务事业,应该带有两重性"。而第四种意见对前三种看法都不同意,认为里弄食堂应该是里弄集体的代办服务事业,因为"组织起来的居民,在食堂搭伙的代办费已向里委报销,里委再贴补食堂的话,就等于将集体的经费贴到大家头上去了。因此食堂只应起代办服务的作用"。根据食堂搭伙对象分析,我们也认为里弄食堂应该是代办服务性质的里弄公共食堂。根据这样的性质,它的经营方针必须是"独立核算,保本自给,自负盈亏,不赚不赔"。但对实现这一方针,里弄干部却有顾虑,他们生怕"里委不贴,群众不吃,食堂就办不下去了"。根据这种情况,我们调查了食堂的收费、开支和工效。

1. 关于收费问题

目前的收费办法是店员每人每月收 1.5 元代办费,居民按菜金收 10% 的代办费。按照这样的收费办法,我们调查了今年 1—5 月份收费情况,管理费共亏损 389.99 元,为了弥补亏损,里弄又从饭金中提取 10% 充作管理费,结果如同食堂会计所讲:"换汤不换药,仅是账目上的交换,实际收支仍亏损。"

管理费的亏损原因何在？今年 1—5 月平均支出占到饭菜金总额的 11.7%,而居民所缴代办费仅占饭菜金 4.2%,加上 251 个店员的 1.5 元,也只占到 9.4%,尚差 2.3%,由此可见,根本问题还在于收费不合理,入不敷出。此外在业务费方面对成本核算不够,没有贯彻合理收费原则,粮食价格高的,他们以口头计价,仅在五月份就少收了饭金 133.88 元。

如何解决管理费的亏损呢？食堂人员认为:"目前由里委补贴不合理,应该群众食堂群众办,食堂开支应让吃饭的人大家来负担。"为了做到收支平衡,有的说:"可以在卖小菜时增加管理费,来个明不收,暗中加。"这个意见很快为群众否定了,认为"这样做在食堂人员中容易滋长资本主义经营思想,盲目追求利润,不符合成本核算原则。"而更多的人说:"目前居民缴菜金10%的代办费比较好,这个办法,计算方便,收得合理,吃得多点少点自己可以掌握。"至于管理费亏损如何解决? 他们说:"现在饭金仍以每斤0.16元收,如果不够,照收代价券就是了。"又有人说:"如再不够,可开民管会,按搭伙转粮数由群众分担,但是账目要让大家晓得。"

经我们测算,根据五里委店员比较多的情况,目前代办费收费办法不变,饭仍以每斤0.16元收费,根据粮食变化情况,超过部分合理收费,除成本以外,每斤增收一分,作为管理费。这样食堂是能做到保本自给的,并且还能贯彻群众食堂群众办,将食堂的收支账目置于搭伙群众监督之下,有利于改善食堂的经营管理。

2. 关于工效问题

三个食堂现有工作人员31人,每月工资支出近600元,占管理费总支出的30%左右,目前食堂人员的劳动工效平均每人每日担负粮食工作水平是1:27斤。工作分早、中、夜三个班次,如惟兴食堂:

表一

班次	工作人员数（人）	工作时间	其中休息时间（小时）	实际劳动时间（小时）
早班	4	上午5点到下午19点	2	12
中班	6	上午9点到下午19点	—	10
夜班	2	下午19点到次日下午13点	3	15
备注	1. 每天有2人轮休。 2. 133、151两食堂不分三班,工作时间更长。			

由此可见,食堂人员的劳动时间是过长的,对他们休息、文化学习和政治活动都有一定影响。此外,在劳动力安排上也不够合理,他们说:"我们劳闲不匀,三个食堂有三个会计成天坐在服务站。"又说:"大组长(食堂负责人)也是只会讲,勿肯做。如果他们都参加实际劳动,我们还不需要那么多人。"由于劳动力安排不合理,也就增加了工资支出。

根据食堂人员实际劳动效能,在贯彻劳逸结合,合理安排劳动力的原则下,我们和食堂人员算了一笔账,认为"在目前用粮的情况下,只需 12 个工作人员就可以了"。

安排的意见如下:

班次	工作人员数（人）	工作时间	其中休息时间（小时）	实际劳动时间（小时）
早班	3	上午 5 点到下午 19 点	4	10
中班	5	上午 9 点到下午 19 点	——	10
夜班	2	下午 19 点到次日上午 9 点	5	9
备注	每天二个工作人员轮休。			

这样做劳动时间,可以缩短,工作人员的休息、学习、政治活动有保证,劳闲均匀,食堂调整后可以节约 7 个工作人员,每月节约开支近 150 元,而劳动工效由原来 1∶27 斤上升到 1∶29.12 斤。

3. 关于开支问题

食堂管理费的开支,除工资、电费、房租等固定性开支外,添置、修理、什支等三项费用的开支是:

时间　项目	1960 年 5 月至 12 月	1961 年 1 月至 5 月	1961 年 5 月
添置占管理费（％）	9.08	7.44	11.1
修理占管理费（％）	1	0.43	1.4
什支占管理费（％）	4.23	5.05	5.9

今年 1—5 月添置费较大,主要由于过去碗盆管理不善,大批流失居民家中故碗盆添置就占开支的 53.3％;什支部分支出最多的是竹筷共添 900 双(占 12.3％),灯泡 40 只(占 10％),橡皮圈共用 1 斤 5 两(占 5.28％),有的在使用时有浪费,有的买来后,储存起来了,如果加强思想教育,厉行节约,现有开支还可以节省,为了保证食堂的正常开支,今后添置一般控制在

7.5%；修理费控制在1%（多修少添充分利用现有设备），什支控制在4.5%为宜。

从以上三个问题可以看出，只要认真做到合理收费，提高工效，节约开支，里弄公共食堂是能够做到"独立核算，自负盈亏"的。如再有亏损，可通过民管会与群众商量解决，贯彻群众食堂群众办的精神。

（二）食堂的管理制度

食堂的管理制度，两年来也积累了一些经验，制订了一些制度，如"三员结合，天天核算"等（三员即食堂负责人员、采购员、炊事员），但这些制度都流于形式，如惟兴食堂从采购到盘存的一系列环节上就存在着下面几个问题：

1. 食堂的采购工作由食堂负责人经手，验收没有专人负责，差错无法查清。去年八月，食堂一次进米12000斤，也不验收，月底盘点，缺粮千余斤，至今下落不明，以后工作人员提出意见，但也只是验物不验单据，等于收而不验。为什么会这样呢？食堂负责人说："工作人员不识字，单据给他们看也没有用。"

2. 物资任意推放，无人负责，粮油等计划供应物资，也是门不关，箱不锁，工作人员可以任意去取，食堂会计说："粮食好比捉迷藏，每天结账每天平，月底盘点总要亏。"今年一至四月粮食亏损就达287斤，大家都讲不出一个道理。为什么不上锁保管好呢？食堂负责人说："上锁要配锁，保管要房子，哪有这样便当，我们相处多年，谁还信不过谁？"工作人员却细言细语说："现在不锁，东西少了大家可以糊里糊涂！"

3. 饭菜不按质论价，没有认真贯彻成本核算，卖菜人不知进菜价格，成本多少，毛估估地盲目核算，结果不是大盈就是大亏，损害了群众的利益，为什么不问一下呢？他们说："不好意思问。"见了食堂负责人"吓势势"。

4. 票证管理不严，饭菜票短缺情况经常发生，同时食堂也没有坚持使用代鱼券，搭伙者可直接以鱼票向食堂买鱼，均由食堂负责人一人经手，没有收支记录，月底也不盘结，食堂人员私下议论说："食堂负责人经常以鱼票送人，哪里来那么多鱼票？"

5. 账目不公开，盈亏情况工作人员无从得知。说："只听说食堂负责人喊：'亏啦！当心点！菜少盛点、油少放点'。从没有听到盈过。有时说'差不多'，大概是盈了。"工作人员王小妹发现少粮，嚷了起来，食堂负责人马上说："只要我们不做亏心事，何必哇啦，哇啦。"自此王小妹再也不提意见了，工作人员心情都不舒畅说："我们等于是木头人。"由于管理制度不健全，因此饭菜质量不高，价格不合理，群众反映吃食堂不合算，说："食堂赚饱了"。而食堂呢，不但没有赚，还经常亏本，工作人员说："我们是处在当中吃三夹板，肚里有话没处说。"

因此，我们结合调查和食堂人员边讨论、边实践，初步摸索到以下几种方法，即定（定人分工，职责分明），验（验物验证，手续清楚），保（保管物资，专人负责），领（领料记录，交接清楚），核（核算成本，按质论价），管（票证管理，两人点验），盘（月月盘点，日日清账），公（公布账目，群众监督），从一个多月实践的情况看，证明是能做到的，如以六月七日至十三日六天的账面看，粮、菜、油已做到基本平衡，没有出现大盈大亏情况。（粮盈 1.5 斤；菜金盈 9.33 元；油亏 4 两），食堂工作人员反映这样做有六个好处，即："过去经常大盈大亏，现在天天平衡"；"过去价格毛估估，现在按质论价买卖公平"；"过去盈亏只负责人知道，现在亏盈大家知道"；"过去每到月底睡不着觉，现在到了月底，心里不会蹦蹦跳"；"过去有问题糊里糊涂，现在有问题职责清楚"；"过去相互责怪埋怨，现在互通情况心情愉快"。

（三）食堂的领导问题

十分明显，以上问题长期得不到解决，关键还在于领导，从调查的结果来看，主要有以下三个问题：

1. 食堂领导权，没有为政治可靠，办事公正，群众所拥护的劳动人民所掌握，三个食堂就有两个食堂的负责人为群众所不满。惟兴食堂负责人吴月妹，是小业主家属，食堂收支大权，她一人独揽，食堂副组长沈喜清烧了 30 斤烂糊面，放了 25 斤咸菜，当即受到责问："谁叫你放的？亏了粮谁负责？"结果放了 50 斤咸菜。对办事认真，能提意见的人，就进行排挤，工作人员反映"她抓住进出两头（进货与回笼）我们只好搞些具体工作"。居民群众反映"老板娘当家，食堂怎么办得好"？食堂工作人员也普遍要求能派一个"工人阶级，大公无私办事公正的人"到食堂当领导。又如：133弄食堂负责人李阿玉，半天在食堂卖菜，半天在家里睡觉，高兴就来，不高兴就去，平时公私不分，群众说："公共食堂变成私人食堂"。

2. 食堂民主管理委员会没有发挥应有的作用。去年六月，为了改进食堂工作，由经济组织员，会同生活主任、民警等，协商提名，邀请代表性人物十三名组成民主管理委员会，主要反映搭伙者对食堂意见。当时是起了一些作用，食堂工作人员服务态度有所改进，由于民管会不是群众选举产生，群众很少知道，里委会也没有引起重视，认为作用不大，因此无形中断，使烧饭人与吃饭人的关系不能及时沟通，有些问题长期得不到解决。如：三个食堂流失在居民家里的碗至今无法收回。

3. 里弄支部放松对食堂的政治思想领导：

该里弄31个食堂工作人员80.6%是劳动人民家属，（劳动人民家属25人，小商贩家属2人，小业主家属2人，反属1人，右属1人）一般的对于工作都比较积极认真，也都想把食堂工作搞好，但也还有少数工作人员服务态度不好，群众反映："熟人和家属来买就饭满菜多"，"自己吃饭，饭盛到鼻子尖"；对此情况支部虽然有所了解，但没有引起重视，支部书记陈翠娥认为："食堂负责人吴月妹，头脑灵活、工作能干，又有文化，能说会道。"因此十分信任，长期不深入食堂，平时抓生产多，抓生活少，具体负责食堂工作的生活主任，也因忙于商品供应和服务站工作，无暇顾及食堂。食堂虽有民主生活制度，但流于形式，从而不能达到加强对食堂工作人员思想教育。

为此，要办好食堂，关键在于加强领导，食堂负责人必须是政治可靠群众满意，作风正派的劳动人民家属担任，食堂会计和炊事员要参与领导，健全领导核心，加强集体领导。

食堂民主管理委员会必须在群众中民主产生，推选能反映群众意见，具有代表性的搭伙者，食堂工作人员和有关人员组成，同时要定期开会，听取搭伙者的意见，督促检查食堂工作，讨论食堂管理上的有关问题，沟通搭伙者与食堂之间的关系。

里弄支部必须加强对食堂的政治思想领导，坚持书记下食堂，政治进厨房，经常了解和掌握食堂工作人员思想情况，结合群众反映，根据不同时期实际情况,进行思想教育,提高她们的阶级觉悟,树立爱堂如家,大公无私,勤俭办食堂的思想,支部并要定期讨论食堂工作,食堂财务管理和业务工作可由里弄生活福利委员会具体负责。

中共杨浦区委城市人民公社办公室调查小组

一九六一年六月二十一日

（上海市）关于动用工厂企业、居民机器设备、工具、生活用具的情况调查附件（二）*

（一九六一年七月八日）

　　根据对延西街道所属金鹏、大胜、永源浜和康定街道的生生里、威海街道的永庆坊、南西街道的郑家巷等六个里委,工厂企业、居民支援的机器设备、工具和生活用具的情况调查,大胜、郑家巷、生生里的生产事业比重较大,金鹏、永源浜则生活服务事业比重较大,永庆坊属于一般。从地区来看除金鹏、大胜二个里委资产阶级居住比较多以外,其他四个里委都是职工及其他劳动人民居住地区。

一

　　根据9个街道工厂,70个生产组,19个食堂,20个幼儿园、托儿所,13个服务站,19所民办小学、业中、图书室,6个卫生站的调查统计,其中:

　　居民和工厂企业支援的机器设备共3312件,占现有设备总数的70%,价值约64497.42元,占资产总值的60%。（属于居民的占支援总件数的14.8%,占支援总价值数的14.5%。工厂企业的占支援总件数的82.7%,占支援总价值数的84.2%。其他占总件数的2.5%,占总价值数的1.3%。）以上机器设备大部分是1960年大办城市人民公社时支援的。

　　居民和工厂企业单位支援的生活用具共19154件,占现有用具总数的

---

　　* 原件现存于上海市档案馆。

80％左右,价值约 33238.92 元,占总价值数的 50％左右。（属于居民的占支援总件数的 69.3％,占支援总价值数的 50.3％；工厂企业单位的占支援总件数的 28.1％,占支援总价值数的 45.8％；有物无主的占总件数的 2.6％,占总价值数的 3.9％。）以上生活用具大部分是 1958 年大搞组织起来时支援的。

此外,居民和企业团体还捐赠了人民币 6412.94 元。其中居民赠送占 66％,企业团体赠送占 32.4％,其他方面赠送占 1.6％。

以上支援的生产资料和生活资料中,合计居民的 13749 件,占支援总件数的 61.2％,价值占 26.7％；工厂企业单位的占支援总件数的 36.2％,价值占 71.1％；其他有主无物或有物无主的占总件数的 2.6％,价值占 2.2％。

居民支援中,属于组织起来和参伙、入托人员的,占居民支援件数的 49.4％,价值占 59.5％；非组织起来人员的占居民支援件数的 50.6％,价值占 40.5％。按成分分：属于劳动人民的占居民支援件数的 49.7％,价值占 49.8％；非劳动人民的占居民支援件数的 49％,价值占 49.7％。成分不清占件数的 1.3％,价值的 0.5％。

二

机器设备、工具和生活用具,是兴办生产、食堂、托儿所等事业所不可缺少的物质条件。为了组织起来大办城市人民公社,居民和工厂企业单位主动、积极、热情地拿出他们一部分生产、生活不受影响的多余设备和用具支援事业的兴办,是很自然的,也是正当的。但是干部在任务繁重、形势紧迫,领导上又对政策交代得不够的情况下,只凭一股热情,因而也出现了一些不顾需要,给啥拿啥,不分对象,有啥要啥的现象,甚至亦有少数个别不顾党的政策,不顾影响,采取了一些不正当的手段,拿用了一些不该拿用的东西。对已经支援的东西也由于忙于事业的发展,还来不及进行研究和处理,因此,在政策界限上也还不够明确,处理原则上也不够清楚,工作中还存在不少问题。调查情况如下：

（一）动用机器设备、工具的情况和问题

六个里委共动用了机器设备 3312 件,价值 64497.42 元。其中:电动设备占 5.2%,脚踏机器占 4.3%,手摇机器占 3.8%,工具占 86.7%。来自 293 个工业企业,有如下几种情况:

(1)委托加工生产而支援的:共有 51 户,1170 件,占 35.3%。这类所有权仍属于工厂、企业所有,如产品调换或停止加工,则设备、工具一般都由工厂自行收回。这种关系一般较密切也较正常。如新丰电器厂因委托加工而借给郑家巷里弄生产组设备即有 231 件,价值 1749.30 元。属于易耗工具,如锉刀等,因不包括在加工费内,也由厂供给,不易损耗的,如榔头等,由厂掌握按实际情况分别借或不借。从委托加工的机器设备来看,一般都是工厂中闲置不用的,锉刀、钳子等工具亦是用旧了的多。但也有里弄乘机向工厂要多要好的。如:大胜里委仪表生产组,为上海表带一厂加工 6 寸仪表壳(粗坯),工厂与里弄是"要啥拿啥,有啥给啥",连不需要的二台新机器亦给了里弄,闲置不用。

(2)随产品下放而支援的有 5 户,1172 件,占 35.4%。这类所有权仍属于原工厂、企业所有,如:五一照相机厂,为了发展高级产品,而把"快门"零件全部下放给永源浜里委生产组,其设备工具,亦随着全部下放,由于里弄生产组技术水平的逐步提高,有的甚至能超过原来的生产工人的水平,工厂感到放心满意,因而在设备、工业方面,凡里弄提出,工厂能支援出借的,一般都能满足里弄的需要。

(3)随同工厂、车间下放的有 4 户,237 件,占 7.1%。这类设备目前由地区使用,但属谁所有,尚不够清楚。由于工厂生产的发展,生产方向的改变或者是外迁,而将车间下放街道,如五丰化工厂本身转业为合金钢工厂,其制造发酵粉车间全部下放给康定街道,下放的机器设备有 32 件,价值 13847 元。重要的设备有马达、电动轧碎机等。民政科下放的生产小组,也有大型机器设备,有的只是一些小工具。如:大胜里委第二五金工厂,有一部分就是原民政科生产小组下放的,设备有手摇车床等 7 件,价值 90 元。目前,原国、合营工厂随同车间下放的设备、工具已向里弄要求收回或折旧。如上海制钉厂要大

胜里委第二五金厂缴付折旧,五丰化工厂要求收回 1103 件工具,价值 5017.90 元,说:"对固定资产要研究"(意思要收回)。

(4)与地区生产无直接加工关系而支援的有 45 户,250 件,占 7.5%。这类有的是过去曾与里弄有过加工关系。如:新丰电器厂原在郑家巷加工过主令开关,后因技术未过关,停止生产,其所借出的 65 件设备,里弄未交还,认为"新丰厂大,这一点东西也无所谓,留在里弄好派用场"。有的妻子参加里弄生产,丈夫是工厂工人,因而通过丈夫关系借来一些设备,其中亦有冲床等机器,有的是通过老的人事关系借来的,这类大都是调到街道里弄工作的干部,原来是工厂或车间的负责人,当生产需要时,向自己厂里借,如延西街道生产组长,即向原来华成烟厂借来马达等设备。

(5)里弄妇女参加组织自己带来的(包括个体劳动者)有 127 户,311 件,占 9.4%。这类大都是缝纫机、小工具,所有权仍属个人所有,一般都付给折旧费,小工具一般不付折旧费。据威海街道调查了五个里弄 105 台缝纫机,付折旧的要占 92.4%,其中有 95 台,占 90.5%是参加组织人员带来的。个体劳动者拿来的都是一些榔头等小工具,价值不大,如金鹏里委一个体户拿出的穿牙刷工具,总共仅值 3 元多。还有如永庆坊电讯小组生产用的手套、口罩、剪刀、热水袋等由生产人员自带的。

(6)不参加组织而出借设备、工具的有 29 户,53 件,占 1.6%。这类大部分也都是缝纫机、小工具等,一般都付折旧费。其中有一部分是原先参加过组织,后来中途退出的,机器工具没有收回,也有本人要求收回,但因生产需要,里弄尚未归还的,如职工家属沈有清,自带缝纫机参加生产,现因病在家休养半年,要求将机带回,里委不同意,也不付折旧。

(7)采用错误的办法或不正当的手段拿来的。根据调查约有 32 件,占 0.9%。

(8)其他,占 2.8%。

以上情况说明,在动用机器设备、工具上绝大部分是正当的,而且发挥了设备工具的潜力,保证了大工业生产任务的完成,但是还存在一些问题:

(1)有借无还,影响生产。有的工厂因产品变化,要求收回机器设备自用,而里弄不予归还。如康定有 13 个关系厂,有 5 个工厂要求收回铡刀车、锯钢机、马达等部分设备，但因街道和里弄已接了其他厂任务，而不肯归还。工厂派人来讨时，里弄即将机器藏起来，每来一次藏一次，因为市场上不易买到这类物资，因此影响工厂生产，工厂对此很有意见。

（2）折旧折价，缺乏统一规定，界限不够明确。随加工下放的设备、工具，一般工缴中不包括折旧费，加工也宁愿不收折旧费，不愿提高工缴费，因为支援的机器设备、工具，大都是陈旧的，闲置不用的东西，提高工缴费，却要影响产品成本，不合算；同时，区与街道未有统一规定，一般的都不付，工厂亦未要过。

目前，工厂企业对下放车间的机器设备，要求街道、里弄折价购买，或付折旧费的日益增多。如大胜里委第二五金加工场，上海制钉厂对下放第二五金加工场的 107 件设备，价值 14120.80 元，要求折价收购，或每月付给折旧费约 45 元，街道与里弄都未同意。又如：五丰化工厂，对其下放在康定的发酵粉厂也有同样要求。

对个体劳动者和组织起来人员带来的缝纫机等，大部分都按牌号、好坏付折旧费的，其他小工具等都不付折旧费，出借人亦没提出。据永庆坊等五个里弄 105 台缝纫机的调查，每台每月折旧最低的 1.2 元，最高的每月 2 元。（金鹏有高达四元的）不付折旧的有 8 台，占 7.6%。不付的原因，有的因为折旧费协商不好，有的物主怕收了折旧费车子收不回。目前，由于家庭需要要求收回的占 9.5%，特别是非组织人员要求的更多。但也有干部不给收回的。

（3）保管不善，还有损毁。由于不少单位还没有建立管理制度，或者虽有制度但不健全，设备、工具无人保管，特别是小工具，可以不凭手续任意向工厂去要。因此，丢失的无法查证。同时对设备缺乏检修保养，因此损耗率较大，缝纫机改电动的容易损坏，有的甚至每月要付修理费约 20 元左右。据六个里弄 1929 件设备、工具的统计，已经损毁的有 497 件，占 26%，价值 1463.48 元。如：康定发酵粉厂，一下就烂掉 366 只麻袋，价值 1257.20 元。失去使用价值的 8 件，占 0.41%，价值 4700 元。因为保管制度不健全，现在有物无主，或有主无物的 70 件，占 3.6%，价值 799.59 元。此外还有如永庆坊借来的马达久置不用，存在浪费。

（4）不分对象、性质，不择手段，任意拿用，作风简单，强迫命令。街道和里弄干部，对里弄事业与工厂二种不同的所有制认识不清，有的干部认为"里弄工厂是一家了"，或者说："反正拿来也是给公家的，多拿一些，好一些"。因此不管是否合乎手续制度，见物就要，见物就拿，有的甚至还不择手段，明拿暗偷。如郑家巷里弄干部向新丰厂讲明借二只马达，去拿时又藏了二只，借钳子等小工具，也总要多拿几把。生生里在马路废铁堆里拾到一时无主的大榔头二把，就作为自己的使用了，利用清理马路仓库的机会，随意拿用木板、洋元、钢条。亦有个别里弄干部，看到空关房屋内有生产上需要的东西，就撬门而入，拿了就用，影响很坏。在动员私人出借缝纫机时，干部扣人帽子，"不拿出来就是不走集体化道路"，如郑家巷里弄支部书记（街道干部）在动员里委主任出借缝纫机时，谈了二小时，里委主任哭了二小时。有的资属不愿出借，里弄干部亦一再动员，有的就把好的缝纫机卖掉（胜家牌）买进差的杂牌借给里弄。

（二）　动用生活用具的情况和问题

六个里委所动用的生活用具，大部分是劳动人民、工厂、企业和一部分小业主、资本家等非劳动人民所赠送或借用的，共计 1777 户，19154 件，价值约 33238.92 元。其中：竹木器家具占 12.5%，炊事用具占 5.7%，食具占 53.8%，日用品占 4.2%，床上用品占 1.2%，儿童用具教具占 2.9%，防暑保暖用具占 0.4%，卫生用具占 0.2%，电器占 1.2%，建筑材料占 9.4%，其他占 8.9%。其来源有以下几种：

（1）工厂、企业团体与地区合办食堂、托儿所等集体福利事业，而主动支援的，有 3 户，占 0.17%，295 件，占 1.5%。

（2）工厂、企业团体为了节约人力、财力和设备，便利职工，划部分职工享受搭伙或入托福利的，有 72 户，占 4.05%，1667 件，占 8.4%。

（3）工厂、企业团体不享受地区举办的福利事业，自动支援的有 156 户，占 8.8%，1937 件，占 10%。

（4）本人参加里弄集体事业工作，或享受入托、搭伙而支援的，有 855 户，占 48.2%，6634 件，占 35.9%（其中：劳动人民占 71.4%，非劳动人民占 28.6%）。

（5）本人不参加组织，也未享受入托、搭伙，自动支援的，有 669 户，占 37.5%，5556 件，占 28.7%（其中：劳动人民占 56.3%，非劳动人民占 43.7%）。

（6）未经合法手续，或采用不正当的手段拿来的，有 11 户，占 0.62%，1506 件，占 7.6%。

（7）对居民或团体支援的物资，未办理手续，目前查核不清，有物无主的 1532 件，占 7.7%。

（8）其他有 11 户，占 0.62%，有 27 件，占 0.1%。

以上情况说明 50% 以上支援的对象都是享受集体福利的。40% 左右虽不享受福利，但属于主动支援的。根据六个里委 45 户资产阶级（政治态度：左 6 户，中左 12 户，中中 20 户，中右 6 户，右 1 户）的调查，其中 18 户参加组织的，9 户享受入托、搭伙的，18 户是一般散居居民。据 30 户赠送的 264 件，价值较大的家具等物资的调查，属于生活上多余的，支援是自愿的，占户数的 73.3%，属于生活上多余的，支援态度有些勉强的，占户数的 20%，不属于生活上多余的，勉强拿出来的，占户数的 6.7%。目前对物资的态度来看：明确赠送，不要退回的占 89%，需要退回的占 7.6%，要求折价的占 1.2%，态度不明的占 2.2%。又据 15 户借用资产阶级的 77 件价值较大的家具等物资的调查，属于生活上多余的，自愿借用的占 46.6%，属于生活上多余的，借用态度比较勉强的占 46.6%，不属于生活上多余的，勉强借用的占 6.8%，目前对物资的态度，明确不要还的占 44%，继续借用的占 26%，要求退还的占 10%，要求折价的占 20%。他们中所以对某些物资要求退还，主要是家庭确实需要，如：钢琴、火炉、园台面、电扇等。有的原来就是暂借性质的，有的是本人比较心爱的。要求折价的主要是个别小户，家庭生活有些困难。据 44 户劳动人民赠送的 138 件，价值较大的家具等物资的调查，属于第一类的占户数的 66%，第二类的占户数的 13.6%，第三类的占户数的 20.4%；目前对物资的态度：明确赠送不要退还的占 93%，要求退还的占 4.5%，态度不明的占 2.5%，据 14 户劳动人民出借的 31 件价值较大的家具等物资的调查，属于第一类的占户数的 35.7%，属于第二类的占户数的 14.3%，属于第三类的占户数的 50%。目前对物资的态度来看：明确赠送，不要退还的占 16%，继续借用的占 23%，要求退还的占45%，要求折价的占16%。以上说明劳动人民出借的东西，一般并不是生活上多余的，而是出于热情挤出来的，目前，有的家庭人口增加需要了，有的生活上确实有困难，要求折价，有个别是受农村赔退的影响，有的对工作人员不爱护物资有意见，要求退还。总起来看，无论资产阶级或劳动人民支援的主要家具，从目前态度看，80%是明确赠送了的，要求退还或折价的都不过15%左右。同时，占60%左右的食具等低值易耗品，和40%左右价值较大家具，绝大部分是属于居民多余的，生活上不需要的，只是少数或态度勉强，或影响使用需要，或由于当时动用的方法态度上有错误，而引起一些意见。

从调查看，当时主要有以下几个问题：

（1）动用小业主、资产阶级等非劳动人民的物资中，缺乏明确的阶级观点，只从需要出发，不考虑政治影响。他们支援的生活用具占总数的34.6%。其中确有一部分人，在形势的教育推动下，较自愿地支援了公社的集体事业，但也有三分之一左右，是勉强的，随大流，赶浪头拿出来的。例如资属朱旦华，丈夫是天星糖果厂资方，股金140万元，是市政协委员，但只勉强地拿出了一副旧蒸笼，一只旧抽屉，一只旧园椅，总计不过20元，家有四个佣工，却要里弄干部到家去拿。如资产阶级分子章永鑫，开始拿出火炉、电风扇、小方台、大菜台等，电风扇是坏的，里弄花钱修好，一过热天，他即收回了，火炉向里弄干部已要过几次未还，清点财产时说："我的东西不要点进去"。但是有的里弄干部，却认为要东西还是问资产阶级要便当，因此不分对象，不顾影响，任意去向他们借用一些价值较大的东西，冷天借火炉，热天借风扇，儿童需要游戏借风琴等。有的还只借不还，或原物改变用途，面目全非，如：生生里一干部向资属陈浩然暂借八张铅皮，讲明用完即还，事后却用作托儿所保暖设备，里委主任故意作为无偿支援去向陈道歉，引起陈的反感。

在部分里弄干部中，对待资产阶级中四类分子、右派分子及其家属往往揪住他们的辫子，不分析具体情况，胁迫人家说："你同别人不同，要立功赎罪。"有的界限不清，如生生里被判处15年徒刑保外就医的反革命分子朱金福，趋附形势，拿出无线电、银箱、碗、盆等大小用具164件，但把清单藏在身边，遇到机会就夸耀自己，但里弄当时却错误地把他的名字写上了光荣榜。

由于错误地动用了一些不够恰当的物资，在政治上引起了不良的反映。如有的资本家说："你们干部口口声声说办集体福利事业不要资属东西，现在又要了。"有的说："你们台上说不要资产阶级的东西，台下拿得起劲，你们全靠资产阶级"等。

（2）借赠界限不清，折价、折旧处理不明。从六个里委会的调查看：这些借用和赠送的生活资料，来自居民的占70%，来自企业的团体单位的占27%。据19154件用具的分析，已折价购买的仅占1.1%，付折旧费的仅一件，其他的很难判明是借是送。如据402件，原来作为送的家具的调查，有91.2%是送的，有6.4%要求退还的，有0.7%要求折价的，有1.9%仍然送借不明。又据108件原作为借的家具的调查，有25%肯定是借的，有36.1%表示赠送的，有20.3%要求退还，有18.6%要求折价。因此，原来干部认为借或是送，是并不完全符合实际情况的。至于一些低值易耗的炊具、食具等，则绝大部分分是送的，借是个别的。目前，有的已有物无主，或有主无物。有的物主有折价折旧要求，而我们态度不明确。如：永源浜里委秦关成的祖母，支援了凳子8只，台子一只，还有不少碗筷另物，最近看到邻居卖掉一只旧台子价30多元，感到有点后悔，但又不直接提出要求折价或付折旧费，却对邻居讲："台子向干部讨了好几次还未讨回，自己要在八仙桌上做寿衣。"又如金鹏职工龚金林，将原来准备三元钱一只卖掉的长凳，借给里弄讲明不要弄坏，不要搞错。而现在长凳已变成矮凳。又如：资属陈儒嘉，花40元向亲友买了一只风琴，给里弄托儿所使用了，干部也就糊里糊涂用了，口头上讲里弄出钱买，但又不付钱，陈只得表示"随便"。

（3）保管不善，损毁很大，浪费严重。据六个里委会的调查，普遍地存在管理制度混乱，保管无人负责，有账无物，有物无主，有物无账，且损坏严重。据19154件生活用具的统计，目前已损毁的有9280件，占48.4%（其中70%—80%是炊事用具和食具），金额占19%；失去使用价值的有242件，占1.4%，金额占1.7%；有物无主的621件，占3.1%，金额占5.6%。如郑家巷里委会1960年居民支援的东西，堆满一客堂二个天井，但当时极大部分无人办理入账，现有记载可查的仅占10%。又如：甄庆里和傅福食堂现有长凳189只，有主的只有26件，占29.2%，至德里高知属严齐文，三年中支援物质有红木家具、细巧食具等 200 多件，现有 160 件不知去向。食堂用具最低损毁率 20%，最高达 90% 以上。如永源浜第一食堂，支援 1266 件的物资，三年来已损毁 94.8%。还有闲置不用而不断损毁的。如郑家巷 1960 年居民送来十一只园台面，长期闲置不用的有 8 只，其中 2 只已改制为民办小学的课桌，六只因保管不妥已损坏，7 只电风扇，其中三只必须大修后才能使用，三只已东零西碎，无法修理了，一只使用一天后已不翼而飞。

由于部分工作人员不爱惜物资，不管是支援的是借的，缺了不找，坏了不修，对此居民意见较多，特别是不经物主同意，随便改制东西，转借别人，或假公济私意见最大，郑家巷里弄徐宝英，原来把自己的一张棕棚床借给托儿所，不用也不还他，反而给办事处干部借去睡了，徐很不满说："我是借给小朋友的，现在变成借给大朋友了。"有的当时言明借后即还。但是至今未还，有的向里弄干部要回，干部还批评为思想落后，说："怎样？象小孩子一样，给了东西还要讨还"，如金鹏职工家属章惠芳借出一只园台面，去冬开始讨到现在还未讨回，很气地说："借园台面时拿了就走，讨还时象牛皮糖"。生生里职工家属徐杏荪借出一只祖传象牙托盘，当时再三叮嘱用过必须归还，现在丢失了，至今一直没赔偿，徐很不满，在家拍桌子骂干部："专门骗人家的东西。"

（4）上门访问，指物动员，作风粗暴，不讲政策，有的甚至不择手段，擅自动用。如：郑家巷支部书记（街道干部）要资属严念劬把家中正在使用的电冰箱拿到食堂，并限一干部三天完成任务，物主不同意，还在大会上批评，事后严看到干部就怕，影响很不好。又如：生生里干部几次轮流到资属顾银兰家中指物动员，物主勉强借了，但当时言明用后即还，现向干部索取借条，而干部推延不办。物主很有意见。

同时里弄干部对企业团体单位的材料，也有不讲政策，不分你我，甚至采取不正当的手段擅自拿用。有的少借多拿，明借暗偷。如：郑家巷里弄 1958 年向新丰电器厂要几根洋元做炉框，结果拖回了一车约 700 斤。另将新丰厂堆在马路上的木材，搬到里弄给食堂、托儿所随便使用。有的趁夜深无人，拿房管部门修建房屋的毛竹、木材。如：金鹏里弄干部在机关建造大楼时，拿了竹木料，搭建了一座凉棚。又如：生生里撬开了一间空关宿舍，搬走床架 10

（上海市）关于动用工厂企业、居民机器设备、工具、生活用具的情况调查附件（二）

只，木橱 1 只，木凳 5 只和其他木器。到现在还不知物主是谁。这种擅自动用工厂、企业的用具、材料的错误行为，虽经市委、区委一再指出，但由于干部政策观念薄弱，至今个别地区仍有发生。

中共静安区委城市人民公社办公室调查组

一九六一年七月八日

中共上海市卢湾区委员会城市人民公社工作领导小组关于丽园街道委员会性质任务的调查报告[*]

（一九六一年七月十四日）

一

丽园街道委员会,在去年九月城市人民公社化运动中建立起来的,是全市第一批重点试建的六个街道委员会中一个。在这以前,名称丽园街道办事处。其主要任务是发动居民参加各项政治运动;办理区人民委员会有关居民工作的各项事项,指导居民委员会的工作;反映居民的意见和要求。1958年后,随着城市人民公社化运动的发展,里弄各项集体事业的兴办,街道办事处的实际工作内容也随之大大增加了,任务加重了。为此,区委为了加强地区工作党的领导,在1958年下半年,按街道办事处建立了党支部,在1960年4月又改建街道党委。直接领导街道办事处的工作。

丽园街道委员会,在我区是一个中等类型的街道,管辖12057户居民户,共有54145名居民。一年来,它在街道党委的直接领导下,在组织管理和指导街道里弄生产、生活服务、文教卫生等项集体事业,承办区人委交给的各项行政事务,指导广大居民安排好经济生活;发动和教育群众贯彻党和政府的各项政策法令等方面做了不少工作。

二

目前,从丽园街道委员会调查情况看,在其性质、任务、职责范围以及与各方面的关系上还存在不少的矛盾和问题,主要的表现在三个方面。

(一)街道委员会过早、过多的,不适当地直接管办了各项集体事业,在所有制上界限不清,在领导管理上超越了街道委员会的职权范围。一九六〇年上半年,在各里弄大量兴办集体事业的基础上,街道委员会亦直接举办了许多集体事业,计有十一个生产工场、一个中心托儿所、一个中心食堂和中心服务站。文教卫生事业方面,有图书馆、文化站、红专学校、民办小学、少年之家、科学研究所等。总共有 20 个单位,街道直接举办了这些事业后,却带来了所有制界线上不清,和领导管理上造成许多不可解决的问题。首先,在所有制问题上,为了形成街道一级经济基础,就不适当地下放一部分全民所有制的工厂给街道管办,也过早地、不适当地化小集体为大集体,把一部分里弄生产工场提升为街道所有。在现有十一个街道工场中,全民所有制工厂下放的一个,原劳动科管办工厂下放的二个,由里委会中提升的六个(这些都是初具规模、利润较大的工场),拿集体积累而新办的二个。这十一个工场的产值,占了全街道、里弄总产值的60%。除了生产,在生活服务、文教卫生事业上也是这样,街道向里弄提升了不少。由于街道一级所有制有全民、有集体,因此所有制界线分得不清。结果,一方面,集体所有制事业随便地"共"了全民所有制单位的不少东西,助长了"共产风";而集体福利事业单位又过多地包了全民的事情,增加了压力。另一方面,街道的大集体拿了里弄小集体的所有,影响了里弄的积极性;而街道过早地办了这些集体事业后,这些集体单位中的群众在不少问题上与街道委员会也发生了较多的直接矛盾。在影响里弄积极性上,例如丽二里委会的一个托儿所办得较好,结果被街道连人带物,并入了街道中心托儿所。这样,里委主任李素珍反映:"我们辛辛苦苦办起来,结果党委现成拿去了。"有的干部说:"今后工作搞得差一点好了。搞得好反而要给上面看相去的。"同时,这些集体单位中群众在某些问题上也就与街道委员会发生了直接矛盾。例如不少街道工厂的妇女有向大厂看齐的思想,要求街道委员会提高工资、增加福利和困难补助。生产发生停工后，就要求党委包下来，去年停电停煤时，局后烘漆工场几十个妇女到党委来，要求补助，要求安排工作。他们说："我们过去赚来的钞票是上交给党委的，现在党委怎么可以不管我们了。"其次，过早过多地，不适当地管办这些集体事业后，在许多问题上是街道委员会职权范围内不可能解决的，以致产生了在领导管理上的不少矛盾和实际问题。例如，在生产上，十一个街道生产工场，生产上都没有纳入国家计划，管理上市区都没有专业部门，因此在原材料、设备上等等各方面发生了困难以后，街道委员会就不能在行政管理上、经济业务上，直接地具体地去想办法，解决这些困难。当前十一个工场中有八个工场因原材料问题而常要减产停工。纺织工场缺少纱和梭子，五金工场缺少焦炭，印花工场的颜料，制鞋工场的布头，烘漆工场的松香水等等常供应不上。这些物资都是专业公司直接掌握的。现在在解决这些原材料中，是靠"情商""打证明""通过私人关系"等等不正常办法来解决的，所以街道委员会生产组干部说："我们是一无专业知识，二无物质基础。原材料和工具设备上发生困难，真是心有余而力不足，想得到做不到。"在领导管理上也存在矛盾。现在街道工厂都发展到有一定规模的拥有一二百人的工场，一般比里弄工场大多了，光靠几个刚从家庭中出来的妇女来管理是有实际困难的，他们虽然热情高，干劲足，但是文化水平、管理能力、生产知识都比较低，不给以具体帮助是不行的。因此，客观上存在的这些困难，街道委员会也就不能置之不管。这样就牵制了街道委员会的领导精力，必须组织干部解决这些问题。如街道搪瓷工场一支烟囱坏了，生产组长亲自出马，跑了十几家工厂，才获解决。纺织工场为了增添一部分梭子，生产组一个干部专门在外跑公司、托人情，花了一个星期时间。

　　在生活服务、文教卫生等集体事业上，也办得过大了些，包得过多了些，有的是办得过早了些，超越了街道委员会的职权范围和现阶段的实际可能和需要。街道办的(其实也包括里弄办的)生活服务、文教卫生事业，许多原先主要是为组织起来的家庭妇女而举办的集体福利性的事业，以后，由于社会各方面的需要，因而逐步地扩大到面向社会服务，成为商业、文教部门的助手，补充了这方面的不足。但是却存在着面向社会服务的任务与街道委员会领导管理上的职责范围上的矛盾。例如,服务站,在设点布局上,原料供应上,都应由商业部门作统筹考虑。但现在的实际情况是街道委员会对服务站担负着面向社会服务的任务,又担负着本身职能范围内很难解决的管理任务。又如食堂,也是面向社会。去年一年,丽园街道范围内街道的和里弄的公共食堂共亏了四万多元。这笔钱全由集体公积金中补贴。办了好事,又贴了钱。看来是不合理的。而且,更重要的还牵涉到二种所有制之间的界限问题。此外,办了"敬老院"性质的"老年俱乐部""科学技术研究所"之类的事业。看来,也是办得过早了。

(二)街道委员会承担的任务过多,管理的范围过广,超越了街道委员会的职能范围,使街道委员会许多应该做的事,没有做好。由此同时也使里委会做了许多不该做的事情,担负过多的任务,并扩大了街委会和里委会同居民之间的矛盾。表现在:

1. 街道委员会现在办的事情过多,要管的范围过广。例如,就拿安排人民经济生活问题上来说,几乎大大小小事情都要街道委员会去管办。突出的如商品分配上,从去年下半年以来,地区在分配老酒、柴米、绒线、席子、棉花胎等七种商品,突击性、节日性计划供应和经常性的粮食、副食品供应中,街道委员会是从指标下达到各方面平衡、从挨户的调查摸底到供应数字的分配、从具体的试点推广到工作进度的检查、督促,从定期的向上汇报(口头的,又有书面的)到总结经验教训等任务都得具体管。在春节供应工作中,街道委员会还得落实货源,掌握商情动态,做好劳动力的组织输送和照顾特殊困难户送货上门等事情。这些任务,关系到每家每户的切身生活,面广、时间急、琐碎、任务重、突击、经常、节日供应,一年四季输流不断,交叉进行。为了做好这些工作,街道委员会领导力量不能不经常地招架应付,具体的生活干部不能不相当集中地投入进去,象去年下半年光棉花胎一项工作,生活组一个干部整整花了十五天左右时间,具体搞这项工作。去年 9—12 月四个月中,光商业部门要街道委员会调查摸底工作有十七项,现在看来,这些调查摸底工作,许多是应该由有关的业务部门自己去进行的。十二月初到今年二月十五日,街道生活组全体干部都全力扑在商品分配的具体工作中,又如文教事业方面,也有同样的情况,街道委员会甚至要包区文化馆的具体业务。如区文化馆为了争取他们的门票收入,要街道委员会经常地做好演出的组织工作,这样为了一场演出,街道委员会至少有一个干部,花一天的时间去拉演员、弄节目、发动群众去看,临了街道还得贴上一笔化妆费和车马费。

2. 管的事情多了,跟着的也就会议多了。街道干部常常陷在会议堆中。据生活组去年十一月会议记录的不完全统计,到区内开会就有二十次。春节后副食品办公室仅在饲料问题上每周一次现场会,二个月内开了四五次。养猪、小球藻、人造肉精、十边地、食用菌等专业会议还都未统计在内。有许多会议又是重复召开。如蔬菜供应问题,区委书记召开党委第一书记会议已作了布置,区委财贸部长召开生活书记会议,区商业局召开街道生活组组长会议。同一内容,会开三个。街道干部中,会议打架,难于应付的情况也常发生。如在五月上旬同一天下午街道文教组长接到区爱卫会关于爱国卫生,区教育局布置红领巾月,区妇联布置六一国际儿童节等三张会议的通知。再如同一防暑降温工作布置,街委会就派了三个干部分头到劳动局、卫生局、公安局去开会。

3. 不应管的事情管得过多,包得过广,也就产生上下左右间关系不清,有的甚至单位也来指挥街道委员会工作。如粮食四店给街委会的三月份工作计划中,对街委会的要求写着:"希望对粮食工作及时抓早抓深,再进行一次全面摸底,做到边宣传边解决困难户……"许多单位都向街道发了各种表格,要数字、要情况,有的还要限期完成。如在春节前后有衣着行业要修补旧衣服、旧鞋袜的件数和用布数的统计,白铁业要修补铝锅、旧吊子的数字,还要证明尺寸大小,每天平均修补数,副食品公司要了解饮食行业的分布情况,皮鞋业要了解小皮匠分布情况,中百二店甚至以假称有日用品配售的名义,印了一张有 20 多个项目的表格发到党委,要求三天完成。为了这张表格,街委会生活组开了三次里委会生活主任会议,有一个干部专门忙了一个星期,结果一无所获。后来,中百二店也不催不要,不了了之。

4. 街道委员会管的事情多了,里委会的事情也就少不了,大大超越了里委会的任务,影响了里弄干部的劳逸结合和工作积极性。街道委员会的工作大都也即是里委会的任务,而且里委会又是具体贯彻的最基层单位。因此,里委会也同样做了过多、过广的工作,大大影响了里弄干部的劳逸结合,影响了她们的身体健康和工作积极性。如蒙三里委陆兰宝,因过度的紧张工作疲劳而流产,因此又影响了夫妇关系一直搞不好,思想很苦闷。有的干部往往背人蒙被而哭。同时,管的任务多了,又扩大了里弄组织不应有的权力,由此也扩大了里委会与居民间的矛盾。如许多业务单位什么事情样样要里委会证明,据统计,大小证明有 63 种,里委会图章满天飞,里委会成了"百管部"。这样,也就无形中扩大了里委会与居民间的矛盾,如蒙一里委一居民对干部说:"我们的命运掌握在你们手里,只要你写几个字,盖一颗图章,我们就可以活命了。"

(三)街道党委和街道委员会,二块牌子一套机构,具体行政工作都依赖党委,街道委员会的组织作用没有充分发挥,相对地削弱了党委的领导。

街道党委是为了加强城市人民公社化运动和地区工作的领导而建立起来的,建立时配有生产、生活和文教、政法专职书记,在党委下按集体事业几个方面设立了生产、生活、文教、秘书、财政等组。以后建立了街道委员会,街道党委下的若干组的机构也即是街委会下的行政职能机构。形成了二块牌子一套人马的组织机构。但由于街道委员会的行政领导核心没有真正形成,党政分工没有明确解决。因此街道范围内的党政大小事务实际上仍由党委直接抓,许多事情由党委出面。街道委员会成立后只开过二、三次会议,在群众中印象淡薄,街委会的组织作用没有名符其实地充分发挥。这样,也就相对地削弱了党的领导作用。例如去年十一月份,党委召开二十二次党委书记办公会议,研究了二十八个问题,其中属于可研究可不研究的工作六次,占 21.4%,不应该由党委研究的九次,占 31.2%。使党委放松了党的工作和对方针政策、政治思想教育,干部的培养教育,以及社会改造、人民民主专政等工作的领导。特别是对散居居民工作一环抓得更少,对群众的思想教育抓得不够经常、深入。如当前一部分劳动人民讲究吃、穿思想有所滋长,对暂时困难现象缺乏了解,认识不清,甚至怀疑三面红旗。

产生上述矛盾,其原因是多方面的。在思想认识上,由于我们对不断革命论和革命发展阶段论认识不足,对客观事物的发展规律缺乏科学的分析,没有根据上海市的特点和家庭妇女的特点进行工作。因此,在一些所有制根本问题上界线认识不清,对街道委员会的性质任务不够明确。在作风上缺乏调查研究和一切从实际出发的实事求是作风,因此,实际工作中,头脑就热了一些,步子走得快了些,办了一些现阶段还不可能办到的事情。在客观上,也由于城市人民公社是一个新的事物,没有经验。这些经验教训今后工作中必须很好记取的。

三

根据上述存在的矛盾,我们提出以下若干方面的意见。

(一)关于街道委员会的性质、任务和名称的问题。我们认为:今后街道委员会的性质,仍应是区人民委员会的派出机构,属于政权机关性质。它的任务主要应是:承办区人民委员会交予各项行政事务;发动和教育街道里弄居民响应党和政府的各项号召;坚决贯彻执行党和政府的各项政策法令;协助有关部门安排好人民经济生活;帮助和指导里委会工作和配合公安部门做好治安、保卫工作,加强人民民主专政。由此应改变街道委员会制,恢复街道办事处的名称。

(二)关于现有街道举办的各项事业问题。鉴于街道办事处是政府的派出机构的性质和目前存在的实际矛盾,因此,街道不应举办这些事业单位,把现有的各项事业单位妥善地,分别不同情况转交有关方面经办。今后对这些事业单位,街道办事处,可在区人委的交办下进行行政上的监督管理。

(三)区人委应加强街道办事处工作的领导。在区长分工中应有一个区长具体分管街道办事处的工作,并由区人委办公室协助区长工作,以便统一各行政部门对街道办事处各个时期的工作要求、计划,作统一的安排和部署。

(四)关于加强街道党委的领导问题。街道党委是各个地区中的领导核心。街道党委与街道办事处必须明确党政分工、充分发挥街道办事处共青团和妇联的组织工作。党委主要任务应在于加强党的政治思想领导、组织建设工作;加强方针、政策的研究和具体的检查督促;经常地掌握各阶层居民的思想动向,不断地加强对居民群众的教育;善于发动和团结群众,调整人民内部关系;加强对专政工作的领导和社会改造工作。

上述意见是否妥当,供市委领导研究中参考。

中共上海市卢湾区委员会城市人民公社工作领导小组

一九六一年七月十四日

中共上海市委城市人民公社
工作领导办公室通知[*]

（一九六一年八月二十八日）

有关街道里弄生产劳动人员回乡参加农业生产的补助费问题,现在参照市劳动局"关于职工回乡参加农业生产的补助费等待遇问题的规定"精神,按照如下办法处理:

一、凡是参加街道里弄生产劳动又由街道里弄按月发给工资的人员(包括生产服务和文教卫生工作人员以及到工厂企业"外包内做"街道里弄提取他们公益金的人员),工作半年以上,回乡参加农业生产的,除发给当月工资外(工作不满半个月的发给半个月的本人工资,超过半个月的发给一个月的本人工资),另由街道委员会(街道办事处)或里弄委员会从街道里弄的积余款项中拨给回乡补助费。

二、回乡补助费标准:工作半年以上不满两年的,发给半个月的本人工资(如半个月工资低于十元的,按十元发给);工作两年以上不满三年的,发给一个月的本人工资;工作三年以上的发给一个半月的本人工资。

三、对回乡生产的单身人员(随职工回乡的家属由工厂发给路费,地区不再另发),可以另外发给一定的回乡路费。

中共上海市委城市人民公社工作领导小组办公室

一九六一年八月二十八日

---

*　原件现存于上海市档案馆。

上海市街道里弄生产的
情况和主要问题*

（一九六一年八月）

上海全市组织起来参加生产劳动和生活服务工作的里弄居民，有四十二万零八百九十四人，约占街道里弄现有劳动力六十二万一千八百余人的67.7%。其中，参加生产劳动的人员共有二十九万七千二百三十五人，计有：街道里弄工业生产单位七千零九十八个，生产人员二十二万六千六百零六人；农副业生产单位一千一百零六个，生产人员六千一百四十六人；建筑队一百八十八个，从业人员五千二百五十一人；运输组织二百二十八个，从业人员一万零四百四十四人；此外，还有从事临时突击性劳动的人员二万零一百四十七人，退工回来暂时在家的人员二万八千六百四十一人。

在街道里弄七千零九十八个工业生产单位中，街道工厂（场）有八百零一个，生产人员六万五千九百三十一人；里弄生产组六千二百九十七个，生产人员十六万零六百七十五人。这七千零九十八个单位中，为国营企业加工的有六千四百一十个，占90.3%；自产包销的四百五十六个，占6.4%；自产自销的二百三十二个，占3.3%。

街道里弄工业的原料，大部分是工厂的加工来料，一部分是利用工厂的边角废料。今年1至5月主要产品的产量为：铜、铝、铅、锌等有色金属一千五百三十九点三吨；日用小五金一千二百八十六点二吨；电器仪表及零部件一亿八千八百万只；孕便激素（粉末）八十七点八吨；各种玩具三千二百二十二万七千件；伞二百五十二万八千把；纸盒一亿八千万只；热水瓶竹壳三十万三千个；

＊ 原件现存于上海市档案馆。

羊毛衫九十万一千件;各种服装七十三万二千件;布鞋一百二十六万九千双。

今年 1 至 5 月,街道里弄生产单位的加工费收入和部分产销收入共为六千九百五十五万多元。今年 1 至 5 月向国家缴纳工商统一税、所得税和上交利润合计为九百一十四万四千元。5 月份街道工厂人员平均工资为二十三点八六元,街道里弄工业生产人员平均为二十一点三二元,里弄生产组人员平均为十九点零七元。

经过几年来的逐步发展和不断整顿,多数街道里弄生产组织已成为大工业的一支重要的辅助力量,帮助不少工厂企业完成了他们的生产计划。街道里弄生产的发展,使废旧物料得到利用,为工厂企业增产了原材料为人民生活生产出一些需要的小商品,在一定程度上支援了工厂的生产,补充了市场的需要,同时,也使参加街道生产的里弄居民增加了收入,改善了生活,受到了集体劳动的锻炼,学会了生产技术,改变了精神面貌。

但是,据静安区延安西路街道,普陀区普陀路街道、虹口区乍浦路、卢湾区丽园街道对生产的专题调查和其他一些街道的调查材料看,街道里弄生产组织还存在如下一些问题:

(一)街道里弄工业办得多了一些,一度出现了某些盲目发展的现象

(1)有些国营和合营工厂不宜下放的下放了。

据静安区调查,国营、合营工厂下放后,产生不少问题:第一,产品的产量和质量下降。该区下放的十四户合营工厂,产量比以前下降的有十一户,占 78.57%;产品质量下降的有八户,占 57.14%。江宁路地区的六户合营工厂下放后,去年下半年上交利润比 1959 年同期减少了六万三千元。第二,削弱了企业的领导和管理。第三,里弄妇女缺乏技术经验,机械设备维修无法进行。第四,合营工厂留下的人员思想不稳定,问题很多。他们的工资福利一般按原来标准由街道支付,保留了工会会籍,停止了工会活动,于是有些工人提出:"今后工龄怎样计算?""将来年老退休后怎么办?"私方人员与工商联脱掉关系后,也产生了一些顾虑,有的私方人员便问:"街道工厂对私方人员包下来、包到底的政策怎样实现?"丽园街道公私合营袁鹤记染纱厂下放后,没有骨干力量,技术和业务领导仍掌握在资方手里,资方及其家属十六人都住在厂内,使用煤油、肥皂、热水等,厂家不分,公物常有短缺。下放后,专业公司不管了,

常是任务不足。在工资福利待遇方面也有矛盾:下放人员平均工资一百零点五元,还有劳保享受;地区人员平均工资只有二十三元八角五,没有劳保。

(2)民政、劳动部门组织的生产自救性质的生产单位,不宜下放的也下放了。

普陀区民政科下放给东新村街道的木花加工厂,在一百四十三个生产人员中有六十三个盲人,还有聋子、哑巴。这些人原来是算命、卜卦、卖唱,其中不少人跨越几个街道,甚至是从外地来的,下放后地区很难领导管理。

乍浦路街道的、由民政科下放的镀锌工场,生产原料本来是由区工业科统筹计划供应,下放后工业科停止供应,生产上发生了困难。

江宁路街道的、原民政、劳动部门下放的生产人员,平均工资在四十至四十五元之间,下放后工业科停止供应,生产上发生了困难。

江宁路街道的、原民政、劳动部门下放的生产人员,平均工资在四十至四十五元之间,而里弄妇女平均仅二十五元左右。妇女反映:"为啥一个工厂两样制度?""他们做在后头(指年老体弱的)拿在前头(工资多),我们为啥要起劲呢?"

(3)有些里弄生产组不该提升的提升了。

南京西路街道编结厂的五十三人,大都从事手工操作,技术比较简易,适宜于分散生产,提升后群众不方便,任务也不稳定。生产人员反映:"成立工厂时高高兴兴,现在是冷冷清清。"

由于里弄生产组提升过多,部分里弄收入减少,收支不能平衡,影响了里弄干部的积极性。静安区淮安里里弄委员会原有十三个生产组、六百七十九人,被街道提升了八个生产组、五百七十三人。该里委原来每月能积累二万元左右,提升后收入减少了,许多里弄干部对此很不满,说:"我们辛辛苦苦地把生产组搞起了,一下子都给街道了,现在是人财两空。"

(4)兴办了一些不宜街道举办的生产组织。

有的地区办了一些技术比较复杂、缺乏设备、原料又没有保证的生产,造成严重浪费现象。普陀区东新村陆家宅五金加工厂为上运四场等单位加工汽车零件,仅依靠七个个体的铜匠和白铁匠作技术指导,产品质量不能符合要求。如:为汽车修配厂加工门窗撑脚,百分之百退货返工。

由于街道里弄组织办得多了些,加之又缺乏统一安排,因而有些单位彼此交叉重复,不仅造成任务不足,而且往返倒运,增加了运输量,对整个工业的布局也带来某些不利影响。普陀区有三个街道、二百六十名里弄妇女为六一玩具厂加工,谁先到谁先接加工任务,争来争去彼此任务都不足。该区沙洪滨街道有五十二名里弄妇女为闸北区三联锻铁商店敲红白泥,要发给每人一张乘车的月票,而妇女们每天上下班转两次公共汽车,往返需两小时以上。虹口区乍浦路街道八十六个生产组织中,加工任务来自外区的占60%。南仁智里弄委员会为黄浦区威海卫路一家工厂加工插头,每天要往返运输两次,人力物力浪费很大。

(二)部分街道里弄生产组织同全民所有制工厂企业的关系存在一些问题

(1)"外包内做"的矛盾比较突出。

据虹口区九个街道和延安西路、普陀路、丽园等十二个街道的统计,共有四千五百零三人分散在二百三十七个工厂企业中从事"外包内做"。首先,这些"外包内做"的人员有不少和工厂工人混合编组、共同劳动,有的实际上已成为车间生产工人。虹口区从事"外包内做"的四千一百九十八人中,担任车、钳、刨、铣、钻等专业生产的有五百八十二人,占13.86%;从事手工或半机械操作、进行装配、擦洗的有一千零六十九人,占25.46%;从事厂内外运输和生产辅助工作的一千七百七十七人,占43.32%;担任炊事员、保育员、饲养员的二十五人,占0.59%;担任教师、采购员、会计的七人,占0.16%;其他七百三十八人,占17.58%。工厂把他们顶替整、半劳力统一调度使用,但又不能列入编制内,于是以支付材料费、运输费的办法开支他们的工资,这同"增产不增人"的方针是不符合的。第二,"外包内做"人员担负的劳动过重,有的连运动防护用品也没有。第三,他们和厂里工人一起生产,在工资福利上矛盾很大。每逢发工资,不少里弄妇女就叹气,有的讲:"哪一天才能出头?"第四,里弄对他们的劳动所得扣留过多,引起她们不满。如虹口区在上海汽车副件厂"外包内做"的妇女,厂方发给每人每天工资一元七角,但由里弄统一分配时,最多的每人九角,最少的五角,妇女们反映:"里弄剥削太多了。"

（2）如何按照加工生产的特点，机动灵活地安排劳动力还是个问题。

一方面，在加工任务发生变化时，有些工厂企业没有及时通知街道里弄，造成街道里弄安排劳动力的某些困难；另一方面，当工厂企业因任务变化而减少或停止街道加工任务时，有些街道里弄干部片面要求"照顾"。

（3）不少街道里弄加工生产单位对原材料的领取、保管没有健全的制度和明确的规定，漏洞甚大。

延安西路街道第一五金厂加工农业气象表，玻璃管的损耗率达6%—7%，最高达20%，而国营工厂一般只有2%—3%。延安西路街道仪表厂加工一万四千只寒暑表，报废的玻璃管就有一万只，有的单位甚至虚报损耗或不上缴余料搞自产自销。延安西路街道金属冶炼工场，即用这种方法取得七吨多铜料。林家港街道酒精厂把加工多余的二吨半酒精，以三千二百元一吨（市价一千四百元）的高价出售，另向黄浦区废品公司购进破旧麻袋加以修补充数。

（4）工缴费没有统一的计算办法，存在讨价还价现象，影响协作关系。

计算工缴费的方法很多：有的为了"支持城市人民公社"，按工厂工人平均工资的一倍计算；有的按工厂最高生产指标和最低工资计算；有的按件计算，每工掌握在一至二元以内；有的根据家庭妇女工资水平和福利费、管理费、合计每工约一元五角；还有的根据历史传统方法计算；下放单位按进销关系计算，等等。由于计算方法不一，部分单位的工缴费存在畸高畸低现象。此外，还有少数国营工厂不当地转手加工，从中分利。如上海金属制革厂承接上海皮革厂加工的锚纽，转交普陀路街道五金带扣厂承制，该厂转一下手，即从中提取加工费30%。上海皮革厂几次要求直接和街道挂钩，都被上海金属制革厂从中阻挠未成。

（三）在组织生产劳动中照顾家庭妇女的特点不够

（1）在组织生产的形式上，把一些不应集中的和可以不集中的也集中了，集中生产的多了些。

丽园街道局门里委会的粉扑生产组，分散生产已有几十年历史，过去每月可做一万打以上，集中生产后，产量降低，每月只能生产六、七千打；过去每十打的工缴费是九角五分，集中后增加到一元二角三分，而个人实际所得也比以前减少。尤其是由于集中生产要按时上下班,对孩子多、家务重的妇女带来不少困难。集中生产也多占用了房屋,增加了开支。粉扑组借用二大间房屋,每月要开支七、八十元房租和水电费用,因此生产收支勉强平衡,有时还亏本。

(2)现行工时制度对里弄妇女处理家务和教育子女缺乏必要的照顾。

丽园街道三十四个生产单位中,实行八小时工作制度的有三十二单位,九小时的有两个单位,其中采取三班制和两班制生产的各有六个单位。这样的工时制度就不可能给妇女有料理家务和教育子女的必要时间。延安西路街道的典型调查,在五十个生产人员中,需要照顾家务的即有四十三人,占 86%。生产组员张银雅上夜班时,把孩子锁在家里睡觉,小孩常把盖的被子蹬掉,因而受凉生病,结果张拿得工资大部分支付了孩子的医药费。

(3)对妇女的特殊困难照顾不够,组织(她)们参加了某些不适宜于妇女参加的劳动,影响了她们的健康。

有的从事高温操作,如在新村街道有四百六十一个里弄妇女为上海带钢厂运钢材,把钢材送到炉前,把刚出炉的带钢搬出车间,温度一般是摄氏六十至八十度,炎夏时高达一百三十度,而且还没有劳动防护用品,以致经常烧坏衣服,灼伤皮肤,发生一些折骨、流产等工伤事故。

有的从事笨重的体力劳动,劳动强度太高,如唐山路六利冷铸钢厂,有十三个里弄工从事短途扛铁劳动,引起咯血的三人,扭伤腰的三人,子宫下垂的一人,月经不调的一人,被钉子刺伤脚的一人,共合九人,占 69.2%。叫妇女拉劳动车也很成问题。劳动车每车一般有六百至七百斤,重的达一千多斤,搬运时有的还远至龙华、漕河泾、闵行等地。由于妇女体力不足,上桥下坡把握不住,时常发生跌伤、撞伤和扭伤事故。丽园街道二里委会运输组十六个妇女,1960 年以来已发生较大的工伤事故十七起,停工休息达一百二十九个劳动日。

有的还从事有毒害气体的生产,如延安西路街道三十九个生产组织中,有五个单位的原料和辅助材料带有毒性,如苯、硫酸以及山奈等。街道第二屯镀厂的生产人员,由于硫酸和山奈毒雾的侵蚀,普遍感到头晕、乏力、牙齿酸痛,二十一人中有七人的牙、鼻时常出血。

此外,还有少数地区组织退休女工和年老、体弱的妇女参加力所不及的工作和劳动,影响她们的健康。

(四)街道里弄生产的情况比较复杂,仅由街道里弄领导管理存在不少困难

(1)不少街道里弄生产组织由于在原料来源、改进生产技术和解决协作关系等方面存在的困难,得不到及时解决,影响生产。

街道里弄的加工生产虽然大部分系来料加工,但是部分加工单位的来料不全,有的只给主要原料,不给一般原料;有的只供应原料,不给辅助材料;也有的只要产品,不给原料。他们都要求街道里弄自筹解决。在自产包销的生产组织中,原料来源一般没有问题,只需要小量的燃料、辅助材料,但是商业部门只管销,不管供。部分街道里弄生产单位由于原材料问题得不到解决,在生产上有很大困难。此外,夏天的防暑降温,冬天的防寒保暖,以及一些重体力劳动、高温操作等,需要添置防护用品或有关物资,由于找不到头,也不易买到。有的街道干部说:"夫妻老婆店也有人管,为什么街道生产就没有一个部门来管?"

(2)由于没有行政管理部门自上而下地对街道里弄生产组织进行监督管理,因而不能及时发现和纠正某些街道里弄生产组织中出现的资本主义经营倾向。

自产自销的一些生产组织有的存在着资本主义经营倾向。他们有的套购国家物资、争购市场原料;有的抬高销售价格,牟取高额利润;有的投机倒把,严重破坏市场秩序。延安西路大胜里委会化工组生产的硫酸铜,化工局要求全部包销,而该组织为了牟取高利和搞物物交换,拒绝包销,坚决自销。该街道弹簧加工工场通过上海纺织机械厂采购人员套购该厂库存钢线,作为自产自销的原料。到目前为止,除去已用掉的钢丝,还库存一千七百一十九公斤之多。

(3)由于街道里弄工业办得较多,有些单位的规模又较大,而具体管理这些生产单位的都是走出家庭不久的家庭妇女,她们的领导管理水平与生产的要求不相适应。

据对延安西路街道里弄生产单位负责人的调查,确实不能胜任的占20%左右。如第二五金工场负责人王庆理,原是居民小组长,提为街道工厂负责人

后,由于水平太低,生产抓不起来,群众有意见,她只是背着人流眼泪。丽园街道有些担任街道工场负责人的家庭妇女反映:"自己一无文化,二无技术,三无经验,象瞎子摸鱼一样,不知从何下手。"该街道纸盒工场负责人江小娥说:"生产象乱头发一样难梳,自己象木头人一样不懂。"

由于领导力量薄弱,不少单位制度不健全,管理紊乱,不仅造成人力物力上的浪费,而且也为贪污盗窃开了方便之门。不仅如此,个别单位的领导实权还落到了资产阶级分子和小业主手中。如延安西路电讯电器工场负责人施党修(预备党员),过去领导一个里弄生产小组还可以勉强,现在要全面管好一个工厂确有困难,因此把供销业务委托小业主徐瑞英负责,生产靠小业主陈涤伦管理。小业主掌握生产实权后,就搞了虚报损耗、多报用料、以次换好、物物交换等违反政策的行为。丽园街道一纸盒工场负责人是职工家属,水平较低,业务实权被小业主陈锡琪所掌握。陈在生产中以次充好、以小换大、以零代整,窃取国营工厂的原料,并贪污盗窃工厂资金四百多元,还以工场名义套购国家物资倒手转卖,从中非法牟利。

对上述里弄生产中的一些问题,有关单位正在进行研究,加以解决。

(根据上海市委城市人民公社工作领导小组办公室编的"情况反映"整理)

一九六一年八月

（上海市）关于城市人民公社工作的
基本情况和问题（草稿）*

（一九六一年十月十三日）

一

在总路线、大跃进、人民公社的光辉照耀下，在市委和区委的正确领导下，随着工农业生产的发展，城市人民公社工作从 1958 年以来，以职工家属和其他劳动人民为主体，以组织生产为中心，举办了生活服务和文化教育事业。1959 年对里弄工作进行了整顿。1960 年在全国大办城市人民公社的形势鼓舞下，掀起了里弄居民组织起来的高潮。街道里弄的各项事业又有了迅速的发展。从去年下半年开始，开展了全面的整顿、巩固、提高工作。

至今年六月底止，组织参加街道里弄生产劳动的共有 38000 余人，占现有劳动能力的居民 65.3%。举办了街道工厂 100 个，里弄生产组 590 个，公共食堂 204 个，搭伙人数 111505 人。幼儿园、托儿所 246 个，入园入托儿童 33202 人，各种服务组 434 个，服务人员 4021 人，街道里弄小学 65 所，学生 19497 人，业余学校 61 所，学生 10855 人。此外，还举办文化站、图书馆、少年之家、卫生站等组织 284 个。

三年来，街道里弄工作有了很大提高，各方面的工作面貌发生了深刻的变化，广大居民的政治觉悟有了显著的提高。各项事业的举办已经成为国家企业、事业的有力助手，在支援工农业生产，协助有关部门组织人民经济生活，发展文教事业等方面发挥了积极作用，促进了城市的社会主义建设和

---

* 原件现存于上海市档案馆。

社会主义改造。

（一）支援了工农业生产。街道里弄工业贯彻了"主要为工厂企业加工生产"的方针，已与1076个工厂企业挂钩，加工的产品品种共达一千种以上。采取加工的形式，不仅适合上海工业集中，原材料不足，劳动力潜力大的实际情况，而且这些生产组织简便灵活，能大能小，能够适应生产任务的需要。经过几年来的逐步发展，一部分生产单位，实际上已成为工厂企业的辅助车间，成为不可缺少的辅助力量。今年1—6月，加工费和少部分产销收入共计达三千三百万元。如以产值计算，仅据联合徽章厂、兴隆纸盒厂等六个厂统计，每月产值569万元。其中街道里弄生产单位完成的即达106.5万元，占19.5%。不少工厂通过里弄加工，抽出了力量，增加品种或发展高精尖产品。生产事业的举办，有力地支援了大工业完成和超额完成国家计划。

积极发展了废物料的回收和整理利用。去年一月到今年八月，由里弄回收整理的下脚废料和社会废弃物资即达10713吨，今年上半年，从工厂的下脚废水中提炼醋酸、硫酸亚铁等化工原料共60.3吨，从孕妇小便中提炼激素即有1218公斤；熔炼的废钢旧铝等边角料共261吨。挖掘了物资潜力，变无用为有用，为社会创造了财富。

街道里弄工业中，还发展了一部分的小商品生产。共有147个单位，2450个生产人员。主要产品有日用小五金、日用小百货、炊事用具、手工艺品等150个品种。其中利用边角废料生产的即有27个主要产品，今年上半年产值共14.7万元。仅据今年上半年淘箩、火钳、煤炉等12种炊事用具的产量的统计，即达25.7万余件。支援了市场供应。

此外，还发展了若干副食品生产。今年1—8月共养猪1156头，上市量198头，收获蘑菇、平菇、木耳等食用菌3980斤。对市场供应也起了一定的补充作用。

（二）街道里弄举办的公共食堂、托儿所、服务站等生活服务事业，贯彻了为生产、为劳动人民生活服务的方针。在食堂搭伙人员中，小厂小店的职工约占30%，双职工家属约占30%左右。托儿所收托对象中双职工子女占55.1%。许多职工由于解决了家属搭伙和子女入托的实际困难，得以安心生产和工作。同时，也为解放妇女劳动力提供了有利条件，使她们摆脱了某些家务牵累，有可能参加社会劳动。服务站以零星修配、拆洗缝补为主，为居民生活多方面的需要服务，补充了商业网点的不足。仅今年 3—7 月的统计，缝补衣服、雨伞、钢精锅、竹篮、席子等即达 40 余万件。

关心人民生活是党一贯坚持的正确方针，我们基本上贯彻执行了党的"一手抓生产，一手抓生活"的指示。里弄的各项生活服务事业，几年来经过不断整顿，有了很大提高，在服务质量、服务态度、经营管理等方面有不少改进。在目前市场供应不足的情况下，发挥了积极作用。

（三）发展了文教事业，提高了居民的文化水平。举办了街道里弄小学共 475 个班级，学生人数占全区小学生数的 18.5%，补充了公办学校的不足，基本上适应了学龄儿童入学的需要。教学质量也有很大提高。三年来，扫除文盲 17911 人。举办了业余学校，据上学期 11938 人的统计，已有 3412 人达到初高中的水平。里弄文化站、图书馆、少年之家、卫生站等组织，在组织群众文化生活方面，也起了一定作用。爱国卫生运动也取得了很大成绩，卫生面貌起了显著变化。

（四）对里弄居民进行了一系列的政治思想教育，提高了他们的政治觉悟。三年来，结合国内外形势，广泛地进行了三面红旗、"三勤"方针、"六好"等教育，尤其是从去年下半年来，反复进行了大办农业、大办粮食的方针和围绕党的各项经济措施，进行了不间断地比较深入细致地形势教育。在居民中，以农业为基础，工业为主导的思想初步有了树立，艰苦朴素、勤俭节约的社会风气有了进一步发扬。由于三年连续自然灾害带来的暂时困难所引起的某些混乱思想得到不少澄清，提高了思想觉悟，从而使党的各项号召和有关的经济措施都得到较为顺利的贯彻。

组织起来的居民，经过劳动生产的锻炼，提高了集体主义思想，加强了劳动观念，不少家庭妇女克服了自卑感，发扬了敢想、敢说、敢做的共产主义风格。人与人之间的关系，邻里之间的关系，也都有了改变。出现了不少民主和睦的新家庭、新里弄。

（五）去年九月以来，街道的工作集中了主要精力和时间，协助商业部门以粮菜为中心，全面安排市场，组织人民经济生活。大力开展了节约用粮，计划用粮的宣传教育，帮助居民合理安排口粮。据今年一月与七月的比较，居民预购粮下降 65%，预购户下降 82%。

帮助菜场改善供应方法，合理分配副食品，进行了有关市场供应的检查和督促。此外，还进行了饮食凭票定点供应，棉织品凭票凭证供应，香烟计划供应，七种小商品、棉花胎、席子的供应，以及煤球、老酒等商品供应的宣传教育工作，也取得了不少成绩。

（六）里弄居民参加生产劳动后增加了收入，改善了生活。全区从去年一月到今年六月共发工资 1242 万元，每人每月平均工资 24.44 元。如加上福利补贴约在 27—28 元。据典型调查，组织起来前后，按家庭人口每月平均生活费用由 11.7 元上升到 17.4 元，增长 48%。

（七）三年来，街道里弄工作有很大的加强。建立了街道党委，开展了建党工作，壮大了党的队伍，建立了里弄党支部 58 个，现有党员 438 人。培养了大批积极分子，今年来，吸收到政治学习班学习的有 2200 余人。里弄组织经过多次整顿，纯洁了干部队伍，确保了工人阶级的领导权，从而保证了党的方针政策的贯彻，各项工作得以顺利进行。

三年来，街道里弄工作成绩是很大的，发展是健康的、正常的。所以取得这些成绩，是党的三面红旗的胜利，是由于市委、区委的正确领导，使我们进一步体会到做好街道里弄工作，必须认真贯彻执行党的方针政策各项指示。实践证明，市委关于建立城市人民公社采取积极慎重、稳步前进的方针；街道里弄工作贯彻为工业、为农业、为人民生活服务的方针；街道里弄工业贯彻以加工生产为主、为大工业服务的方针，生活服务事业贯彻为生产、为劳动人民生活服务的方针；以及正确处理国家、集体、个人三方面的关系，各阶级阶层的关系等一系列的方针政策是完全正确的，是符合上海实际情况的。在实际工作中，认真贯彻执行这些方针政策，这是取得工作胜利的根本保证。第二，必须坚持政治挂帅，加强了党对地区工作的领导，在街道干部中认真贯彻整风精神，并根据里弄居民的阶级情况和政治情况都比较复杂的特点，反复进行了党的形势教育、总路线教育和各项方针政策的教育。这不仅是一项长期艰巨的任务，也是做好各项工作的根本前提。第三，要相信群众，依靠群众，认真贯彻群众路线的工作方法。里弄居民组织起来举办各项事业，所以能迅速发展和不断巩固提高，以及各项政治运动比较顺利贯彻，是由于放手发动群众和依靠群众,调动了广大群众的积极性,发挥了群众的智慧和才能的结果。

二

三年来,城市人民公社工作是取得了巨大的成绩,但也存在一些问题。主要是对各项事业包得太多,统得太死,有些事业办的多了一些和不适宜里弄举办的也办了,在连续两年遭受严重自然灾害的情况下,生产任务不足,部分劳动力亟待妥善安置,同时,对家庭妇女的特点照顾不够,有些制度不够合理,并在举办各项事业中,无偿地动用了一部分居民和工厂企业的房屋用具,也必须适当予以处理。

（一）对各项事业以里弄委员会为单位,采取统管统包,统负盈亏的做法,在目前情况下,不仅影响了群众积极性的发挥,滋长了依赖思想,而且在领导上也增加了事务忙乱,工作处于被动。如在各种事业中,不注意经济核算,不注意勤俭节约,不注意提高工作效率的现象是比较普遍的。有些事业单位亏损情况相当严重。如延安西路永源浜里委去年五月到今年七月补助给食堂、托儿所的费用即达 2 万元以上,现在每月还需补贴 500 余元。干部反映:"长此下去如何得了?"由于对各项事业采取统管统包,不管任何大大小小的事情都集中在里弄委员会和街道党委,必然增加了领导上的事务忙乱,影响了政治思想工作的开展和造成工作上的被动。

（二）某些事业办多了一些,举办了一些不适宜里弄举办的单位。由于工业原料供应的不足,街道里弄生产任务极不稳定的情况十分突出。全区八月份处于停工或半停工状态的,占街道里弄生产人员总数的 31.5%。已有 21 个里弄委员会入不敷出。在街道工业中,下放了一些不应下放的国营工厂。据 14 个下放工厂的调查,产量下降的有 11 个单位,占 78.5%,质量下降的 8 个单位,占 51.7%。尤其是举办了一些有毒气体,有害粉尘和噪音过大,卫生条件很差的生产单位(全区共有 35 个,已停办 21 个),影响了生产人员的身体健康,增加了同周围居民的矛盾。在生产中还有一小部的单位,没有正当的原材料来源,进行自产自销。食堂吸收了一些实际上不需要的人搭伙,不仅增加了市场供应,而且由于搭伙对象的不稳定,也带来了经营管理上的困难。据金鹏里委三个食堂 924 名搭伙人员的调查,真正需要搭伙的仅 600 人左右,其余三分之一以上的人是看菜吃饭的。服务站办了一些群众实际需要不大的服务项目。有些原来由业务部门直接经管的业务和原来由居民自接任务,自劳自得的也都包揽进来了。有些本来可以发动群众搞的卫生工作,现在设专职的脱产人员,有的达 5—6 人之多。有些少年活动室、文化站、图书馆⋯⋯实际上不起作用,流于形式。所有这些,都造成人力、物力和财力上的浪费。

(三)对家庭妇女的特点照顾不够。首先是有些适应于分散生产的没有分散。据延安西路街道的调查,适宜于分散在家庭生产的占生产人员总数的三分之一以上。其次是在工时制度上一般机械执行八小时或七小时工作制,甚至有的生产单位实行二班制、三班制。第三是不适当地组织了一些家务劳动繁重和年老体弱的人参加劳动生产。据延安西路等四个街道和六个里委会的调查,在已经组织起来的 2904 人中,这类人即达 519 人,占 17.8%。有些妇女由于忙于家务,早上四时起床,晚上十时后才睡觉,影响了身体健康。第四是有些工种体力劳动过重,或高空、高温作业,不适应妇女的体力、生理条件。有些妇女搞长途运输,装卸过重,经常发生撞、跌、压伤事故。仅据延安西路等四个街道运输队的调查,去年以来,发生事故 83 起,伤 79 人。有些人因疲劳过度,在运输途中流产。房屋修建高空作业,不少妇女反映"是硬着头皮出来的""手软、脚软、腿发抖"。去年以来发生高空坠落事故八起,有的已成残废,有一人跌死。有些高温作业,炉温高达数百度、上千度,妇女反映:"天灵盖被熏得发痛","月经来时更加苦"。有些妇女视力减退,体重下降,严重影响身体健康。

(四)有些制度不够合理,主要表现在工资福利方面存在某些平均主义的现象,贯彻按劳分配,多劳多得的原则不够。有些事业亏损,仍然发原工资。里弄干部反映有"三靠":"生活靠生产,收入低的单位靠高的,手脚慢的靠手脚快的"。加以分配的形式一律采取计时评级工资,因此,劳动生产技术虽有高低,劳动强度有轻重,但是工资级差相差无几,多劳不能多得。永源浜里委铜皮加工组,有的妇女每天整理铜皮 200 捆,日工资八角,有的妇女整理 60 捆,却得日工资一元零五分。对组织起来的妇女本人及其家属的搭伙,子女入托,免收搭伙费、入托费的办法,实际享受的只有一部分人,有的妇女一个月只工作了几天，或几个月不来工作，里委照付福利费，有的每月高达 19 元之多。有些妇女认为"反正不要托费，落得享受"，家里有人照顾小孩，也送来入托，影响了一些亟须的职工子女入托。有的甚至在托儿所挂了个名，每天领了小孩去托儿所吃点心，吃午饭、增加营养。

（五）街道里弄在举办各项集体事业中，无偿动用了一部分居民和工厂企业的房屋用具。首先是错误地动用了一部分资产阶级的房屋用具。据延安西路等四个街道和六个里委会的调查，在动用的 11732 平方公尺的房屋和 19154 件生活用具中，属于资产阶级的私房 1325 平方公尺，占 11.3%，资产阶级使用的公房 4955 平方公尺，占 42%。动用的这些房屋中，有 28% 是勉强的，还有 16% 是很不自愿的。生活用具也有 49% 是动用资产阶级的。现在有些人借口儿子结婚，小孩患病提出要求收回房屋，有的以宪法为依据责问干部："生活资料有没有所有权？"资属鲍根娣为了要收回房屋，不给使用厕所，上工时间不开门，有意作难。第二，混淆所有制界限，不按手续办事，不讲政策，无偿使用。据六个里委会调查，动用的私房有 60% 不付租金。金庙里委强行借用第一印染机械厂木模仓库的房屋，还损坏了价值 1.5 万元的木模设备，严重影响生产。有的借用机器、设备，有借无还，占为己有。第三，在动用房屋用具过程中，有的作风简单粗暴，甚至强迫命令，违反政策。集中起来，一是限期迁移；二是信口开河，歪曲政策；三是擅自私用，先斩后奏；四是乱许愿，不兑现；五是有一要二，得寸进尺；六是以改造为理由，强迫动员四类分子和右派分子及其家属让出房屋。金庙里委将一吴姓家祠的房屋占用后，将 300 多块神主牌位作引火柴烧掉。现吴姓长辈声称要开"族务会议"提出申诉。第四，对动用的房屋用具，损坏很大，浪费严重。有的为了追求形式，"美化"环境，竟任意拆除墙头，拆除篱笆，有的随便打窗开洞、损坏绿化。使用的用具，不少已损坏，有些已丢失。

（六）街道里弄各项事业大量举办起来以后，街道里弄的工作任务十分繁重。既要管理大量的日常行政业务，又要面对各阶层居民开展各项群众性的政治运动。目前区委城市人民公社办公室和街道党委，仍然是采取"一揽子"的领导方法，事无大小都要找党委，事务忙乱情况十分突出，因而思想工作有所削弱，认真深入的进行调查研究不够，对里弄的基本情况尚不够了解。去年九月以来,街道工作比较集中地抓人民经济生活,但对各项集体事业单位放松了领导和管理,存在不少问题。各业务部门有关居民工作,有些应该是亲自动手的也推给街道里弄去做,加重了街道里弄工作上的负担。据调查,目前要里弄出具各种证明有达三四十种之多,甚至连居民搬家雇佣劳动车、居民在家里死亡注销户口、购买缝纫机零件等都非有里弄证明不可。大胜里委设有专职副主任为各部门了解情况打证明,最多时一天开出的证明即达 200 多张。干部反映:"上面千条线,下面一根针。"所有这些都不利于加强政治思想工作和各项事业的领导管理。

三

产生以上问题,在客观上固然是把里弄居民组织起来是一件新的事情,缺乏工作经验,但从主观原因上检查:

首先是我们对市委有关街道里弄工作的方针钻研不够,领会不深,政策观念薄弱。在执行中,督促检查不严,措施不够坚决。如大发展时,单纯追求组织程度,坚持自愿原则不够,吸收了一部分家务繁重的人,特别是一部分资产阶级的家属参加劳动生产。动用了一部分资产阶级的房屋用具,在政治上造成被动,曾一度引起了阶级关系的某些紧张。街道里弄工业中,仍有少数单位,采取套购,从来料加工中窃取原材料或物物交换的方法,进行自产自销,虽然比重不大,危害却很严重。

第二,我们的思想水平不高,认识上存在某些片面性。在主观愿望上,希望把工作办得多一些,快一些,但我们缺乏科学分析和实事求是的精神,对需要和可能之间的关系,理想和实现之间的关系,巩固和发展之间的关系,政治思想挂帅和物资鼓励相结合的关系,国家、集体、个人之间的关系,各阶级阶层的关系等认识不够全面,在工作中往往强调了这个方面,而忽视了另外一个方面,因而产生了不少盲目性。街道里弄举办的一些事业许多是应该办的,但也有些是办多了,一些办早了,一些离开了现实水平,把将来办的事情,拿到现在来办。如不适当地提出了"家务劳动社会化,生活集体化"的口号,忽视了在相当长的时间内家务劳动还有它的重要作用。曾一度过多地强调发展街道工业,搞独立的经济基础,因而也出现了某些盲目发展的现象。

第三,工作作风和工作方法上也存在不少问题。把里弄居民组织起来,举办各项事业是一件新的事情,面对这样一个新兴的事物,我们深入实际不够,缺乏认真地进行调查研究。对上海城市的特点,里弄妇女的特点和里弄的特点,以及如何正确处理各方面的关系,缺乏具体的分析。对党的方针政策和上级的指示决定,也缺乏结合自己的实际情况。如去年11月大抓养猪,片面追求指标,造成到处搭建猪棚,影响环境卫生,损坏绿化,到农村拔猪草,损害农作物的错误,就是一例。工作中贯彻群众路线的工作方法,几年来虽然有了提高,但是大呼隆的多,深入细致地发动群众不够,特别是和群众同商量,充分发扬民主不够,因而也就不可避免地产生脱离群众、脱离实际的错误,影响群众积极性的调动和各项方针政策的正确贯彻。

第四,当前街道里弄的工作任务是极为繁重的。除了对各项事业的领导管理外,街道里弄工作对象面对社会各阶层,阶级情况和政治情况都比较复杂,社会改造工作的任务极为艰巨。尤其是目前某些商品供应不足的情况下,协助商业部门安排好人民经济生活也是一项重大的政治任务。长期以来,街道里弄组织的性质、任务、党政关系和上下左右关系都不够明确。充分发挥区级有关业务部门、街道办事处和妇代会等群众团体的组织作用不够。由于党委过多地包揽行政业务,党不管党的情况较为严重,使党的领导有所削弱,影响了政治思想工作的加强和方针政策的督促检查。

中共上海市静安区委城市人民公社领导小组办公室

一九六一年十月十三日

上海市里弄委员会
同各部门关系的调查*

（一九六一年十月十五日）

1958 年以前，丽园街道共有居民委员会二十一个，每个居民委员会平均有四五百户左右。当时，居民委员会的任务主要是：办理有关居民委员会的公共福利事项；向国家行政机关反映居民的意见和要求；动员居民响应政府号召并遵守法律；领导群众性的治安保卫工作；调解居民间的纠纷。

1958 年以后，广泛展开了组织里弄居民的工作，各个里弄委员会都举办了生产、服务和文教、福利等事业。二十一个居民委员会合并组成八个里弄委员会，每个里弄委员会平均有一千五百户左右，里弄委员会的工作内容较之居民委员会起了很大的变化，工作任务愈来愈多了，事情愈来愈复杂了。三年来，这八个里弄委员会做了很多工作，成绩很大，但是问题也不少。现就里弄委员会在同各部门的关系上存在的问题，分述如下：

首先，是单位多、任务多、要求急，里弄感到难于应付。

据不完全统计，市、区两级机关和企业事业部门向里弄布置任务的约有四十多个单位。其中，经常给里弄下达任务的，主要是售油、煤、烟、酒和瓷器、食品、杂货的商店和菜场等二十二个单位。里弄反映：这些单位"无事不登三宝殿"，一下里弄即要这要那；有些单位常常在里弄碰到一起，各自强调自己的任务重要，要求提前为他们完成，弄得里弄十分为难。如丽二里弄委员会今年 3 月 23 日上午，同时接待了土产公司和地段医院，一个叫里弄委员会了解居

---

* 原件现存于上海市档案馆。

民需要碗筷情况,要求马上把用碗情况抓起来;一个叫里弄委员会大搞爱国卫生,要求马上掀起卫生工作的高潮。从3月22日到3月24日三天中,丽二里弄委员会即接待了四个单位,他们都交给里弄委员会一定的任务。有些部门下里弄的工作人员都一本正经地摆出一副上级面孔,要里弄干这干那,如果完不成任务,即把里弄干部批评一通。去年发日用品购买证时,商业部门的一个干部要苏北里弄委员会在一天之内完成填写和分发的任务,里弄干部考虑有困难,他一定要里弄完成。结果,里弄委员会组织人马突击了一天一夜,到第二天早晨还差一百七十户,干部很不耐烦地说:"呀!还有一百七十户未搞好,你们怎么搞的!"

第二,是不少部门经常要里弄"调查摸底",加重了里弄委员会的任务。

今年1月至4月,丽园各个里弄委员会共为各部门进行了三十项调查摸底的工作,其中,属于财贸部门的十七项,属于政法部门的五项,属于文教卫生部门的五项,属于劳动部门的二项,属于房产管理部门的一项。

里弄干部反映,这些调查摸底工作有三种情况:

一种是可以由里弄协助,有关部门也要参加的。如有关居民用粮、吸烟、饮酒和对七种商品需要的情况以及有关扫盲、怀孕情况的调查摸底等等。如果把这些任务完全交给弄里做也是有困难的。里弄的干部反映:"有些部门出的调查题目别人猜不透,怎样去调查实在没办法",如商业部门为了做好春节营养品的供应工作,要里弄摸清年老有病的人有多少,标准是"被二级风吹得倒"的人可以照顾营养品,这条标准真正难掌握。

一种是应该由有关部门自己进行的。如房产管理部门要里弄了解居民住房情况,有些里弄干部认为:"房管所是管房子,怎么自己不调查,光要里弄来调查?"再如商业部门要里弄调查居民对他们有哪些意见,有些干部反映:"里委会向商业部门反映情况是应该的,但是商业部门自己不去访问群众,光要里弄搞,怎么能听到群众的意见呢?"

还有一种是不需要到弄里中进行调查的。如卫生部门要里弄调查目前病人生了多少种病。有的弄里干部认为,只要到个把医院里去翻翻病历就知道了。又如银行要里弄调查居民能有多少钱参加储蓄,里弄实在不好调查。再如商业部门要里弄调查居民抢购商品的情况怎样,另外还要调查居民饲养了多少家禽。有些里弄干部问："调查到底派啥用场？"盲目调查摸底，还引起了一些麻烦。如煤球店4月份要里弄调查居民需要用煤的情况，要里弄挨户登记预约，许多居民以为煤球供应又紧张了，局门里委会的一户职工仅是四个星期天在家烧饭，过去每月五十斤煤球也用不完，听到煤球要登记预约，第一次登记了一百斤，隔了一夜又补了五十斤。

第三，是各种证明的事项太多，造成里弄委员会事务纷繁，也使居民深感不便。

据典型调查，根据各部门成文和不成文的规定，要里弄委员会出具的各种证明共有六十二种之多。其中，财贸部门的三十一种，占50%，其余是政法、文教、市建、交通、农业等部门的。从生（获得出生证）到死（居民病亡），从吃到用，从办婚事到办丧事，从处理一只死猪到购买一点猪药，以及申报户口、减免医疗费用、调换房里、购买车船票等等，这些涉及人民日常生活的问题几乎都要里弄委员会出证明。一个里弄有好几个主要干部做这项工作，从早到晚"门庭若市，应接不暇"。苏北里委主任李王英反映："居民的生、老、病、亡、衣、食、住、行样样都要证明，我哪能管得了！"有些居民反映："过去我们买东西非常方便，现在买东西先要到里弄委员会要张证明才能买到"；有的居民反映："现在结婚也要里弄委员会证明，里弄委员会又不是媒人！"

实际上，除了一部分证明确属需要外，多数并无必要。据里弄干部谈，有一部分证明，只要有关部门下来了解一下情况就完全可以不要了。如果居民申请补粮、婴儿缺奶申请奶粉、奶糕，以及居民遗失了购粮证、小菜卡要求重新补发，还有居民申请结婚登记有无重婚情况，居民亡故是否正常死亡等等，只要有关部门派人下来找居民了解一下情况，就能及时弄清情况。

有些里弄干部还反映，有一部分证明，可以用其他证件代替。例如结婚、领取失物、领养孩子和购买一些日常用品等等，可以用结婚证书、户口簿或服务证件等代替，不需要里弄委员会另出证明。

上述情况，产生了如下一些影响：

首先，不适当地扩大了里弄委员会的权力，增加了里弄委员会与居民之间的矛盾。

里弄委员会掌握了处理许多有关居民日常生活问题的大权,由于政策思想水平不高,时常发生一些偏宽或偏紧的现象。例如把处理居民借粮、补粮的大权也交给了里弄委员会,粮店还公开对居民说:"你们要借粮、补粮,只要里弄委员会开张条子来,我们没有意见。"苏北里弄委员会每月二十日以后,居民申请借粮、补粮的每天总有几十人。里弄干部反映:常常讲得喉咙发哑,居民还是吵吵嚷嚷,非借粮、补粮不可,有些里弄委员会的干部就对吵得凶的人让步,谁吵得最凶谁就能借粮、补粮;有些不该补的人补到了,有些真正缺粮的反而补不到。还有些里弄干部对群众拿来的借粮、补粮证明单,随便盖上一记图章。丽一里弄委员会在3月份对居民补粮、借粮开出去的证明单就有三百多张。有些里弄干部不了解有关政策,工作也缺少办法,上级怎么讲就怎么做。如:去年分发香烟时采取了一律扣减三分之一的做法,引起许多居民不满。有些居民质问里弄干部:"为什么扣我们的烟票?"里弄干部讲不出许多理由,只回答"是上面布置的"。有些居民就大骂里弄干部:"都是你们捣的鬼!"有些里弄干部利用职务方便,在商品分配中多占多得,脱离了群众。

第二,加重了里弄委员会的任务,既影响了不少里弄干部的健康,也挫伤了他们的工作积极性。

目前,里弄委员会除了管理里弄的生产、服务和文教福利等事业外,对于承办各部门交给的大量任务感到十分吃亏。绝大多数里弄干部是积极的、热情的,但是任务过重也使他们无法胜任。有些里弄干部反映:"我们是'千手观音'也干不了";有些居民小组长反映:"居民小组长不象居民小组长,成了营业员了。"丽二里弄委员会生产主任周玲芝兼了街道化工厂的负责人,又负责居民小组工作,对街道化工厂就没有多少时间和精力去管了。丽一里弄委员会生活主任沈章今年1月至3月因为搞各部门交给里弄的工作,只到食堂去了三次,食堂工作人员对他很有意见。蒙一里弄委员会主任董根娣反映:"我们日夜钻在摸底、分配商品等工作中,有的食堂亏粮两千多斤没有很好检查,我的包袱背得很重";又说"我忙得饭吃勿落,觉睡勿着,坐勿定心,书读勿进,实在吃不消"。他们反映:每日从早到晚,忙忙碌碌,星期天也得不到休息。丽二里弄委员会主任因过度疲劳而小产,生活主任因工作过重而吐血,生产主任因睡眠不足而瘦弱下来,治保主任因得不到休息而生了重病。苏北里委主任李玉美,有一个时期日夜工作,连续半个多月没有与丈夫见面,造成夫妻关系不和,后经党委发现,进行了调解,夫妻才和好起来。许多里弄干部没有时间管家务,小孩的鞋子、衣服无空做;有些孩子由于家长无空教管还染上了小偷小摸和流氓行为。由于工作过于繁重,有些里弄干部产生了消极厌倦情绪,说:"当里弄干部是做人家的十八代灰孙子";说:"里弄干部不是人做的"。丽三里弄副主任李竹彩说:"里弄工作忙啥,搞得不好给人骂煞",她几次要求到外面去工作。蒙二里委主任沈明珠,到处打听什么时候里弄改造,不想再做里弄工作了。

第三,有些行政业务部门单纯依赖里弄委员会推行工作,该亲自动手的不动手了,该深入群众的不深入了,在一定程度上疏远了同群众的直接联系,不利于本部门工作的改进。

(1)有些商品分配工作交给里弄做了以后,某些商店还提出不合理的要求。如分配香烟,不仅要里弄分配购烟票,而且还要里弄委员会去搭配销售,并将价款收齐送到商店。有时商店的东西多了即摊派给里弄委员会推销,里弄委员会不仅要出人,有时还得赔钱。去年夏天各个里弄委员会都为商业部门推销西瓜,里弄干部说:商业部门以"一秤头"交给里委会,里委会卖给居民是"几秤头",卖到完"缺秤头",经手人只得赔钱。

(2)有些商业部门同消费者之间的直接联系减少了,不能直接听到群众的意见,无从及时地改进供应工作。如引火柴的供应忽儿规定三斤,忽儿规定五斤,有时不供应,居民很有意见。又如去年供应棉花胎,商店已将供应凭证发出,货源却没有组织好,居民有证买不到。再如今年有一个居民4月26日结婚,要求购买"七种商品",里弄也为他出了证明。他到期去买时商店却又说:"已结婚的不再供应。"他先到里弄委员会跑了六次,到商店跑了三次,到5月中旬为止仍未得到解决。这些事例证明,某些商店减少了同消费者之间的直接联系以后,"官风"有所滋长,不能及时听取群众意见改进工作。

看来,目前里弄委员会的任务过多、权力过大,同它的领导骨干主要是家庭妇女的实际情况是很不适应的。今后,对于里弄委员会的性质和它的任务以及同各部门的关系要进行研究,明确起来,以便很好地发挥它的作用。

（上海市委城市人民公社工作领导小组办公室"情况反映"）

全国总工会党组城市人民公社工作办公室

一九六一年十月十五日

中共南昌市委关于整顿城市人民公社工业的初步意见（草案）*

（一九六一年十一月八日）

我市城市人民公社工业,据抚河、胜利、东湖、西湖、青云谱 5 个区 19 个公社统计,共有 183 个单位(包括工厂、小组、服务站),职工总数 8234 人。最大的单位有 290 余人,一般的都在 50 人以下,其中日用金属业 39 个,职工 1074 人;竹木棕草业 30 个,职工 1317 人;服装鞋帽业 26 个,职工 933人,日用杂品业 67 个,职工 2772 人;棉纺业 17 个,职工 1806;食品行业 4个,332 人。

这些企业都是在 1958 年街道办工业和城市人民公社建立以后而形成和发展的。大致有四种类型:

第一种:是由区联社上调后又下放的手工业合作社、组和由公社组织起来的手工业个体户,占总数的 35.6%;

第二种:是由区民政部门生管会上调后又下放的社会福利工厂,占总数的 15.8%;

第三种:是公社化后以家庭妇女为主组织的生产和服务性的单位,占总数的 44.8%;

第四种:是原来地方国营工厂下放到公社的卫星厂,占总数的 3.8%。

从以上四种类型来看,有的是单一类型的单位,有的是几种类型合一的单位;从其所有制的性质来看,有的是集体所有制,主要是公社大集体所有制;有

---

* 原件现存于南昌市档案馆。

的是全民所有制；有的是这两种不同所有制合而为一的单位；同时在集体所有制的单位有大集体所有制的成分，也有小集体所有制的成分。

三年来，公社工业从无到有、从少到多，发展很快，在组织人民生产、增加社会产品、增加职工收入，以及改善街道人民生活方面，发挥了很大作用。但是，当前也还存在不少问题，主要是：

1. 平调现象较为严重。由于公社工业大多数是大集体的公社所有，对企业资财任意调用的情况很多，如许多公社都抽调了企业资金办农场、公共食堂、托儿所、学校等社会福利事业，以及弥补其他方面的亏损，对企业资金周转、生产发展和工人的积极性都有影响。

2. 收益分配不够合理。一般都是上缴得多，企业积累得少。如社会福利工厂的利润比例是"三三三一制"，即上缴市 30%，区 30%，公社 30%，自留 10%；公社办的工业上缴利润也都在 85% 以上，这就不能使企业有更多积累去扩大生产和改善职工生活。

3. 管理工作有些混乱。有的是公社统一管理、单独核算的，有的是公社统一管理、统一核算的，也有的是按固定营业额包到小组或个人定额上缴管理费，还有的是按照收益额分成。此外，也有的只是收钱（管理费，上缴利润）、不加管理。总之，在管理方面错综复杂，矛盾很多。

4. 有些产品粗制滥造，质量很差。

5. 工资制度上存在着平均主义。

6. 领导力量非常薄弱，干部少，质量差，很多单位的负责人都是原来的居民干部。

由于上述问题对公社工作的进一步发展，对于进一步发挥工人的生产积极性，对于继续满足广大人民群众日常生活的需要都或多或少的受到一定的限制。

根据中共中央"关于城乡手工业若干政策问题的规定（试行草案）"和省委有关指示，结合我市城市人民公社工业的具体情况，在上述四种类型的公社工业中，适当地进行一次调整，是十分必要的。对于调整的有关问题，提出如下初步意见：

一、调整范围内容

按照中央"手工业 35 条"规定和省委、市委指示精神,具体的内容是:

1. 所有制。(1)一般的应以生产单位的小集体所有制为宜。原来的所有制形式,凡是不利于调动工人积极性和不利于发展生产的,都必须改变,改为手工业生产合作社或者合作小组。(2)凡是两种不同所有制(集体和全民,或大集体与小集体)合而为一的单位,原则上应当分开。如果分开由于人数过少不宜于组织生产时也可以不分开,但必须根据有利于发展生产,有利于调动群众生产积极性的原则,把一个单位几种不同的所有制调整为单一的所有制,其中,继续作为国营工业和公社工业的对群众原来的集资、工具折价必须认真清理如数退还给本人;转为合作社的,也必须把原来国营和公社的投资退回。(3)单独经营的社会福利工厂,所有制暂不做调整。(4)凡是不适宜集中生产的家庭手工业可以由人民公社或者手工业联社组织供销生产合作社或生产小组,统一领导,分散生产,发原料,收成品,收入归个人所有,归个人支配。

2. 组织规模。一般的可以不动,个别规模过大、人数过多的单位,要根据实际情况,适当划小。合作社一般还应以 3、5、10 人以内为宜,平均不要超过 50 人,小组一般是 3—10 人。

3. 管理体制。由区里下放的手工业社(组),如果公社管理不便,或者职工坚决要求,可以划归区联社管理。民政部门生管会的生产福利单位是在归口管理由民政局确定。公社组织起来的手工业个体户和以街道妇女为主的社办工业体制不变,照原有公社管理。

4. 收益分配。公社领导的手工业社组的利润分配参照社章的规定执行。向公社交缴公积金的比例,最多不得超过利润的 10%,民政部门生管会领导的社会福利工厂的利润分配,要改变现在"三三三一制"的分配方法,其比例建议由民政局提出意见,人委确定。总的应当给企业多留点积累,以便扩大生产和改善职工生活福利。

5. 生产方向和经营方式应以贯彻为农业服务、为城乡人民生活需要服务,充分利用城市的边角废料为主,生产和修补人民日常生产、生活用的必需品。

凡是同大工厂争原料的,要逐步地改变生产方向,调整后原有的供销关系要继续保持不要打乱。各社组需用的主要原材料,各主管部门应纳入计划,尽量予以解决。

调整以后,每一个单位都要实行统一管理、独立核算、自负盈亏,不能集中生产的可以分散生产,并且继承和发扬手工业的传统的经营方式,如前门设店后面生产、游街串巷上门服务、既生产又修理等等。

6. 工资形式。坚持按劳分配、多劳多得的原则。凡是不符合这个原则的,应该进行适当调整。工资形式可以多种多样,但是除了原联社下放的手工业生产合作社外,凡是由街道办起来的社办工业的工资水平应当略低于老手工业合作社组、厂的工资水平。

7. 服务网点,根据需要,合理分布。在调整当中,不能任意撤并,调整后的数字只能比调整前增加,不能减少。服务网点的工作时间和营业时间,应该根据不同行业、不同特点和不同季节来规定。修理服务行业要做到机动灵活,便利群众,早晚都要开门。各个单位的流动服务担子,调整后要比调整前有所增加。

二、工作方法

大体上按照第一、二批调整手工业的做法进行。首先要向职工群众广泛宣传中央"手工业 35 条",宣传调整公社工业的方针、政策和重大意义,提高职工群众的思想觉悟,然后建立调整机构,从调查研究、发动群众入手,采取先议后动的办法,制定调整方案,逐个问题地进行调整解决,特别是在处理具体政策问题时(如退赔、资产清理等)要把政策原原本本、详详细细地向职工群众交代清楚,放手发动群众,坚持民主讨论决定,坚决按照党的政策办事。如果组织规模需要分开,在步骤上应当是先分后算,管理上也可以先放后管。调整工作还必须与生产紧密结合,一手抓调整,一手抓生产,做到调整、生产两不误,并且通过调整去推动生产。在整个工作基本搞完时,要建立与健全各项管理制度,并且也应根据"五个有利"原则和"十条标准",由区里和公社负责进行复查验收。

三、时间安排

暂定 1 个月。从 11 月 10 日起全面铺开,到 12 月 10 日结束。

四、组织领导

各区仍在区委领导下,由整顿手工业领导小组统一掌握,各公社党委书记具体负责。目前第一、二批手工业单位的调整工作,都已胜利结束,原来工作组根据需要和可能抽出一部分力量转到对公社工业的调整。

一九六一年十一月八日

中共南昌市委整顿
手工业领导小组关于整顿城市
人民公社工业通知[*]

（一九六一年十一月十四日）

各区整顿手工业领导小组、城市人民公社党委：

现将整顿城市人民公社工业的初步安排发给你们，希参照这个安排，结合各区具体情况，在区委的统一领导下，迅速组织力量，开展工作。在整顿过程中，如果遇到问题，望即告诉办公室，以便及时研究。

中共南昌市委整顿手工业领导小组

一九六一年十一月十四日

附：中共南昌市委整顿手工业领导小组关于
整顿城市人民公社工业初步安排

（一九六一年十一月十日）

我市城市人民公社工业，据抚河、胜利、东湖、西湖、青云谱等5个区19个公社统计，共有183个单位（包括工厂、小组、服务站），职工总数8234人。最大的单位有290余人，一般的都在50人以下。其中日用金属业39个，职工1074人；竹木棕草业30个，职工1317人；服装鞋帽业26个，职工933人；日用杂品业37个，职工2772人；棉纺业17个，职工1806人；食品业4个，职工

---

* 原件现存于南昌市档案馆。

332 人。

这些企业都是在 1958 年街道办工业和城市人民公社建立以后而形成和发展的。大致有四种类型：

第一种是：由区联社上调后又下放的手工业合作社、组和由公社组织起来的手工业个体户，单位 66 个，占总数的 35.6%。职工 2629 人，占总数的 31.9%。

第二种是：由区民政部门生管会上调后又下放的社会福利工厂，单位 29 个，占总数的 15.8%，职工 2572 人，占总数的 31.2%。

第三种是：公社化后以家庭妇女为主组成的生产和服务性的单位共 81 个，占总数的 44.8%，职工 2594 人，占总数的 31.5%。

第四种是：原来地方国营工厂下放到公社的卫星厂，单位 7 个，占总数的 3.8%，职工 439 人，占总数的 5.4%。

从上述四种类型来看，有的是一种类型的单位，有的是几种类型合一的单位。从其所有制的性质来看，有的是集体所有制（主要是公社大集体所有制）；有的是全民所有制；有的是两种不同所有制合而为一的单位；同时在集体所有制的单位中有大集体所有制的成分，也有小集体所有制的成分。

三年来，公社工业从无到有、从少到多，发展很快。在组织人民生产、增加社会产品、增加职工收入，以及改善街道人民生活方面，发挥了很大的作用，并且成为大工业的一个有力助手。当前存在的问题，主要是：

1. 平调现象较为突出。由于公社工业大多数是公社的大集体所有，许多公社对企业资财经常调用，如抽调企业资金办农场、公共食堂、托儿所、学校等社会福利事业，以及弥补其他方面的亏损，使企业资金周转和生产发展都有一定影响。

2. 收益分配不够合理。一般都是上缴得过多，企业积累得太少。如社会福利工厂的利润分配比例是"三三三一制"，即上缴市 30%，区 30%，公社 30%，自留 10%；公社办的工业上缴利润也都在 15% 以上，这就不能使企业有更多积累去扩大生产和改善职工生活。

3. 管理工作有些混乱。有的是公社统一管理、单独核算；有的是公社统一管理、统一核算；也有的是按固定营业额包到小组或个人按定额上缴管理费；

还有的是按照收益额分成。此外,也有的只是收钱(管理费、上缴利润),不加管理。总之,在管理方面错综复杂,矛盾很多。

4.有些产品质量很差。

5.工资制度上存在着平均主义。

由于上述问题,对于公社工业的进一步发展,对于进一步发挥群众的生产积极性,对于继续满足广大人民群众日常生活的需要都或多或少的受到一定的限制。

根据中共中央"关于城市手工业若干政策问题的规定(试行草案)"和省委有关指示,结合我市具体情况,对城市人民公社工业适当地进行一次调整,是十分必要的。通过调整,达到有利于调动群众的生产积极性,提高劳动生产率;有利于增加产品品种和数量,提高产品质量;有利于节约原料材料,降低成本;有利于适应农业生产和人民生活的需要;有利于更好地实行"各尽其能,按劳分配",在发展生产的基础上逐步增加工人的收入。

对于调整的有关问题,提出如下初步安排:

(一)调整范围:手工业联社下放的社、组、厂、社办厂以及国营企业下放的卫星厂。

(二)调整内容:

1.所有制。①一般的应以生产单位的小集体所有制为宜。原来的所有制形式,凡是不利于调动工人积极性和不利于发展生产的,都必须根据五个有利的原则适当改变,组织形式可以多种多样,或者改为手工业生产合作社和合作小组,或者仍保留原公社厂名。②凡是两种不同所有制(集体和全民,或大集体与小集体)合而为一的单位,原则上应当分开,如果由于人数过少分开后不好组织生产或者不利于生产,也可以不分开,但也必须把几种不同的所有制合而为一单位,调整为单一的所有制。凡是作为公社大集体所有制的要把群众原来的股金(包括集资)、工具折价,认真清理,如数退还给本人。作为生产单位小集体所有制的(包括转为合作社所有的),必须把原来公社的资产退回,如果这个单位生产需要应该拨给他们继续使用,折价由其分期偿还,或者作为人民公社的投资。③国营工厂下放的卫星厂暂保留原来所有制形式。④凡是不适宜集中生产的家庭手工业可以由人民公社或者手工业联社组织供销生产合作社或生产小组,统一领导,分散生产,发原料,收成品。收入归个人所有,归个人支配。

2. 组织规模。一般不动,个别规模过大、人数过多、不利于生产、不便利群众的单位,可以根据实际情况,适当划小。

3. 管理体制。原来区里下放的手工业社、组、厂原则上划归区联社直接领导和管理。如果由于联社的单位过多,管理感到不便,也可以仍由公社领导和管理。公社组织起来的手工业个体户和以街道妇女为主的社办工业由公社领导和管理。

4. 收益分配。适当增加企业利润的留成比例。凡是公社领导的手工业生产合作社、组和厂的利润分配均参照社章的规定执行。向公社缴纳公积金的比例,最多不得超过利润的10%。

5. 生产方向和经营方式。应以贯彻为农业服务、为城乡人民生活需要服务、充分利用城市的边角废料为主的方针,生产和修补人民日常生产、生活用的必需品。凡是同大工厂争原料的,要逐步地改变生产方向。调整后,原有的供销关系应继续保持不要打乱。各社组需用的主要原材料,各主管部门也应纳入计划。要以企业为单位,实行统一管理、独立核算、自负盈亏,并且继承和发扬手工业的传统的经营方式,如前门设店、后面生产、游街串巷、上门服务、既生产又修理等等。

6. 工资形式。坚持按劳分配、多劳多得的原则。凡是不符合这个原则的,应该参照手工业工资调整的有关规定进行适当调整。工资形式多种多样,哪种形式最能调动群众积极性,促进生产,就采用哪种,但是其工资水平一般不应高于区属手工业合作社、组、厂的工资水平。

7. 服务网点。根据需要,合理分布。为了进一步便利群众,在调整当中,要适当地注意新市区服务网点的布局。

(三)工作方法:

大体上参照第一、二批调整手工业行之有效的做法进行:

1. 要向职工群众广泛宣传中央"手工业35条"和调整公社工业的方针、政策及其重大意义,提高职工群众的思想觉悟。

2. 建立调整机构,从调整研究、发动群众入手,采取先议后动、先分后算、先放后管的办法,逐个问题进行解决。在处理具体政策问题时(如退赔、资产清理等）要把政策原原本本、详详细细地向职工群众交代清楚,放手发动群众,坚持民主讨论决定,坚决按照党的政策办事。

3.调整工作必须与生产紧密结合,一手抓调整,一手抓生产,做到调整、生产两不误,并且通过调整去推动生产。

4.在整个生产基本搞完时,要建立与健全各项管理制度,并且也应根据"五个有利"原则和"十条标准",由区里和公社负责进行复查验收。

（四）时间安排:暂定1个月。从11月10日起全面铺开,到12月10日基本结束。

（五）组织领导:各区仍在区委领导下,由整顿手工业领导小组统一掌握,各公社党委具体负责,工作组协助。

各区委整顿手工业领导小组,应根据这个安排,结合本区具体情况,作出整顿公社工业的具体方案报区委批准执行。

一九六一年十一月十日

关于中共南昌市委城市公社
办公室今后任务的请示 *

（一九六一年十二月五日）

市委：

为了更好地搞好城市公社办公室的工作，使之能充分发挥领导小组的助手作用，我们对公社今后的任务和工作方法作了研究，提出以下几个问题请示决定。

一、关于工作任务问题：

1. 认真贯彻执行中央、省、市委有关城市的各项方针政策、指示和决定，对各城市公社贯彻和执行情况进行督促和检查；

2. 有计划地进行调查研究工作，总结和交流工作经验；

3. 及时了解和掌握我市城市公社的情况，向领导小组和市委汇报；

4. 完成市委临时布置的工作任务；

5. 处理日常具体工作。

二、关于工作方法问题：

为了切实担负起上述任务，在工作方法上，除建立一些必要的表报和会议制度外，主要是深入下去，做好调查、总结和交流经验等工作。

1. 经常地、有重点地深入公社，进行调查研究，总结和交流经验，及时召开会议。

2. 根据市委和领导小组的意图以及工作的具体情况，办公室可召开各区委分管公社的书记和公社干部会议，必要时可召开各公社书记或公社干部会

---

* 原件现存于南昌市档案馆。

议,听取汇报和布置工作;

3.建立必要的表报制度,根据情况由公社分级填报,重大、突出的问题要及时汇报。

市委城市公社办公室

一九六一年十二月五日

中共南昌市委城市公社办公室
关于目前城市公社工交方面
几个问题和今后意见的报告[*]

（一九六一年十二月三十日）

市委：

我们最近对公社工交事业的调整以及流动服务人员的管理做了一些了解，现分别报告如下。

一、关于公社工业的调整

根据"手工业 35 条"的精神及市委的指示，各区对公社的工厂、福利及服务性企业和交通运输等事业单位正在进行调整工作。最近我们深入 11 个重点社(滕王阁、杨家厂、八一桥、百花洲、墩子洲、墩子塘、西湖、十字街、南站、击马庄、三家店)做了一些了解，总的说，在调整公社工业中取得了很大的成绩，将一些应该上调的工厂、企业大部分都上调了，如滕王阁公社的拉链厂，是下放的工厂，百花洲公社的靴鞋、服装厂，西湖公社的雨具、蒸笼厂，都是手工业工人组织起来的，上调区联社比较合适，有利于管理，有利于发展生产。公社工业在调整中，根据生产发展的需要建立了一些合作社和合作小组，同时，对工资制度也相应地做了调整，进一步贯彻了按劳分配的原则，因此，激发了社员群众的生产热情，提高了生产效率。

但从调整公社工业的工作情况来分析，10 个公社原共有工厂、企业单位

---

* 原件现存于南昌市档案馆。

165 个,先调整为 106 个,占原有的 59.7%,职工原有 4892 名,现有 2317 名,占原有职工数的 49.3%,其中有的公社上调多,有的上调少,多的达 63.6%,少的仅 3%,总的来看,调整面比较宽并存在以下几个问题,需要加以解决:

1. 在调整公社工业中,有的区对贯彻"谁办归谁"的原则还不够,也没有照顾到重点社的工业基础,如胜利区将 1960 年公社化时下放的工厂全部上调,在滕王阁、八一桥、杨家厂 3 个公社中,区里将生管会下放的 10 个生产单位及联社下放的 15 个生产单位全部上调,其中有的是不应该上调,如类似滕王阁公社创办的第二服装厂,成员大部分是家庭妇女,由公社领导比较合适,同时调得太多也影响公社工业的基础,如滕王阁公社是一个重点社,原有工厂、企业 26 个,这次上调 14 个,占原有的 53.9%,职工原有 796 名,现有 273 名,调走了 67%,较大的工厂、企业都上调了。

2. 个别区在上调公社工业时,对发展生产、方便群众,考虑得还不够,如西湖区将区所属 4 个车辆修配厂,上调 3 个,其中一个是下放的,两个是公社办的(另外一个是公社坚决不同意才没有上调),合并西湖车辆厂,这样对发展生产、方便群众都是不利的。

3. 公社办工业是城市人民公社的重要内容之一,有的区在这次调整公社工业中没有考虑到这一点,而是将公社的工业全部上调。如三家店公社,原有 4 个工业生产单位,其中有 2 个是下放的,这次调整工业时,区里已全部上调了。

4. 有的区在对上调的工厂、企业的财产处理上没有贯彻等价交换的原则,如西湖、三家店等公社的运输队都是公社办起来的,上调后未给钱,这是一种平调现象。

由于公社工业面调整过宽,有的公社工业基础非常薄弱,公社积累大大减少,经济基础就成问题,同时由于工厂、企业太少,对组织人民经济生活,也受到了一定的影响。

对于以上存在的问题,按照市委关于公社工业调整原则的精神,将调与不调的界限进一步划清,我们的具体意见是:

(1)投资划分,创办时由生管会投资的归生管会领导,由街道投资或群众自筹资金的归公社管理。根据参加对象来划分:救济户较多的归生管会领导,家庭妇女较多的归公社领导。调整后确定划给公社管理的福利会投资应一次或分期归还生管会,也可作生管会系统的投资。

(2)联社下放的合作社(组),以手工业为主的合作社(组),由联社管理,以家庭妇女为主的合作社(组),由公社管理,有的虽然以手工业为主,但便于组织家庭妇女进行分散性或季节性的生产的合作社(组)也可划归公社管理。

(3)公社自己创办起来的工厂(组)原则上归公社管理,对以个体手工业为主组织起来而流动分散的厂(组),公社管理有困难的,也可交给联社管理。

(4)分社撤销,凡属分社的厂子,以街道居民为主的应归公社管理。以国营工厂为中心的分社,工厂的卫星厂仍归工厂分社办的厂子应归公社。

5.调整面过大的公社,区里可考虑根据以上意见,将不应上调的仍放回公社,以加强公社工业的基础。

6.重点社的工业基础应该雄厚些,各区在调整公社工业时应该给予照顾。

7.关于上调的工厂、企业的财产,应作合理的处理,贯彻等价交换的原则。

二、关于公社运输队的问题

公社大部分都有运输队,目前各区将公社的运输队一律上调,合并为区运输公司,对发展生产有利,但同时也给社办工厂、企业的短途运输带来了一定的困难。他们反映说:到区运输公司去托运,由于货运量少,往往排不上队,所以有的公社,如南站公社,区里调走了运输队以后,又重新买车子搞运输队。我们意见:各区在上调运输队时,应适当留点车子给公社,以解决公社内部的短途运输,有利于公社生产的发展,又减轻市场运输的压力。

三、对流动分散修配服务人员的管理问题

流动分散修配服务人员,几乎各公社都有,这些人多半是手工业社会主义改造中"几进几出"的人员,或者是社会渣滓,过去公社对他们收点管理费,包了税收,他们借公社牌子,随口叫价,等于贩卖我们,并将管理费转嫁到群众身上,增加了群众的负担,引起群众不满,同时,因他们收入奇高,影响一些思想

不健康的职工也想单干。因此,加强对这些人的管理是十分必要的,但究竟哪里管好,我们认为必须公社、联社、税务局三方面结合起来管理,以公社管理为主,进行一定的业务领导,要向公社缴 10% 的管理费,要实行定额包干,并加强思想教育,一方面对这些人进行思想教育,另一方面教育和发动群众对他们进行监督。联社主要管价格、质量,将统一的价格和质量向群众公布,发现违法者根据情节予以处理。税务局管税收,发现偷税、漏税者即以税法予以罚款。

以上意见,请审查批示。

市委城市公社办公室

一九六一年十二月三十日

中共南昌市委城市人民公社领导
小组关于广外公社生产、
生活事业的调整意见[*]

（一九六二年二月十二日）

市委：

　　根据市委指示，从有关部门抽调干部会同省、区城市公社办公室一起，对广外公社的生产、生活事业的调整和财产处理，做了调查研究，召集了有关人员座谈讨论。现就生产、生活事业的调整意见，报告如下：

　　广外公社是全市创办最早的 4 个试点社之一。从 1958 年下半年创办以来，经过 1960 年上半年的扩社和整社运动，得到了不断地巩固和发展。它在组织群众进行生产、创造社会财富、增加群众收入、加强对群众的社会主义、共产主义教育、提高群众的政治思想觉悟、举办群众生活福利事业、促进街道文化教育事业的发展等方面，取得了很大成绩。现在公社工业有 37 个，职工共有 1896 人。其中公社自己办起来的 21 个，职工 566 人，占总人数的 29.9%；区生管会下放的 5 个，职工 977 人，占总人数的 51.5%；区联社下放的 11 个，职工 353 人，占总人数的 18.6%。自去年 4 月扩社到现在，产值已达 6566414 元。现有食堂 12 个，用餐人数 3388 人；社办小学 3 个，在校学生 1583 人；幼托组织 12 个，收托儿童 279 人。但也存在一些问题，主要是公社规模大了一点，社有制过渡过快、比重过多了一些。在实际工作中，公社代行了街道办事处的职权，有以社代政、政社不分的现象。

---

　　* 　原件现存于南昌市档案馆。

中共南昌市委城市人民公社领导小组关于广外公社生产、生活事业的调整意见

根据中央"八字"方针的精神,把现公社所属原瓦子角街道办事处管辖范围,划出单独成立瓦子角公社,将以居民为主,地区毗邻的惠民门街道办事处所在的居委会,并入广外公社,以保持广外公社的一定规模,继续试办,摸索经验,供国内外宾客参观访问。为使生产、生活事业与调整后的公社相适应,社办生产、生活事业也应随之调整。

一、对原有社办企业、事业的调整原则

(一)公社工业企业,根据"谁创办的归谁所有,谁管理有利,则归谁管理"的原则。针对三种不同类型,具体的组织原则是:

1. 生管会下放的工厂,按投资划分:创办时由生管会投资,归生管会管理,由街道投资或群众自筹资金的归公社管理;根据参加生产的对象来划:救济户较多的归生管会管理,以非救济户为主组成的企业,归公社管理。划分后,确定划归公社管理的福利工厂,应改为集体所有制的公社工业,但以前所欠缴的利润和生管会所投的资金,应分期归还生管会,也可作生管会的继续投资。

2. 联社下放的合作社(组):以手工业为主的合作社(组)由联社管理,以家庭妇女为主的合作社(组)由公社管理;有的虽然以手工业为主,但由于组织家庭妇女进行分散性或季节性生产的合作社(组),也可以划给公社管理。

3. 公社自己创办起来的工厂(组):原则上应划给公社管理,对于以个体手工业者为主创办起来、而流动分散的厂(组),公社管理有困难,也可以交联社管理。

(二)公社办起来的投资单位——商店、旅社、茶社办得好的可继续办下去,仍由公社管理,但必须办理登记领照手续;办得不好、问题较多的,应予停办。

(三)公社现有的福利事业单位——食堂、幼儿园、医院、理发室等由公社办起来的,仍交公社管理。

(四)公社农场和社办小学,仍由公社管理。

由于广外公社是对外开放、供外宾参观的重点,原民政和手工业采取下放的生产、生活事业,可考虑多留一些,不要全部调光。调整后,仍公社管理的企业、事业单位,公社划开后,根据各单位现在设置地点,由所在地公社领导。

二、关于公社积累的处理问题

广外公社截至今年 10 月底止,共有积累(包括未收的 74000 多元)219000 多元。公社划开后,我们意见,基本按企业在哪个公社,积累即归所在地公社分得的原则进行分配。但是公社已收企业的福利基金和折旧费,以及原街道的生产费用,分别交还原企业和街道所有;已经用掉的一切费用,从公社积累中报销,其中用于添置设备或投资,归受益企业所属公社从积累中扣除,受益单位上调区管会或联社的则由公社和生管会或联社结算清楚;原区生管会下放的福利工厂中,公社所得三成,其结余部分上调区人委,用于举办街道的集体福利事业;分社的积累,在分社撤销后,其积累移交给所在地公社。

三、公社现有财产的处理

1. 公社旧有的财产,在建社、扩社时来自哪个街,仍归还哪个街使用;

2. 建社、扩社后新购置的财产,根据现在使用的情况与今后工作的需要和按照广外重点社的特殊需要,广外公社可适当多得一些,具体由双方协商处理;

3. 停办食堂、幼儿园的财产,现已集中在公社保管,凡是来自群众,必须还给群众,是由公社花钱添置的,则由停办食堂、幼儿园所在地公社接收。

四、关于公社企业、事业单位今后管理的问题

甲、公社工业:

(一)所有制问题:为了有利于调动职工积极性,有利于生产的发展,一般以生产单位的小集体所有制为宜。但少数规模较大、生产正常、积累较多而又便于发展公社工业的,也可以搞公社所有制。

(二)生产方向和经营方式:应该贯彻为农业服务、为城市人民生活需要服务,充分利用城市的边角废料,积极发展小商品生产、小农具生产和修补业

务。凡是与大工厂争原料的,要逐步改变生产方向。调整后,原有的供销关系应继续保持,不要打乱。各厂(组)需要的主要材料,应由手工业管理部门列入计划,同时应继承和发扬手工业的传统经营方式,游街串巷、上门服务、既生产又修补等。

(三)积累分配:为了使企业有更多积累去扩大再生产和改善职工生活,应适当地调整企业的利润留成比例。在实行企业所有制的单位中,以个体手工业为主、资金自筹的厂(社、组),按照手工业合作社章程再规定上缴比例,向公社上缴管理费和公积金;以家庭妇女为主、由公社投资的厂(组),利润实行四六分成(即四成上缴公社,六成留在企业作为扩大再生产、超产奖和职工福利);实行公社所有制的企业,参照区属合作工厂上缴比例,向公社缴交公积金,一般不超过利润的70%。

(四)工资形式:根据"有利于调动群众积极性,有利于促进生产"的原则和公社工业的特点,一般以计件或分成为宜,不便于计件的,可采取计时加奖励,但不管实行哪一种工资制度,其工资水平不应超过区属工厂、社同工种的工资水平。

乙、集体福利事业:

(一)食堂、幼儿园属于群众集体福利事业,办不办,应由群众决定,群众说要办,而又能办得好,可以继续办下去,否则应予停办,其服务对象,应以社办企业职工和街道居民为主。

(二)公社集体福利事业必须健全民主管理机构,实行民主管理,健全各类管理制度,密切群众,办好福利事业。

(三)今后公社福利事业单位在经济上实行单独核算,原则上应自负开销,公社除根据需要与可能,在基建和添置大型设备方面给予经济上的扶助外,一律不再补。

以上报告,是否妥当,请指示。

中共南昌市委城市人民公社领导小组

一九六二年二月十二日

中共南昌市委城市人民公社领导小组关于城市人民公社（街道办事处）财政开支范围和批准权限的暂行规定*

（一九六二年二月十二日）

城市人民公社财政的来源，主要有上级政府拨给的行政经费；社办企业上缴的利润和行政管理费；历年公社财政结余中不上缴的部分等三个方面。为了切实掌握财政开支，必须加强财务管理，建立和健全制度，组织贯彻勤俭办社的方针，发奋图强，杜绝一切浪费。特根据"统一领导、分级管理"的原则和根据公社的具体情况，对公社财政开支范围和批准权限做以下规定：

一、行政经费开支的标准、范围和批准权限

1. 经市编委核准的公社干部的个人经费（包括工资、补助工资、福利费和给养费等）、公用经费（包括公杂费、会议费、差旅费等），在区人委拨给的经费内按照现行标准，由公社掌握开支；

2. 根据工作需要，经上级批准的编外人员的个人和公用经费，参照编内干部的标准，由公社自行开支；

3. 用于招待来社参观访问的外宾和其他杂务的开支，一次超过20元者须经区人委批准，在20元以内者公社在企业利润中自行开支；

4. 全社性的会议所需经费，不超过市财政规定范围内的由公社掌握使用，超过的应先编制预算，报区人委批准后才能使用。

---

* 原件现存于南昌市档案馆。

二、公社利润（盈余）的使用
范围、标准和批准权限

1.用于公社生产企业的扩大再生产,如添置机械设备,修建厂房等,每个企业每次在200元以内者,公社自行开支;超过200元者,报区人委批准。

2.补建因特殊情况发生亏损企业的基金,每个企业在100元以内者由公社决定,超过100元者,报区人委批准。

3.用于为公社生产、生活事业工作人员的奖励金。奖励的办法、金额由公社决定,经区人委批准后,由公社开支。

4.由公社举办的学校、幼儿园、托儿所、理发店、浴池和修理经费、社员的培养教育等社会集体生活福利事业,各项所需经费,先经公社报区人委批准后,才能开支。

5.市、公社都应建立专门机构,配备专职干部,切实加强财务管理,建立和健全制度,履行审批手续,贯彻执行预决算和请示报告制度,坚决按国家的政策办事。公社财会人员,应接受上级财政部门的领导与监督,密切上下联系,把公社财政管好。

以上规定,望认真执行。

中共南昌市委城市人民公社领导小组

一九六二年二月十二日

南昌市城市人民公社财务
管理暂行办法(草)[*]

（一九六二年二月十二日）

一、总 则

（一）为了加强城市人民公社（以下简称"公社"）的财务管理，认真贯彻执行勤俭办社、厉行节约的方针，促进生产的发展，不断提高社员物质文化生活水平，特根据中央和省、市委关于城市公社管理体制的有关规定，制定本办法。

（二）公社财务部门既是国家财政的基层组织，又是公社财务管理的内部机构，因此，它必须在同级党政组织的领导下进行工作，在业务上又受上级财政部门的指导。公社财务工作的基本任务是：贯彻执行国家的财政经济政策；保证完成国家财政税收任务；加强经济核算，正确处理积累和消费的关系，积累组织公社收入，合理安排使用资金，保证生产建设资金的供应，促进公社经济的全面发展；严格厉行节约，反对铺张浪费，逐步提高社员的物质文化生活水平。

（三）必须贯彻民主管理原则。在各级党委的统一领导下，坚持政治挂帅，广泛地发动和依靠社员管理和监督财务工作，不断提高财务管理水平。

二、财务管理体制

（一）公社的财务管理，应贯彻"统一领导，分级管理"的原则，实行公社与分社两级管理。即公社一级：领导管理分社一级的财务和社属企业事业单位

---

* 原件现存于南昌市档案馆。

的财务;分社一级:办理分社本级财务管理(包括所属企业、事业单位),指导和监督公共食堂、妇托组织等单位的财务管理工作。

(二)根据公社与分社两级管理的规定,实行两级核算、各计盈亏,以充分发挥各核算单位的生产经营积极性。其财务核算办法是:

(1)公社本级的财务采取收支分别核算、量入为出的办法,做到收支平衡并留有后备。

(2)社办企业实行单独核算、自负盈亏、比例上缴的办法。

(3)分社对所属企业、事业单位,实行统一核算、统一盈亏,或分别核算、各计盈亏。

(4)社办卫生、文教、妇托组织等福利事业单位,采取核定收支、以收抵支、差亏补助、节余留用的办法。

(5)公共食堂的财务,实行单独核算、盈亏自负的办法。

(6)社属农业生产大队,按农村公社规定,实行三级核算、队为基本核算单位的办法。

三、积累与分配

(一)积累比例问题:在保证公社生产事业的高速度发展和不断提高社员的物质文化生活水平的前提下,对于公社及所属单位的积累的分配比例,应随着生产的发展,多收入的多积累,少收入的少积累。

(1)社会福利事业下放给公社的工厂企业,其利润分成比例为三、三、三、一,即按照企业在本期所发生的利润(扣除所得税后),上缴市 30%、区 30%、公社 30%、自留 10%。

(2)社办企业的利润分成是:工厂企业自留 10%—15%,其余利润全部上交公社。

(3)分社所属的工厂企业、服务站等单位,其利润分成是:单独核算、单独处理盈亏的单位自留 10%—20%,其余全部上交分社。未实行单独核算的单位,盈亏统一由分社处理。

(4)对分散流动经营的单位或个人,应根据本单位(人)每月平均工资额计算,提取 10%—30% 的积累,如其工资收入特高者,可以适当提高比例,以不超过国营企业同工种工人的工资水平为原则,其工资收入特低者,也可不提积累。

(5)分社应从纯收益金额中上缴公社积累 20%—30%,其余全部留作分社积累。

公社或分社所属的工厂企业、服务性单位的留成积累,应主要用于"四项费用"(技术组织、劳动保护、新产品试制和零星固定资产备置),部分用于职工福利和奖励费的开支。

公社和分社的积累,应进行统筹安排,大部分用于扩大再生产,小部分用于集体生活福利。使用比例一般以 70%—80% 用于扩大再生产,20%—30% 用于集体福利事业。

(二)分配问题:根据公社所属生产和福利事业单位的劳动强度,创造价值和生产的产品品种不同,社与社及社员与社员之间的分配水平,不能强求一律,但也不能相差太悬殊,应掌握的原则:生产部门的工资水平高于非生产部门的工资水平;社员的工资水平不应高于国营或地方国营同性质、同工种的工资水平。分配形式可根据具体情况采取如下办法:

(1)基本工资加奖励:适合于生产正常、收入固定的单位。

(2)按件计资:适合于生产尚未定型、收入不够稳定的加工单位(尽可能少采用)。

(3)包工包产:适合于分散经营、收入不易精确计算的单位,如走街串巷的、磨剪刀的、补鞋的等。

(4)固定工资:适合于各种非直接参加生产人员,如各单位的行政人员。

(5)供给制和定额津贴相结合:适合于公共食堂、敬老院等单位的工作人员,即供给人员的伙食,并按劳动力和技术水平发给一定津贴补助。

(三)参加公社的国营企业、机关、学校等单位,根据省、市委规定精神,应按照"入而不并,体制不变"的原则,其财政体制和分配制度一律暂照原不变。

(四)农业生产大队(或农场)按农村人民公社的积累分配规定办理。

(五)公积金的提成和分配比例:

(1)按单位的工资总额提取附加工资 7%—12% 为公益金。

（2）畜牧(农)场按其销售总额提 2% 为公益金。

（3）公益金的分配比例为：医药医生补助金 40%—45%，文教基金 25%—30%，福利补助金 25%—35%。

规定中的具体比例由公社拟定报区、县批准后执行。

四、财务管理机构和职责

（一）公社各级及其所属核算单位，应根据本单位的规模大小、业务的繁简，分别设置相应的财务和配备适当数量的财务干部，负责办理财务工作。

（二）公社各级财务部门的职责范围：

（1）公社：领导所属单位的财务工作，根据上级有关规定制订具体的执行办法；组织与监督所属单位及时完成国家税收任务和其他各项应上交的任务；审查整编所属单位的财务计划和决算报表，编制全社的综合财务计划，按时报送上级领导单位，合理安排各项支出，管理全社性的公共财产。

（2）分社：认真执行各项财务管理制度，管理本分社的一切财务收支，合理使用资金，及时编制财务收支计划和决算报表，领导所属单位的财务工作，完成国家税收任务和上交公社的收入任务，按时向公社报送有关报表，管理本公社的公共财产。

（3）公社、分社直属单位：认真执行上级有关规定和财会制度，加强经济核算，合理使用资金，加速资金周转，努力降低成本，不断提高经营管理水平，及时缴纳国家税收和上交公社、分社的各项款项，制订材料、费用等各种定额，及时编报各种财务报表，按时发放工资，管理本单位的财务收支和公共财产。

（4）农业生产大队按农村人民公社财务管理制度规定办理。

五、财务计划和预算、决算

（一）公社的财务收支，应实行计划管理。公社和分社在安排生产计划基本建设计划和事业计划的同时，应编制收支预算和年度、季度财务收支计划。

公社或分社所属独立核算的生产和服务等单位,也应编制年度和季度财务收支计划,以保证人力和物力的协调平衡。

编制财务计划应本着积极可靠、量入为出、留有余地的原则,采取自上而下、上下结合、由粗到细、逐步提高的办法进行。

(二)为了全面安排国家财政收支和公社财务收支,合理使用资金,公社必须在编制预算和财务收支计划的基础上,编制综合财务收支计划。综合财务收支计划的内容包括:(1)国家预算发款及其支出;(2)公社工业积累的收支;(3)公社各项服务福利事业的收支;(4)其他收支。

(三)财务计划报经上级批准后,必须认真贯彻执行,如遇情况变化,原计划需要修改时,应编制调整计划,逐级上报,待批准后执行。

(四)公社及其所属单位计划内的开支,必须经本单位主管人员或其委托人员批准后始得支付。如确因生产亟须或紧急开支超出原计划而且来不及办理调整计划报批时,可由单位主管人员批准(社属单位由单位提出意见报公社批准)先行支付,同时还应按规定补办追加计划手续,并详加说明情况。

(五)公社及其所属单位应于月份、季度、年度终了时,编造月份、季度报表和年度决算,按时报送区财政部门审查转报区、县人民委员会批准。

六、财务管理和核算

(一)公社的收支,必须划清国家财务收支与公社财务收支的界限。国家财政收支和公社财务收支,采取统一管理、分别记账的办法,即国家财政收支一本账,公社财务收支一本账。

为了严格划清国家财政与公社财务的界限,国家应发给公社的一切财政支出要如数发给,公社应当向国家交纳的收入,要如数上交。做到国家不挤公社,公社不挤国家。

(二)公社对所属生产、服务单位,必须根据经济核算的原则,进行管理,发给他们必要的固定资金和流动资金,各单位之间物资劳动调发应等价交换,使其单独核算盈余,以发挥企业管理的积极性和责任心。有条件的企业应实行利润留成制。

(三)公社的行政事务经费的开支管理。对有收入的单位,可采取核定计划、以收抵支、差额补助、节余留用的办法;对收支来源不稳定的单位,可采取核定全年收支、收入上交、支出包干、节余留用的办法;对没有收入来源的单位,可采取核定开支总额、支出包干、节余留用的办法。

(四)公社所属企业、事业单位,应认真贯彻勤俭办社、勤俭办一切事业的方针,开展群众性的经济核算和加强经济核算,以促进生产,降低成本,增加积累。

七、财产管理

(一)公社及其所属单位的一切财产,应指定专人管理,建立责任制度。一切财产的收进、领用、销售、调出、报发等都要有手续、有验证、有记录,并须定期(一个月或一个季度)清查盘点一次。遇有毁坏或遗失时,应追查原因,报经公社或分社核批处理,并应经常教育广大社员,爱护一切公共财产。

(二)公社及其所属单位的固定资产和低值易耗品的划分标准:凡价值在50元以上、使用年限在1年以上,作为低值易耗品处理;凡属使用中的固定资产,应按月提取折旧基金,以保证固定资产的重置。折旧方法,一律采取折旧基金,即(原价-残价)÷折旧年限。折旧年限可参照1950年财政部颁发的工商业暂行条例关于固定资产有关规定进行处理。

(三)国营企业下放给公社和公社接受国营企业支持的机器、设备和其他物资,应当办理手续登记入账,并按国家的有关规定办理。

八、资金管理

(一)公社及其所属单位,必须严格遵守国家现金管理规定,建立资金管理制度,加强资金管理,合理使用资金。

(二)严格划分各项资金的使用范围,生产资金不能挪作非生产性开支。

基本建设资金,应由公社统一管理,统筹安排。

（三）企业的流动资金,应逐步实行定额管理。公社、分社对其所属独立核算的企业,应根据企业的生产计划和经营的特点,发给企业一定的流动资金（不独立核算的企业,可发给一定的流转金）,以保证企业生产经营的资金需要,促使企业加速资金流转,合理地节约使用资金。流动资金核定后,企业如因急需,资金暂感不足时,公社、分社可根据企业具体情况,临时清调,限期归还。

（四）公社及其所属单位,必须认真执行人民银行现金管理的规定,除按规定留存一部分备用金（金额可协同人民银行确定）外,都要存入银行。库存现金不得任意借用或挪用,严禁白纸条抵库。除发工资及零星用款外,一般都应采取非现金结算,并尽量做到钱、账分管。

（五）购买原材料、销售产品,应贯彻"钱货两清"的原则,不得赊购、赊销,外出采购时,应尽量办理计收,必须当即付款的,应通过银行汇款并在采购地区开立专户,存入当地银行,不得在邮局汇款或携带现金,也不得以私人名义作储蓄存款或存放旅社或身边。

（六）为了解决职工临时性的经济困难,各单位应建立互助储金会。其他各项资金不得用于职工借支。

九、审批权限

（一）公社的资金安排与使用,必须贯彻"勤俭办社、厉行节约"的精神掌握使用,严格审批手续。

（二）关于生产费用,应本着降低成本的要求,可交由各企业自行掌握;属于非生产性费用,各企业应在月（或季）初编造费用计划,报上级批准后掌握使用;属于计划外的、临时性的购置费等开支,在30元以下由单位负责人批准,30元以上报公社批准。

（三）公社所属单位,如需进行基本建设、购置机器设备及固定资产大修理,应事先编造计划,报经公社批准后,才能施工和进行购置。

十、会计制度

(一)公社、分社及其所属单位,都应建立必要的账册,一切款项和实物的收付,都要有必要的手续凭证,做到收有凭、支有据,收支有账,不错不乱。

(二)公社、分社及其所属单位的财务收支,都要及时记账,往来账款要定期核对,债权债务要及时处理。切实做到日清月结、账款相符、账据相符、账账相符,并按月、按季、按年编造会计报表和决算。

(三)所有会计凭证、账簿报表等,必须妥善保管,不得毁损或失落。各级财会人员调动工作时,必须办理交接手续,并由上级主管单位派员监交。

(四)公社、分社及其所属企业、事业单位,应采取钱、账分管的办法,即会计与出纳要分开,管账的不管钱,管钱的不批钱,批钱的不用钱,一切经济手续清楚。

(五)公社各级财会人员,必须以身作则,严格执行各项财务会计制度,并进行监督,对违反财务会计制度的,应随时向党委报告情况。

十一、民主管理

(一)公社、分社的财务收支,应贯彻民主管理的原则。公社、分社的年度财务计划,经社务委员会讨论后,要提交社员代表大会审查。公社的年度财务收支情况,必须向社员代表大会报告,听取社员的意见。

(二)公社所属企业的财务收支计划,应当充分发动群众讨论,广泛地听取群众的意见,发动职工参加企业管理,并开展群众性的经济核算,降低成本,扩大积累,提高企业的经营管理水平,促进生产的发展。

(三)公共食堂实行单独核算,正确核算伙食成本,合理规定饭菜价格,账目每月向社员公布一次,接受群众监督,共同搞好食堂伙食。

十二、附 则

(一)本办法暂以草案发给各公社试行。如有未尽事宜,请随时向市财政税务局反映,以便及时研究修改。

(二)公社、分社及其所属单位,可根据本办法的规定,结合具体情况,制订除具体的财务管理办法,报经上级批准后执行。

一九六二年二月十二日

中共南昌市委城市人民公社
领导小组关于城市公社（街道办事处）
设置的调整意见*

（一九六二年二月十二日）

市委：

根据市委关于调整城市公社设置、实行公社与街道办事处设置合一的指示精神，从市有关部门抽调干部偕同各区一起，对城市公社（街道办事处）设置等问题，进行了调查、研究，领导小组专门进行了讨论。现将城市公社（街道办事处）设置、组织机构、干部编制等问题，提出如下意见。

一、城市公社（街道办事处）设置

1960年5月城市人民公社化运动中，全市由26个街道办事处合并成立24个公社。城市人民公社建立以来，积极组织街道居民和社会闲散劳动力，进行了小农具、小商品和加工性、辅助性生产，开展了多种修补服务业务，举办了公共食堂、托儿所、幼儿园和文化教育等集体生活福利事业，对促进工农业生产的发展和适应人民生活需要，都起了一定作用，成绩是很大的。但由于城市人民公社是新生事物，经验不足，在工作中对现阶段城市人民公社的性质认识不清，把全民所有制的工厂、企业、机关、学校等和居民混合建立公社，致使工作内容复杂，既抓居民工作，又抓机关工厂的工作，实际上机关工厂的工作又抓不了，结果使两方面工作都未抓好；公社一度代行了街道办事处的职能，

---

* 原件现存于南昌市档案馆。

着重抓了公社生产、生活福利事业,居民的政治思想教育有了放松;有些公社规模过大,特别是经过几次整顿,减少为 19 个公社,比原来街道办事处减少了 7 个,而区域面积扩大了,人口增加了。平均每个公社管理人口由 24400 余人增加为 33340 人;公社与公安派出所的工作,不能完全相适应,形成 1 个公社 2 个派出所,或者是 1 个派出所横跨 2 个公社,给居民和城市各项工作增加了某些麻烦和困难。为使公社设置有利工作、有利生产、方便群众,把公社规模适当缩小,按照 1 个街道 1 个公社、街道和公社设置合一的原则,考虑到市区的扩大和新工业区的发展,将现在的 19 个公社调整为 23 个。调整后的公社与 1959 年街道办事处比较,除胜利、西湖区保留原街道办事处数量不变外,抚河区减少 1 个,东湖区增加 1 个,青云谱区增加 2 个,相抵之后,比原街道办事处增加 2 个。这些公社,共有中央、省、市、区属单位(以下统称"公共单位")974 个,共计有 95514 户、592473 人,其中公共单位 196460 人,平均每个公社管辖 21160 人。为了供国内、国外宾客参观学习,进一步摸索经验,广外公社仍由原广外、惠民门两个街道合并起来,生产、生活事业基本上保持原有不变;其他调整后的公社,一般均在 15000—20000 人左右,最小的 7000 余人,但有些公社仍然很大,如南站公社共有 68608 人,考虑到干部编制的限制(平均每个公社不到 6.38 人),如再划小人员就更少了,人力过于分散对工作不便。

各区城市公社设置调整的具体意见是:

(一)东湖区原有百花洲、墩子塘、公园、三经路、胡村 5 个街道办事处;公社化时合并建立百花洲、墩子塘、公园、青山路 4 个公社。共有 213 个公共单位,18194 户、117360 人,其中公共单位 51524 人。该区有很大一部分是机关、文化区,主要是公共单位,地区也很分散。从方便群众、有利工作出发,调整为以下 6 个公社(街道办事处):

1. 百花洲公社(百花洲街道办事处)。公社化前,辖 13 个居民委员会(以下简称"居会"),1960 年 5 月之后,又扩大原公园街道的 7 个居委会和青山湖分社,共计 20 个居委会,7915 户、49744 人;辖区大、居住分散,特别是青山湖分社相距百花洲公社 10 多华里,交通不便,领导也不方便,故将青山湖分社单独划出。百花洲公社仍辖 20 个居委会和省冶金设计院、南昌军分区、妇女保健院、百货商场、市影片放映发行公司等 50 个公共单位,区域为:东至八一大道(包括街新公园居委会),南至中山路,西至象山路,北至叠山路东段至沿环湖路、灵应□、建德观。共计 7675 户、28969 人,其中公共单位 2196 人。

2. 墩子塘公社(墩子塘街道办事处)。将新农分社、四经路、五纬路居委会划出;辖原墩子塘街道 8 个居委会和中共南昌市委、公共汽车公司、南师、市保育院、运输公司、玻璃二厂等 35 个公共单位。区域为:东北至阳明路,南至叠山路,西至象山路。共计 4364 户、20878 人,其中公共单位 3485 人。

3. 董家窑公社(原三经路街道办事处)。这个地区面积大,人口多,居住分散,公社化时,曾分别并入墩子塘、青山路公社。为了有利工作、方便群众,可以单独建立 1 个公社,辖董家窑、硝皮厂、豆芽巷、沙沟、永外街、四经路、五纬路 7 个居委会,和江西造纸厂、油脂化工厂、新生纱厂、市农机厂、江西医学院、省工人疗养院等 40 个公共单位。区域为:东至铁路、青山湖,南至五交通路,西至阳明路沿四经路、五纬路、江边铁路,北至赣江。共计 2825 户、21882 人,其中公共单位 10477 人。

4. 青山路公社(原胡村街道办事处)。将原三经路街道并入的区域划出,辖胡村街道 2 个居委会和江纺、江西渔具厂、赣江大桥工程处、省物资仓库等 19 个公共单位。区域为:东至鱼尾村,南至青山湖,西至过江铁路,北至赣江。共计 2200 户、16156 人,其中公共单位 6653 人。

5. 公园公社(公园街道办事处)。以省人委院内机关为中心,包括省市总工会、江西宾馆、江西饭店、文化宫、省体育馆、青新小学、省劳动技校等 55 个公共单位的职工和家属以及附近 14 户居民。区域为:东至□□,南至四交通路,西至八一大道,北至五交通路,共计 800 余户、8700 余人,其中公共单位 8663 人。这次调整中,经与彭副省长研究,仍单独保持 1 个公社,对内作为省级机关事务管理局的生活福利科,对外行使公社(街道)的职权,实行三块牌子、一套人马,我们认为这样做法是适当的,保持现辖范围不变。

6. 青山湖公社。公社化前归公园街道办事处管辖,公社化时建立起青山湖公社,之后改为分社,由百花洲公社领导。该地多是大专院校,居民较少,居住分散,相距百花洲 10 余华里,交通不便,不便领导、不方便群众,规模也不算太小。为此,从百花洲公社划出,恢复青山湖公社,辖江西师范学院、水利学院、江西工学院、江西大学、江西电影制片厂等 14 个公共单位。区域为:东至谢家,南至四交通路,西至铁路,北至铁炉街。共计 240 余户、20775 人,其中公共单位 20050 人。

另外,在这次调整中,东湖区委要求将在公社化时,划给胜利区予章公社的上、下沙街和经纬路等 5 个居委会,划回东湖区,恢复公社化前的区界。经我们研究,胜利区在接收上述 5 个居委会之后,即以予章公社为单位分别将派出所、粮油供应站等进行了调整,使公社和派出所、粮油供应站等相互适应,要划回东湖区,必然引起供应关系和户口管理的混乱,对工作和群众都是不便的。为此,我们认为保持不动,仍由胜利区予章公社管辖为宜。

(二)胜利区原有榕门路、胜利路、水上、子固路、杨家厂、大士院、北坛等 7个街道办事处;公社化时,将榕门路(滕王阁)、胜利路和水上路合并建立滕王阁公社,杨家厂、子固路合并建立杨家厂公社,大士院改为八一桥公社,北坛街道办事处的北坛、环丘街、东□街、昌北的斗行、汽车站和东湖区划入的 5 个居委会合并建立予章公社,共 4 个公社,计有 229 个公共单位,22969 户、117504人,其中公共单位 15795 人。按照公社和街道合一的原则,就其原街道所辖范围,调整为 6 个小公社(街道办事处)和 1 个水上办事处。

1. 予章公社。辖现予章公社的 8 个居委会和昌北的斗行、汽车站 2 个居委会,共 10 个居委会,和中共江西省委、江西军区、下正街电厂、江西制药厂、财经学院、火车昌北站、汽车北站等 65 个公共单位。区域为:东至四经路沿五纬路北向江边站,南至阳明路,西至八一桥,北至赣江(包括昌北的城市居民),共计 3068 户、21500 人,其中公共单位 9743 人。

2. 八一桥公社(原大士院街道办事处)。辖西源街、西万宜巷、模家塘、大士院、新建后岸、义渡局、积谷仓、半步街、裴家厂、芭茅巷、予章后街、东万宜巷、胜利路等 13 个居委会,和胜利酿造厂、省政协、市采茶剧团等 55 个公共单位。区域为:东至象山北路,南至叠山路,西至沿江路,北至阳明路(包括八一桥南头的西源街、义渡局)。共计 7886 户、28651 人,其中公共单位 1565 人。

3. 杨家厂公社(杨家厂街道办事处)。辖原街道 7 个居委会,和第一医院、象山旅社、市农副土特产信托公司等 19 个公共单位。区域为:东至象山路,南至杨家厂,西至胜利路,北至叠山路。共计 3031 户、12155 人,其中公共单位 626 人。

4. 子固路公社(子固路街道办事处)。辖原子固路街道的 8 个居委会和省中医进修学校、省文艺学校、市越剧院等 15 个公共单位。区域为:东至胜利路,南至厚强路、章江路、高升巷,西至沿江路,北至叠山路,共计 3641 户、16200 人,其中公共单位 1120 人。

5. 滕王阁公社(榕门路街道办事处)。辖原滕王阁公社的 8 个居委会,和省航运局、市港务局等 14 个公共单位。区域为:东至子固路,南至中山路,西至沿江路,北至高升巷、章江路东段,共计 3325 户、15845 人,其中公共单位 1624 人。

6. 胜利路公社(胜利路街道办事处)。辖原胜利路街道的 6 个居委会和市人委、中级法院、邮电局、省银行、黄庆仁栈等 61 个公共单位。这个地区,商业集中,对资改造的任务也比较大,该地单独建立 1 个公社是适宜的。区域为:东至象山路,南至中山路,西至子固路,北至厚强路。共计有 2518 户、15953 人,其中公共单位 3117 人。

7. 水上办事处。我市是全省主要港口之一,来往船只频繁,人员多,流动性大,多无固定户口,集散我市水上人口经常在 7200 人左右。公社化前曾有专门机构,为加强领导和管理,恢复水上办事处的建制,办理区人委交办的工作和水上人员某些问题的处理,但不挂城市公社的牌子。

(三)抚河区原有广外、瓦子角、惠民门、筷子巷、禾草街、潮王洲 6 个街道办事处;公社化时,合并成立广外、惠民门、潮王洲 3 个公社。公共事业单位 168 个、20260 户、87761 人,其中公共单位 10385 人。抚河区人口稠密,除广外公社基本保持原有规模外,按照原街道办事处范围,调整为 5 个公社(街道办事处)。

1. 广外公社(广外街道办事处)。广外是全市的重点社,生产和生活事业有了一定基础,为了供外宾参观学习,摸索经验,有利生产、生活福利事业更好发展,将瓦子角街道划出,并入惠民门的 6 个居委会,基本保持原有规模不变,辖 14 个居委会,和八一商场、江西卷烟厂、南昌面粉厂等 61 个公共单位。区域为:东至翠花街、船山路,南至通惠桥,西至沿江路,北至中山路。共计 6532 户、28032 人,其中公共单位 3360 人。

2. 瓦子角公社(瓦子角街道办事处)。辖原瓦子角街道办事处的 8 个居委会,和建业染织厂、江西剧院、抚河区委、南工剧院等 18 个公共单位。区域为:东至渊明路,南至孺子路(包括洋船头),西至翠花街,船山路,北至中山路。共计4318户、18376人,其中公共单位929人。

3. 筷子巷公社(筷子巷街道办事处)。辖原筷子巷街道7个居委会和市建公司、洪都大学、抚河区人委等31个公共单位。区域为:东至象山路,西南至船山路(船山路门牌归禾草街),北至孺子路。共计3930户、17109人,其中公共单位1659人。

4. 禾草街公社(禾草街街道办事处),辖禾草街街道办事处的7个居委会和三医院、轴承厂等9个公共单位。区域为:东至福恩路,南至犁头嘴,西至抚河(包括新填洲、打缆洲、里州、杨家洲、石灰窑、罗家墩),北至通惠桥、船山路。

5. 潮王洲公社(潮王洲街道办事处)。辖原潮王洲街道办事处6个居委会,和江西船舶修造厂、南昌制材厂等49个公共单位。区域为:潮王洲、新洲、黄泥洲、老观洲。共计2293户、12039人,其中公共单位3781人。

(四)西湖区原有西湖、羊子巷、系马桩、三眼井、绳金塔、十字街、南站等7个街道办事处,公社化时,建立起西湖、系马桩、十字街、南站、湖坊等5个公社。公共单位320个、32179户、196196人,其中公共单位58821人。西湖区的范围较大,人口较多,分布也不平衡,新具区主要是职工及其家属,按照原街道办事处的范围,结合自然区域,恢复为7个公社(街道办事处)。

1. 西湖公社(西湖街道办事处)。按照现在的范围不变,辖12个居委会,和消防总队、服务大楼等68个公共单位。区域为:东至八一大道,南至孺子路,西至渊明路,北至中山路。共计5731户、26867人,其中公共单位2239人。

2. 系马桩公社(系马桩街道办事处)。辖原系马桩街道办事处的7个居委会,和西湖区委、南昌五中、省委党校等23个公共单位。区域为:东至八一大道,南至永叔路,西至五纬路,北至孺子路,共计3692户、16656人,其中公共单位1404人。

3. 三眼井公社。辖原三眼井街道办事处的9个居委会,和南昌一中、省赣剧院等25个公共单位。区域为:东至系马桩,南至永叔路,西至象山路,北至孺子路、千家前巷。共计4243户、19214人,其中公共单位2008人。

4.绳金塔公社(绳金塔街道办事处)。辖原绳金塔街道办事处的 9 个居委会,和省文艺学校、交通学院、砂轮厂、洪都针织厂等 25 个公共单位。区域为:东至八一大道,南至站前西路、养济院,西至福恩路、张家山、北至永叔路。共计 4214 户、19562 人,其中公共单位 2842 人。

5.十字街公社(十字街街道办事处)。辖胶皮巷、欧家井、十字街、东坛巷、南关口、朝巷、司马庙、将军渡、上审济、药王庙 10 个居委会,和江西拖拉机厂、江西印刷公司、173 医院等 53 个公共单位。区域为:东至站前西路、南至南莲路(包括江拖),西至一交通路。共计 4518 户、26479 人,其中公共单位 8240 人。

6.上海路公社。辖新家庵居委会和洪都钢铁厂、内衣厂、搪瓷厂、轻工业厅试验厂、南昌制革厂等 42 个公共单位。公社化前未建立街道办事处,只有 1 个派出所;公社化时,鉴于该地是新工业区,人口不断增多(主要是职工),地区分散,建立了湖坊公社。现在看来,单独建立 1 个公社是必要的,按现辖范围不变。区域为:东至东三巷、李家巷(南昌航校除外),南至二交通路,西至土城、彭家口,北至四交通路。共计 1905 户、18874 人,其中公共单位 12299 人。

7.南站公社(南站街道办事处)。保持现有的范围不变,辖 13 个居委会,和南昌铁路系统、南昌柴油机厂、省建二公司、政法学院、教育学院、省广播电台、省公路运输局、省农机厂、国药厂等 84 个公共单位。区域为:东至赣抚平原排水道,南至白马庙,西至二交通路,北至四交通路,共计 7789 户、68605 人,其中公共单位 29789 人。

(五)青云谱区原来只有 1 个三家店街道办事处,管辖 7 个居委会。近几年来工业有了迅速发展,人口激增,由原来的 30000 多人增加到 73649 人,其中公共单位 51935 人。公社化时,建立了三家店、京山、洪都 3 个公社。我们意见,除在公社管辖范围内做适当调整外,仍保持 3 个公社的设置(街道办事处)。

1.三家店公社(三家店街道办事处)。辖三家店、包家花园、何家坊、新溪桥、徐家坊、解放村等 6 个居委会,和南昌耐火材料厂、肉类加工厂、江东机床厂、市运输公司汽车场、南昌玻璃一厂、市冶金机电厂、青云谱区委等 31 个公共单位。区域为:东至洪都机械厂,南至朱姑桥,西至铁路、京山,北至一交通路。共计 1383 户、23336 人,其中公共单位 15336 人。

2. 京山公社。辖京山、施家窑 2 个居委会,和麻纺厂、砖瓦厂、石油化工机械厂、45 速中、省电力公司等 12 个公共单位。区域为:东至铁路,南至青云谱车站,西至抚河,北至京山。共计 529 户、21313 人,其中公共单位 19599 人。

3. 洪都公社。是以洪都机械厂所有单位的职工及其家属建立起来的。一年多来,在组织生产、生活福利事业上,显示了一厂一社的特点,取得了很大成绩。根据该厂党委的要求,同意就现辖范围保持不变,对内作为该厂领导家属的专门机构,对外行使街道办事处的职责,实行三块牌子、一套人马,接受区委和洪都机械厂党委的双重领导。区域为:该厂所属范围。共计 29000 余人,其中公共单位 17000 余人。

(六)鉴于原齐家集(罗家集)、蛟析 2 个城镇公社,是 2 个新兴的工业区,主要是工厂企业和文化科学研究机关和职工及其家属。地区分散,距市较远,而且已根据省人委指示,分别建立了罗家集和蛟析镇的建制。我们意见,罗家集和蛟析镇,暂不建立城镇公社。原齐城岗、蛟析 2 个公社的设置撤销。

城市公社设置调整以后,公社和街道办事处的机构应迅速建立和健全起来,实行公社和街道办事处两块牌子、一套人马、一套机构。公社和街道办事处的名称,应当统一,合用一个地名作为公社和街道的名称,如:"滕王阁"城市人民公社也就是"滕王阁"街道办事处,使公社和街道名称统一起来,便于工作,方便群众。公安派出所、粮油供应站等组织,应根据调整后的公社范围进行调整,基本达到 1 个公社、1 个街道、1 个派出所、1 个粮油供应站;范围较大的公社,还可根据情况建立必要的分支机构,方便群众。

为使居民委员会与公社调整后的规模相适应,更好地发挥居民委员会的积极作用,过大的居民委员会应适当调整,基本做到 1 个居委会、1 个公安户籍段,使居委会和户籍管理段对口。我们意见,居民委员会的规模一般以 500—600 户比较合适,便于街道工作。

二、公社组织机构

公社规模调整后,公社的组织机构相应地进行调整,适应工作需要。公社直接领导居民委员会(家属委员会),撤销分社一级。公社应根据党员数量和工作需要,成立党委会或支部委员会;党员人数极少的公社,各区要配备相应的党员干部,把支部建立起来。公社党委或支部委员会,是党的基层组织,受区委领导。基层党委会选举书记1人,副书记1人到2人,由公社、社属企业、居委会的党员干部和居民党员组成;为便于工作,公安派出所的政治指导员参加公社党委为委员,但要保持公安系统垂直领导。党委副书记协助书记做好全面工作,其余党员分别管理组织、宣传、武装、保卫保密、生产、生活、妇女、共青团、统战等工作,做到事事有人管、条条有人抓。公社党委可配备专职秘书1人。按照实际情况建立妇女联合会,由公社女副社长兼任妇联主任工作,同时建立武装部和民兵的组织,配备1名专职干部;编制少的公社也应指定专人把该项工作兼管起来。

公社管理委员会委员7—15人,设主任1人,副主任1—2人;公社社长、副社长亦即是街道办事处主任和副主任,但街道办事处不设委员会。公社管理委员由公社、居委会和社属企业的干部组成。公社管理委员会下设行政办公室,负责办理日常行政、文教卫生和社会福利以及区人委交办的有关居民工作;有条件的公社,还可以建立生产、生活等办公室,专门组织和领导社属工、农业生产和集体生活事业。公社的文教卫生、社会福利、民兵以及其他工作,根据工作繁简和干部编制,配备专职干部;干部少、无法配备专职干部的公社,这些工作应当有人兼管起来。公社管理委员会的工作,由社长统抓全面、副社长应当好社长的助手领导全面工作外,社管会委员应根据居民和生产、生活事业等情况,分工管理,各负其职。要发扬艰苦朴素的优良传统,认真贯彻干部"三大纪律,八项注意",深入群众,多做调查研究,克服工作不深入的工作作风。

为切实发挥公社党组织和社管会的作用,公社专职干部要把工作担负起来。考虑公共单位主要干部的工作多、任务重,兼管公社工作有困难,我们意见,调整后的公社党委和行政的主要职务,不再由公共单位的主要干部兼任,但为了有利工作联系,可吸收公共单位的负责同志参加社管会为委员,过去的兼职,应在调整中通过一定程序给予免职。

公社和街道办事处的工作任务,应当明确划分,不要互相代替,克服政社不分的现象。街道办事处是区人民委员会的派出机关,它的任务是:办理区人民委员会有关居民工作的交办事项;指导居民委员会的工作;反映居民的意见和要求。公社主要管理和领导社属生产、生活和为他们服务的集体福利事业。

居民(家属)委员会是群众自治性的居民组织,切实加强领导,发挥它们的作用。根据"城市居民委员会组织条例"决定,居民委员会的任务:办理有关居民的公共福利事项;向当地人民委员会或者它的派出机关反映居民的意见和要求;动员居民响应政府号召并遵守法律;领导群众性的治安保卫工作;调解居民的纠纷。居民委员会设委员7—17人,由居民小组各选1名,并由委员互推主任1人、副主任1—3人;其中需有1人管妇女工作。居民委员会可根据工作需要,一般可分设社会福利(包括优抚)、治安保卫、文教卫生、调解和妇女等5个工作委员会,在居民委员会统一领导下进行工作。

为了加强对城市人民公社的领导,使之不断充实、巩固和提高,协助市委督促检查有关党的方针政策的贯彻执行,研究总结和推广城市公社的工作经验,领导和组织公社生产、生活福利事业,把城市人民公社愈办愈好,我们意见:市委城市公社办公室的机构继续保持,作为市委的一个工作部门,委托市总工会党组具体领导,使市、区对口,各区委城市公社办公室的牌子仍应保持,和区委办公室合署办公。

城市公社的生产、生活福利事业,经过调整之后,必须切实办好,使之巩固、提高,因此,公社党委必须加强领导。市、区手工业、商业、民政、妇联等有关部门要做好对社办生产、生活福利事业的业务指导,并要求把社办工业生产的原材料供应,纳入手工业生产计划,由手工业管理部门统一分配。

三、干部编制

公社干部编制,按市编委原给150名指示,各区根据公社设置进行安排结果,市编委又在原150名的基础上,增加30名,全市干部编制共计180名。具体分配意见是:东湖区原给27名,现给32名(公园公社干部自行解决,除外),增加5名;西湖区原给42名,现给49名,增加7名;胜利区原给38名,现给45名,增加7名;抚河区原给40名,现给41名,增加1名;青云谱区原只按

1 个公社,给干部 3 名,现仍保持 3 个公社,除洪都公社自己解决外,现给 9 名,增加 6 名;市委城市公社办公室配备干部 4 名。在分配各区城市公社编制中,区委应从中配备 1 名干部作为区委城市公社办公室的专职干部。各公社干部的配备,应根据管辖的人口、社属生产、生活福利事业和区域的大小,研究确定,由各区自己分配;一般以 6—9 名为宜,个别范围小、任务少的公社,编制也不应少于 4 名。

鉴于有些公社规模大、任务多,国家编制确实不够需要的由区报请市编委批准后,可从公社生产企业利润中开支 1—3 名,作为编外人员。

在安排城市公社干部工作中,对资产阶级家属应当妥善处理。过去已经调开职务而已另作安排的,除个别需要调整以外,一般不再变动;已撤销职务而过去工作表现一贯积极的,根据情况重新处理,给予适当安排;现在仍未变动而工作表现又好的,更不应再行变动,发挥他们的积极性,为建设社会主义事业服务,但不要安排基层政权的实职。

调整城市公社设置、恢复街道办事处建制,是一项细致复杂的工作,各区委应当加强领导,抽调力量,集中搞好 1 个点,摸索经验,分批进行。整个调整工作,要求在 3 月底前结束。

以上意见,如市委同意,请批转各区委和有关部门遵照执行。

市委城市人民公社领导小组

一九六二年二月十二日

中共上海市委城市人民公社领导小组
关于进一步调整街道里弄集体
事业的若干意见（草稿）*

（一九六二年六月十九日）

根据中央和市委"今后城市人民公社一般不再举办工业企业"的指示精神，本市街道里弄组织统办、统管、统包生产、生活等集体事业的状况必须彻底改变，今后街道办事处（街道委员会）和里弄委员会不再直接举办生产、生活等集体事业。现在就调整工作提出如下意见。

一、生产方面

首先，应该停办的必须坚决停办。除了没有生产任务的应该停办以外，凡是不适宜由街道里弄居民举办的生产，如产供销问题无法解决的生产，技术复杂，需要投资进行基建的生产，散布有毒气体、有害粉尘等危害居民健康的生产，为"包工人员"出证明、开发票、从事"包工活动"的生产等等，都必须停办。此外，凡是不适宜下放街道，又有可能交回原主管部门的单位，应该交回主管部门管理。

第二，目前有生产任务并且又适宜于由街道里弄居民继续担当的生产，采取以下三种办法进行调整：

（甲）凡是纯手工操作，工交费较低，适宜于由个人分散加工的应该由个人分散生产，实行自劳自得；对这种个体家庭副业，里弄委员会只对他们进行

---

* 原件现存于上海市档案馆。

思想教育工作,没有经济上的关系。

(乙)凡是基本上手工操作,收入一般,可以改为互助合作性质的生产组,实行独立核算,自负亏盈的办法,工交费较高的单位适当调低后也可以采用这种形式;今后街道办事处(街道委员会)和里弄委员会除对他们进行政治思想工作外,没有经济上的关系。

(丙)少数有一定机器设备,或有产销关系,生产正常,消耗原料材料燃料少、成本低、品种合乎需要、产品质量好、劳动生产效率高的单位,经过有关部门的审查同意,可以组成合作工厂(场),逐步划归手工业部门管理。在没有划手工业部门管理以前,暂由街道办事处(街道委员会)代管。这些合作工厂(场)中原有国营企业支援和属于街道所有的生产资料、流动资金等财务作为国家的投资,并按投资比例进行利润分成(税收除外)。国家应得部分由财政部门集中管理。

二、生活服务方面

食堂、托儿所、幼儿园、服务站(组)等生活服务事业,都可采取互助合作形式,实行合理收费、独立核算、自负开销(自负盈亏)的办法。食堂、托儿所(园)应该做到不赔不赚,不以营利为目的。在生活服务事业中,适宜于由个人分散服务的(如带孩子、洗衣服、打扫清洁卫生、缝缝补补……)都可以由个人分散服务,实行自劳自得。

今后街道办事处(街道委员会)和里弄委员会对他们除进行思想政治工作以外,没有任何经济上的关系。过去,食堂、托儿所积余的粮食、食油,在进行余缺调剂后的净余部分应即集中上交粮油部门。过去,食堂、托儿所积余的伙食费可以一并交财政部门代管。

三、文教方面

各项文教事业凡是有需要继续存在的都应实行合理收费、自负开销的办法;民办小学实行"收费自给为主,有关部门补助为辅"的办法。有些文教卫生事业可以充分运用里弄积极分子开展工作,不必设置脱产的工作人员。

四、财务工作

街道里弄各项事业的积余一律上交财政部门集中代管。今后街道里弄必须支出的费用造具预算由财政部门核拨(具体办法另订)。

各互助合作单位必须加强财务管理工作,建立和健全财务管理制度,正确处理收益分配,认真贯彻按劳分配、多劳多得的原则。

五、退赔工作

从一九五八年以来,街道里弄集体事业凡是占用居民群众和工厂企业财物的,必须根据党的政策认真处理,该还的还,该赔的赔,该租的租,总之,一定要求实事求是地加以解决。

各项集体事业动员回家的人员要求收回或照价赎回原属自己所有的工具设备、生活用具等财物时,应该允许。具体问题可以协商解决。

六、物质清理工作

街道里弄的物资很多,而且很分散,在管理上存在许多漏洞,必须认真地彻底地进行一次清理工作,弄清现状和来源,认真核实登记,然后研究妥善处理。

(甲)属于借用工厂、居民的物资应该如数归还工厂、居民。过去借用工厂、居民的物资,原物已毁,在现有物资中可以用来抵充偿还的应该抵充偿还工厂、居民。

(乙)处理退赔后,本单位和本街道其他单位必须使用的物资(包括酌留少数必须的备用物资),经过街道审查,可以留下一部分使用。

(丙)多余物资凡是市场有需要的可以交由商业部门代销,款项由财政部门集中代管。

（丁）商业部门不接受代销的，可以自行处理，款项上交财政部门代管。

七、劳动力安排

对于各项集体事业的人员，凡是有条件回乡或到外地参加农业劳动的应该动员他们自愿回乡或到外地参加农业劳动。

对于没有条件回乡或到外地参加农业的多余人员，按照以下原则，进行妥善处理：

（甲）对于家庭经济条件较好的人员，除少数领导核心和必要的生产骨干外，应该动员他们自愿回家从事家务劳动。

（乙）对生活特殊困难的人员，应该尽可能安排他们参加一定的生产劳动；对于其中确实无法安排的人员，应该建议有关单位给予适当补助或建议民政部门给予社会救济。

（丙）对于动员回家的人员，街道里弄组织要掌握他们的具体情况。根据工厂企业和社会上的需要，介绍他们自愿从事某些临时性突击性劳动，实行收入归己的办法。

（丁）对于自谋正当生活出路，从事家庭手工业和修理服务等个体劳动和正当经营的应该给以便利和帮助，但是，要教育他们不要从事投机违法活动。

八、管理问题

按照上述办法调整以后，街道办事处（街道委员会）和里弄委员会同这些集体事业不再有经济上的关系，主要对他们进行思想政治工作和一般的行政管理工作。应该特别注意的是：必须选择思想好、品质好、成分好、作风好的人员担任这些事业的领导骨干，同时，要建立健全必要的制度，防止贪污盗窃、投机违法等现象的发生。

少数合作工厂（场）和互助合作性质的生产组在还没有划归手工业部门管理以前，街道可以根据需要，建立生产管理组配备专职管理人员2—3人，其管理费用可由各互助合作的生产单位分担。区认为有必要时也可以设立这样的管理机构。

今后里弄中的集体事业少了，而且都是互助合作性质，里弄主要负责对他们进行思想政治工作，因此，不需要建立管理集体事业的机构，不必设专职管理集体事业的人员，可以由现有里弄干部负担这项任务。

对于里弄居民举办的集体事业，市区有关部门要加强对他们的业务管理。

在着手进行调整工作以前，首先必须弄清生产等集体事业的任务。产品、质量、原材料供应、产品销路和经营管理等情况，同时，要掌握生产劳动人员的具体情况，在充分掌握情况的基础上有计划、有步骤地进行调整工作。在调整工作中，必须认真加强思想政治工作。要密切掌握生产劳动人员的思想动态，对他们细致地深入地进行思想教育，提高他们的认识和政治觉悟，发扬识大体、顾大局的主人翁思想，加强发奋图强、克服困难的信心和决心，在这样的思想基础上稳步地顺利地做好调整工作。在工作中，绝对不要简单草率从事，必须力求避免增加群众的紧张情绪。

一九六二年六月十九日

（上海市）关于城市人民公社工作领导小组办公室撤销后对部分干部的安置意见*

（一九六二年八月二十八日）

市委组织部干部处：

根据市委关于精简组织机构的决定，市委城市人民公社工作领导小组办公室予以撤销。关于干部（共二十一人）去留经与有关单位商量，安排情况如下：

（一）调到市委办公厅的 2 人（姓名与干部级别均略，下同——编者注）。

（二）调到市人委办公厅的 11 人。

（三）调回总工会工作的 3 人。

（四）调回市民政局工作的 1 人。

（五）调回市商业二局工作的 1 人。

（六）调回市劳动局工作的 1 人。

（七）调回市卫生局工作的 1 人。

（八）调到市人委文教办公室工作的 1 人。

以上调动安排如有不妥之处请予指示。

此致

敬礼！

中共上海市委城市人民公社领导小组

一九六二年八月二十八日

中共南昌市经济计划委员会
关于城市人民公社工业的调整意见 *

（一九六二年九月十七日）

市委：

中央和省委指示，公社举办的企业应当进行全面的调整。公社企业的调整是整个公社企业调整的一部分，又是整个工业调整的一部分。为了逐步完成公社企业的调整工作，根据省委批准省纪委党组关于城乡人民公社工业的调整意见，现将我市城市公社工业的调整意见报告如下。

一

我市城市公社化以来，各个公社都先后办了不少的工业企业，这些工业进行着小农具、小商品和加工性、辅助性的工业生产，开展了多种修补服务业务，对支持农业生产、培养技术力量、适应城市人民生活需要、活跃市场、为公社扩大积累等方面起了一定的作用。

1960年全市城市公社的工业企业共有271个11657人。1961年经过了几次整顿，特别是贯彻"手工业35条"的调整以后，人数有了减少。根据最近调查，城市社办工业企业还有207个5537人。今年上半年总产值610万元，占市属工业总产值的6%。

社办工业大部分是1960年公社化后，由街道居民和社会闲散劳动力组织起来的，一部分是由手工业下放或者是民政部门生产自救性的小组升级的，还

---

* 原件现存于昆明市档案馆。

有小部分是国营工厂举办的卫星厂,社办工业的职工有家庭妇女,有手工业者和社会闲散人员以及国营工厂支持和退职退休的职工。根据典型调查的材料,家庭妇女约占 65%,手工业者约占 20%,其他约占 15%。社办工业的固定资产和劳动资产有公社添置和借款,也有联社和民政部门支援和借款,还有群众自带和集资以及大工厂支持的。

总的来说,几年以来,社办工业发挥了它在国民经济中的辅助作用,但是也存在很多问题。由于公社工业面广、分散、行业多,同时公社管理工业又缺乏经验,因而有些企业的产品成本高、质量差、产品积压、企业亏损;有的企业与国营工厂争夺原材料;有的业务不足、生产不正常,处于停工和半停工的状态,甚至有少数的企业违反市场管理搞投机倒把,牟取暴利。同时在手工业调整后,社办工业企业生产的大部分产品,已被手工业生产社所代替。根据中央省委指示精神,以及我市具体情况,对社办工业企业必须进行全面的调整,以利于支持农业生产和促进整个工业生产的发展。

二

根据中央指示和省关于城乡人民公社工业调整方案提出的城市公社一律不办工业的精神,结合我市的具体情况,公社工业企业的调整原则是:(1)凡是对支持农业生产有利和市场有需要的产品的企业应该予以保留。(2)凡是有历史传统或生产名牌产品、技术条件较好的,原材料没有问题,应当予以保留。(3)凡是原材料供应没有保证,又不具备正常生产条件的或直接与大工厂争原料,或产品质量低、成本高、不受市场欢迎和亏损的企业,应予以关闭。(4)目前业务较少、原材料没有保证,但有发展前途或季节性生产的企业,可视情况,缩小范围或改变生产方向。(5)对某些适合于家庭副业生产的产品,可根据具体情况,退回家庭副业。(6)对于适应群众需要、修补服务性的行业,原则上不予关闭、合并,也不改变生产方向,但个别网点分布不合理的,可做适当调整,并积极组织服务担游街串巷。

根据上述调整原则,结合各企业的具体情况,分别采取保留、缩小、合并和退回家庭副业五种形式进行调整。在调整中,一般应以区为单位,不跨区,企业之间距离较远和不同类型的行业,不予归并,有传统经营方式和单位之间有密切联系的更不应打乱。

保留下来的企业,为便于统一领导,采取归口管理,凡以手工业者为主组织起来的、从事手工业性质生产的企业,应归口于手工业部门管理(广外公社,仍保留公社工业的牌子);社会福利性质的企业或以社会救济为主组织起来的,以及与民政部门密切联系的企业,应归口于民政部门管理;凡是商业性质的副食品加工(如米粉、豆类的加工)的企业应归口于商业部门管理;原国营举办的卫星厂一部分可由手工业部门管理,少数可由本单位自行处理。此外,如果还有个别企业确实要转为全民所有制的,应当报经省的批准。

凡是以家庭妇女组织起来的企业,业务少、生产不正常或没有发展前途的,可视情况转为家庭副业或生产自救性质的小组,一律不予归口。由居民委员会管理,不要交管理费和上缴利润。

凡个体手工业者,可根据他们的技术条件,经过审查后,发照允许他们自行开业,由手工业部门管理。

三

对调整中若干问题的处理意见:

1. 关于人员的处理:

社办工业的生产人员,有家庭妇女、有手工业者和社会青年、有国营工厂支持和退职退休的职工,以及其他人员,因此,在人员的处理过程中,必须本着负责到底的精神,分别情况,妥善安置:

(1)凡是 1958 年以后来自农村的人员,应当根据压缩城镇人口办法的规定,原则上一律动员他们回乡。1958 年以前进城的人员,如自愿回乡的,亦可动员他们回去。

(2)凡是保留归口的企业,其人员一般随同企业归口。自动离职和回家的职工,可允许他们退出。已经走了的,也不再找回。

(3)凡是缩小范围、改变生产方向和合并的企业,其人员可以保留或保留一部分,其中有些家庭妇女自愿回去的,可以动员他们回家。如果回去后生活确实没有出路,一时又难于安置的,可暂缓处理。

(4)凡是关闭的企业,原属手工业的人员,应转回手工业,其中原来的个体手工业者,仍可允许他们自行开业。另外,对以下三种人员,应考虑安排:一是未经区批准和正式任命的干部,应当根据各人的具体情况,由区统一安排,有的可以安排到保留企业参加生产,能够回家而且又自愿回家的亦可允许他们回家;二是生活有困难的烈军属;三是家庭主要依靠本人生活的职工和社会贫民户、老弱病残人员,除家庭经济条件较好的可动员回家外,对于回去后生活无保障而又丧失劳动能力的,应转民政部门予以社会救济,生活无保障但尚能从事轻微劳动的,可视情况,适当给予安排。

原国营工厂和手工业合作社(组)支援在册职工,企业关闭后,本人又不符合精简条件的,应由公社和原单位协商,给予适当安排工作;如果原单位已经关闭了的,则由公社安排工作。本人符合精简条件的,精减下来人员的补助费,必须根据省委精简领导小组的规定办理。

为了照顾国家职工的生活,公社和企业对国家人员,除1962年进厂的人员不给补贴外,凡1961年以前的人员都应根据其生活情况,给予一定的生活补助。其中凡是1961年经"手工业35条"整顿后已转为合作社(组)的企业,其人员的补贴费按手工业社章办理,公社统一核算;盈亏的大集体企业精减的人员(包括退回自行开业的),一般根据企业的具体情况,补贴本人工资额的1个月至2个月;凡是退回家庭副业生产的企业,一般的也要给予生活补贴费,但个别业务较正常的、经过群众讨论同意,也可以不给补贴费;凡是自负盈亏的小集体亏损的企业,关闭后生活有困难的人员,公社亦应酌情补贴。

补贴的经费可在本企业盈余中开支,亏损单位的人员补贴费,可在公社积累中开支。

关闭企业中,对于那些有技术的人员,在调整过程中,可以充实到现有合作社(组)里去,也可以调到保留下来的企业中去,顶替那些可以走的人员。

2.关于资财的处理:

公社工业企业的资金来源,有公社的投资或借款,也有联社和民政部门的投资和借款,还有群众的集资和国营工厂等单位的借款;工具设备,有公社添置的,也有其他单位支持的,还有职工自带和企业添置的;社办工业企业的经济性质,有公社统计盈亏的大集体,也有单位共负盈亏的小集体,和没有公共积累的家庭手工业。因此,资财的处理,原则上是谁办的归谁所有,谁欠的由谁偿还,不可平调。

(1)凡是保留、关闭、缩小、合并退回家庭副业的企业,都应当对固定资产和流动资产进行清点登记。处理原则:原是手工业的,应退还给手工业;原是群众的,应退还给群众;原是民政部门的,应退还给民政部门;原是国营工厂、机关、团体支援的设备和国家投资的,这一部分属于全民所有制的性质,关闭的企业应退还给原单位,如果原单位已由国营性质转变为集体所有制,这笔财产和投资应交给财政部门接收,对于保留、缩小的企业中,适合企业使用的,可仍留给企业继续使用,但应作价转账处理;企业不需要的,应退还给原单位,或交财政部门接收;损坏的原则上应当赔偿。对于原来手工业合作组织的股金、公积金、公益金和其他资金,也应该退还,股金还要按照银行存款利率补发利息。公社和企业自己投资的固定资产和流动资产,归公社所有。如果这些企业要调整隶属关系,应当作价转给有关单位,由有关单位一次和分期付款,一般3—5年。

(2)企业在公社经营期间,所发生的债权债务以及银行贷款、国家税收等,应分别清理。凡是由公社共负盈亏的企业,由公社统一结算盈亏;凡是由企业自负盈亏的,由企业本身结算盈亏。对于所有制转变隶属关系的企业,其福利基金都应随同转移,不能用以处理公社的债务;有些群众集资举办的小集体企业,在处理企业债务后,仍有盈余的,其盈余部分,可视盈余情况,上交一部分给公社,上交部分最多不超过盈余的30%,留给企业这部分可以劳动分红和股金分红的形式发给职工,其比例可根据企业具体情况,参照手工业集体所有制合作企业社章规定的分红办法,由公社提出意见报区委批准。发生亏损的,也应由公社酌情处理。

(3)保留和缩小规模的企业,无论是固定资产和原材料都应随同企业归口,不得另作他用。关闭和退回家庭副业或个人开业的,现有材料中的一、二类物资,应退还原供应部门,或由国家物资部门按规定处理,产品、设备以及三类物资,遵照市场管理规定办法,可由企业自行处理。

在调整过程中,对于资财的处理,各区应以原来公社为单位组成资财清点处理小组,在处理过程中,凡是保留、缩小企业中,不合归口接收单位需要的设备和材料以及关闭企业中自行处理不了的积压废旧等物资,在当前一时难于处理的情况下,各企业应清点造具清册,做好存放、维护工作,指定专人妥善保管,保管人员的工资可在处理费中开支。

随同企业归口的固定资产和原材料的作价,可以按照原来的进货价格作价,也可以按照现行价格作价折旧,由双方协商。如果意见不一致,首先应当做好人员的精减工作,办理固定资产和原材料的交接手续,以后再由有关部门(手工业、供销、财政、银行、工交等)共同协商解决作价问题。

(4)凡是企业非法利润,应追查责任,由司法机关检查处理。

四

社办工业的调整工作,应当在市委的统一领导下,由市经计委、市委城市人民公社办公室、手工业局、财政局、供销社、人民银行等有关单位抽调干部力量组织企业调整办公室,负责具体工作。各区委和公社党委也必须加强对这一工作的领导,建立相应机构。

在工作步骤上,首先要摸清企业的所有制、财产、设备、资金以及干部和职工的技术、思想生活情况,然后进行企业分类排队,提出全区调整方案,拟定保、关、缩、并、退的企业名单和职工人数。在工作进行过程中,要先易后难、先试点后铺开,"先留后减",即先按照生产需要,确定必须保留的企业和人员,再确定精减的人员;"先减后转",即先做好人员的精减工作,再办理企业归口交接手续。调整工作应分期分批逐行逐业地进行,对于现在已停工的企业,可以先行处理。试点结束了的单位,也必须结合本调整意见,仔细地进行一次复查,有处理不妥之处应及时予以纠正。时间上,在各区试点的基础上,逐步铺开,整个调整工作要求在10月底前结束。

鉴于公社工业牵涉面广、分散、行业多、情况复杂,因此,在调整当中,必须做到情况明、决心大、工作细,切实做好思想教育工作,广泛深入地向职工群众宣传党的政策,把调整的目的、意义讲清楚,社办工业的成绩也要充分估计,使他们真正懂得调整公社工业也是克服当前国民经济困难的有力措施之一,使党的政策变成群众的实际行动。

在调整过程中,还必须紧密地依靠群众,走群众路线,企业办与否,要充分发动群众酝酿讨论,不要包办代替,强迫命令。要把工作做深、做细、做透,决不可草率从事,特别是要认真做好人员的安排和资财的处理工作,防止某些人趁调整机会徇私舞弊、化公为私、违法乱纪的行为,以保证调整任务又快又好地完成。

中共南昌市经济计划委员会

一九六二年九月十七日

中共南昌市委批转市经计委党组
关于城乡人民公社工业企业
进行调整的三个文件 *

（一九六二年九月二十一日）

各区、镇委，城乡人民公社党委（总支、支部）：

市委同意市经计委党组关于城乡公社工业企业调整工作会议情况及几个问题的请示报告和关于城市人民公社工业的调整意见、关于郊区农村人民公社企业的调整意见，现批转给你们研究执行。

我市城乡人民公社工业企业，在为生产服务、为群众生活服务等方面起了一定的作用。但是，也存在一些问题。必须根据中央、省委指示精神，对社办工业企业进行一次调整。社办工业企业的调整是一项很复杂细致的工作，牵涉到许多方面，要求各区、镇委加强对这项工作的领导，认真贯彻党的政策，做好思想教育工作，充分发动群众，企业调整应经过群众讨论，听取群众意见。在处理被精简人员的过程中，必须本着负责到底的精神，分别情况，妥善安置。城乡人民公社工业企业调整工作，在市精简领导小组统一领导下，以市经计委为主，吸收有关部门组织社办企业调整办公室，负责处理日常工作。社办企业的调整工作，要求在十月底基本结束。

有关社办企业的调整方案，由市经计委直接下达。

中共南昌市委

一九六二年九月二十一日

＊ 原件现存于南昌市档案馆。

附一：中共南昌市经济计划委员会党组关于城乡公社工业企业调整工作会议情况及几个问题的请示报告

（一九六二年九月十四日）

市委：

遵照市委、市人委的指示，于九月三日至九月五日召开了全市城市公社工业和郊区农村公社企业的调整工作会议，参加这次会议的，有各区委书记或区长，各公社书记或社长，以及省、市城市公社办公室、银行、财政、税务、手工、民政、供销等有关部门的负责同志。

会议开始，由李副市长作了指示，会议期间，由黄宝安同志传达了省关于城乡人民公社工业企业调整工作会议的精神和作了关于我市城市人民公社工业和郊区农村公社企业的调整意见的报告；各区对调整试点工作作了申报；讨论了调整意见。整个会议历时两天半。这次会议，开得比较好，反映的问题比较深刻，收到了预期的效果。从各区对前一阶段试点工作的总结汇报发言和讨论调整意见、方案所提出的问题来看，由于各区委和各公社党委加强了对这一行的领导，深入基层、深入群众，做好思想教育工作，讲清调整的目的意义，以及进行了企业的调查摸底工作，因此，整个调整试点工作进行得比较顺利，取得了一定的成绩。在这次会议中，也反映了试点中所遇到的一些实际问题，这些问题经过会议讨论，基本上统一了认识，取得了一致的意见，其中一部分我们已经分别归纳和补充到调整意见中去了，另外尚牵涉到财务处理等几个重大问题，这些问题，并非会议所能决定下来但又需要在这次调整中解决的，现报告如下：

1. 关于企业所有制的划分和利润分配问题。

我市城市公社所经营的工业企业，来源很复杂，隶属关系曾经过多次改变。来源一般可以分为两种：一是 1958 年以前由群众集资办起来的，当时由街道办事处领导,1959 年联社办事处成立后,交联社办事处领导,1960 年公社化以后联社办事处撤销又交公社领导;二是 1960 年公社化后,公社自己投资或者是群众集资办起来的。这些企业在公社经营期间,除向公社上交管理费外,企业利润的分配,无论是群众集资举办的小集体或者是公社投资举办的大集体,或者是公社化时手工业部门下放的,都是参照 1960 年市委城市人民公社办公室《关于社办企业利润分配意见(草)》中所提出的 85% 上交给公社、15% 留给企业的分配比例进行分配的(这个分配比例未经市委正式批准),在 1961 年贯彻"手工业 35 条"调整手工业时公社所领导的大部分企业已转为手工业性质的合作社(组),但仍由公社领导,收取管理费,其利润分配则是按手工业社章规定,10% 上交给联社,90% 留给企业。公社化期间,由民政部门下放给公社领导的企业,其利润分配,则是上交市生管会、区生管会和公社各 30%,10% 留给本企业。

从上述利润分配情况来看,对于公社投资举办的大集体或者民政部门下放的企业,这种利润分配是合理的,但对于群众集资的小集体企业,虽然公社没有投资,而这些企业在公社领导期间,挂着公社的牌子,公社给予了各方面的扶植,同时,几年来这些企业都没有向国家交纳税金。为此,会议研究,凡企业在各个期间已上交给主管部门的利润,仍按原分配比例不动,承认过去的历史分配方法,不再变动。

2. 关于国营工厂、机关团体支援公社办工业、企业、事业的资金、物资的退赔问题。

公社化期间,国营企业、机关团体曾先后支持过公社一些资金、物资(包括机器设备、生活日用家具),这些资金和物资,有的是用在办工业上,有的是用在办福利事业上(幼儿园、托儿所、食堂等)。这些资金、物资均属全民所有制的,在这次调整当中原则上应退还给支援单位,不能平调。但对如下三种情况可以考虑不同处理:一是公社利用这些支持资金用在办福利事业上,而这些福利事业又是直接为原国营工厂、机关团体服务的,可以由双方协商解决;二是原支持单位已由国营性质的工厂改变为集体所有制的合作组织,支持的资金和物资,应由财政部门接收;三是对个别公社确实无力偿还的,应视其具体情况,经过协商,可以不予退赔。

3.关于对调整的具体方案问题。

全市城市公社在今年5月底207个单位5573人的基础上,经过调整后,因关闭、缩减、退为家庭副业,共计精减2263人,占总从业人数的40.6%,除退为家庭副业的792人外,实际净减1471人,占总从业人数的26.3%。具体的调整情况是:关闭66个单位1281人,占总从业人数的23%;合并3个单位、43人,占总从业人数的0.7%;退为家庭副业的23个单位,792人,占总从业人数的14%;保留和缩小规模的115个单位3267人,占总从业人员的58%,其中:金属加工27个单位250人,木材加工制造10个单位249人,竹篾制造11个单位384人,化学工业3个单位42人,纺织工业13个单位651人,橡胶制品1个单位29人,服装加工10个单位323人,鞋帽皮革13个单位396人,食品工业5个单位266人,陶瓷工业2个单位18人,文教用品15个单位327人,工艺美术2个单位17人,其他14个单位315人。在保留和缩小单位中划由手工业系统领导的85个单位1465人,划由民政系统领导的21个单位1445人,划由商业部门领导的2个单位93人。

全市郊区农村人民公社企业在今年8月底64个1204人的基础上,经过调整后,由于关闭、缩减、下放,共计精减486人,占总从业人数的40.3%,除下放亦工亦农的49人外,实际净减437人,占总从业人数的36.2%。具体的调整情况是:关闭18个195人,占总从业人数的16%;下放亦工亦农的6个49人,占总从业人数的4%;保留和缩小的40个718人,占总从业人数的59.6%,其中农具修造8个117人,粮油加工8个61人,修理服务8个45人,农、牧、渔场16个495人。在保留和缩小单位中划归手工业系统领导的12个142人,划归商业部门领导的4个20人,留交公社继续领导的24个556人。这个具体调整意见经过会议讨论研究,基本上同意,但在调整过程中,还必须紧密地依靠群众,走群众路线,企业办与否,要让群众去充分酝酿讨论,对于关闭、退回的企业,经过群众讨论,认为确实有继续办的必要,经区研究后,再与市商量,取得市的同意后,也可以考虑改变。

4.关于公社办工业期间,公社剩余积累的处理问题。

公社工业调整后,公社不再经营工业生产,对公社的剩余积累(包括社办企业关闭后处理不完的设备、产品、原材料),据会上初步统计,剩余积累大约可达 100 万元以上,除了考虑在调整中要拿出一部分处理债务外,对于这项剩余积累资金今后的使用范围和审批权限,会议建议由市财政局提出具体意见,报请市人委审查批准。

5. 关于大工厂办的卫星厂和机关团体附属企业的领导关系处理问题。

现有的 207 个城市公社工业企业中,有 7 个系原属国营工厂或机关团体举办的卫星厂或附属企业,即:南站公社五金厂原属省交通厅运输局的,公园公社车辆修配组原属省人委机关事务管理局的,潮王洲船舶属具厂原属江西船厂的,南站铁路三村缝纫厂原属南昌铁路局的,洪都公社服装小组及公社办的机械厂原属洪都机械厂的,公园公社豆类加工厂原属省人委机关事务管理局的,青山路布料加工厂原属江西纺织厂的,计有职工 400 余人。这些企业生产所需的原材料均系国营工厂的边脚废料,产品销售也是由国营工厂包销,或者是为本单位职工生活服务的企业,人员来源绝大部分是本单位职工家属,对于这种性质的企业,在此次调整中,除了人员应按照缩减城镇人口规定,凡属于动员对象应动员他们回乡外,对于这些企业和产品,会议意见,凡是当前市场和人民生活需要的,并为本厂大工业服务的,都应当保留下来,移交给原所属国营工厂和机关团体处理,不上调归口,公社亦不领导和管理。

以上报告,是否有当,请予批示。

中共南昌市经济计划委员会党组

一九六二年九月十四日

附二:市经计委党组关于城市人民公社工业的调整意见

(一九六二年九月十七日)

市委:

中央和市委指示,公社举办的企业应当进行全面调整。公社工业的调整是整个公社企业调整的一部分,又是整个工业调整的一部分。为了逐步完成公社企业的调整工作,根据省委批转省经计委党组关于城乡人民公社工业的调整意见,现将我市城市公社工业调整意见报告如下。

（一）

我市城市公社化以来,各个公社都先后办了不少的工业企业,这些工业进行着小农具、小商品和加工性、辅助性的工业生产,开展了多种修补服务业务,对支持农业生产、培养技术力量、适应城市人民生活需要、活跃市场、为公社扩大积累等方面起了一定的作用。

1960 年全市城市公社的工业企业共有 271 个 11657 人。1961 年经过了几次调整,特别是贯彻"手工业 35 条",调整以后,人数有了减少,根据最近调查,城市社办工业还有 207 个 5573 人,今年上半年总产值 610 万元,占市属工业总产值的 6%。

社办工业大部分是 1960 年公社化后,由街道居民和社会闲散劳动力组织起来的,一部分是由手工业下放或者是民政部门生产自救性的小组升级的,还有小部分是国营工厂举办的卫星厂,社办工业的职工有家庭妇女,有手工业者和社会闲散人员以及国营工厂支持和退职退休的职工。根据典型调查的材料,家庭妇女约占 65%,手工业者约占 20%,其他约占 15%。社办工业的固定资产和流动资产有公社添置和借款,也有联社和民政部门支援和借款,还有群众自带和集资以及大工厂支持的。

总的来说,几年以来,社办工业发挥了它在国民经济中的辅助作用,但是也存在很多问题。由于公社工业面广、分散、行业多,同时公社管理工业又缺乏经验,因而有些企业的产品成本高、质量差、产品积压、企业亏损;有的企业与国营工厂争夺原材料;有的业务不足、生产不正常,处于停工和半停工状态,甚至有少数的企业违反市场管理搞投机倒把,牟取暴利。同时在手工业调整后,社办工业企业生产的大部分产品,已被手工业生产社所代替。根据中央、省委指示精神,以及我市具体情况,对社办工业企业必须进行全面的调整,以利于支持农业生产和促进整个工业生产的发展。

（二）

根据中央指示和省关于城乡人民公社工业调整方案提出的城市公社一律

不办工业的精神,结合我市的具体情况,公社工业企业的调整原则是:①凡是对支持农业生产有利和市场有需要的产品的企业应该予以保留。②凡是有历史传统或生产名牌产品、技术条件较好的、原材料没有问题、有的是利用边材废料而生产出有用的产品的,应当予以保留。③凡是原材料供应没有保证,又不具备正常生产条件的或直接与大工厂争原料,或产品质量低成本高、不受群众欢迎和亏损的企业,应予以关闭。④目前业务较少、原材料没有保证、但有发展前途或季节性生产的产品,可视情况,缩小范围或改变生产方向。⑤对某些适合于家庭副业生产的产品,可根据具体情况,退回家庭副业。⑥对于适应群众需要、修补服务性的行业,原则上不予关闭、合并,也不改变生产方向,但个别网点摆布不合理的,可做适当调整,并积极组织服务担游街串巷。

根据上述调整原则,结合各企业的具体情况,分别采取保留、关闭、缩小、合并和退回家庭副业 5 种形式进行调整。在调整当中,一般应以区为单位,不跨区,企业之间距离较远和不同类型的行业,不予合并。有传统经营方式和单位之间有密切联系的更不应打乱。

保留下来的企业,为便于统一领导,采取归口管理:凡以手工业为主组织起来的、从事手工业性质生产的企业,应归口于手工业部门管理(广外公社,仍保留公社工业的牌子);社会福利性质的企业或以社会救济户为主组织起来的,以及与民政部门密切联系的企业,应归口于民政部门管理;凡是商业性质的副食品加工(如米粉、豆类的加工)的企业应归口于商业部门管理;原国营举办的卫星厂一部分可由手工业部门管理,少数可由本单位自行处理。此外,如果还有个别企业确实要转为全民所有制的,应当报经省的批准。

凡是以家庭妇女组织起来的企业,业务少、生产不正常,或没有发展前途的,可视情况转为家庭副业或生产自救性质的小组,一律不予归口,由居民委员会管理,不交管理费和上交利润。

凡个体手工业者,可根据他们的技术条件,经过审查后,发照允许他们自行开行,由手工业部门管理。

（三）

对调整中若干问题的处理意见。

1. 关于人员的处理：

社办工业的生产人员，有家庭妇女，有手工业者和社会青年，有国营工厂支持和退职退休的职工，以及其他人员。因此，在人员的处理过程中，必须本着负责到底的精神，分别情况，妥善安置。

①凡是 1958 年以后来自农村的人员，应当根据压缩城镇人口办法的规定，原则上一律动员他们回乡；1958 年以前进城的人员，如自愿回乡的，亦可动员他们回去。

②凡是保留归口的企业，其人员一般随同企业归口，自动离职和自愿回家的职工，可允许他们退出，已经走了的，也不再找回。

③凡是缩小范围、改变生产方向和合并的企业，其人员可以保留或保留一部分，其中有些家庭妇女自愿回去的，可以动员她们回家。如果回去后生活确实没有出路，一时又难于安置的，可暂缓处理。

④凡是关闭的企业，原属手工业的人员，应转回手工业，其中原来的个体手工业者，仍可允许他们自行开业。另外，对以下三种人员，应考虑安排：一是未经区批准和正式任命的干部，应当根据各人员的具体情况，由区统一安排，有的可以安插到保留企业或其他部门工作，有的可以安排到保留企业参加生产，能够回家而且又自愿回家的亦可允许他们回家；二是生活有困难的烈军属；三是家庭主要依靠本人生活的职工和社会贫民户；老弱病残人员，除家庭经济条件较好的可动员回家外，对于回去后生活无保障而又丧失劳动能力的，应转民政部门予以社会救济；生活无保障但尚能从事轻微劳动的，可视情况，适当给予安排。

原国营工厂和手工业合作社（组）支援在册职工，企业关闭后本人又不符合精简条件的，应由公社和原单位协商，给予适当安排工作，如果原单位已经关闭了的，则由公社安排工作。如本人符合精简条件的，精简下来的补助费，必须根据省委精简领导小组的规定办理。

为了照顾回家职工的生活，公社和企业对回家人员，除 1962 年进厂的人员不给补贴外,凡1961年以前的人员都应根据其生活情况,给予一定的生活补助。其中凡是1961年经"手工业35条"整顿后已转为合作社(组)的企业,其人员的补贴费按手工业社章办理;公社统一核算盈亏的大集体企业精简的人员(包括退回自行开业的),一般的也要给予生活补贴费,但个别业务较正常的,经过群众讨论同意,也可以不给补贴费;凡是自负盈亏的小集体亏损的企业,关闭后生活有困难的人员,公社亦应酌情补贴。

补贴的经费可在本企业盈余中开支,亏损单位的人员补贴费,可在公社积累中开支。

关闭企业中,对于那些有技术的人员,在调整过程中,可以充实到现有合作社(组)里去,也可以调到保留下来的企业里去,顶替那些可以走的人员。

2. 关于资财的处理:

公社工业企业的资金来源,有公社的投资或借款,也有联社和民政部门的投资和借款,还有群众的集资和国营工厂等单位的借款。工具、设备,有公社添置的,也有单位支援的,还有职工自带和企业添置的;社办工业企业的经济性质,有公社统计盈亏的大集体也有单位共负盈亏的小集体和没有公共积累的家庭手工业。因此,资财的处理,原则上是谁的归谁所有,谁欠的由谁偿还,不可平调。

①凡是保留、关闭、缩小、合并和退回家庭副业的企业,都应当对固定资产和流动资产进行清点登记或处理。处理原则:原是手工业的,应退给手工业;原是群众的,应退给群众;原是民政部门的,应退还给民政部门;原是国营工厂、机关、团体支援的设备和国家投资的,这一部分属于全民所有制性质,关闭的企业应退给原单位,如果原单位已由国营性质转为集体所有制的,这笔财产和投资应交给财政部门接收;对于保留、缩小的企业中,适合企业使用的,可仍留给企业继续使用,但应作价转账处理,企业不需要的,应退还给原单位,或交财政部门接收,损坏的原则上应当赔偿。对于原来手工业合作组织的股金、公积金、公益金和其他资金,也应该退还,股金还要按照银行存款利率补发利息。公社和企业自己投资的固定资产和流动资产,归公社所有。如果这些企业要调整隶属关系,应当作价转给有关单位,由有关单位一次和分期付款,一般3—5年。

②企业在公社经营期间,所发生的债权债务以及银行贷款、国家税收等,应分别清理:凡是由公社共负盈亏的企业,由公社统一结算盈亏;凡是由企业自负盈亏的,由企业本身结算盈亏。对于所有制转变隶属关系的企业,其福利基金都应随同转移,不能用以处理公社的债务。有些群众集资举办的小集体企业,在处理企业债务后,仍有盈余的,其盈余部分,可视盈余情况,上交一部分给公社,上缴部分最多不超过盈余的 30%,留给企业这部分可以劳动分红和股金分红的形式发给职工,其比例可根据企业具体情况,参照手工业集体所有制合作企业社章规定的分红办法,由公社提出意见,报区委批准。发生亏损的,也应由公社酌情处理。

③保留和缩小规模的企业,无论是固定资产和原材料都应随同企业归口,不得另作他用。关闭和退为家庭副业或个人开业的,现有材料中的一、二类物资,应退还原供应部门,或由国家物资部门按规定处理;产品、设备以及三类物资,遵照市场管理规定办法,可由企业自行处理。

在调整过程中,对于资财的处理,各区应以原来公社为单位组成资财清点处理小组。在处理过程中,凡是保留、缩小企业中不合归口接收单位需要的设备和材料以及关闭企业中自行处理不了的积压废旧等物资,在当前一时难于处理的情况下,各企业应清点造具清册,做好存放维护工作,指定专人妥善保管,保管人员的工资可在处理费中开支。

随同企业归口的固定资产和原材料的作价,可以按照原来的进货价格作价,也可以按照现有价格作价折旧,由双方协商。如果意见不一致,首先应当做好人员的精简工作,办理固定资产和原材料的交接手续,以后再由有关部门(手工业、供销、财政、银行、工交等)共同协商解决作价问题。

④凡是企业的非法利润,应追查责任,由司法机关检查处理。

（四）

社办工业的调整工作,应当在市委的统一领导下,由市经计委、市委城市人民公社办公室、手工业局、财政局、民政局、供销社、人民银行等有关单位抽调干部力量组织社办企业调整办公室,负责具体工作。各区委和公社党委也必须加强对这一工作的领导,建立相应机构。

中共南昌市委批转市经计委党组关于城乡人民公社工业企业进行调整的三个文件

在工作步骤上，首先要摸清企业的所有制、财产、设备、资金以及干部和职工的技术、思想、生活情况，然后进行企业分类排队，提出全区调整方案，拟订保、关、缩、并、退的企业名单和职工人数。在工作进行过程中，要先易后难、先试点后铺开、"先留后减"（即先按照生产需要，确定必须保留的企业和人员，再确定精简的人员）、"先减后转"（即先做好人员的精简工作，再办理企业归口交接手续）。调整工作应分期分批逐行逐业地进行，对于现在已停工的企业，可以先行处理。试点结束了的单位，也必须结合本调整意见，仔细地进行一次复查，有处理不妥之处应及时予以纠正。时间上，在各区试点的基础上，逐步铺开，整个调整工作要求在 10 月底前结束。

鉴于公社工业牵涉面广、分散、行业多、情况复杂，因此，在调整当中，必须做到情况明、决心大、工作细，切实做好思想教育工作，广泛深入地向职工群众宣传党的政策，把调整的目的、意义讲清楚，社办工业的成绩也要充分估计，使他们真正懂得调整公社工业也是克服当前国民经济困难的有力措施之一，使党的政策变成群众的实际行动。

在调整过程中，还必须紧密地依靠群众，走群众路线，企业办与否，要充分发动群众酝酿讨论，不要包办代替，强迫命令，要把工作做深、做细、做透，绝不可草率从事，特别是要认真做好人员的安排和资财的处理工作，防止某些趁调整机会徇私舞弊、化公为私、违法乱纪的行为，以保证调整任务又快又好地完成。

中共南昌市经济计划委员会党组

一九六二年九月十七日

附三：市经计委党组关于农村人民公社企业的通知意见

（一九六二年九月十五日）

市委：

中央和省委指示，公社举办的企业，应当进行全面调整。根据市委指示，首先召开了全市城乡公社工业调整会议，在会议上对市郊区农村人民公社社办企业的调整问题,进行了讨论和研究,现将郊区农村人民公社企业调整意见报告如下。

（一）

我市郊区农村人民公社化以来,各个公社先后都办了不少的企业。这些企业对恢复和发展农业生产、培养技术力量、适应农村社员生活的需要、活跃市场、繁荣农村经济、为社员扩大积累等方面起了一定的作用。

根据最近对郊区各公社企业的全面调查,目前我市郊区农村人民公社社办企业共有 64 个 1204 人。这些企业绝大部分是公社化以后办起来的,少数是 1961 年下半年或者今年上半年办起来的。社办企业一部分是公社化后由手工业转化和个体手工业者组织起来的,如铁、木、篾、手工艺品等行业;一部分是干部家属、农村妇女组织起来的,如缝纫;一部分是抽调农业劳动力新办起来的,如砖瓦、石灰、油粮加工等行业。社办企业的职工,来自农业劳动力的约占 55.9%,来自手工业的约占 37%,从社会上吸收的人员约占 7.1%。社办企业的固定资产和流动资金,绝大部分是公社投资和国家贷款的,部分是群众集资和企业添置的。社办企业的经济核算制度,绝大部分是采取企业单位核算,向公社上交利润或管理费,有的则是采取公社统一核算、社负盈亏的办法,社办企业大部分都有盈利,少数企业亏损。据调查,社办的 38 个工业单位中,今年上半年盈利的有 25 个,亏损的有 13 个,占 34.2%。

总之,郊区公社企业举办以来,在整个国民经济中是起了一定作用的,但是,也还存在很多的问题。从当前实际情况来看,这些企业生产的产品大部分仍是社会需要的,但是考虑到:①当前农村公社的主要任务是集中力量加速农业的恢复和发展。在人员编制紧缩的情况下,如果公社企业不加调整,势必将削弱对农村的领导,对恢复和发展农业生产不利。②现在农业生产的劳动力还要继续加强,据调查,目前我市郊区社办企业占用的农业劳动力 836 人,占职工总数的 69.4%,这些人大部分是年轻力壮的强劳动力,其中有一些还是生产队的领导骨干,回去后可以加强农业战线,如果以每人种稻田 6 亩,每亩产量按 600 斤计算,1 年可产粮食 300 万斤,可供 6000 人吃 1 年;同时,在这些企业中吃商品粮的占 97.8%,这些人回去后还可以减少国家近 59 万斤商品粮的供应,减少公社和大队的机动粮,减轻农民的负担。③有些企业经营管理不善,有的产品质量差、成本高、原材料、劳动力浪费很大,有的原材料、燃料供应困难或与城市工业争原料,业务不足,生产不正常。④原来很多分散的流动性的手工业和亦工亦农的手工业,由于过分集中,一方面造成群众许多不方便,另一方面也造成生产中的许多浪费。⑤少数社办企业经济手续不健全,制度不严,这样就容易毁坏干部,同时,某些公社利用企业上缴利润和管理费,增加公社非生产性或者不必要的开支,不利于当前国家“当年平衡,略有回笼”方针的贯彻。最后,在贯彻执行“手工业 35 条”和“商业 40 条”、手工业和供销社恢复后,过去社办企业所负担的一部分生产资料和生活资料的供应任务,已经可以通过上述渠道得到解决。因此,根据中央、市委指示精神以及我市郊区具体情况,对郊区农村社办企业进行一次全面的调整是完全必要的,以利于农业生产的恢复和发展。

(二)

根据全省城乡人民公社工业调整会议提出的农村公社在今后若干年内一般不办企业的精神,结合我市郊区农村的具体情况,调整的原则是:①从有利于农业生产和社员生活的需要出发,凡当地农业生产、群众生活需要的企业和产品应予以保留。②凡是不直接为农业生产和社员生活服务的,或者虽然是为农业生产和社员生活服务,但不是当地急需的,或者与大工业争原料或者原材料供应没有保证、不具备正常条件的,或者产品质量低、成本高、不受群众欢迎和亏损的企业,则一律关闭。③过去是亦农亦工或虽然在过去不是,但在今后适合亦农亦工的,都一律下放给生产队,亦工亦农或改为个体手工业和家庭副业。④保留的企业,应当根据原材料供应的可能与实际需要,确定规模,积极改善经营管理,提高劳动生产率,把多余人员精简下来,并且应该尽可能地利用一贯从事手工业和服务业的人员,把企业中来自农业的劳动力替换出来,回到农业战线。

根据上述调整原则,结合各企业的具体情况,分别采取保留、关闭、缩小、下放等形式进行调整:凡是原来由手工业转化的,或虽然原不是手工业转化的,但产品适合手工业经营的,则一律转为手工业合作社(组)或转为家庭手工业;过去是供销社的企业,现在仍然适合供销社经营的,可转回供销社。目前社办、队办或队联办的,仍可保持现状继续办好,对于那些适合生产队办的,都一律下放生产队;凡是直接为农业生产和农民生活服务、支援市场的如碾米厂、畜牧场、水产养殖场等企业,仍可以由公社继续经营和管理;对于保留下来公社继续经营和管理的企业,应做到不亏本,争取不吃或少吃商品粮,逐步做到粮食自给,以减轻国家和社员的负担,同时,不能妨碍农业生产和影响国家对农产品的收购任务。

至于大队举办的企业,也应根据加强农业战线的精神,参照上述原则,加以整顿和调整。

(三)

对整顿中若干问题的处理意见:

1.关于资财的处理:

①凡是保留、缩小、关闭、下放的企业,都应当对固定资产和流动资金进行清点登记或处理。处理原则是:原是手工业的,应退还给手工业;原是群众的,应退给群众;原是民政部门的,应退还给民政部门;原是国营工厂、机关、团体支援的设备和国家投资的,这一部分属于全民所有制性质的,关闭的企业应退给原单位,如果原单位已由国营性质转为集体所有制的,这笔财产和投资应交给财政部门接收;对于保留、缩小的企业中,适合企业使用的,可仍留给企业继续使用,但应作价转账处理,企业不需要的,应退还给原单位,或交财政部门接收,损坏的原则上应当赔偿。对于原来手工业合作组织的股金、公积金、公益金和其他资金,也应该退还,股金还要按照银行存款利率补发利息。公社和企业自己投资的固定资产和流动资产,归公社所有。如果这些企业要调整隶属关系,应当作价转给有关单位,由有关单位一次和分期付款,一般3—5年。

②企业在公社经营期间,所发生的债权债务以及银行贷款、国家税收等,应分别清理,凡是由公社共负盈亏的企业,由公社统一结算盈亏;凡是由企业自负盈亏的,由企业本身结算盈亏。对于所有制转变隶属关系的企业,其福利基金都应随同转移,不能用以处理公社的债务。有些群众集资举办的小集体

企业,在处理企业债务后,仍有盈余的,其盈余部分,可视盈余情况,上交一部分给公社,上缴部分最多不超过盈余的30%,留给企业这部分可以劳动分红和股金分红的形式发给职工,其比例可根据企业具体情况,参照手工业集体所有制合作企业社章规定的分红办法,由公社提出意见,报区委批准;发生亏损的,也应由公社酌情处理。

③保留和缩小规模的企业,无论是固定资产和原材料都应随同企业归口,不得另作他用。关闭和退为家庭副业或个人开业的,现有材料中的一、二类物资,应退还原供应部门,或由国家物资部门按规定处理,产品、设备以及三类物资,遵照市场管理规定办法,可由企业自行处理。

在调整过程中,对于资财的处理,各区应以原来公社为单位组成资财清点处理小组。在处理过程中,凡是保留、缩小企业中不合归口接收单位需要的设备和材料以及关闭企业中自行处理不了的积压废旧等物资,在当前一时难于处理的情况下,各企业应清点造具清册,做好存放维护工作,指定专人妥善保管,保管人员的工资可在处理费中开支。

随同企业归口的固定资产和原材料的作价,可以按照原来的进货价格作价,也可以按照现有价格作价折旧,由双方协商。如果意见不一致,首先应当做好人员的精简工作,办理固定资产和原材料的交接手续,以后再由有关部门(手工业、供销、财政、银行、工交等)共同协商解决作价问题。

④凡是企业的非法利润,应追查责任,由司法机关检查处理。

2. 关于人员处理:

凡是1958年以后来自农业的人员都应动员回去,但是对于学徒工应该有所区别,某些学徒现在就很少,以后补充又较困难的行业,以及某些名牌产品和稀缺的工种,经区委批准,可以适当保留,铁、木、篾手工业的从业人员,总的应保持1957年的水平,不宜减少。精简下来的人员,都应当由当地公社统一妥善安排。安排的原则,原是哪里来的,就回哪里去,外流人员(指外省来的)能动员回家的,并发给旅费,动员回家,不能回家的,由公社安排,参加农业生产,现有公社企业的技术人员,可以顶替回去参加农业生产的职工。对于回农业生产的职工,要从生产、生活各方面安置落实,使回去的,去得愉快,同时,又要使生产队乐于接受他们。

3. 关闭企业原来使用的土地(由公社调拨的)的处理,原则上原属哪个大队的,仍交还哪个大队,如果在贯彻"农业六十条"时,公社已将大队土地、劳动作了平衡的,这次土地处理,可采取协商的办法,适当地进行调整。

4. 在调整过程中,手工业和供销社要负责组织生产资料和消费资料的生产、供应,防止由于社办企业的调整而影响农业生产和人民生活,同时要注意保持传统的、合理的经济联系,有些产品历来有供应邻近地区习惯的,在调整时要考虑这些地区的需要,原来的集镇应当根据历史传统,保留一定的专业手工业和服务性的行业供应附近地区,以方便群众。

(四)

郊区公社企业的调整工作,应当在市社办企业调整办公室统一领导下,由郊区有关部门抽调人员成立专门机构,负责具体工作。

在工作步骤上,可以根据调整方案,"先留后减"(即先按照生产需要确定必须保留的企业和人员,再确定精简的人员)、"先减后转"(即先做好人员精简工作,再办理企业交接手续)。保留下来的企业单位和职工人数,应造册交同级人事、劳动、银行、粮食、商业等部门,凭此批工资、粮食、购货券及其他的供应。由于公社企业行业多,情况复杂,调整工作应分期分批进行。公社工业的调整工作,要求在10月前结束,整个调整工作争取在11月底结束,并随时向市反映调整工作进度、情况和问题,调整工作搞完后,进行专门总结、上报。

社办企业的调整是一项很复杂、细致的工作,牵涉到许多方面。因此,情况要明,决心要大,工作要细。郊区区委、各公社党委,必须切实加强对这一工作的领导,做好思想教育工作,贯彻与掌握政策,充分发动群众,依靠群众,走群众路线,防止强迫命令,使干部与广大群众正确认识调整工作的目的与意义,也要防止在调整工作中,趁机徇私舞弊。对人员处理必须做到负责到底、妥善安置,以保证调整任务又快又好地完成。

中共南昌市经济计划委员会党组

一九六二年九月十五日

南昌市人民委员会批转市财政局
"关于使用城市人民公社结存
积累的暂行规定"的报告*

（一九六二年十二月十三日）

市财政局、市民政局、市人民银行、东湖、胜利、抚河、西湖、青云谱区人委：

市财政局（62）财政字第 42 号报告《关于使用城市人民公社结存积累的暂行规定》，业经第 23 次市长集体办公讨论同意，现予批转你们执行。

附件：市财政局（62）财社字第 42 号报告及附件。

江西省南昌市人民委员会

一九六二年十二月十三日

附一：关于使用城市人民公社结存
积累的暂行规定的报告

（一九六二年十一月十三日）

市人委：

我市城市人民公社在经营企业期间，所属各企业均按规定上交了一部分积累，由公社统筹安排用于扩大企业再生产和集中兴办一些集体福利事业等。这些上交的积累到十月底止，仅银行存款，各公社共结存了六十六万八千余

＊ 原件现存于南昌市档案馆。

元。为了使上列结存的款项得以正确使用,我们遵照市委、市人委指示,拟订了"关于使用城市人民公社结存积累的暂行规定"并调整办公室发至各区征求意见进行了修改,现将修改后的规定,随文上报,请审查批准,下达各区及有关部门执行。

附件:关于使用城市人民公社结存积累的暂行规定。

南昌市财政局

一九六二年十一月十三日

附二：关于使用城市人民公社结存积累的暂行规定

（一九六二年十一月十三日）

我市城市人民公社在经营企业期间,所属各企业均按照规定上交了一部分积累到公社,由公社统筹安排用于扩大企业再生产和集中兴办一些集体福利事业等。现根据以调整为中心的"八字"方针和省、市委指示精神,正在对社办工业进行调整,调整后,各公社一般不办企业。至于以前公社在经营企业期间收存尚未用完的积累(包括关闭企业处理不完的设备、产品、原材料),除在调整过程中应付出部分清理债务外,再剩余部分,应即专门在银行立专户存储,按规定使用,用完为止。其使用办法规定如下。

（一）使用范围

城市人民公社结余积累,原则上不上调,仍由公社在原公社管辖范围内使用,但个别结存较多必须调剂的,可以由区征得公社同意后调剂使用,其使用范围主要用于:

1.民办学校的校舍修理和添置必要的设备。

2.民办幼儿园的房屋维修和必需的设备购置。

3.公共环境卫生措施。

（二）使用手续

上项结余应有计划地使用，不得乱花。使用时必须按照事先有计划预算、事后有决算的原则，经过批准，按计划使用，不得进行计划外项目或作他用，其具体使用手续：

1. 先由公社编造详细用款计划，上报审批。

2. 计划经批准后检同向银行取款转入用款户，按计划使用。

3. 款用后应及时编造决算，报经审查核销。

（三）审批权限

为了严格审批手续，规定审批权限如下：

1. 用款计划在 1000 元以下，由各区人委审查批准，1000 元以上由区审查转市财政局审核后，报市人委批准。在批准计划内具体的由公社审查。凡未经批准，不得使用，银行亦不得付款。

2. 按批准计划进行使用的报销决算，一律报经区审查批准核销。

3. 结存积累在公社间个别进行调整使用的，由区审查批准。

南昌市财政局

一九六二年十一月十三日

（二）区（县）、社级城市
人民公社资料

中共南昌市委西湖区委关于精减
我区城市公社干部编制和调整
公社领导干部的报告*

（一九六〇年十一月二十四日）

市委：

城市人民公社是"三面红旗"之一，是改造旧城市、由社会主义过渡到共产主义的最好组织形式。当前，很多的方针政策是通过公社组织与人民群众直接见面，公社干部是党的政策的直接执行者，因此，必须思想坚定，且具有一定政策水平和实际工作能力。鉴于城市公社今后任务的重大和当前城区公社部分干部的思想不坚定、水平较低、能力较弱的状况，为充分发挥人民公社这一新型社会组织的巨大优越性，使城市公社在社会主义建设事业中，显示出更大威力，让这面红旗红光艳艳，特根据省、市委关于"精简机构，紧缩编制，大力节约劳动力，加快生产第一线及充实基层领导力量"的指示精神，准备对我区城市公社的干部编制和领导干部做如下调整：

一、原8个城市公社干部编制总数为157名，现缩减为104名。具体安排是：系马桩公社29名，南站公社（与金盘路公社合并）25名，西湖公社19名，十字街公社17名，桃花圹公社（与建新公社合并）11名，齐城岗公社3名。

二、领导干部做如下调整：

原新城岗公社副社长孙凤阁同志（冶金安装公司副经理），提任系马桩公社为专职党委第一书记，原系马桩公社党委书记林启元同志（因该同志政策水平较低，难以胜任公社党委书记职务）调区委另行分配工作。

原建新公社党委副书记李永清同志(铁合金厂车间党支书)调系马桩公社任专职党委书记兼社长,原系马桩公社党委副书记兼社长许景泉同志因严重贪污已停职反省。

原南站公社党委副书记危根泉同志(南昌铁路工务段党委书记)调十字街公社任专职党委副书记。

原南站公社党委办公室主任张瑞卿提任南站公社专职党委副书记。

原桃花圹公社副社长徐蔺甫同志(橡胶厂党委组织部长)提任南站公社为专职党委副书记兼任副社长(名列张瑞卿后)。

原金盘路公社党委副书记张省三同志(南昌柴油机厂副厂长)、原南站公社党委副书记兼社长张瑞珠同志(南昌铁路区工会劳保部长)和原十字街公社党委副书记高林卿同志(江西拖拉机厂车间党支书),同意回到原单位工作。

其他人员照原不变。

当否,请批示。

中共西湖区委

一九六〇年十一月二十四日

中共哈尔滨市南岗奋斗人民公社委员会关于整顿城市公社情况的报告[*]

（一九六二年二月二十八日）

市委：

根据市委指示和党的"八字"方针精神，我们从去年下半年开始，就着手了城市公社的整顿工作，现已告一段落。经过整顿，缩小了社型，将我社原有七个分社调整为十三个城市分社（规模相当于原街道办事处）和五个农村分社。与此同时，还适当地调整了居民委、组，将原有的二百个居民委调整为二百〇二个；将一千七百七十五个居民组调整为二千一百七十三个（居民委三百至五百户，居民组二十至三十户）。通过整顿，进一步健全了组织，配备了干部，加强了领导，从而更好地适应了街道居民工作。

此外，在调整社型体制的同时，对社办工业也进行了所有制的改变和调整，分社工业从清产核资入手，将五十个社办工厂分期分批地调整为小集体所有制。根据市委指示，为了加强对社办工业的领导，从今年一月份起，全部由公社工业局领导。另外，对食堂、托儿所、幼儿园、卫生所等，目前也正在进行整顿，争取在第一季度内完成。

实践证明，对社型体制和工业所有制进行适当的调整，是完全必要的，对于促进生产、密切党与群众的联系，具有重要意义。调整后，我们看到的好处和出现的新气象是：

一、有利于深入贯彻党的方针政策。过去由于分社社型较大，机构繁多，

---

*　原件现存于哈尔滨市档案馆。

— 429 —

布置工作时,层层传达,产生了空(领导不了解情况)、了(不了了之)、变(变样)、断(贯彻不下去)的现象,分社干部直接同群众见面少,因而影响了党的方针、政策的深入贯彻执行。现在社型小了,不管工业事业了,机构少了,分社领导干部可以经常同群众直接见面,"一竿子插到底",及时深入贯彻党的政策和了解群众的思想情况,对生产和工作大有好处。群众反映:"过去分社把我们忘了,现在有人管了。""现在和分社干部常见面,办起事来真方便。"

二、调动了干部的积极性。他们认为,过去是人等事,现在是事等人,人人任务明确,工作具体,克服了过去的三少(深入群众少,宣传党的方针政策少、帮助群众解决问题少),现在出现了三多(深入群众多、宣传和贯彻政策多、了解群众疾苦和帮助解决问题多),群众深感满意。同时,经过调整,居民委员会的作用也大大加强,调动了群众自己管理事务的积极性。如,有的群众干部说:"不挣国家工资,一样给群众办事。"洁净分社第五居民委员会去年十一月份,曾利用三四天的时间,就积极组织群众挖掘了许多污水窖,清除垃圾一千二百余吨,改变了环境卫生面貌。

三、精简了机构,减少了人员。我社各分社原有干部六百六十五名,经过调整之后,减掉四百六十四名,还剩下二百名,我们决定再减去六十六人,剩一百三十五名。

四、促进了生产的发展。社办工业所有制经过调整后,职工生产热情和经营企业的积极性大大提高,特别是不少工厂恢复了传统的"前门设店、后门设厂"的经营方式,既有利于生产,又方便了群众。如,先行分社马具厂,调整之后,建立了一个修理服务门市部,大大便利了郊区农民,一个生产大队的车夫说:"从前鞭子坏了没处去修,现在可方便了,随时能修,价格还便宜。"

在调整社型、体制、社办工业过程中,我们的主要做法是:

1.先试点,进行调查研究。从去年七月份,我们就组织了调查研究小组,在长红分社进行了调查研究和试点工作。经过二个月的摸索,使我们对于在调整中应当注意的问题,有了进一步的认识。如,必须做好思想工作,特别是必须打通领导干部的思想:在划分各项事业(主要是工业)中,防止本位主义,必须从有利于生产和人民生活出发;注意清点物资和弄清账目等等。由于在试点中了解了这些问题,对于全面进行调整,起了重要作用。

2. 反复做好思想工作。在调整之初，不少分社干部的思想一时较为混乱，主要是，认为原分社的"架子"已经支起来了，各项事业也办了许多，而且也办得很有劲，现在又提出划分，一时想不通，因而有一定的抵触情绪。经我们分析研究，感到他们之所以有这些想法，其根本原因，是对于党的方针政策和新的形势认识不足，只看到了原来的一摊摊，而没有看到和认识到调整后的积极作用。为了打通他们的思想，我们召开了多次领导干部会议，认真组织大家学习了党的"八字"方针和省、市委有关指示，反复进行了动员和教育，最后，多数同志的思想通了，为调整工作打下了一个思想基础。

3. 不乱、不停、稳步进行。为了不影响生产和日常工作，在步骤上采取了分两步抓一头的办法，即首先调整分社一层，然后再撤销管理区。这样做，基本上保证了各项任务的完成和调整工作的正常进行。

4. 弄清账目，搞好厂社关系。关于在办社过程中，各大单位支援的许多设备和其他物资，我们也认真地进行了处理。主要是，同有关单位共同商量，在本着有利于工作、有利于生产的前提下，进行了处理和安排。办法是：凡属原支援单位所急需之设备，如机床等，物归原主，尽数返还；凡属原支援单位一般物品，又需要返还，便采取了作价还款的办法，但无论退物、还款，都有着落，按计划分期分批还清。目前大部分生产设备已返还原单位，尚有部分设备和钱款(折价二十八万六千六百六十元)，日后再逐步返还。

根据市委关于公社工作若干条指示精神和要求，为了进一步加强公社工作，我们将继续抓好如下几项工作：

1. 加强社办工业的政治思想领导和管理工作。社办工业虽然所有制问题解决了，但是政治思想工作仍然是薄弱的，业务管理也仍然混乱些，以及改变所有制后，出现的一些新问题等。因此，我们今后将大力加强领导，并认真研究和解决这方面的问题。

2. 加强分社工作的具体领导，提高分社干部的思想和领导水平，使其人虽少，但能把事情办好。因此，我们认为，目前分社党组织的主要任务是：第一，提高干部的思想和领导水平；第二，加强对政权工作的研究；第三，充分发挥党组织的战斗堡垒作用；第四，研究如何加强对居民的政治思想工作。

3.认真研究和贯彻市委关于整顿城市公社的若干条意见,首先调查研究,取得经验。

4.加强对分散的家庭手工业生产的领导,并总结这方面的经验。

以上报告,如有不当,请市委指示。

中共哈尔滨市南岗奋斗人民公社委员会

一九六二年二月二十八日